中公文庫

国 富 論 Ⅲ

アダム・スミス
大河内一男 監訳

中央公論新社

目次

I

目次

第二篇　資本（ストック）の性質、蓄積、用途について

Ⅱ　目次

訳者　大河内一男
　　　大河内暁男
　　　田添　京二
　　　玉野井芳郎

凡例

一　本訳書は *An Inquiry into the Nature and Causes of the Wealth of Nations*, by Adam Smith, in three volumes, the fifth edition, London : printed for A. Strahan ; and T. Cadell, in the Strand, MDCCLXXXIX（アダム・スミス『国富論』第五版、一七八九年）を底本とした。本文中の（1）（2）印はスミスの「原注」、本文中の〔1〕〔2〕印は「訳注」で、「原注」はスミス原版のまま、必要な限度で訳者注記を〔　〕で附した。

一　本文中に〔　〕でかこんで挿入した「割注」は、訳者の判断によって配列したもので、「訳注」、「割注」はできるだけ相互参照するように指示した。例えば「第一篇第一章「〇〇〇〇……」の小見出し参照」。

一　訳文上段の1、2、3等の算用数字はキャナン版第一巻、第二巻（一九〇四、一九二〇、一九二二、一九二五、一九三〇、一九五〇年版）のページを参考までに附したもの。キャナン版を底本とした他の邦訳書の該当箇所を参照する便宜のためでもある。

一　地名・人名は原地原音主義と日本における慣用的呼称との折衷になったが、全巻を通じて統一を図った。

一　本文中に掲げた地図は巻頭のもの、本文中のもの、いずれも訳者が作成したが、あくまで通読のための便宜を考えて作られたものである。

一　本文の段落の適当な箇所に「小見出し」を附したが、これはスミスの原典にはなく、また、キャナン版にキャナンが多数附した頭注＝「小見出し」ではなく、各訳者が原典の内容に即して、いくつかのパラグラフを通じての内容の要点ならびに問題点を簡潔に表示しようとしたものである。読者はこの「小見出し」を手がかりにして、その箇所でスミスが何を語ろうとしていたのかを理解することができよう。なお読者の便宜のために、全巻の「小見出し」を一括し第Ⅲ巻巻末に収めた。

一　『国富論』の各版本の異同は、重要度の高いものについてだけは、それぞれ該当箇所の「訳注」に記したが、全体を通じての各版本（初版〜第五版）の異同、とりわけ初版・第二版と第三版以降の差異については、第Ⅲ巻巻末に附した「『国富論』各版の異同について」を参照されたい。

一　本文中、（　）でかこんだ部分はスミスの原文のまま。〔　〕でかこんだ部分は、訳者の判断で補訳または説明句として挿入したものである。本文中の〈　〉印はスミスの原文にはないが、原文が特殊な文字であったり、特別の意味をもつ用語または成語の場合には、訳者の判断でこれを用いた。また原文がイタリックで書かれている部分は邦訳に傍点、、を附した。

一　「原注」（（1）（2）印）における人名・書名は原書のままとしたが、「訳注」のなかの書名はイタリックで、邦訳書名は『　』でかこんだ。

一　スミスの用語のうち、多様の意味に用いられているもの——例えば stock などのごとく——、またスミス自身の叙述に混乱があるような場合などは、訳語に原語を表示するルビを附した。さらに地名のうち、特殊な意味に用いられているものの表示についてはとくに注意をはらった。例えば、イングランド・大ブリテン、ホラント・オランダ、インド・インドスタン・東インドなど、それぞれの該当箇所で「訳注」を附した。

国富論

諸国民の富の本質と原因にかんする研究

第五篇　主権者または国家の収入について

大西洋
シェットランド諸島
ベルゲン
ノルウェー
スウェーデン
北海
グラスゴウ
エディンバラ
ゴーゼンバーク
バルト海
リガ
アイルランド
大ブリテン
ユットランド
デンマーク
コペンハーゲン
ハムブルク
オランダ
ケーニヒスベルク
ダンツィヒ
プロシャ
アムステルダム
ロンドン
ガン
ユトレヒト
ベルリン
アントワープ
神聖ローマ帝国
ポーランド
ライン河
ニュールンベルク
ボヘミア
モラヴィア
ノルマンディー
パリ
フランス
ウィーン
フィニステール岬
ベルン
スイス
オーストリア
ジュネーブ
ハンガリー
ボルドー
リヨン
ロムバルディー
ヴェニス
トゥールーズ
ジェノア
ポルトガル
ダニューブ河
フローレンス
マドリッド
イタリー
トルコ
リスボン
スペイン
ローマ
ミノルカ島
ナポリ
ギリシャ
マジョルカ島
サルジニア島
カディス
ジブラルタル
地中海
アテネ
シシリー島
カルタゴ
チェニス
サラセン
0
600km

18世紀ヨーロッパ

186

第一章　主権者または国家の経費について

第一節　軍事費について

―軍事費は社会進歩の段階によって異なる―

主権者の第一の義務は、その社会を、ほかの独立社会の暴力と侵略から守るということだが、これは軍事力によってのみ果すことができる。しかしながら、平時にこの軍事力をととのえるとともに、戦時にこれを用いるための経費は、社会の状態が違い、その進歩の段階が違うにつれて、おおいに変ってくる。

―狩猟民族、遊牧民族では軍事費がいらないので、主権者は経費を負担する必要がない―

狩猟民族というのは、ちょうど北アメリカの原住諸種族のうちに見られるような、最低で最末開の社会状態にあるわけだが、その場合、各人は、いうまでもなく猟師であると同時に戦士でもある。かれが戦（いくさ）に出るときは、それが社会を防衛するためにせよ、ほかの社会から加えられた侵害にむくいるためにせよ、みずからの労働で、自分の生活を支える。その点、かれが家にあって生活しているときと同じやり方である。こういう最低の社会状態では、正式には主権者とか国家とかいうべきものがないのだから、かれの社会は、かれが戦に出る準備をととのえるにも、戦場にいるあいだの生活を支えるにも、どんな種類の経費も負担しないのである。

遊牧民族というのは、ちょうどタタール人やアラビア人のあいだに見られるような一段進歩した社会状態にあるわけだが、その場合にも、狩猟民族と同様に、各人が戦士である。こういう民族は、通例きまった居住地をもたず、いずれも、あちこちたやすく持ち運びのできるテントのなかか、覆（おお）いのついた一種の車のなかで暮している。その種族なり民族なりの全体が、なにかの事変に際してはいうまでもなく、年間の季節の変化におうじても居場所を変える。牛や羊の群れが、国の一地方のまぐさを食い尽してしまうと、その民族は、ほかの地方に移り、そして、またそこから別の地方に移る。乾季には河岸に下りてくるし、雨季には高地へしりぞく。こういう民族が戦にゆくときには、戦士たちはその牛や羊の群れの防衛を、かよわい老幼婦女にまかせてゆこうとはしないし、また老幼婦女のほうも、防備もなく、生活資料もなしに後に残ろうとはしない。そのうえ、民族全体は、平時においてさえ放浪の生活に慣れているから、戦時にもたやすく戦場におもむくことができる。この民族が、一つの軍隊として進軍するにせよ、一団の牧者として動きまわるにせよ、そのねらっている目的がひどく違うだけで、生活の仕方はほとんど同じなのである。それだからかれらは、みないっしょに戦に出て、おのおのできるかぎりのことをやる。タタール人のあいだでは、女たちでさえ戦闘に参加したことがたびたび知られている。征服すれば、敵の種族のものは、なにからなにまで勝利の報酬である。その代り、もし負ければ、すべてを失うのであって、牛や羊の群れだけでなく、女や子供まで征服者の戦利品になる。戦闘で生き残った者の大半でさえも、目先の生存の糧のために征服者に服従せざるをえない。残りは、たいてい不毛の地へ追い散らされてしまう。

　タタール人やアラビア人の日常の生活、日常の訓練は、十分戦争の準備になっている。徒競走、組打ち、棍棒試合、槍投げ、弓などは、野外で暮している人々の普通の気晴しであって、いずれも戦闘のまねなのである。タタール人やアラビア人が、ほんとうに戦に出たときには、平時におけると同じやり方で、かれが連れ歩いている自分自身の家畜の群れによって生きてゆく。かれの族長とか主権者――というのは、こういう民族になると、すべて族長か主権者をもっている――は、かれを戦に出すための準備には、どんな種類の経費も負担しない。そしてかれが戦場にいるときには、略奪のチャンスというのが、かれが期待もし要求もする唯一の手当なのである。

狩猟民の軍隊が、二、三〇〇人を超えることはめったにありえない。狩猟から得られる生活資料はあてにならぬから、それ以上の人数が、かなりの期間にわたって、いっしょにまとまっているということはとてもむずかしかったのである。これと反対に、遊牧民の軍隊は、ときに二、三〇万にも達することがありうる。かれらの前進をとめるものがないかぎり、まぐさを食い尽した一地方から、まだまぐさがそっくり生えている他地方へと移りつづけられるかぎり、まとまって進軍できる人数についての限度といったようなものは、まずないように思われる。狩猟民族は、近隣の文明国民にとって、けっして恐るべきものではありえない。だが遊牧民族は、かならずしもそうはゆかない。北アメリカで、先住民のしかけてくる戦争ほどたわいのないものはない。だが反対に、タタール人の侵略が、アジアでしばしば示したほど恐ろしいものはほかにない。ヨーロッパもアジアも、スキタイ人が統一されるなら抵抗しえないだろうというツキディデス〔前四六〇～前四〇〇頃。ギリシャの歴史家〕の判断は、あらゆる時代の経験によって証明されてきた。スキタイやタタールの、広大ではあるが無防備な平原の住民は、覇権をにぎったある遊牧群団、あるいは氏族の首長の支配下にしばしば統一された。そして、アジアに荒廃と蹂躙（じゅうりん）とが訪れたということは、いつもかれらの統一が成ったことを示すものに他ならなかった。もうひとつの大遊牧民族たる、アラビアの荒涼たる砂漠の住民のほうは、ただ一度だけしか統一されたことがなかった。それはマホメットと、そのすぐの後継者たちのもとにおいてであった。かれらの統一は、征服の結果というより、むしろ宗教的熱狂の結果であったが、統一をはっきりと示すその仕方は、〔前二者と〕同じであった。アメリカの狩猟民族たちが、もし万一遊牧民になることでもあったなら、かれらに隣り合せていることは、ヨーロッパの諸植民地にとって、いまよりもずっと危険なことになるだろう。

農耕民族の場合でも、主権者が経費を負担することはほとんどない

さらにもう一段進歩した社会状態では、すなわち、ほとんど外国商業をもたず、たいていどこの個人の家でも自家用に備えておくような粗末な家庭内の製造業以外には製造業をもたない農耕民族のあいだでは、だれもが同様に戦士であり、または容易に戦士になる。農業で生活している人々は、季節季節のあらゆるきびしさにさらされながら、たいていは一日じゅう戸外で過ごす。かれらはふだんの暮しのなかで辛苦に慣れているから、戦争の労役に向くし、この労役のうちには、かれらがどうしてもやらなくてはならない〔日常の〕仕事と、非常によく似たものがある。溝掘り人としてやらなくてはならぬ仕事をやっておれば、塹壕（ざんごう）のなかで働くのに向くようになるし、農地を囲い込むのと同様、陣営の防備を固めるのにも向くようになる。こういう農耕民の普通の気晴しは、遊牧民のそれと変りがなく、同じように戦闘のまねである。ただし、農耕民は、遊牧民ほど暇がないから、遊牧民のようにしょっちゅうはこういう気晴しをやらない。かれらは兵士なのだが、ただし、

兵士としての訓練を遊牧民ほど完全に身につけてはいない。身につけてはいないけれども、かれらが戦に出る準備をするのに、主権者または国家が、なんらかの経費を負担することはまずない。

農業は、そのもっとも原始的で低度な状態にあっても、定住地を前提とする。大きな損失なしには放棄できないような、ある種のきまった居住地が前提なのである。したがって、
189 農耕民ばかりの民族が戦に出るときには、全人民がいっしょに戦場に立つというわけにはゆかない。老人、女と子供は、少なくとも家にとどまって居住地の世話をしなくてはならない。しかし、適齢の男子はすべて戦場に立てるし、またこの種の小民族では、しばしばそういうことがあった。どの民族でも、適齢の男子は、人民全体のほぼ四分の一か五分の一に及ぶと推定される。もしもまた、戦闘が播種期のあとに始まり、穫入れ前に終るとすれば、農耕民とかれのおもな労働者たちが農場から割かれても、そうひどい損失にはならずにすむ。かれは、そのあいだにやるべき仕事は、老人、女と子供が、十分よくやれるものと安んじてまかせてゆく。それだから、かれは短期間の戦闘なら、給与をもらわなくとも服務することをいやがらないし、また主権者あるいは国家にとっては、しばしば戦の準備と同様、かれの従軍中の給養も、ほとんど経費がかからない。古代ギリシャにはいろいろな国家があったが、そのどこの市民も、第二次ペルシャ戦争〔前四九〇。アテネとペルシャの戦争〕後まで、またペロポネソスの人民は、ペロポネソス戦争〔前四三一～前四〇四。アテネの同盟諸都市とスパルタの同盟諸都市の戦争〕後まで、こ

ういうやり方で服務していたらしい。ペロポネソス人は、だいたい、夏には戦場をあとにして、穫入れをするため故郷に帰った、とツキディデスは言っている。ローマの人民は、王政のもとで、および共和国の当初のあいだには、同じやり方で服務した。家郷にとどまった人たちが、戦に出た人たちの暮しを支えるためにいくらか醵出（きょしゅつ）しはじめたのは、まさにウェイイの攻囲〔1〕のときであった。ローマ帝国の廃墟（はいきょ）のあとにうちたてられたヨーロッパの諸王国では、まさしく封建法と呼べるものが確立するまえも、その後しばらくのあいだも、大領主は、その直接の家来たちをすべてひきつれ、自前でもって国王の軍務に服するのがつねであった。戦場にあっても、故郷にいるのと同じようにして、大領主は自分自身の収入で食べていたのであって、この〔戦争という〕特殊の場合に、国王からもらう俸給とか手当とかいうようなもので食べる、というわけではなかったのである。

――製造業が発達し戦争技術が進歩すると、軍事費の国家負担が必要になってきた――

もっと進歩した社会状態では、二つの異なった原因がはたらいて、従軍する者は自前で食べてゆけということは、まったくできなくなる。二つの原因とは、製造業の発達と戦争技術における進歩とである。

農耕民が遠征に加えられても、それが播種期のあとに始まって穫入れ前に終るだけならば、かれの仕事が中断したからといって、かならずしも収入が取るに足りるほど減ってし

190
まうことはあるまい。かれが労働を加えなくとも、やるべき仕事の残りの大部分は、自然がやってくれる。ところが、職人、たとえば、鍛冶屋や大工や織布工だと、仕事場を離れたその瞬間、かれの収入の唯一の源泉が完全に涸れ尽きてしまう。自然はかれになにもしてくれないのだから、かれは自分手ずからいっさいをやるのである。それゆえに、かれが国家を防衛すべく戦場におもむくならば、自分を養う収入がなくなるのだから、かれはどうしても国家に養ってもらわなくてはならない。そこで、住民の大きな部分が、職人と製造業者であるような国では、戦に出る人々の大きな部分がこれらの階級から引き抜かれなければならないから、かれらが軍務についているあいだは、国家がかれらを養ってやらざるをえない。

戦争の技術も、ひどくいりくんだ複雑な科学へとしだいに発達してきて、社会の初期の時代のように、戦争の勝敗がただ一回の偶然的な小ぜり合いや会戦ではきまらずに、抗争は一般に数次のべつべつの戦闘にまたがって長びき、各戦闘が一年の大部分にわたって続くようになると、国家のために軍務に服する人々を、少なくともじっさいに軍務で使っているあいだは国家が養う、ということがどこでも必要になってくる。またさもなければ、戦に出る人々の通例の職業が平時にはどのようなものであるにせよ、こんなにひどく長びいて費用のかかる軍務は、かれらにとってなんとも過重な負担になってしまうだろう。したがって、第二次ペルシャ戦争後には、アテネの軍隊は一般に傭兵隊によって編成されており、その一部はたしかに市民からなっていたが、他の一部は外国人からなり、いずれも同様に国家の経費によって雇われ、支払われていたもののようである。ウェイイの攻囲のときから、ローマの軍隊は、戦場にとどまっているあいだの軍務にたいしては、手当を受けた。封建諸政府のもとでは、大領主の軍務も、その直接の家来たちの軍務も、ある時期を過ぎると、どこでも貨幣による支払で肩代りするようになり、その金は、かれらに代って軍務につく人々を養うために用いられた。

人民の総数にたいする戦に出られる人の数の割合は、未開社会におけるよりも、文明社会におけるほうが、必然的にずっと小さい。文明社会では、軍人は軍人でない人々の労働によってもっぱら養われるのだから、前者の数は、後者がそれぞれの地位にふさわしいやり方で、自分自身と、また自分らが養わねばならない行政と司法の役人をも養ったうえで、なおかつ養いうる分をけっして超えることができない。古代ギリシャの小さな農業諸国では、人民全体の四分の一とか、五分の一とかが、自分は軍人だと考えていたし、ときには、
191 ほんとうに出征したものだったという。近代ヨーロッパの文明諸国民にあっては、どの国でも、その住民の多くて一〇〇分の一を軍人として使えば、かれらの軍務の経費を支出する国のほうが破滅してしまう、とふつう計算されている。

軍隊に戦に出る準備をさせるための費用が、かなりのものになったのは、どこの国でも、戦場で軍隊を養うための費用が、全部主権者または国家に移ってしまってからずっと後の

ことだったらしい。古代ギリシャのさまざまな共和国のどこでも、軍事教練は、国がすべての自由市民に課した教育の必修部門であった。どの都市にも公共の広場が一つあったらしく、そこでは、国の役人の世話を受けながら、若者たちがいろいろな教師たちから、いろいろな訓練を受けた。ギリシャのどの国にせよ、市民に戦争の準備をさせるために負担したと思われるのは、このはなはだ簡単な制度の費用が、そのすべてであった。古代ローマでは、マルスの野原[2]での訓練が、古代ギリシャにおけるギムナジウム[3]の訓練と同じ目的にこたえるものであった。封建諸政府のもとでは、各地域の市民にたいして、数種の軍事教練のほか、弓術までも練習すべし、という公けの布告がたくさん出されて、同じ目的を目ざしたが、古代のように軍事教練を促進したとは思えない。それらの布告の実施をまかされた官吏の関心がなかったせいか、あるいはなにか他の原因があったのか、布告はどこでも無視されていたようである。そして、どこでも封建諸政府の推移のうちに、人民大衆のあいだでは、軍事教練はだんだんすたれていったらしい。

社会の進歩につれて戦争技術は高度化する一方、人民は非好戦的になり、しかもその富裕は隣国の侵略を挑発する

古代のギリシャやローマの共和国では、それらが続いているあいだずっと、また封建諸政府のもとでは、それらが初めて樹立されてからかなりのあいだ、軍人という職業は、他の職業から独立した別個のものにはなっておらず、市民の特定階級の唯一または主要な職

業をなすこともなかった。国家の臣民はだれでも、その生計を立てるのに、ふだんどんな職業や仕事についていようとも、平常の場合にはいつも、自分は本来の職業と同様に軍人の職業にも向いていると考えていたし、非常の場合にもたいてい、それを遂行する義務があると考えていた。

しかしながら、戦争の技術というものは、あらゆる技術のなかでももっとも高級なものだから、文明の進歩につれて、必然的に諸技術のなかでももっとも複雑なもののひとつとなる。機械技術の状態は、戦争の技術と必然的に関連する他のいくつかの技術とならんで、ある特定の時代に戦争の技術が到達しうる最高の水準を決定する。だが、戦争技術をこの
192 最高の水準に到達させるには、それが市民の特定階級の唯一または主要な仕事になることが必要である。分業は、他のどんな技術の場合でもそうだが、戦争の技術の進歩にも同じく必要だからである。分業が他の諸技術に導入されるときには、個々人の慎慮によって自然に行なわれる。個々人は、一つの特定の職業だけにつくほうが、あれこれたくさん手がけるよりも、自分の利益になるということがわかるからである。ところが、軍人という職業を、他のいっさいの職業から独立した別個の一特殊職業となしうるのは、ただ国家の叡知だけである。[4]私人としての市民が、天下泰平のときに、特別に公けの奨励もなしで、自分の時間の大半を軍事教練に費やすとすれば、おおいに教練がうまくなることも、おおいに楽しがることもまちがいあるまいが、ただかれ自身の利益を増さないことは確かである。

そこで、かれが自分の時間の大半を、この特殊な仕事につぎ込むことが、その利益になるようにしてやれるのは、国家の叡知だけである。それなのに多くの国家は、そういう叡知をもたないことには存立もあやうくなるような状況に立ちいたってさえ、その叡知をもちあわせないことがあった。

牧羊者にはおおいに閑暇があり、農夫にも、農耕の未開な状態では、かなり閑暇があるが、職人や製造業者には、それが全然ない。第一のものは、かれの損失もなしに、おおいにかれの時間を軍事教練に使えるし、第二のものもかなり使える。ところが最後のものは、ただの一時間でも使えば、かならずいくらかの損失になる。そこで自分の利益を考えて、自然に軍事教練などまったくなおざりにするようになる。技術と製造業の進歩が必然的に導いてくる農耕の諸改良も、職人と同じくらいわずかな閑暇しか農夫に残さないようになる。すると軍事教練は、都市の住民がなおざりにするのと同じ程度に、地方の住民もすっかりなおざりにするようになり、こうして人民の大部分は、すっかり非好戦的になる。これと同時に、農業と製造業の改良にいつもともなう、またじっさい、そうした改良の蓄積された成果に他ならないあの富というものが、隣国すべての侵略を挑発する。勤勉な、またそれゆえに、富裕な国民は、すべての国民のうちでいちばん襲われやすいのであって、国家が社会の防衛のためになにか新しい方策をとらぬかぎり、人民はその自然の慣習のために、みずからを防衛することがまったくできなくなってしまう。

―この場合の軍備の方法は、民兵か常備軍の二つしかない―

こういう状況のもとでは、国家が社会の防衛のために、一応なんとかなる程度の軍備をととのえる方法には、二つしかないように思う。

すなわち、第一には、非常にきびしい政策をとって、人民の利害や天分や好みの傾向な
193 どすべておかまいなしに、軍事教練の実習を強制し、兵役適齢の市民全部、あるいはその一定数を、かれらがたまたまどんな商売なり職業なりを営んでいようと、ある程度まで軍人の職業を兼ねるように義務づけることができよう。

さもなければ、第二には、一定数の市民を養い、雇用して、軍事教練を常時実習させておくやり方で、軍人という職業を、他のいっさいの職業から独立した別個の一特殊職業とすることができよう。

もし国家がこれら二方策のうちの第一にたよるならば、その軍事力は民兵に存するといわれ、第二にたよるならば、常備軍に存するといわれる。軍事教練の実習は、常備軍の軍人たちの唯一の、または主たる仕事であり、そして国家がかれらに供する生活維持費あるいは給与が、かれらの生計のおもな、また通常の資金である。他方、民兵の軍人だと、軍事教練の実習は臨時の仕事でしかなく、そしてかれらの生計のおもな、また通常の資金は、なにか他の仕事から得てくるのである。民兵では、労働者、職人あるいは商人の性格が、軍人の性格にまさり、常備軍では、軍人の性格が、いっさいのほかの性格にまさる。そし

て、この区別のうちに、これら二種類の違った軍事力のあいだの本質的な相違があるように思われる。

火器の発明とそれによる軍規の変化によって、大部隊の訓練が重要になった

民兵には、いくつか違った種類があった。ある国々では、国家防衛の任に当てられた市民たちは、教練を受けていただけで、いわば部隊編成されることはなかったらしい。つまり、独立した別々の部隊に分れて、各部隊ごとに特定の常任将校の指揮下に教練を受けるのではなかったらしい。古代のギリシャやローマの共和国では、出征しないあいだは、市民各自が、個々別々にか、あるいはもっとも気の合った同輩といっしょに教練を実習したらしく、戦場におもむくために実際に召集されるまでは、どの特定の部隊にも配属されることがなかったようである。他の国々では、民兵は、教練を受けたばかりでなく、部隊編成された。イングランドでもスイスでも、また私の信ずるところでは近代ヨーロッパのその他どこの国でも、この種の不完全な軍事力をもっていたところでは、民兵隊員はすべて、平時でさえあるきまった部隊に配属され、特定の常任将校の指揮下で教練を受けたのである。

火器が発明されるまでは、各自ひとりひとり、その武器を使うのにみごとな腕前をもった兵士のいる軍隊が勝った。身体が強くて敏捷（びんしょう）であることが決定的にたいせつで、それ

194 が普通、戦闘の運命を決した。だが、この武器を使う腕前は、大部隊をつくってではなしに、現在フェンシングを覚えるのと同じように、各人別々に特定の学校で、特定の教師についてか、さもなければ、各自の特定の同輩や仲間といっしょにか練習するのでなくては覚えられなかった。火器の発明以来、身体の強さや敏捷さは、いや武器を使う非凡な腕前でさえも、どうでもよいということはあるはずがないにせよ、重要性は減ったのである。火器というこの武器の性質からして、下手が上手と同じ水準になるというのではけっしてないけれども、以前にはとても起るはずがないくらい、その差が縮まってしまう。このようにして、火器を使うのに必要な腕前は、すべて、大部隊で練習しても十分覚えられるのだ、と考えられている。

　規律と秩序、そして命令に即座に従うことは、近代の軍隊では、兵士が武器を使う腕前よりも、戦闘の運命を決するのにいっそう重要な素質である。けれども火器の轟音、硝煙、そして大砲の射程内にはいるやいなや、それもしばしば戦闘開始などとはいえたものでないずっと前から、だれもが始終その身をさらしていると感じている、とらえどころのない死〔の恐怖〕は、近代戦の始まったばかりのときでさえ、この規律、秩序、そして命令に即座に従うことをかなりの程度に維持することもきわめて困難にしたにちがいない。古代の戦闘だと、人声から生じるもののほか騒音はなかったし、硝煙も立たず、目にみえないものが原因でけがをしたり死んだりすることもなかった。だれにしろ、なにか致命的な武器が現実にその身に迫ってくるまでは、身近にそのような武器のないことをまちがいなく見知っていた。こういう状況のもとでは、また武器を使う自分たちの腕前になにほどか自信をもっている部隊では、古代の戦闘の開始当初だけでなしに、その全過程をつうじ、ついに両軍の一方がはっきりと打ちやぶられるまで、ある程度の規律と秩序をたもつことは、近代よりもずっとやさしかったにちがいない。しかし、規律、秩序、そして命令にたいして即座に従うという習慣は、大きな集団で訓練される部隊でないと身につかないのである。

――民兵はどうしても常備軍よりはるかに劣る――

しかしながら、民兵は、どういうやり方で規律を教えられ、訓練されても、規律正しく訓練のゆきとどいた常備軍には、つねに、はるかに劣るにちがいない。

週に一回とか月に一回とかしか教練を受けない軍人は、毎日とか一日おきに教練を受け
る軍人のように、その武器をうまく使いこなすことはけっしてできない。そしてこの事情
は、近代では、古代におけるほど重要ではないかもしれないけれども、プロシャの軍隊が
優秀だと認められているのは、主としてかれらが教練にすばらしく熟達しているためだと
195 いわれるところからすると、これは今日でもおおいに考慮に値する重要性をもつことをわ
れわれに得心させるであろう。

週一回とか月一回とかしか将校に服従する義務がなく、ふだんはどんな点でも将校に責

任を負わずに自分のことを自分流にかたづける自由をもった軍人は、全生活、全行動を毎日、将校に指揮され、また毎日、将校の号令に従って起きたり寝たり、少なくとも営舎に引きあげたりしている軍人と同じようには、将校の前でかしこまり、またいつもすぐに服従しようとする気持にはけっしてなれない。民兵はつねに、いわゆる軍規、つまり、いつもすぐに服従する習慣の点では、いわゆる筋肉訓練、つまり、兵器の操作と使用のうえで往々常備軍に劣るよりも、さらに劣っているにちがいない。だが、近代戦では、いつでも即座に服従する習慣のほうが、武器の操作をかなり上手にやるということよりも、ずっと大きな重要性をもつのである。

タタール人やアラビア人の民兵のように、平時に服従しつけている、その同じ首長のもとで戦争に出る民兵は、ずばぬけて優秀である。将校への尊敬の点でも、いつもすぐに服従しようとする習慣の点でも、かれらは常備軍にもっとも近いものである。スコットランドのハイランド〔北西部の山の多い地方で、氏族制が続いていた〕の民兵は、自分たちの首長のもとに率いられて軍務に服していたときには、これと同種の強みをいくぶんかもっていた。けれどもハイランド人は、遊牧の民ではなくて定住して牧羊していたし、すべてきまった居住地をもっていて、平時には首長に従ってあちこち移動することに慣れていなかったから、戦時にかれに従って相当離れたところへ行くとか、長いあいだ戦場にとどまるとかいうことになると、タタール人やアラビア人ほどには乗り気でなかった。なにか戦利品を手に入れると、かれらはひどく故郷に帰りたがり、首長には、かれらを引き止めるだけの権威はまずなかった。[5]服従という点では、タタール人やアラビア人について伝えられているところに比べて、つねにはるかに劣っていた。また、ハイランド人は、その定住生活のゆえに、戸外で過ごす時間もより少ないので、タタール人やアラビア人がそうだといわれているのに比較すると、軍事教練に慣れることも、武器を使う腕前も、劣っていた。

しかし、どんな種類の民兵も、戦地でひきつづき何回もの戦闘に参加したものは、あらゆる点で常備軍になってしまうということは、注意さるべきである。兵士たちは、毎日、武器を使う訓練を受け、また常時、将校の命令のもとに置かれているため、常備軍のあいだで行なわれるのと同じ敏速な服従の習慣がついてくる。出征前になにをしていたかは、たいしたことではない。戦場でなんどかの戦闘をくぐりぬければ、かれらはあらゆる点で必然的に常備軍になってしまう。アメリカにおけるいまの戦争が長びいて、[6]さらに一戦行なわれるようなことになれば、アメリカの民兵は、最近の戦争〔一七五六～六三年の七年戦争〕で、少なくともフランスやスペインの最強のヴェテラン兵士たちにも劣らぬ武勇を示したわが国の常備軍にたいする好敵手になるだろう。

――歴史は常備軍の優越性を証明している――

この区別をよく理解すれば、あらゆる時代の歴史が、軍律正しい常備軍は民兵よりも圧倒的にすぐれていることを立証していることがわかるだろう。

正史のうちに、なんらかの明瞭な記述が残っている最初の常備軍の一つは、マケドニアのピリポスのものである。かれの部隊も初めはたぶん民兵だったのだろうが、トラキア人、イリリア人、テッサリア人、それにマケドニア近隣のギリシャ諸都市のいくつかと頻繁に戦うなかで、常備軍としての厳正な軍規を徐々に身につけるにいたった。かれが平和のうちにあった時も——もっとも、それはごく稀で、また、なにほど長続きもしなかったが——、用意周到にもその軍隊を解散しないようにした。この軍隊は、実に長く激しい苦闘の末、古代ギリシャのおもだった共和国の勇敢でよく訓練された民兵を、またその後には、ほとんど苦闘もすることなしに、大ペルシャ帝国のふやけて訓練も足りない民兵を打ち破り、鎮圧した。ギリシャ諸共和国とペルシャ帝国の没落は、常備軍がどんな種類の民兵よりも、抗するすべもないほど優れていることの結果なのであった。そしてこの没落こそは、歴史になんらかの明瞭な、あるいは詳しい記述を留めている人類史上最初の大変革である。

カルタゴの没落とそれに続くローマの興隆は、その第二の大変革である。これら二つの有名な共和国の運命におけるすべての明暗は、同じ原因からみごとに説明することができる。

第一次カルタゴ戦争の終りから第二次戦争の初めまで、カルタゴ軍は引きつづき戦場にあって、あいついで指揮に当った三人の名将、ハミルカル〔前二二九年没。バルカス＝雷電将軍とよばれたカルタゴの名将〕、その女婿ハスドルバル〔前二二一年没。ハミルカルの後継者で新カルタゴの建設者〕、息子のハンニバル〔前二四七〜前一八三。ハミルカルの長男。義兄ハスドルバルのあとをついでカルタゴ軍の指揮をとった勇将〕のもとで、はじめは自分たちの反乱奴隷を打ち懲らし、のちにはアフリカの反乱諸国を鎮定し、そして最後にはスペインの広大な王国を征服するのに従軍した。ハンニバルがスペインからイタリーへ引きつれていった軍隊は、かならずやこうしたさまざまの戦争にもまれて、次第に常備軍としての厳正な軍規を身につけていったにちがいない。さて一方、ローマ人は、まったく平和続きであったわけではないけれども、この期間中、ほんとうに重大な戦争をしたことはなかった。そこで、かれらの軍規はすっかりたるんでいた、とあまねく言われている。だから、ハンニバルが、トレビア、トラシュメヌス、カンネーで会戦したローマ軍というのは、常備軍に立ち向った民兵だったということになる。この事情が、たぶんこれらの戦闘の運命を決するのに、他のなによりも大きく効いたのであろう。

　ハンニバルがスペインに残してきた常備軍も、それに対抗するためにローマ人が送った民兵より、同じく優れていたから、近々数年のうちに、ハンニバルの弟の小ハスドルバル〔前二〇七年没。ハミルカルの次男〕の指揮のもと、かれらをこの国からほとんど追い出してしまった。

　ハンニバルは、本国から十分な補給を受けなかった。ところがローマの民兵はずっと戦場にいたので、戦争の進行につれて軍律正しく教練を積んだ常備軍になってきた。そこでハンニバルの優位は、日に日に減っていった。ハスドルバルは、かれがスペインで指揮をとっていた常備軍の全部、あるいはほとんど全部をひきいて、イタリーにいる兄の応援にゆくことが必要だと判断した。進軍の途中、かれは案内人にだまされて道に迷ったという。そして、かれの知らない地方で、どこから見てもかれの常備軍に優るとも劣らない別の常備軍に不意打ちを食わされ、こうして完全に敗れ去った。

ハスドルバルがスペインからいなくなってしまえば、大スキピオ〔前二三六～前一八四。大アフリカヌスとよばれたローマの名将で統領となる〕に刃向うものといっては、かれの民兵よりもっと劣った民兵だけであった。かれはこの民兵を征服鎮圧したが、その戦争の過程で、かれ自身の民兵は、必然的に軍律正しく訓練を積んだ常備軍になっていった。その常備軍は、のちにアフリカへ派遣されたが、そこでは、これに刃向うものは民兵だけであった。カルタゴ防衛のため、ハンニバルの常備軍を呼び戻すことが必要になった。士気沮喪し、敗けぐせのついたアフリカの民兵がそれに合流し、かのザマの戦いでは、これがハンニバル軍の大部分をなしていた。その日の出来事が、敵対する両共和国の運命を決したのである。

第二次カルタゴ戦争の終りからローマ共和国の没落まで、ローマの軍隊は、どこから見ても常備軍だった。かれらの武器にある程度抵抗したのは、マケドニアの常備軍であった。ローマ軍の勢威の絶頂においてすら、その小さな王国を屈服させるには、二度の大戦と三度の大会戦をやらねばならなかったし、もしマケドニアの最後の王が臆病でなかったら、その征服は、おそらくもっとむずかしかったろう。古代世界のすべての文明国の、すなわちギリシャ、シリア、エジプトの民兵は、ローマの常備軍にたいして抵抗らしい抵抗もできなかった。だが、いくつかの野蛮民族の民兵は、文明国民より、はるかに手ごわく防戦した。ミトリダーテス〔前一三二頃～前六三。小アジアのポントスの王〕が黒海とカスピ海北方の諸国からつれてきたスキタイやタタールの民兵は、ローマ人が第二次カルタゴ戦争以後戦いを交えねばならな
198
かった、もっとも恐るべき敵であった。またパルティアとゲルマンの民兵も、つねに侮りがたく、何度かは、ローマ軍にたいして大きく優位に立った。けれども概して言えば、またローマ軍の指揮がしっかりしていたときには、ローマ軍のほうがはるかに優越していたように思われるのであって、ローマ人がパルティアなりゲルマンなりの徹底的な征服を追い求めなかったのは、どうやらこれら二つの野蛮国を、すでに大きくなりすぎた帝国につけ加えるだけの値打はないと判断したからであろう。古代パルティア人は、スキタイまたはタタール系の民族であったらしく、あらかた祖先の風習を、いつも守っていたようである。古代ゲルマン人は、スキタイ人やタタール人と同様、遊牧の民で、平時にいつも服従していたその同じ首長のもとで戦いにおもむいた。だからゲルマン人の民兵は、たぶんかれらもその流れを汲むスキタイ人あるいはタタール人の民兵と、まさしく同一種なのであった。

いろいろと多くの原因がはたらいて、ローマ軍の軍規は弛んでいった。軍規が極端に厳しすぎたのも、おそらくその一つであった。勢威の高みにあって、抗しうる敵とてないよ

うに見えたとき、かれらの重装の甲冑は、いらざる重荷として取りはずされ、骨の折れる訓練は、いらざる面倒としてなおざりにされた。そのうえローマの帝政時代には、ローマの常備軍、とりわけゲルマンとパンノニア国境の守備にあたった常備軍は、主人たる皇帝にとって危険な存在となった。というのは、かれらが、しばしば自分たちの将軍を押し立てて、皇帝に対抗したからである。かれらの勢いをそぐために、ある著者たちによると、ディオクレティアヌス帝〔二三〇頃〜三一六頃。ローマ皇帝〕は、また他の著者たちによるとコンスタンティヌス帝〔二七四頃〜三三七。ローマ皇帝〕は、普通それぞれ二個あるいは三個軍団からなる大部隊でずっとそれまで駐屯していた国境から、初めてかれらを引きあげ、小部隊に割ってあちこちの地方都市に分散させ、敵の侵入を撃退するのに必要となった時以外は、ほとんどほかへ移動させないようにした。小部隊に分れて商工業都市に宿営し、そこからめったに移動することのなかった兵士たちは、自分自身が商人になり、職人になり、製造業者になった。市民としての性格が、軍人としての性格より強くなってゆき、こうしてローマの常備軍は、次第に腐敗し、なおざりにされ、軍規も乱れた民兵に成り下っていった。それは、その後間もなく西ローマ帝国に侵入してきたゲルマンとスキタイの民兵の攻撃に耐えることができなかったのである。皇帝たちが、なおしばらくのあいだ、みずからを防衛することができたのは、ただただこれら民族のうちのあるものの民兵を雇って、他の民族の民兵に対抗させ
199 たことによる。西ローマ帝国〔三九五〜四七六〕の没落は、古代史がなんらかの明瞭な、あるいは

詳しい記述を残している人類史上第三の大変革であった。それは、野蛮民族の民兵のほうが文明国民の民兵より、つまり、遊牧民族の民兵のほうが農夫や職人や製造業者の国民の民兵より、問題にならぬほど強いことから起ったことである。民兵がかちえた勝利というのは、総じて常備軍に勝ったのではなしに、訓練と軍律において自分より劣ったほかの民兵にたいする勝利であった。ギリシャの民兵がペルシャ帝国の民兵に勝ったのがそうだし、後代になって、スイスの民兵が、オーストリアやブルゴーニュの民兵に勝ったのもそうである。

――文明国の国防は、常備軍によるほかはない――

西ローマ帝国の廃墟の上に国をたてたゲルマンとスキタイの国民の軍事力は、新しい定住地においてもなおしばらくのあいだは、もとの国にいたときと同種のものであった。すなわち、牧羊者と農夫の民兵であって、戦時には、平時にかれらが服従しつづけている、その同じ首長の指揮のもとに出征した。それだからこの民兵は、かなりよく訓練され、また、規律もかなり正しかった。ところが、技術と産業が進むにつれて、首長の権威はしだいに衰え、また人民の大部分は、軍事教練に割ける時間が少なくなってきた。そのために封建的民兵の規律も訓練もだんだんだめになってゆき、それにとって代って、次第に常備軍が導入された。そのうえ、ひとたび常備軍という手段が、ある文明国民によって採用されると、すべての近隣諸国もその例にならうことが必要になってくる。というのも、近隣諸国は、自国の安全が常備軍を採用するかどうかにかかっており、また、自国の民兵では、常備軍の攻撃にぜんぜん抵抗しえないことに、まもなく気づいたからであった。

常備軍の兵士は、敵など一度も見たことさえなくとも、なおかつ、ヴェテラン部隊の勇気をすべて備え、また戦場に臨んだもうその瞬間に、百戦練磨のヴェテランに立ち向う気構えができていたことが、たしかにしばしばあったらしい。一七五六年、ロシア軍がポーランドに進軍したさい、ロシア兵の武勇は、その当時ヨーロッパ随一の勇猛と戦歴を誇るヴェテランと考えられていたプロシャ人の武勇に、劣るとはみえなかった。ところが、ロシア帝国は、それ以前二〇年近くのあいだ、まったくの平和を享受していて、その当時、およそ敵というものにあいまみえたことのある兵士は、ほんのわずかしかいなかったのである。一七三九年、スペイン戦争が始まったとき、イングランドは約二八年にわたって、[200]まったくの平和を享受していた。しかし、わが兵士の武勇は、その長期の平和によって腐敗するどころか、あの不幸な戦争の最初の不幸な大戦果たるカルタヘナ[7]攻撃において、空前の輝きを見せたのである。長く平和が続くと、将官は、ときにその指揮の技術をなおざりにするかもしれないが、軍律正しい常備軍がたもたれているところでは、兵士が武勇をなおざりにすることは断じてないと思われる。

文明国民がその防衛のため民兵に依存していると、その国民は、たまたま近くにいるどの野蛮国民からも征服される危険にいつもさらされていることになる。アジアの文明諸国がいずれもタタール人によってしばしば征服されたということは、野蛮国民の民兵が、文明国民の民兵にたいして、もともと優越性をもっていることを十分に立証している。軍律正しい常備軍は、いかなる民兵にもまさっている。そういう軍隊は、富裕な文明国民によってもっともよく維持されるし、そこでまた、常備軍だけがそういう国民を、貧乏で野蛮な隣国の侵略から守ることができたのである。それゆえに、どんな国の文明も、常備軍という手段によらないでは永続することはできないし、あるいは相当の期間保持することさえできない。[8]

　軍律正しい常備軍という手段によらずには、文明国の防衛ができないのと同じように、その手段によらずには、野蛮国を急激にかなりの程度に文明化することもできない。常備軍は、反抗を許さぬ力でもって、主権者の法をその帝国の最も僻遠(へきえん)の地にいたるまで施行し、ある程度正規の統治を、常備軍によるのでなかったらいかなる統治も受けいれられなかったような国々において維持する。だれにせよ、よく注意して、ピョートル大帝〔在位一六八二〜一七二五。ロマノフ朝の皇帝〕がロシア帝国にもちこんだいろいろの改良を調べてみれば、そのほとんどすべてが軍律正しい常備軍を置いたことに帰着することがわかるだろう。常備軍こそは、大帝のその他すべての規制を実施し維持するための手段だったのである。その帝国が、以来ずっと享受してきた、あれほどの秩序と国内平和とは、まったくこの軍隊の力に負うものである。

201

――常備軍は自由にとって好ましくないとはいえない――

共和主義者は、常備軍は自由にとって危険なものだとして、疑いの目で見まもってきた。いかにも、司令官とおもだった将校たちの利害が、その国家の基本的な構造を、どうしても支持せざるをえないようになっていないところではどこでも、確かにそうである。シーザーの常備軍は、ローマ共和国を滅ぼした。クロムウェル〔一五九九～一六五八。イギリスの軍人。政治家。ピューリタン革命の指導者〕の常備軍は、長期議会〔チャールズ一世が召集した議会。一六四〇～六〇〕の議員を議場から追い出した。しかし、主権者がみずから司令官で、その国のおもだった貴族と郷紳（ジェントリー）が軍隊の高級将校になっているところ、言いかえれば自分自身、民政権の最大の分け前にあずかっているがゆえに、軍事力が、民政権を維持することに最大の利害をもつ人々の指揮下に置かれているところでは、常備軍は自由にとってけっして危険なものたりえない。逆に、常備軍は、場合によっては自由にとって有利なこともありうる。常備軍のおかげで主権者が安全であれば、近代のいくつかの共和国にみられるような、各市民のごくつまらない行動まで監視し、各市民の平和を乱そうといつでも身構えているようにさえ思える、あのやっかいな疑心暗鬼が無用になる。元首の安全が、その国のおもだった人々によって支持されてはいても、なにか民衆の不平不満があればすぐに危険にさらされるようなところ、言いかえれば、ささいな騒動が数時間のうちに大革命をひき起しうるようなところでは、政府は、政府に反対してぶつぶついったり不平をならべたりすることをいっさいおさえつけ処罰するために、その全権力を用いねばならない。これと反対に、その国の生え抜きの貴族層によってだけでなく、軍律正しい常備軍によっても支持されていると自覚している主権者なら、どんなに乱暴な、根拠のない、放埒（ほうらつ）な抗議が出てきたとて、ほとんどびくともしない。かれは安んじてそれを許し、あるいは大目に見ることができるし、自分のほうが優越しているということがわかっているから、自然そうしようという気にもなる。放埒に近いほどの自由は、主権者が軍律正しい常備軍によって安全を保障されている国々でだけ許されうる。こういう放埒な自由のとんでもないでたらめにたいしてさえ、公共の安全のためといって、それをおさえる裁量権を主権者にゆだねることを必要としないのは、そういう国々においてのみである。

――社会の進歩と火器の発達によって軍事費はだんだん高くなる――

したがって、その社会を、ほかの独立社会の暴力と不正から防衛するという主権者の第一の義務は、その社会が文明化するにつれて、次第にますます高くつくようになる。[9] 本来は、平時戦時を問わず、主権者にはなんの費用もかからなかった社会防衛のための軍事力は、社会の改良が進んでくると、初めは戦時に、のちには平時にも、主権者によって維持されざるをえなくなる。

火器の発明によって戦争の技術にもたらされた大きな変化は、平時に一定数の兵士を教練し、軍規をたたきこむための経費、戦時にかれらを動かすための経費の両方を、さらにいっそうふやすことになった。かれらの兵器、弾薬ともに前より高くつくようになった。

小銃は、投槍とか弓矢よりは高い機械だし、同様に、大砲や臼砲も、投石機とか弩砲よりは高い機械である。近代の観兵式で使われる火薬は、いちど撃てばそれきりで、とても大きな経費がいる。古代の観兵式で投げたり、射たりした投槍とか矢は、容易にもう一度拾いあげることができ、それにごくわずかな値打のものであった。大砲や臼砲は、投石機
202 や弩砲よりもずっと高価な機械だというだけでなしに、重たくもある。そこでそれらを戦場で使えるように整備するためだけでなしに、戦場へ運ぶためにも、より大きな経費を要する。近代の砲の、古代人のそれにたいする優秀性もまた非常に大きいから、この優秀な砲の攻撃にたいして、たとえ数週間にせよ、もちこたえるように一つの都市を防備するのは、はるかにむずかしく、またしたがって経費もはるかに多くかかるようになっている。近代では、たくさんの違った原因が積み重なって、社会の防衛には前よりも金がかかるのである。改良における自然の進歩のこの避けられない結果は、金がかかるという点において、戦争技術の一大革命により、おおいに促進されたのであるが、その革命は、火薬の発明という単なる一偶然事がひき起したもののようである。

近代の戦争では、火器に要する経費が大であるから、この経費をもっともよくまかなえる国民が明らかに優位に立つ。また、したがって、富裕な文明国民は、貧乏な野蛮国民より明らかに優位に立つ。古代には、富裕な文明国民は、貧乏な野蛮国民にたいして、みずからを防衛することのむずかしさを思い知った。近代では、貧乏な野蛮国民が、富裕な文

明国民にたいして、みずからを防衛することのむずかしさを思い知るのである。火器の発明は、一見はなはだ有害のように見える発明だが、これは文明の永続と拡大の両方にとってたしかに好ましい。

〔1〕ウェイイ Veii は、ローマの北西一六キロに位置したエトルリア人の都市国家で、前七～前六世紀には、ローマよりもむしろ強大であった。ローマ軍の包囲攻撃は、前四〇六～前三九六年にわたり、当時多大の軍費を要したといわれている。

〔2〕Campus Martius ローマの青年たちがスポーツ訓練と軍事教練を受けたところ。マルスはローマ神話の軍神で、訓練場はこの神にちなんで名づけられた。

〔3〕Gymnasium 古代ギリシャの各都市に一つずつ（アテネには三つ）あった一八歳以上の男子を対象とするスポーツ訓練施設で、グムナジアルコスと呼ばれる高位の役人が施設の管理と競技の総監督に当った。もともとの言葉の意味は「裸体での訓練のための学校」である。現在、英米では「ジム」という慣用語に示されるように、元来の体育施設の意味を受け継いでいるが、ドイツ語系の諸国では、付属していた知育のための施設というほうが受け継がれ、高等中学校をさす呼び名となっている。

〔4〕文明社会における国防問題は、利己心にもとづく分業という文明社会の大原理にたいする顕著な例外をなしている。すなわち、文明社会の経済構造そのものを対象とするかぎり（『国富論』の篇別に即していえば第一～第四篇まで）、分業、つまり職業の

分化も、それぞれの職業部門への新技術の導入も、交換本能に支えられ、みずからの地位を不断に改善しようとする利己心に促されて、だれが干渉し介入しないでも、いわば「事物自然の成り行き」として進行する。ところが、こと国防にかんしては、つまり最高の技術を要し、したがってまた、専門の職業または主たる職業として軍事にたずさわる一階級によって分業的に担われるほかない国防にかんしては、私人の利己心と慎慮は無力であり、私人の利己心を誘導する国家の叡知が必要なのである。分業の発展は、その必然の帰結として国家を生むが、いったん成立した国家は、独り歩きを開始して逆にみずからを生んだ土台としての経済社会にはたらきかける。それは、まさに政治と経済の分業の体系であり、スミスにおける市民社会の実相でもあった。そして、この第五篇は、まさに、かかるものとしての市民社会を描こうとしているのである。

〔5〕ここでスミスが、ハイランドの民兵を主力としてイングランド正規軍と戦ったジャコバイト（名誉革命で王位を追われたステュアート朝を復位させようとした一派）の二度（一七一五年と四五年）の反乱、とくに一七四五年の戦いを念頭にしていることはまちがいない。「若き僭王（せんおう）」チャールズ・エドワードに率いられたハイランド兵を主力とするジャコバイト軍は、勇戦してイングランド領内に入り、長駆ダービーの町まで進んだ。ロンドンまでわずか一六〇マイル、しかも、首都との間に立ちはだかるイングランド軍は四〇〇〇しかいなかった。それにもかかわらず、まさにスミスが指摘

した通りの事情で、ハイランド兵は望郷の想いにかられて反転してしまい、立ち直ったイングランド軍にカロードン湿原で致命的な敗北を喫したのである。

〔6〕アメリカ植民地で本格的な戦争が始まったのは、有名なレキシントンの戦い（一七七五年四月一九日）からであり、『国富論』は、一七七六年三月九日に公刊された。したがって、この個所をスミスが書いたのは、一七七五年の四月下旬以降、たぶんその年末くらいまでの間かと推定される。

さて、アメリカ独立戦争の初期段階は、まさに大ブリテンの正規兵（およびドイツの傭兵（ようへい））と、農民、職人等々からなるアメリカ民兵の戦いであった。そしてスミスが予想した通り、アメリカ民兵は八年にわたる戦闘経験のなかできたえられ、ワシントンの優れた指揮とフランスの参戦に支えられて、ついに大ブリテン軍を降伏させたのであった。戦争の初期に、ワシントンは民兵を非難してこう言った。「君らは来た。そのわけはわからぬ。君らは去る。いつ去るか、それもわからぬ。戦う。どこでかはわからない。糧食を食べつくし、軍需品を使いつくし、そして大事な時に君らは去るのだ」。一七八三年、大ブリテン軍司令官コーンウォリス将軍を降伏させた後で、同じワシントンは、こう述べた。「時にはなかば飢え、いつもボロを身にまとい、給料も支払われず、しばしば人間の限界を超える苦難をなめた、このごく少数の人々が、八年間も、イギリス軍隊による鎮圧計画をくじいてきたとは信じられない」（池本幸三「ワシントンと独立戦争」、世界歴史シリーズ17『合衆国の発展』六五ページ）と。

〔7〕Cartagena　カリブ海に面したスペイン領植民地の海港で、現コロンビア領にある。一五三三年に開かれ、スペインはここに「西インドの女王」(チェスの女王のこと)とよばれるほどに強大な要塞を築き、地の利を得て、スペイン領アメリカ防備の拠点とした。オーストリア継承戦争にまき込まれた大ブリテン・スペイン間の戦争中の一七四一年、エドワード・ヴァーノンの率いる大ブリテン軍がこれを攻略した。

〔8〕一七四五～四六年のジャコバイトの反乱が鎮圧されたあと、スコットランドでは、武器を帯びることが、タータンのキルトのようなハイランド風の服装とともに禁止された。しかし、もともと尚武の民スコットランド人のあいだでは、国の自衛にたいする関心は根強かった。一七五九年、フランスの海賊フランソワ・サーローがスコットランド沖に現われた事件が口火となって、スコットランド国民軍 Scottish National Militia をつくれという要求が燃え上った。一七六〇年には、国民軍制定にかんする法案が議会に提出されたものの、たちまちイングランド議員によって否決されてしまった。一七六二年には、イングランド人との権利の平等と自衛の軍を持つことの二つを要求してポーカー・クラブ(ポーカーは火かき棒のこと)が結成され、スコットランドのおもだった人々が多く参加した。ヒュームもスミスも、サー・ジェイムズ・ステユアートもケイムズ卿もみな会員であった。そのスミスが、『国富論』において、常備軍の優越性を徹底的に論証したことは、他の会員の驚きと怒りを買ったらしい。しかしスミスの論証は、第三者的な民兵批判などではないように思われる。むしろ、ハイ

ランド軍はなぜ敗れたか、を自分自身に要因のひとつひとつを納得させてゆくような苦渋が感じられる。それが、いっそうここの議論の説得性を強めている。むろんスミスは、ジャコバイトではなかった。しかし、かれは、一七〇七年のイングランドとの合邦後のスコットランドに、反乱が起っても少しもおかしくないような矛盾と抑圧された不満がたぎっていたことをよく知っていた。そしてなによりもかれは、合邦で設定された両国の一体化路線を一つの必然と見ていたにせよ、ついに最後までスコットランド人であった。

〔9〕スミスの財政上の基本的な主張は、いわゆる「安価な政府」cheap government である、とよくいわれる。しかし、ここでの言明でもわかるとおり、国家経費のなかには、軍事費、主権者の尊厳をたもつための経費のように、社会の発展とともに必然的に膨張するものがある。また、司法費、公共事業の経費のように、本来ならば、国家負担をもっと軽くできるはずのものでありながら、制度の改革が行なわれないかぎりは、膨張を続ける費目もある。単純に安ければよい、という論旨ではない。むしろ、経費の絶対額は社会の発展とともにふえるが、それを支える年々の土地と労働の生産物が（正しい国家活動を条件としながら）、それ以上の増加率でふえるがために、相対的には安価な政府が実現されてゆく、というのが、スミスの基本的な立論であろう。

第二節　司法費について

――司法費も社会発展の時期によって異なる――

主権者の第二の義務は、その社会のどの成員をも、同じ社会の他の成員の不正や抑圧から、できるかぎり保護する、あるいは裁判の厳正な実施を確立するという義務であるが、これまた社会発展の異なった時期には、おおいに異なった程度の経費を必要とする。

――政府は私有財産の形成にともなって成立する――

狩猟民族のあいだでは、財産と言えるようなものは、ほとんどないか、あったとしても、たかだか二、三日の労働の価値を超えるものはなにもないから、裁判にかんして、なにかきまった役目の人がいるとか、正規に運営されるとかいうこともまずない。なんの財産も持たぬ人々が、おたがいに侵害できるのは、身体か名声だけである。しかし、ある人が他人を殺傷し、なぐり、あるいは誹謗してみたところで、この侵害を加えられた人は苦痛を
203 受けるけれども、やったほうもなんの利益を得るわけでもない。ところが、財産にたいする侵害となると別である。侵害する人間の利益は、しばしば侵害される人間の損失に等しい。嫉み、恨み、または怒りだけが、人を駆って他人の身体や名声に侵害を加えさせうる

情念である。だが、大多数の人間は、そうしばしばそうした激情にとりつかれるものではないし、極悪人だとて、絶えずそのようなことをしているわけではない。それに、そういう情念を満足させることも、特異性格の人間にはひどくいい気持であるにせよ、なにも実質的な、あるいは長続きのする利益をともなわないから、大多数の人間は、落ち着いてとっくり考えれば、そういう情念は抑制してしまうのが普通である。ひとは、こうした情念による不法行為から自分を保護してくれる司法権力がなくとも、なんとかがまんできる程度の安全のもとで、あいともに社会をなして生きてゆくことはできる。ところが、富者の貪欲と野心、貧乏人が労働を嫌悪し、目先の安易さと享楽を好む心――これらは、ひとの財産を侵すようにそそのかす情念であり、前にあげた情念よりも、つねに揺がず作用し、影響の及ぶ範囲もはるかに広い。大財産のあるところ、かならず大不平等がある。一人の大金持がいれば少なくとも五〇〇人の貧乏人がいるにちがいなく、少数者の豊かさは多数者の乏しさを意味する。富者の豊かさは貧乏人の怒りをかきたて、かれらは欠乏に駆られ、同時に嫉みにそそのかされて、しばしば富者の所有物を侵すにいたる。多年の、あるいはおそらく何代にもわたる労働で獲得した高価な財産の所有者が、ただの一夜にせよ安眠できるのは、司法権力の庇護のもとにあればこそなのである。かれはいつも、だれともわからぬ敵にとり囲まれている。その敵は、けっしてかれのほうで挑発したのではないのだけれども、けっしてなだめられるはずのない敵なのであって、その不正からかれを保護しうるのは、不正を打ちこらしめようとたえず振り上げられている司法権力の強力な腕のみである。したがって、高価で厖大（ぼうだい）な財産ができてくると、どうしても政府（シヴィル・ガヴァメント）を樹立する必要が生じる。財産がないか、あったとしても、たかだか二、三日の労働の価値を超えるものはなにもないところでは、政府（シヴィル・ガヴァメント）はそれほどなくてはならぬものではない。

服従の自然的原因には、個人的資質、年齢、財産、素性があるが、とりわけ財産の大小が重要である

政府（シヴィル・ガヴァメント）というものは、ある程度の服従がないと成り立たない。ところが、政府（シヴィル・ガヴァメント）の必要性は、高価な財産ができるにつれてだんだん大きくなるのだから、おのずと服従をもたらすおもな原因も、その高価な財産の成長につれてだんだん大きくなる。おのずと服従をもたらす原因または事情、すなわちおのずと、しかもなんらかの統治制度ができる前から、若干の人々を、その同胞の大部分よりも優越させる原因または事情は、全部で四つになると思う。

204 それらの原因または事情の第一は、肉体の強さ、美しさ、軽快さ、精神の知と徳、慎慮、正義、堅忍と中庸といった個人的資質がすぐれていることである。肉体的な資質は、精神的な資質をともなわないかぎり、社会のどの時代においても、権威を生むことはない。腕力だけで、弱虫にせよ二人の人間をむりやり従えておける人間は、よほど強いやつである。精神的資質なら、それだけで強大な権威を生むことができる。ただしそれらは、目で見る

わけにゆかない属性だから、いつでも争う余地があり、また通例争われてきた。野蛮であろうと文明であろうと、いかなる社会でも、身分と服従の順位にかんする規則を定めるのに、これらの目で見るわけにいかない属性に従ってではなく、なにかもっとはっきりした、掌（たなごころ）を指すようにわかるものに従うのが便宜だ、とつねに考えられてきた。

それらの原因または事情の第二は、齢（とし）が多いことである。老人は、耄碌（もうろく）したのではないかと疑われるほど齢をとってしまわなければ、どこでも同じ身分、財産、才能の若者よりも尊敬される。北アメリカの原住諸種族のような狩猟民族のあいだでは、年齢こそが身分と順位の唯一の基礎である。かれらのあいだでは、父とは目上にたいする呼び名であり、兄弟とは同輩、息子とは目下にたいする呼び名である。もっとも富裕な文明国民のあいだだと、ほかのすべての点で同等な、したがって、ほかに身分を規定すべきものがなにもない人々のあいだでだけ、年齢が身分を規定する。兄弟のあいだ、姉妹のあいだでは、最年長のものがつねに上の地位を占めるし、また父の資産を相続するにあたっては、栄誉の称号のように分割不可能で、全部を一人の人に渡すほかないものはなんでも、たいてい最年長のものに与えられる。年齢ははっきりした、掌を指すようにわかる属性であり、争う余地もないものだからである。

それらの原因あるいは事情の第三は、財産の多いことである。しかし、富の権威は、社会のどの時代においても大きいのだけれども、それは、社会のもっとも未開な時代で、かつ重大な財産上の不平等が生じた時代において、おそらく最大であったろう。タタールの首長がいて、一〇〇〇人を養うに足りる家畜の増加があったとしよう。かれにとっては、一〇〇〇の人を養う以外に、その増加分の、どんなうまい使い道もほかにはありはしない。かれの社会は未開の状態なので、かれの原生産物のうち、自分自身の消費を超えて余った分と交換できるようなどんな製造品、それこそ、どんなたぐいのつまらぬ物や安ぴか物でさえ提供しえないからである。この首長がこうして養う一〇〇〇人は、その生活の糧につ いて、まったくかれに依存しているのだから、戦争ではかれの命令に従い、平時にもかれの裁判権に服さざるをえない。だから、かれは必然的にかれらの司令官であり、また裁判官であり、かくてかれの首長たるの地位は、かれの財産が多いことの必然的な結果なので
205 ある。富裕な文明社会では、はるかに大きな財産を持つ人もありえようが、それでも一ダースの人々を支配することはできまい。かれの領地からあがる生産物は、一〇〇〇人以上を養うに足りるかもしれず、また、おそらく現に養っているかもしれないけれども、なおかつ、自分はまったくかれに依存している、と思うものはまずひとりもいない。というのも、それらの人々は、かれから受け取るあらゆる物にたいして、なにか対価を支払っているし、かれのほうも等価物と交換にでなければ、なにものをも、だれにも、まず与えはしないからである。こうしてかれの権威は、わずかの召使に及ぶだけである。そうはいっても、財産の権威は、富裕な文明社会においてさえ、はなはだ大である。財産の権威が、年

齢の権威、また個人的資質の権威のいずれよりもはるかに大きいということは、財産における、重大な不平等が生じて以降、社会のすべての時期をつうじて、たえざる不満の種であった。社会の第一期たる狩猟民の時代には、そうした不平等の生じる余地がない。だれもが貧乏だから、そこではだれもが平等になってしまうのであり、齢の多いこと、個人的資質のすぐれていること、これらが権威と服従の、微力ではあるが唯一の根拠なのである。だから、社会のこの時代には、ほとんど、あるいはまったく、権威とか服従とかいうものは存在しない。社会の第二期たる遊牧民の時代には、財産における、はなはだしく大きな不平等が生じうる。また財産の多いことが、その所有者にこれほど大きな権威を与える時代はほかにない。したがって、権威と服従とが、これ以上完璧にうちたてられる時代もほかにはないのである。アラビアの酋長の権威は絶大であり、タタールの汗の権威にいたっては文字どおり専制的である。

それらの原因あるいは事情の第四は、生れのよさである。生れがいいということは、そう主張するひとの一族が、むかしから財産家だったろうということである。どの家も、古いということについては変りがない。また、王侯の先祖は、乞食の先祖よりもよくわかっていることはあっても、数が多いなどということは、まずあろうはずがない。家柄の古さとは、どこでも、富の古さ、あるいは通例富にもとづくか、富にともなう高い地位の古さを意味している。成り上りの高い地位は、どこでも古いものほどには尊敬されない。簒奪者を憎み、旧王家に愛着をもつのは、人が前者にたいして自然にいだく軽蔑と、後者にたいしていだく古きものへの尊敬とにもとづくところが大きいのである。将校は、つねづね指揮下にあった上官の権威にはすすんで服するが、下位の者が頭の上に据えられたりしようものなら、我慢ならない。それと同様人々は、自分も先祖もつねづね服従してきた一族には易々として服従するが、そうした優越性など少しも認めたことのないほかの一族が、かれらにたいする支配権を横領したりすれば、烈火のごとくおこりだす。

206 生れによる差別は、財産の不平等のあとにつづくものだから、狩猟民族の場合には、起る余地がない。かれらのあいだでは、だれもが財産の点で平等だから、同様、生れの点でもほとんど平等に近からざるをえないのである。もっとも、かれらのあいだでも、賢明で勇敢な人の子孫は、不運にも愚か者または臆病者の子孫として生れた者より、かれらの人間的な価値はひとしいのに、いくらか余分に尊敬されるかもしれない。だが、その差が、いちじるしく大きいということはあるまい。だから、まったく知と徳を代々受け継ぐことによってのみ著名になったというような名家は、世界のどこにもなかったと私は信じている。

生れによる差別は、遊牧民族のあいだでは、起りうるというだけでなしに、つねに起る。そういう民族は、つねにどんなたぐいの奢侈をも知らないし、大きな富が、あとさきも考えない浪費によって、かれらのあいだにまき散らされてしまうことも、まずありえない。

したがって、高位著名の先祖たちから久しく続いてきた家系の出だという理由で、世の尊敬と名誉を受ける家族を数多く有する民族はほかにはない。なぜなら、遊牧民族以上に長く、富が同一家族のもとにとどまりつづけると思われる民族は、ほかにないからである。

素性と財産による差別は、遊牧民族のあいだでもっとも強くはたらき、そこから政府が成立し始める

生れと財産とが、主として、人の上に人を据える二つの事情であることは明らかである。これらは人と人との差別を生む二大源泉であり、また、したがって、人々のあいだに権威と服従とを自然にうちたてる主要な原因である。遊牧民族のあいだでは、それら両原因ともに、その目いっぱいの力で作用する。多くの羊や牛を飼っている者は、かれの巨大な富のゆえに、また生計の資をかれにたよる人の数が多いゆえにうやまわれ、そして、生れの高貴さゆえに、またかれの著名な一族の記憶を絶するほどの古さのゆえにあがめられるので、かれの群団や氏族の、より少ししか羊や牛を飼っていない者すべてにたいして、自然の権威をもつようになる。かれは目下の者のだれが集めるよりも、多数の人のまとまった力を意のままにすることができる。かれの軍事力は、かれらのだれのものよりも強大である。戦時には、かれらはみんな、おのずからほかのだれかよりは、むしろ、かれの旗のもとに馳（は）せ参じようという気持になる。そして、かれの生れと財産は、このようにして、おのずから一種の行政権をかれにもたらす。また、だれよりもおおぜいの人のまとまった力

をも、意のままにできるので、かれらのうちのだれかが他人に害を加えた場合には、その罪を償わせるように強制するという点でも、かれがもっともよくそれをなしうる。そのゆえに、かれは、弱くてみずからを守れないすべての人が、自然に保護をあおぐ人物なのである。害を加えられたと思えば、苦情をもちこむ先は、おのずからかれのところであり、その場合かれが調停に立てば、訴えられた側の人物でさえ、ほかのどんな人の調停よりも、あっさりと服従する。かれの生れと財産は、このようにして、おのずから一種の司法的な権威をかれにもたらす。

207　財産の不平等が最初に起り始め、これが人々のあいだに、以前にはとうていありえなかった程度の権威と服従とをもちこんでくるのは、社会の第二期たる遊牧民の時代においてである。財産の不平等は、権威と服従をもちこむことによって、不平等それ自身を維持するのにどうしても必要な政府（シヴィル・ガヴァメント）を、ある程度導入することになる。しかも財産の不平等は、おのずと、そして、みずからを維持するための必要性を考えたわけでもないのに、政府をつくりあげるように思われる。この必要性についての考慮は、後になれば、疑いもなく、あの権威と服従を維持し、確保するのにすばらしく役にたつようになる。とりわけ富者は、いわゆるものごとの秩序というものを維持することに、必然的に関心をもつ。それだけが、かれら自身の有利な立場を安全にたもってくれるからである。少し富をもっている人々は団結して、たくさん富をもっている人々の財産所有を守る。それは、たくさん富をもっている人々が団結して、少し富をもっている人々の財産所有を守ってくれるようにするためである。わずかの羊や牛しか飼っていない者はみな、自分たちの家畜の群れが安全なのは多くの羊や牛を飼っている者の牛や羊の群れが安全だからであり、かれらの小さな権威が維持できるのは多くの羊や牛を飼っている者のもっと大きな権威が維持されているからであり、そして、かれらよりも目下の者たちを自分たちに服従させておいてくれる権力を多くの羊や牛を飼っている者がもっているのは、かれらが多くの羊や牛を飼っている者に服従していればこそだ、と感ずる。かれらは一種の小貴族をなすのであり、この小貴族は、かれらの小主権者たる多くの羊や牛を飼っている者の財産を守り、その権威を支持することによって、小主権者もかれらの財産を守り、かれらの権威を支持してくれるようにしたほうが得だ、と感ずる。政府は、財産の安全のために設けられるかぎりでは、そのじつ、貧者にたいして富者を防衛するため、あるいはいくらかの財産をもつ人々を、まったくの素寒貧(すかんぴん)にたいして防衛するために設けられるのである。

裁判権は、長いあいだ、支出の原因でなく収入源であり、その弊害は大きかった

しかしながら、そういう主権者の司法権は、かれにとって支出の原因になるどころか、長いあいだ、ひとつの収入源であった。主権者に裁判を申し出る者は、いつもすすんでその支払をする気でいたし、請願にはかならず贈物がつきものであった。主権者の権威が十

分に確立された後にも、有罪の判決を受けた者は、相手方にたいしてしなくてはならぬ賠
償とは別に、主権者にも同様、強制的に罰金を払わされた。かれはかれの主君たる国王を
わずらわせ、迷惑をかけ、その平安を乱したのであって、それらの罪はまさに罰金に値す
るというわけであった。アジアにできたタタール人の諸政府や、ローマ帝国をくつがえし
たゲルマンおよびスキタイ民族がヨーロッパできずいた諸政府にあっては、裁判をやるこ
208 とは、主権者にとっても、それ以下の首長または領主のすべてにとっても、相当の収入源
であった。首長や領主は、ある特定の種族または氏族にたいしてとか、あるいはある特定
の領域または地方にたいしてとかいうように、なんらか特定された枠内での裁判権を、主
権者のもとで行使していたのである。もともとは、主権者も、それ以下の首長たちも、自
身親しく裁判をやっていたものだった。後になると、裁判権を代官か裁判官といっただれ
か代理人に委任したほうがぐあいがいいことが、あまねくわかってきた。それでも、この
代理人はなお、その本人、すなわちかれに委任した人にたいして、裁判からのあがりを計
算して納める義務があった。ヘンリー二世の時代に、巡回裁判[1]の裁判官たちに与えられた
訓令[1]を読んでみれば、だれでも、それらの裁判官は、国王のある特定部門の収入を取り立
てる目的で、国じゅうをまわらされた一種の巡回代理者だったことが、はっきりわかるだ
ろう。その当時には、裁判をやることは、主権者に一定の収入をもたらしたというだけで
なしに、主権者にとっては、この収入をあげることが、裁判をやることによって手に入れ

ようとした、おもな利益のひとつだったようである。

裁判を行なうことを、収入をあげるという目的に従属させてしまうこのもくろみは、いろいろの、はなはだしい弊害を生みださずにはいなかった。りっぱな贈物を手にして裁き（ジャスティス）を求めた人は、正義（ジャスティス）以上のものを、他方貧弱な贈物で裁きを求めた人は、正義以下のものしか得られないことになりがちであった。また裁判自体も、くりかえし、この贈物をさせようというので、しばしば引き延ばされることもありえた。そのうえ、訴えられた側に罰金を科する制度があるものだから、たとえ、かれがほんとうは悪くなくても、有罪にするためのはなはだ有力な理由を、よく思いつきがちだった。そうした弊害が、けっして珍しいなどというものでなかったことは、ヨーロッパのどの国の古代史をみても立証されている。

主権者または首長が、自身親しく裁判権を行使する場合には、いくら濫用しても、それにたいするなんらかの救済が受けられることは、ほとんどありえなかったにちがいない。なぜなら、かれの責任を問えるほど強力な者は、めったにいるはずがなかったからである。かれが代官に裁判をやらせた場合には、事実、ときどきは救済してもらえることもあったろう。もし、代官が自分だけの利益のために、なにかの不正行為の罪を犯したのであれば、主権者みずからとしては、代官を罰し、あるいは悪を償わせるのを、必ずしもいやがるとはかぎらぬであろう。ところが、代官がなにか圧制的な行為を犯したのが、もしかれの主権者の利益をはかってのことだとしたら、もしかれを任命した人、またかれに目をかけてくれるかもしれぬ人である主権者を喜ばせるためのことだとしたら、悪をただすことは、たいていの場合、まるで主権者自身がその行為を犯したかのように、不可能だったろう。209 ここからして、すべての野蛮な政府のもとでは、とくにローマ帝国の廃墟のあとにきずかれたヨーロッパのすべての旧政府のもとでは、裁判の運営は、久しいあいだ、腐敗の極にあったらしい。最良の君主のもとでさえ、完全な公平不偏とは、はるかにかけはなれていたし、最低の君主のもとでは、まるきり出鱈目だった。

この弊害は、主権者が土地収入と裁判手数料だけに依存しているかぎりやまず、租税制度が始まって、やっと減少に向った

遊牧民族のあいだでは、主権者とか首長とかいっても、その群団なり氏族なりのなかでは最大の羊飼であり牛飼であるというだけだから、かれは、家来や臣民のみんなと同じやり方で、つまり自分の牛や羊の増殖で暮しを立てる。遊牧状態から脱け出したばかりで、その状態からたいして進んでいないような農耕民族、すなわち、トロイ戦争〔トロイ落城は前一一九四頃〕のころのギリシャの諸種族や、また、西ローマ帝国の亡びたあとに初めて住みついたころの、わがゲルマンやスキタイの先祖たちがそうだった、と思われるような農耕民族のあいだでは、主権者とか首長とかいっても、遊牧民族の場合と同じで、国じゅうでいちばん大きい地主というだけのことである。そして、他の地主と同様のやり方で、自分自身の私有

地から、すなわち、近代ヨーロッパで王領地と呼ばれたものからあがる収入で暮していた。だから、かれの臣民たちは、ふだんの場合には、なにもかれを支持するための醵出などをしない。例外は、かれらが同胞臣民のだれかの圧迫から保護してもらうために、かれの権力を必要とするときだけである。そういう場合に、臣民たちがもってゆく贈物が、経常収入のすべて、すなわち——なにかよほどの異常な緊急事態にさいしては、おそらく別だろうが——臣民たちにたいする支配権からかれが引き出す利得の全部なのである。ホメロスの物語では、アガメムノン〔ミュケナイ王。トロイ遠征のギリシャ軍の総帥〕がアキレウス〔『イリアス』の主人公。文武両道の勇将〕の友情にこたえて、ギリシャの七都市の主権を贈ったときに、かれがそこから得られるはずだとして挙げた利益は、ただひとつ、人民が贈物をささげてアキレウスを讃えるだろう、ということだった。そういう贈物、裁判の役得すなわち法廷の手数料とでもいえるものが、こんなぐあいにして主権者が、その主権から手に入れる経常収入のすべてをなしていたかぎり、主権者が贈物をまったく放棄するとは、とても期待できなかったし、そんなことは、もちだすだけでも不穏当なことだった。贈物について規則をつくり、額を決めるべきだ、ということならもちだせる話だし、事実、申し出たこともしばしばあった。しかし、そういうふうに規則ができて額が決まったのちも、全権を握っている人間が、規則を超えて贈物をつり上げるのをどうやって防ぐか、という段になると、不可能とは言えぬまでも、やはりおそろしく困難なことだった。だから、こんな状態の続いているあいだは、恣意的で額も定まっていないという贈物の性質から自然にひき起される裁判の腐敗には、ほとんどなんらの有効な対策をとる余地がなかったのである。

けれども、さまざまな原因から、主として他国民の侵略にたいして国民を防衛するための経費がたえず増大してきたことから、主権者の私領地だけでは統治の経費をまかなうのにまったく不十分になってしまい、また人民が、自分自身の安全のために各種の租税でもって統治の経費を分担することが必要になってしまったとき、その条件として、主権者でもその代官や代理人でも、およそ裁判官たるものは、裁判を行なうについての贈物はいっさい、どんな名目でも受け取ってはならぬ、という要求がひろく行なわれたようである。こうした贈物は、実効のある規則を定めたり額を決めたりするよりも、かえって全廃してしまうほうがたやすい、と考えられたらしい。定額の俸給が裁判官にあてがわれ、それは裁判における古い役得のうち、かれらがどれほどの分け前をとっていたにせよ、その失った分を償うものとみなされてしまった。租税は主権者にとって、かれの損失を償ってあまりあるものだったからである。このときから、裁判は無料で運営される建前になった。

しかしながら、じっさいには、裁判はどこの国でもけっして無料では運営されなかった。少なくとも法律家と弁護士は、かならず訴訟当事者から支払を受けなければならないし、もしそうでなかったら、かれらが現にやっているよりも、なおさらいいかげんにしかその義務を果さないであろう。法律家と弁護士に年々支払われる手数料は、どこの裁判所でも、裁判官の俸給よりずっと大きな額に達する。だから、裁判官の俸給を国王が払ってくれても、とても訴訟の必要経費を大きく減らすどころではない。しかし、裁判官が、訴訟当事者からいっさいの贈物や手数料を受け取ることを禁じられたのは、費用を減らすためよりも、むしろ裁判の腐敗を防ぐためだったのである。

司法費は文明国の全統治経費の一小部分にすぎず、法廷手数料でまかなえる。かつてこの方式をとっていたイングランドでは、裁判所間に好ましい競争が生じた

裁判官という職は、それ自体非常に名誉なものだから、ごくわずかの収益しかともなわなくても、人はすすんでなりたがる。裁判官より下級の治安判事[2]の職は、たくさんの面倒がつきまとい、たいていの場合、なにも収益がないのに、わが国の地方地主の大多数にとっては野心の的である。上級も下級もすべての裁判官の俸給に裁判の運営と執行の全経費を合せても、たとえ、いくぶんしまりのないやり方で行なわれているところでさえ、文明国であるなら、統治の経費全体のうちでは、まったく取るに足りぬ小部分でしかない。

それだから、裁判の全費用を法廷手数料でまかなうことすら、たやすくできるであろうし、そうすれば、裁判の運営を、つねに起りうべきどんな腐敗の危険にもさらすことなしに、公共収入は、たぶんわずかではあるにせよ、避けるわけにはゆかなかった負担をまっ
211 たく免れることができるだろう。主権者のように有力な人が、法廷手数料に割り込んで、

そこから収入のかなりの部分をあげているようなところでは、法廷手数料を効果的に規制するのはむずかしい。ところが、その手数料から利益をあげられるおもな人物が裁判官であるところなら、それは少しもむずかしいことではない。法律で裁判官を強制し、この規制を尊重させるのはすぐにできるが、主権者に尊重させるとなると、かならずしも、うまくゆくとはかぎらないであろう。法廷手数料について正確な規制があり、額が決まっていて、それをそれぞれの訴訟の一定時期に会計官あるいは出納官にまとめて一時に払い込ませ、会計官がある決まった割合で各裁判官に、結審後に配分することにして、それ以前には配分しないようなところでは、こういう手数料をまったく禁止しているところと同様、腐敗の危険が少ないと思われる。そうした手数料は、訴訟費用をいちじるしく増加させることもなしに、司法費の全部をまかなうに十分に足りるものとなろう。訴訟が結審となるまでは裁判官に支払われないのだから、手数料は、法廷がこれを審理し、決定するのに一所懸命になるための、いくらかの刺激となるであろう。かなりの人数の裁判官からなっている法廷では、それぞれの裁判官の分け前を、法廷または法廷の命令による委員会において、訴訟の審理に使った時間数、日数に比例させるなら、手数料は、裁判官のおのおのが一所懸命にやるように、いくらかのはげみになるだろう。公務というものは、仕事をきちんと仕上げないかぎり、その報酬がもらえず、また報酬を、仕事をするとき一所懸命やったかどうかに比例するようにしておくと、もっともよく遂行されるものである。フランス各地の高等法院では、法廷手数料（Épices et vacations と呼ばれている）が裁判官の報酬の圧倒的な部分をなしている。地位と権威において、その王国第二位のトゥールーズ高等法院の参事官または裁判官にたいして、王から支給される俸給は、いろいろの控除を引くと、手取りわずか年に一五〇リーヴル、イングランド正貨で約六ポンド一一シリングにしかならない。およそ七年前、[3]この金額は、同地の歩兵一兵卒が平時の一年にもらう賃銀であった。そうした手数料の分配もまた、裁判官たちの精励に応じて行なわれる。一所懸命につとめた裁判官は、その職務から、ぜいたくとまではゆかないが、ゆとりのある収入を得る。他方、怠け者の裁判官は、俸給以上にはほとんどなにももらえない。これらの高等法院は、おそらく、いろいろな点で非常に便利な法廷だとは言えまいが、いまだかつて非難を浴びたことがない。そればかりか、腐敗の疑いさえ受けたことは一度もなかったようである。

法廷手数料は、もともとは、イングランドの各種裁判所を維持するおもな財源であったらしい。そこでそれぞれの法廷は、できるだけ多くの仕事を自分のところへ引き寄せようとつとめ、そのために、もともとその法廷の管轄にはいるはずになっていない多くの訴訟事件の審理まですすんで引き受けようとした。刑事事件の裁判のためにだけ設けられた王座裁判所[4]は、民事訴訟をも引き受けた。原告は、被告がかれにたいして不正をはたらいたことにより、一種の権利侵害罪あるいは軽犯罪を犯したと主張しているから、というのである。国王の収入を徴収し、国王にたいして支払われるべき債務だけの支払を強制するために設けられた財務裁判所[5]は、その他いっさいの契約債務の審理も引き受けた。原告は、被告がかれに支払おうとしないために、自分も国王に支払えない、と申し立てているというのである。こういう擬制の結果、多くの場合、どの法廷に自分たちの訴訟を裁かせるかを選ぶのは、まったく両当事者まかせになってしまった。そこでどの法廷も、ほかより迅速公平に裁判することによって、なるべく多くの訴訟を自分のところへ引き寄せようと努めた。思うに、イングランドの裁判所の今日の賞讃すべき制度ができたのは、もとはといえば、むかし各裁判所のそれぞれの裁判官たちのあいだに生じた、この競争によるところが大である。どの裁判官も、自分の法廷で、あらゆるたぐいの不正に対抗して、法の許すかぎり、もっとも迅速でもっとも効果的な救済を与えようと励んだからである。元来、普通裁判所[6]は、契約違反にかかわるかぎりの損害賠償を扱っていた。大法官裁判所[7]は、良心の法廷として、初めは、合意されたことの厳正な履行を強制するのをその務めとしていた。契約違反というのが金銭を払わないことであるときには、こうむった損害は、支払を命ずる以外に、他のどんな方法によっても償えはしない。それはまさに、合意契約の厳正な履行というに値する。だから、こういう場合には、普通裁判所の救済は十分なものであった。しかし、他の場合には、そうもいかなかった。借地人が、土地の賃借契約に反して、かれの借地から追い出されたかどで地主を告訴したときには、かれが他の形で損害賠償を受けても、それはその土地を占有することとはまったく別のことである。したがって、こうした訴訟事件は、しばらくのあいだ、ことごとく大法官裁判所にまわされてしまい、普通裁判所は少なからず損をした。こうした訴訟事件を自分たちのところへ取り戻すために、普通裁判所は、あの人為的で擬制的な不動産占有回復訴訟〔8〕という、土地からの不当な追出しあるいは占有剝奪（はくだつ）にたいするもっとも効果的な救済を編み出したのだ、といわれている。

司法費は訴訟手続にかける印紙税などでもまかなえるが、そうすると法廷は手続を煩瑣にしたがる

各法廷それぞれの法的手続にたいして課する印紙税は、法廷ごとに徴収され、所属の裁判官その他の役人の維持にあてられるのだが、これまた手数料と同じようにして、国家の
213
一般収入には少しも負担をかけずに、裁判の運営費をまかなうに十分な収入をあげられるであろう。もっともこの場合、裁判官は、そうした印紙税のあがりをできるだけふやすために、どの訴訟事件についても、手続を不必要に面倒にしたいという誘惑にかられるだろう。弁護士と裁判所の書記にたいする報酬を、たいていの場合、かれらが書く必要のあったページ数におうじて定めるのが、近代ヨーロッパの習慣であった。しかし裁判所は、一ページに何行、一行に何語入れよと要求した。そこで弁護士と書記は、報酬をふやそうと、まったく必要以上に語数を水増しする工夫をし、ついに、私の信ずるところでは、ヨーロッパのあらゆる裁判所の法律用語を堕落させてしまったのである。同じ誘惑が、おそらく

訴訟手続の形式をも同様に堕落させてしまったものらしい。

――司法権は、行政権から分けて独立させるべきである――

しかしながら、裁判の運営がそれ自体の経費をまかなうような仕組になっていようと、あるいは裁判官がなにか他の財源から支払われる決まった俸給で維持されていようと、行政権をゆだねられた人あるいは人々が、その財源の管理なり、それら俸給の支払なりの責任を負わねばならぬということは必要ではないと思われる。その財源が領地の地代から生ずることもありうるだろうが、その場合には、その領地の管理は、それで維持されることになっている特定の裁判所が引き受ければ済むことであるといえよう。その財源が一定額の貨幣の利子から生ずるという場合さえありうるだろうが、その場合には、その貨幣の貸付を、同じように、それで維持されることになっている裁判所が引き受ければ済むことであるといえよう。事実、スコットランドの高等民事裁判所の裁判官の俸給の一部は、ごくわずかな部分ではあるが、貨幣の利子から生ずるのである。けれども、こうした財源はどうしても不安定なものだから、永遠に存続すべき制度を維持するための財源としては不適当だと思われる。

司法権が行政権から分離したのは、もとはといえば、社会が進歩した結果、社会の業務がふえてきたことから生じたように思われる。裁判の運営はひどく骨の折れる複雑な職務になってきたから、それをゆだねられた人々は、かけもちのきかぬくらいこれに専念することが必要となった。そうなれば、行政権をゆだねられた人は、私的な訴訟を親しく裁決するように精を出すほどの暇はないから、かれの代りに裁決する代理人を任命することになった。ローマが繁栄を重ねてゆく過程では、執政官は、国家の政治問題に忙殺されていたので、裁判の運営に精を出すことができなかった。そこで、かれの代りに裁判を運営すべく代官が任命された。ローマ帝国の廃墟のあとにうちたてられたヨーロッパ諸王国の発
214 展過程では、国王も大領主も、裁判の運営は、かれらにとってみずから手をくだすにはあまりにも骨が折れ、あまりにも下賤な仕事だと、あまねく考えられるにいたった。したがってかれらは、どこにおいても代理人、すなわち代官や裁判官を任命して、自分はその仕事からおりてしまったのである。

司法権が行政権と一体化されているときには、裁判がしばしば、俗にいわゆる「政治」の犠牲に供せられることを免れない。国家の大きな利害をゆだねられている人たちは、なにも不純な考え方からでなくてさえ、ときには国家の利害のまえには、私人の権利を犠牲にする必要があると思うこともときにはあるだろう。しかしながら、各個人の自由、すなわち自分は安全なのだという感じは、裁判の公平無私な運営に依存する。各個人をして、かれに属するすべての権利をにぎっているという点で、自分はまったく安全なのだと感じさせるためには、司法権を行政権から分けておくというだけでなしに、できるだけ行政権から独立させることが必要である。裁判官は、行政権の気まぐれによって、その職からは

ずされるおそれがあってはならない。裁判官がきちんきちんと俸給をもらえるかどうかが、行政当局の好意に依存するようなことがあってはならないし、その経営の才に依存することさえあってはならない。

（1）それらの訓令はタイアレルのイングランド史に出ている〔*General History of England, both Ecclesiastical and Civil,*（『教会および俗界にかんするイングランド通史』）by James Tyrrell, vol. ii., 1700, pp. 576–579.　ただしこの王はヘンリー二世でなしに、リチャード一世である〕

〔1〕イングランドでは、ヘンリー二世当時から、陪審制度をともなう裁判の方式、訴訟の方式assizeが定着したが、こうした訴訟を迅速に処理してゆくために、十三世紀ころから、裁判官がロンドンから地方諸都市に出向いて裁判に当るようになった。これが巡回裁判で、当初は民事事件の処理に当ったが、まもなく、民事、刑事両方の事件を扱うようになった。

〔2〕justice of the peace　州、市、町などの自治体におかれる下級裁判所において、略式裁判の権限を与えられた、しろうとの裁判官。自治体の長や議員が兼職するか、国王から特任された者がこの地位につくが、無給の名誉職である。軽度の民事および刑事訴訟の裁判に当るほか、重い刑事事件の予備審問、被疑者の逮捕と捜査、その拘留と保釈の権限ももっていた。もともとは一三二七年、イングランドの一定地域の治安

維持のためにつくられた制度であるため、このような名前を残している。

〔3〕スミスは、バックルー公付きの私教師として、一七六四年の三月早々（あるいは二月末）から翌六五年八月まで、トゥールーズに滞在していた。本文にある一兵卒の賃銀は、「およそ七年前」とことわっていることから推測されるように、トゥールーズ現地で得た知識のように思われる。そうだとすれば、このあたりの本文は、七一、二年ころに書かれたものであろう。

〔4〕Court of King's Bench　イングランド法制史上の、いわゆる国王裁判所 King's Court の一つで、民事訴訟裁判所 Court of Common Pleas および後出の財務裁判所とともに三大裁判所と称され、すでに十三世紀末に確立していたが、一八七五年の裁判所法 Judicature Act 実施によってその歴史を閉じた。これら国王裁判所は、もともとはノルマン王朝時代の王会（Curia Regis）から分岐したもので、この点、自治体裁判所 Communal Court や領主裁判所 Lord's Court, 教会裁判所 Ecclesiastical Court とは起源を異にし、三大裁判所とも普通法＝コモン・ローの法理と手続にもとづいて運営される点で共通する。王座裁判所は、本文にもあるように、もとは刑事訴訟のみを扱う普通裁判所だったが、後には刑事、民事にわたって第一審管轄権をもつようになった。かつては国王がみずから臨席したので、この名がある。

〔5〕Court of Exchequer　三大国王裁判所の一つで、普通法＝コモン・ローにもとづき、国王とその臣民とのあいだに生じた債務および国家収入にかんする係争を処理するた

めに設けられた。しかし、本文にもあるように、のちには一般の民事訴訟にたいする第一審管轄権をも有するにいたった。ここの裁判官は、特別にバロン Barons（of the Exchequer）と呼ばれた。

〔6〕court of law または common law court　イングランドでは、普通法＝コモン・ローと衡平法 equity とは、それぞれべつべつの裁判所によって運用された。普通法の法理と手続によって裁判を行なうのが普通裁判所で、本文に現われる王座裁判所、財務裁判所は、民事訴訟裁判所とともに、その主要なものであった。

〔7〕Court of Chancery　大法官府の裁判所の意で、衡平法の法理と手続によって裁判を行なう裁判所＝衡平法裁判所のうち、もっとも重要なもの。正式の名称ではないが、衡平法裁判所はしばしば「良心の法廷」と呼ばれた。もともと僧侶だった大法官 Chancellor が、法律よりも、むしろみずからの良心に忠実に裁きに当ったがゆえである。

〔8〕writ of ejectment　この writ は裁判所の令状の意味であるが、イングランドの古い法律用語では訴訟 action と同義語で、ここでは後者の意であろう。この訴訟は、不動産占有権、たとえば借地権の侵害にたいして、借地権の回復と損害賠償の両方を求める、いわゆる「混合訴訟」で、本文にあるとおり、普通裁判所の領域拡張であった。それと同時に、それまでの借地権回復の訴訟は、かならず自由保有権の存否を争わざるをえず、きわめて面倒だったから、それを避けて迅速な解決をもねらったものであ

った。たとえば、地主Bが小作人Aの土地を取り上げたとすると、AはCという人物（実は架空の人物でいつもジョン・ドウという名前を与えられた）に期間権を与えていたのに、Dという人物（これも架空の人物で、いつもリチャード・ロウという名前を与えられた）によって不法にも追い出された、という擬制的な形で訴えるのである。つまり、期間権の侵害問題という形のもとで、実はAB間の自由保有権の問題を解くわけである。第三篇第二章訳注〔7〕参照。

第三節　公共事業と公共施設の経費について

主権者の第三の義務は、商業を助成し、教育を振興するための公共施設を設け、維持することにある

主権者または国家の第三の、そして最後の義務は、つぎのような公共施設と公共事業を起し、維持することにある。それらは、規模の大きな社会にとっては最高度に有益たりうるにもかかわらず、個人または少数の個人では、いまだかつてそういう事業からの収益で費用を償うことができなかったし、それゆえ、なんぴとにせよ、個人または少数の個人が、それらを起し、維持することは期待できない性質のものである。この義務をやりとげるの

にも、社会発展の段階が異なるにつれて、非常に異なった程度の経費が必要となる。

社会の防衛のため、および裁判の運営のために必要な公共施設と公共事業については、ともにすでに述べたところであるが、そのほか、それらに次ぐこの種の事業および施設としては、社会の商業を助成するためのものと、人民の教育を振興するためのものが、そのおもなものである。教育のための施設には二種あって、青少年教育のためのものと、あら
215 ゆる年齢層を指導するためのものとがある。これら違った種類の公共事業と施設の経費を、どういうやり方をすればもっとも適切にまかなえるかを考察するため、本章のこの第三節を三つの別々の項に分ける。

第一項　社会の商業を助成するための公共事業と公共施設について

1　商業一般の助成に要する公共事業と公共施設について[1]

こういう施設の経費は、社会の発展とともにふえるが、これは国家の収入によらず通行税などでまかなえる

立派な道路、橋、運河、港などのように、一国の商業を助成するための公共事業を起し、

また維持してゆくには、社会発展の時期が違えば、おおいに異なった程度の経費が必要になるはずだということは、なにも証拠をあげるまでもなく自明のことである。どこの国でも、公道の建設維持費は、明らかにその国の土地と労働の年々の生産物におうじて、つまり公道をゆききする必要を生じた財貨の分量と重さにおうじて、ふえてゆくに決まっている。橋の強さは、そこを通ると思われる車の数と重さに見合っていなくてはいけない。運河の水深と給水量は、財貨を運ぶ運搬船の数とトン数と、そして港の広さは、そこに碇泊すると思われる船舶の数と釣り合っていなければならない。

こうした公共事業の経費を、普通のいわゆる公共の収入、すなわち、その徴収と運用を行政権の任務としてゆだねてある収入によってまかなうことが必要だとは思えない。そういう公共事業の大部分は、社会の一般収入にはなんの負担もかけずに、それ自体の経費をまかなうに足りる、それぞれの収入をあげるよう運営することが容易にできるのである。

たとえば、公道、橋、運河は、たいていの場合、それらを利用する車や船に課する少額の通行税で、それらをつくることも維持してゆくこともできよう。同様にして港なら、そこで荷を積み下しする船舶のトン数に課する応分の入港税でもって、そうできよう。貨幣鋳造も、商業を助成する一制度であるが、これは多くの国々で、それ自体の経費をまかなうばかりでなしに、主権者にたいしてわずかながら収入、つまり造幣手数料をもたらす。もう一つ、同じ目的の制度である郵便事業だと、それ自体の経費をまかなったうえさらに、

216 ほとんどこの国でも主権者に多額の収入をもたらす。

公道なり橋なりを通過する車や運河を通る運搬船が、車の重さ、または船のトン数に比例して通行税を支払う場合には、それらの公共事業に与える損耗に正確に比例して、それらの事業を維持してゆくための支払をすることになる。こうした事業を維持してゆくのに、これ以上公正なやり方を見つけるのは、まずできそうにない。この税、すなわち通行税も、運送業者が前払いするものの、終局的には消費者が支払うのであって、消費者はつねにそれを財貨の価格に含めて、負担せざるをえない。とはいうものの、運送費が、そうした公共事業のおかげでおおいに安くなるから、財貨は通行税がかかっても、そうでない場合よりかえって安く消費者に届く。財貨の価格は、運送費が安くなったために下るほど通行税で上りはしないからである。こういうわけで、最終的にこの税を払うものは、税を払って損する以上に、税をうまく使って得を取るのである。かれの支払は、正確にその利得に比例する。しかもその支払も、そのじつ、かれの利得の一部分にすぎないのであって、利得の残りを得んがため、その一部分はあきらめざるをえない、というだけなのである。税金を徴収する方法として、これ以上公正なものは、思いつきそうにもない。

贅沢な車、たとえば四輪馬車、駅伝馬車にかける通行税を、二輪、四輪の荷馬車などのような生活にかかせぬ用途の車にかける場合より、重さの割にいくぶん高くするなら、その国の各地方すべてへの重い財貨の運送費が安くなって、金持の怠惰と虚栄を、ごく無理のないやり方で貧者の救済に役だたせることができる。

公道、橋、運河などが、それらを利用して営まれる商業によって、以上のような仕方でつくられ維持される場合には、それらは、その商業が必要とする場所にしか、またしたがって、あるのがもっともだという場所にしか、つくられることはない。その建設費、つまり大きさや立派さも、利用する商業が支払うことのできる程度に見合ったものとなるにちがいない。したがって、このくらいならもっともだ、という大きさや立派さにつくられるにちがいない。立派な公道を、商業もあるかなきかの僻地を縫ってつくるわけにはゆかないし、あるいは、たまたまその州の知事の田舎の別荘とか、この知事がごきげんをとっておいたほうがぐあいがいいと思う大貴族の別荘とかに通ずるからというだけの理由で、つくるわけにもゆかない。大きな橋を、だれも渡りもしない個所に架けたり、近くの御殿の窓からの眺めにいろどりをそえるだけのために架けたりするわけにはゆかない。ところが、こうしたことが、この種の公共事業を営むのに、事業自体からあげられる収入以外の何かの収入をあてている国々では、よく起るのである。

―運河は私人にまかせてよいが、公道には公けの管理がいる―

217 ヨーロッパのいくつかの地方では、運河の通行税、つまり水門税は、個人の私有財産になっているので、かれが自分の利益を求めるなら、運河を整備しておかざるをえない仕組になっている。運河は一応の程度には整備しておかないと、航行がすべて止まってしまうこと必定であり、それとともに、通行税からあがる儲けも全然なくなってしまう。もしこうした通行税を政府委員に管理させると、自分はなんの利害関係も感じないから、通行税を生む事業の維持にたいして私人ほどには注意を払わないだろう。ラングドックの運河は、フランス国王とその州が一三〇〇万リーヴル以上もかけたもので、この額は（前世紀末のフランス貨幣の価値によって、銀一マーク〔第四篇第三章第一節訳注〔2〕参照〕を二八リーヴルとすれば）、イングランド正貨九〇万ポンド以上に当る。この大事業が完成したとき、それをたえず補修しておくのに一番よさそうな方法は、この事業の設計監督にあたったリケ技師に、その通行税を贈ることだということになった。現在その通行税は、かの紳士一族のさまざまの家系にとって大きな資産になっており、またしたがって、この人たちは、運河をたえず補修しておこうとおおいに気を配っている。けれども、もしこの通行税を政府委員にでも管理させようものなら、そういう配慮はしないだろうから、おそらく、見てくれはいいが要りもしない出費に使い果されてしまい、そのくせ、運河の一番肝要な部分は荒廃してゆくにまかされることになるだろう。

公道となると、これを維持してゆくための通行税は、安心して個人の私有財産にしてしまうわけにはとうていゆかない。公道は、たとえまったく放っておかれても、運河と違って全然通れなくなるということはない。すると、公道の通行税の所有権者は、道路の補修はまったく放棄しておきながら、以前とほとんど同額の通行税を取り立て続けるということになりかねない。そこで、こうした事業を維持してゆくための通行税は、政府委員か管財人に管理させるのが適当である。

　大ブリテンでは、こうした通行税の管理に当って、管財人が犯した弊害が非難されてきたが、この非難は、多くの場合、まことにもっともであった。多くの有料道路（ターンパイク）では、しばしば非常になおざりなやり方でしか補修されず、時には全然なにもしていないのに、もっとも完璧（かんぺき）なやり方で仕上げるのに必要な額の倍以上も金を取る、と言われてきた。ここで注意すべきは、公道をこの種の通行税で補修するという制度は、まだ日が浅い[2]ということである。したがって、やればできると思われる程度まで、いまだ仕上がるにいたっていないとしても、それは怪しむに足りない。たとえ下劣で不適当な人物がしばしば管財人に任命されるとしても、またかれらの行動を取り締り、かれらがやるべき事業の遂行にぎりぎ
218
り十分なところまで通行税を下げさせる監督と会計の適当な機関が、いまだに設けられていないとしても、それらの欠陥は、この制度ができたばかりだということで、説明もつくし弁解にもなる。そして欠陥の大部分は、議会の叡知によって、時とともにだんだん改められよう。

通行税を国の一般財源に回せという提案があるが、これは適当でない

大ブリテンの各種の有料道路で徴収する金（かね）は、これら道路の補修費をはるかに超えると

推定されるものだから、これを適切に経理すればそこから浮いてきそうな金額は、いつの日か国家緊急の用にふり向けられる巨大な財源になる、と大臣のなかにさえ考えてきた者があるくらいである。政府が有料道路の管理を直接その手に握り、給与にほんの少し足し前してくれれば働く気があるという兵士を使うなら、管財人がやれるよりもずっと少ない経費で道路を立派に整備しておけるだろう、といわれてきた。というのも、管財人は、生計のすべてを賃銀に頼るような労働者しか使えないからである。おそらく、五〇万ポンド(1)の一大収入が、このやり方で、国民にはなにも新たな負担をかけることもなしに手に入るだろうし、有料道路は、現在の郵便事業と同じように、国家の一般経費に役だつことになろう、と称されてきた。

右のやり方をすれば、この計画を企画した人たちが想定しているほどには、おそらくならぬにしても、かなりの収入があげられることを私は疑わない。しかしながら、この計画自体は、いくつかの非常に重大な反論を免れそうにない。

第一に、もし有料道路で徴収される通行税が、国家緊急の用に充てる財源の一つだと、いったん見なされてしまうと、そういう国家緊急の事態が要求していると考えられるたびに値上げされるのは確かであろう。そうだとすれば、大ブリテンのいまの政策では、たぶんきわめて急速に値上げされることになろう。大きな収入をそこから引き出すことが容易なだけに、たぶん政府は、ついつい頻繁にこの財源に手をつけるだろう。いかに上手な経理をしても、現在の通行税から五〇万ポンドを浮かすことができるかどうかは、おそらくおおいに疑わしいかもしれぬが、もし通行税を倍にすれば一〇〇万ポンド、三倍にすればたぶん二〇〇万ポンドを浮かせられるだろうということは、ほとんど疑う余地がない。(2) それにこの大きな収入は、集めたり受け取ったりする役人をただの一人も新たに任命しなくても取り立てられる。しかし、有料道路通行税が、こういうぐあいにしきりに値上げされ
219 ると、それは現在のようにわが国の国内商業を助成するどころか、まもなく、国内商業にのしかかる巨大な重荷になってしまうだろう。すべての重い財貨を、国のある地域から他の地域へ送る経費は、まもなく非常にかさみ、したがって、すべてこうした財貨の市場はいちじるしくせばめられるだろうから、この種の財貨の生産は大幅に阻害され、こうして、わが国の国内産業のもっとも重要な諸部門は、まったく壊滅してしまうことになるであろう。

第二に、その重さに比例して車にかける税というものは、道路の補修という単一の目的に振り向けられる時こそ、しごく公平な税であるが、なにかそれ以外の目的、すなわち国家の一般的な緊急の用に充てるために振り向けるとなると、これはしごく不公平な税になるのである。いま述べた単一の目的に振り向けられる場合には、それぞれの車は、正確にその車が道路に与えた損耗を支払え、という建前である。ところが、なにかそれ以外の目的に振り向けられる場合には、それぞれの車は、この損耗以上に支払えという建前になり、

それ以外の国家のなにか緊急の用に充てるために寄付をすることになる。だが、有料道路の通行税は、財貨の価格を、その価値に比例してでなしに重量に比例して引き上げるから、高価だが軽い商品の消費者でなしに、粗末でかさばる商品の消費者がおもに負担させられることになる。すると、この税を充てようとする国家緊急の用がなんであれ、それは金持でなしに貧乏人の負担によって、つまり、その能力がもっとも豊かな人々ではなしに、もっとも低い人々の負担によって、おもにまかなわれることになろう。

第三に、もし政府がいったん公道の修理を怠った場合、有料道路通行税の一部にせよ、強制して修理に振り向けさせることは、現在より、もっとむずかしくなるだろう。そうなれば、一大収入を人民から取り立てておきながら、こういうやり方で取り立てられた収入である以上、当然振り向けられてしかるべき唯一の目的に、その一部分さえ、振り向けないということになりかねない。もし有料道路の管財人が卑しく貧しいがために、その非を改めるように強いる(し)のが時にむずかしい、というのなら、富と権力をもった〔政府という〕管財人を強制して改めさせるのは、ここで仮定した場合だとその一〇倍もむずかしかろう。

フランスの実例から見て、アジアはともかくヨーロッパでは、行政権力の直轄は弊害が大きい

フランスでは、公道の補修のために割り当てられた原資(ファンド)は、行政権力の直轄になっている。この原資(ファンド)は、一部は一定日数の労働であって、ヨーロッパのたいていの国で、地方民

が公道の補修のために提供するよう義務づけられているものである。またその一部は、国の一般収入のうち、国王がその他の経費を節約して捻出する部分である。

　フランスの古い法律によると、ヨーロッパの他のたいていの国の旧法でも同様だが、地方民の労働は、地方または州の長官の監督のもとに置かれ、長官は枢密院にたいして直接従属することはなかった。ところが、いまの慣行では、地方民の労働も、どこにせよ、州または徴税区の公道を補修するため、国王が割当を定めていいことになっている労働以外のどんな原資（ファンド）も、完全に知事（アンタンダン）の管理下にあり、この知事というのは、枢密院が任免する官吏で、そこから命令を受けるとともに、たえずそこと連絡をとっている。専制政治が進むにつれて、行政権力の権能は、だんだんと国家の他のあらゆる権力の権能を吸い上げて、およそ公共の目的に充てることになっている収入を扱う全部門の管理権を横取りしてしまう。しかし、フランスでは、王国内の主要都市を結ぶ駅馬車大道は、概してよく整備されており、州によっては、イングランドの有料道路の大部分よりも、ずっといいくらいである。ところが、われわれのいういなか道（クロス・ロード）、つまりは国内の道路の圧倒的部分は、まったく放置されたままであり、いずれにせよ、重い荷を積んでは絶対に通れない個所もたくさんある。場所によっては、馬に乗って旅するのも危いところさえあり、安心して頼れる乗り物といっては騾馬（らば）だけである。見栄っぱりな宮廷の傲慢（ごうまん）な大臣は、しばしばおもだった貴族の眼にとまる大公道のような、華やかで壮大な事業を好んで起すことがよくあるが、それは貴族の賞讃が、かれの虚栄心を満足させてくれるばかりか、宮廷での自分の利益を支えてゆくのに役だちさえするからなのである。しかしでき上って見たところで、見映えもせず、どの旅行者もいっこうに賞める気にもならないような、要するにおそろしく実用的だというほか取り柄のないような無数の小工事をやることは、どう見てもあまりにもしみったれて貧弱としか思えない仕事だから、そんなお偉い長官の注意をひくことはないのである。したがって、こういう行政のもとでは、こうした事業はほとんどいつも、全く放置されたままになる。

シナでは、またアジアのその他いくつかの国の政府にあっては、行政権力が公道の補修と運河の維持の両方を引き受けている。各州の長官に与えられる指令は、いつもこれらの政策目標を勧めており、宮廷が長官の行動を評定する場合、かれが指令のこの部分をどれ
221 だけ配慮したかによっておおいに左右される、という。そのため、国家行政のこの部門には、これらの国々では、どこも多大の配慮をしているが、とくにシナがそうだと言われている。そこでは公道、それにもまして運河は、ヨーロッパにある同種のもののどれよりもずっと優れている、と称されている。だが、ヨーロッパに伝えられたこれらの事業についての記述は、おおかた愚かで珍しがり屋の旅行者や、しばしば、馬鹿で嘘つきの宣教師によって書かれている。もし、もっと理知的な眼で調べられ、また、その記述ももっと信頼のおける観察者によって報告されておれば、おそらくそれほどすばらしいものとは思われ

なかっただろう。ベルニエが、インドにおけるこの種の事業数例について書いているところは、かれよりも奇に惹かれがちな他の旅行者が報じていたのより、はるかに話が控えめである。[3]たぶん、これらの国でも、宮廷や首都で話題に上りやすい大きな道路や交通機関には配慮が行き届くけれども、その他は放っておかれるフランスと同様なのかもしれない。ところで、シナ、インド、その他アジアのいくつかの国の政府にあっては、主権者の収入は、ほとんどすべて地租、つまり地代から生ずるのであって、これは土地の年々の生産物の増減につれて、ふえたり減ったりする。したがって、主権者にとっての大きな関心事であるかれの収入は、そうした国々の場合、必然的にまた直接的に土地の耕作、土地の生産物の量、そして生産物の価値とつながっている。ところが、生産物の量も価値もできるだけ大きくするためには、生産物にたいするできるだけ広い市場をつくり出してやること、したがって、もっとも自由、もっとも容易、もっとも安上りな交通機関を、国のあちこちの地方すべてのあいだにつくり上げることが必要であって、それには、最良の道路と最良の運河以外に方法がない。しかし、ヨーロッパではどこでも、主権者の収入が、主として地租つまり地代から生ずるというところはない。すべてヨーロッパの大王国では、おそらく収入の大半は、究極的には土地の生産物に依存するかもしれないが、依存するといっても〔アジア諸国のように〕それほど直接でもなければ明瞭でもない。そこでヨーロッパでは、主権者は、土地の生産物の量と価値との増加を促したり、道路や運河を立派に維持して、

222 生産物のためにできるかぎり広い市場を提供したりすることが、そんなに直接に求められているとは、肌身に感じないのである。こういうわけだから、アジアのいくつかの国で、行政権力が国家行政のこの部門をきわめて適切に運営している、というのは少なからず疑わしいと思うが、たとえ、それがほんとうだとしたところで、物事が現在の状態のままであるかぎり、ヨーロッパのどこであれ、行政権力がこの部門をなんとかうまく運営してゆく可能性は少しもない。

地方的な公共事業は、地方の収入でまかなうべきだし、地方が管理するほうが弊害も少ない

事の性質上、それを維持してゆくための収入をなにもあげられないような公共事業でさえも、それからの便益が特定の場所なり地域なりにほぼ限られるものなら、地方あるいは州行政の管理のもとで、地方あるいは州の収入によるほうが、かならず行政権力が管理してくるに決まっている国の一般収入によるよりも、つねに立派に維持される。もしもロンドンの街路を国庫の経費で照明し舗装（ほそう）することになったら、いまほど立派に、また、あれほど安い経費でできる見込がわずかでもあろうか。そればかりか、この場合の経費は、ロンドンの各街路、教区、あるいは地区それぞれの住民にかける地方税でまかなうのでなしに、国の一般収入から支出され、こうして結局のところ、その大部分は、ロンドンが照明されようと鋪装されようと、なんの得にもならぬ、わが王国の全住民にかける税金でまか

なうことになるだろう。

地方や州からあがる収入を地方や州が管理する場合、時に忍び込んでくる弊害は、いかにはなはだしいもののように見えても、実際には、一大帝国の収入の管理と支出に際して普通に起る弊害に比べれば、おおむねいつも取るに足りないものである。そのうえ、矯正（きょうせい）もはるかに容易である。大ブリテンの治安判事が行なう地方行政、州行政のもとでは、農村の人々が公道の修理に供出しなくてはならない〔年間〕六日の労働は、おそらく、かならずしも、いつも分別のある使い方をされてはいまいが、その代り、いくらかでも残酷、あるいは圧制にわたるような情況で強制されることはまずめったにない。フランスでは、知事の施政のもとにあって、この種の労働の使い方はかならずしも大ブリテンより分別があるわけでもなく、強制にいたってはしばしばもっとも残酷で圧制的である。このいわゆる賦役（コルヴェー）は、虐政の有力な道具だてのひとつになっており、役人たちは、不幸にもかれらのご機嫌をそこねた教区や共同体（コンミュノーテ）をこれでいびるのである。

（1）本書の第二版までを出してから、私は大ブリテンで徴収される有料道路通行税の総額は、純収入で五〇万ポンドに達しないと信ずべき十分の根拠を得た。この額では、政府に管理させたなら、王国内の幹線道路五本を補修しておくにも足るまい。〔これとつぎの注（2）は第三版からつけられた〕

（2）私は今は、これらの推計額がすべて大幅に大きすぎると信ずべき十分な根拠をもっている。

〔1〕この表題は、初版と第二版にはない。一七八四年に別冊として刊行された『増補と訂正』および同年の第三版から、この第一項の後半に「商業の特定部門を助成するために必要な公共事業および公共施設について」と題する長文の一節が追加されたのにおうじて設けられたもの。

〔2〕近代に入ってからの大ブリテンの主要道路の維持は、主として各教区民に課する国道維持税と教区民の義務的な補修労働（年に六日間）によって支えられてきた。ところが、十七世紀末から十八世紀初頭にかけて、商工業の発達による貨物輸送の激増があり、このため道路はむしろ荒廃し、とくに十八世紀二〇年代以後、年々数十件にのぼる道路修理の請願が下院に殺到した。これらの請願は、有料道路会社、いわゆるターンパイク・トラストを設立して、料金を徴収する代りに、公道の補修にあたることを議会が認めるよう求めるもので、一七〇〇～一七五〇年には四〇〇、一七五一～一七九〇年には一六〇〇の道路法が議会を通過したといわれる。しかし、この動きが、大々的に統一的な法の裏付けを得て行なわれるようになったのは、一七七三年の「一般有料道路条例」General Turnpike Act 以降のことである。スミスが、「まだ日が浅い……」と述べているのは、これを指すものであろう。

〔3〕François Bernier, *Voyages*, Amsterdam, 1710. フランソワ・ベルニエ『旅行記』。ベ

ルニエ（一六二五頃〜八八）は、フランスの旅行家、ムガール皇帝の侍医。

〔2〕商業の特定部門を助成するために必要な公共事業および公共施設について[1]

商業の特定部門を保護するために要する経費を、その部門に課する特別の税でまかなうのは合理的である

上に述べた公共事業と公共施設の目的は、商業一般を助成するにあった。だが、商業の特定部門を助成するためには、特別の施設が必要であり、それにはまた、特別な追加的経費がかかる。

野蛮未開の国民相手に営まれているような商業の特定部門は、格別の保護を必要とする。たとえば、普通の倉庫や商館では、アフリカ西海岸へ貿易しに行く商人の財貨は保全できなかった。そこで、財貨を野蛮な先住民からまもるには、貯蔵しておく場所に、ある程度の防御（ぼうぎょ）工事を施すことが必要になる。インドの政治は無秩序なので、このおだやかでおとなしい人民のところでさえも、同じような警戒をはらう必要があると考えられてきた。イングランドとフランスの両東インド会社が、ともに、その国でもっている堡塁（とりで）の最初のものを築くことを許されたのは、まさに自分たちの生命財産を暴力からまもるという口実によってであった。政府がしっかりしていて、領土内で、外国人が堡塁で防衛した土地をもつことなど容赦しない他の国民の場合には、大使、公使または領事といったものを置く必要があろう。そうすれば、自国民のあいだで起る争いごとを母国の慣習に従って裁定することも、また土着民との紛争に当っては、その公的な資格を使って、どんな私人に望みうるよりも大きな権威をもって干渉し、有力な保護を加えることもできる。戦争であれ同盟であれ、そうした目的からは少しも置く必要のなかった諸外国にも、商業上の利害から公使を駐在させなければならなくなったことがしばしばある。初めてコンスタンチノープルに常駐の大使を置くようになったのは、トルコ会社の貿易のためだった。イングランドがロシアに初めて大使を特派したのも、まったく商業上の利害からだった。これら商業上の利害は、必然的にヨーロッパ諸国の臣民たちのあいだにたえずもめごとをひき起し、おそらくこれが、すべて近隣諸国に、平時でさえも常駐する大使とか公使を置くという慣行を生んだものであろう。古代には知られることのなかったこの慣行は、十五世紀末か十六世紀初頭、つまり商業が、ヨーロッパ諸国民の大部分にひろまりだして、かれらがその利害に意を用い始めたころよりも古くはないように思われる。

224　特定の商業部門を保護するためにかかる特別の経費は、当の特定部門にかける穏当な税でまかなうべきだ、という意見は不合理なものとは思われない。たとえば、商人がその部門の商業に手をそめる時には穏当な料金を払う、とか、このほうがいっそう公平だが、特定部門が取引の相手にしている特定の諸国へ商人が輸入したり、そこから輸出したりする財貨には、何パーセントかの特別関税をかける、とかするのである。関税制度のそもそもの起りは、一般の貿易を、海賊や略奪者から保護するためだったといわれている。だが、一般の貿易を保護する経費をまかなうために、貿易に一般的な税をかけることが理にかなうと考えられたのならば、貿易の特定部門を保護する特別の経費をまかなうために、その部門に特別の税をかけることも、同じく理にかなうと見るべきだろう。

特定の商事会社は、関税管轄権などの特権を手に入れて、貿易の保護と関税の徴収は行政権力が行なうという原則を破ったが、結果はかえって貿易を阻害した

一般の貿易を保護することは、国家の防衛にとって欠くことのできないものであり、そのゆえに行政権力の義務のうちの枢要部だと、つねに考えられてきた。そこで、一般の関税の徴収と使用は、いつもこの権力にまかされてきた。しかし、貿易の特定部門の保護というのは貿易を一般に保護することの一部なのであり、したがって、この権力の義務の一部である。だから、もしも各国民がつねに首尾一貫して行動するものなら、そういう特別な保護を目的として課する特別の関税も同様にこの権力の処理に常時まかせておくべきであった。ところがこの点にかんしては、その他多くの点と同様、各国民はかならずしもつねに首尾一貫していたわけではなかった。そして、ヨーロッパの商業国の大部分では、商

人たちの特定の会社（カンパニー）が立法府を口説き落して、主権者の義務のうちのこの部分の履行を、これと分ちがたく結びついているいっさいの権限とともに、自分たちにゆだねさせてしまった。

これらの会社は、国が、みずから手を下すのは分別を欠くと考えたであろう実験を、自費でやることによって、いくつかの商業部門を初めて切りひらいたという点では、たぶん有用だったかもしれないが、長いあいだには、厄介（やっかい）物あるいは無益のものであることが、あまねく明らかになってしまい、貿易をしくじるか、さもなければ独占しようとして、他人を排除した。

―これらの会社は、制規会社か合本会社のどちらかである―

これらの会社が、合本（ジョイント・ストック）制では貿易をやらず、適当な資格がある人ならだれでも、一定の加入金を払い、会社の規約（レギュレイション）に従うことを約束するという条件のもとに入社させ、各社員が自分の資本と自分の危険負担で貿易することを認めなければならない仕組になっている場合は、制規会社（レギュレイテッド・カンパニー）とよばれる。会社が合本制で貿易し、各社員は、この総資
225 本に占める各々の出資持分に比例して共同の損益にあずかる場合は、合本会社（ジョイント・ストック・カンパニー）とよばれる。制規会社であれ、合本会社であれ、こういう会社は、排他的な特権をもっている場合もあれば、もたない場合もある。

制規会社は同業組合を大きくしたような独占体で、現在、大ブリテンには五社ある

制規会社は、どこから見ても、ヨーロッパのすべての国々の大小都市にごく普通な、諸営業の同業組合(コーポレイション)に似ていて、まったく同じ種類の独占体なのだが、それをもっと大きくしたようなものである。すなわち、都市の住民はなんぴとであれ、まず同業組合の自由営業権を手に入れないかぎり、組合のできている業種の営業はできないが、それと同様、たいていの場合、一国の臣民はなんぴとであれ、すでに制規会社がつくられている部門の外国貿易を営むには、まずその会社の社員にならないかぎり、合法的にはできないのである。こういう独占がきついかゆるいかは、加入条件の難易、その会社の取締役が握っている権限の大小、言いかえれば、かれらが会社の貿易の大部分を、自分たちと特定の友人たちとでひとり占めしてしまうようなぐあいに経営する力の大小、によって決まる。またたとえば、最古の制規会社では、徒弟の特権も、ほかの同業組合の場合と同じで、会社の社員のもとで年期を勤めあげた者には、加入金を払わずに、あるいは、ほかの人々が取り立てられるよりも、ずっとわずかな加入金を払うだけで、みずから社員になれる資格を与えた。法の取締りがないところではどこでも、すべての制規会社につきものの同業組合精神がはびこる。だから、制規会社がもち前の本性のままに行動することを許されていた時には、競争者の数をできるだけ抑えるために、貿易をたくさんの厄介な規約のもとに置こうと努

めるのがつねであった。ところが、そういうことをしないように法律が取り締ると、制規会社はおよそ無益で意味のないものになってしまった。

大ブリテンに現存する外国貿易のための制規会社は、今日、ハムブルク会社とよびならわされている旧冒険商人たちの会社、ロシア会社、イーストランド会社、トルコ会社およびアフリカ会社である。

そのうち、ハムブルク会社、ロシア会社、イーストランド会社は、まったく無益な存在である

ハムブルク会社への加入条件は、今日では全く容易だといわれ、取締役も、貿易を厄介な制限や規約のもとに置く権限をもたないか、あるいは少なくとも最近は、そういう権限を使わなくなっている。しかし従来は、そうともかぎらなかった。前世紀の中ごろには、
226
加入金は五〇ポンド、一時は一〇〇ポンド〔一六四三年に加入金は二倍になり、ロンドン在住者は一〇〇ポンド、他の人々は五〇ポンドになった〕にもなって、こういうやり方ははなはだしく圧制的だという声があがった。一六四三年、一六四五年と一六六一年には、イングランド西部の毛織物業者と独立貿易業者(フリー・トレイダーズ)が議会に苦情を申し立てて、会社は、貿易をひとり占めしようと他人を排除し、この国の製造業を圧迫する独占業者だと訴えた。この訴えは、議会に条例をつくらせるにはいたらなかったけれども、どうやら会社をおどして、その行状を改めさせはしたらしい。この時以来、少なくとも会社にたいする苦情は出ていない。ウィリアム三世治世第十年および第十一年の条例第六号

で、ロシア会社への加入金は五ポンドに、そしてチャールズ二世治世第二十五年の条例第七号で、イーストランド会社への加入金は四〇シリングに引き下げられた。一方これと同時に、スウェーデン、デンマーク、ノルウェーなどバルト海北岸のすべての国々は、両社の排他的な特許状の支配圏からはずされたのである。議会でこういう二つの条例が通ったのは、両社のよくない振舞いのせいであったらしい。これより前にサー・ジョサイア・チャイルドは、この両社とハムブルク会社が極端に圧制的だと断じ、各会社それぞれの特許状に含まれた諸国とのあいだの貿易が、その当時低調だったのは、会社の誤った経営のせいだとしていた〔*A New Discourse of Trade* chap. III. 杉山忠平訳『新交易論』一四五～一五四ページ参照〕。ところで、現在では、これらの会社はたいして圧制的ではないかもしれないが、明らかにまったく無益な存在である。まったくの話、完全に無益だというのが、制規会社に贈るにふさわしいおそらく最高の讃辞であって、上記の三社はどれも、その現況からすれば、この讃辞を受けてしかるべきだと思われる。

――トルコ会社は圧制的な独占体である――

トルコ会社への加入金は、以前には二六歳以下の者はすべて二五ポンド、それより年長の者はすべて五〇ポンドであった。専門の商人以外はなんぴとも加入を許されず、この制限で、あらゆる小売店主と小売商がしめ出されてしまった。定款によって、大ブリテンのどんな製品も会社の共用船に積むのでなければ、トルコに輸出できなかったし、この船は、

227 いつもロンドン港から出帆したから、この制限のおかげで、トルコ貿易を営めるのは、〔事実上〕経費のかさむその港と、ロンドンおよびその近くに住む人々だけになった。もう一つの定款があって、ロンドンから二〇マイル以内に住んでいない者、そしてロンドンの市民権のない者は、だれも社員にしてもらえなかった。これが前記の制限に重なると、必然的に、ロンドンに市民権をもつ者以外は、ひとり残らず排除されてしまった。会社の船への積込みと出帆の日取りは、まったく取締役の意のままだから、かれらが自分たちと特定の友人たちの財貨を満載してしまうのはたやすいことで、そのあげく、他の人々のものは、申込みが遅れたからなどと言って積んでやらなかった。したがって、こういう状態にあるかぎり、この会社はどこから見ても、きびしい圧制的な独占体であった。こうした弊害が、ジョージ二世治世第二十六年の条例第十八号の制定をもたらしたのである。この条例は、すべての人にたいして加入金を二〇ポンドに引き下げ、年齢の差別をなくし、専門の商人に限るとか、ロンドンの市民権をもつ者に限るとかいう制限もなくした。またこうして加入した全部の人に、大ブリテンのすべての港からトルコのどの港へでも、輸出禁制品でないかぎり、どんな大ブリテンの財貨をも輸出する自由を与えた。そして通常の関税と、会社の必要経費をまかなうために課する特別関税の両方を支払い、同時にトルコ駐在の大ブリテン大使および領事の法律上の権限と、正当に定められた会社の定款には服するという条件のもとに、輸入禁制品でないかぎり、どんなトルコの財貨でも、そこから輸入する自由を与えた。その定款による圧制をふせぐために、同条例はつぎのことを定めた。すなわち、もし社員七人が、この条例の通過後に定められた定款に不満な場合には、貿易植民局（現在では、枢密院の一委員会がその権限を引き継いでいる）に提訴することができるが、この提訴は、その定款が定められてから一二ヶ月以内に行なわれるべきこと。また、もし社員七人が、この条例の通過以前に定められていた定款に不満な場合にも、同じように提訴することができるが、それは、この条例の施行日から一二ヶ月以内に行なわれるべきこととされた。そうはいうものの、わずか一年の経験では、大きな会社の全員に、特定の定款の有害な性質があらわになるには、かならずしも十分ではなかろうし、何人かの社員が、あとになってそれを悟っても、貿易植民局も枢密院の委員会も、かれらになんの救済もしてやれない。それればかりか、すべてのほかの同業組合はいうまでもなく、あらゆる制規会社の定款の大半が目的とするところは、すでに社員になっている者を抑えつけるというよりも、他の人々が社員になろうとするのを邪魔することにある。高い加入金をとるだけでなしに、さまざまの工夫をめぐらすのは、そのためである。こうした会社の不断のねらいは、つねに自社の利潤率をできるだけ引き上げ、輸出する財貨も輸入する財貨も、できるだけ市場で品薄にしておくことである。それには、競争を抑えること、つまり新しい投機家が、その貿易に加わるのを妨げることが、唯一可能の方法なわけである。そのうえ、二〇ポンドもの加入金でさえも、だれかが続けて営むつもりでトルコ貿易に加わ

228

って来るのを妨げるには、あるいは足りないかもしれないが、投機的な商人がこの貿易で一発勝負を張ろうというのを邪魔するには十分だろう。どんな商売であれ、土台のしっかりした正規の業者は、たとえ同業組合に組織されていなくても、おのずから手を結んで利潤を引き上げようとする。この利潤を、いつでも妥当な水準に引き下げておけそうなものといっては、山師的な投機商人の機に応じた競争に勝るものはまずほかにない。トルコ貿易は、この議会の条例である程度まで開放されたけれども、完全な自由にはほど遠いといまだに考えている人は数多い。トルコ会社は、大使一人と二、三人の領事を駐在させておくために金を出しているが、こういうことは、他の国使同様、すべて国が面倒を見るべきものであり、その代り、この貿易は陛下の臣民すべてに開放されるべきである。会社は、国がこれら国使の面倒を見てやるのに要するよりもはるかに大きな収入を、右の目的その他、会社の用にあてるためにかける、さまざまの税金の形で儲けているらしい。

サー・ジョサイア・チャイルドが書いていることだが、制規会社は、金を出して国使を駐在させることはしばしばあったが、貿易相手国に金を出して堡塁なり守備隊なりを置いたことは、ぜんぜんなかった。これにたいして合本会社は、よくそれをやった〔前掲『新交易論』一四五〜一五四ページ参照〕、と。ところで実際に、前者は後者よりも、この種の仕事には、はるかに向いていないように思われる。第一に、制規会社の取締役は、会社の貿易全体の繁栄には特段の利害関心をもっていない。ところが、堡塁や守備隊などを置くのは、まさにその全体のた

229

めなのだからである。その貿易全体が衰えると、かえって取締役自身の個人的な貿易を有利にするのに役だつことさえしばしばありうる。というのも、競争者の数が減って、より安く買い、より高く売れるようになることもあるからである。これとは逆に、合本会社の取締役は、その運営をまかされた共同の資本からあがる利潤のうちから、自分たちの分け前をとるだけだから、会社の貿易全体の利害から切り離された、自分たちだけの個人的貿易なるものをもってはいない。そこで、かれらの私的な利害関心は、会社の貿易全体の繁栄に結びつき、したがってまた、その防衛に必要な堡塁や守備隊を維持することに結びつく。こういうわけで、かれらのほうが、制規会社の取締役より、それらのものを維持してゆくためにはぜひとも必要な、たえざる行き届いた注意を払う公算が大きい。第二には、合本会社の取締役は、いつも会社の共同の株式資本という大資本を動かしているから、しばしば、その一部をそうした必要な堡塁と守備隊の建設、修理や維持に正当な行為として使うことができる。だが、制規会社の取締役は、共同の資本を動かしているわけではないから、加入金と会社の社員が営む貿易にかける組合税からあがる臨時収入以外は、その方面に使う資金をもたない。だから、堡塁や守備隊の維持に気をつかおうという利害関心には変りがなくても、それを実行に移すとなると、同じだけの能力をもつことはめったにない。ほとんどなんの注意もいらず、たいした額にもならない、限られた経費だけですむ国使を駐在させておくくらいのところが、制規会社の性質にも能力にもはるかに似合いの仕事だ、ということである。

アフリカ会社は事実上の独占体になってしまい、かつ堡塁と守備隊の維持という任務もほとんど果せなかった

しかし、サー・ジョサイア・チャイルドの時代からずっと降った一七五〇年、一つの制規会社が設立された。それは、今も続いているアフリカ貿易商の会社〔アフリカ会社〕であるが、明文でもって、最初は、ブラン岬と喜望峰のあいだにあるすべての大ブリテンの堡塁と守備隊の維持を背負わされ、のちにルージュ岬と喜望峰のあいだにあるものだけでよいことにされた。この会社を設立した条例（ジョージ二世治世第二十三年の条例第三十一号）は、二つのべつべつの目的をねらっていたように思われる。第一は、制規会社の取締役にはつきものの、圧制的、独占的精神を有効に抑えることであり、そして第二は、かれらにとっておよそ似つかわしくない堡塁と守備隊維持のために、できるだけ注意を払うよう強制することである。

この第一の目的のために、加入金は四〇シリングに抑えられている。会社は、組合としての〔統一的な〕資格で貿易すること、つまり合本制で貿易することを禁止されており、連帯で借金してはいけない。大ブリテン臣民で加入金を払えば、だれでも、どの港からでも自由に営んでよい、とされたこの貿易に、なんらかの制限を加えることも禁じられた。会社の管理は、九名からなる委員会が行ない、かれらはロンドンで会議を開くけれども、

ロンドン、ブリストル、リヴァプールに市民権をもつ社員によって毎年各地区から三名ずつ選出される。委員は、続いて三年以上は在職できない。貿易植民局、いまでは枢密院の委員会は、どの委員でも、本人の弁明を聴取したうえで、これを解任できる。委員は、アフリカから黒人を輸出したり、なによらずアフリカの財貨を大ブリテンに輸入したりすることを禁止されている。しかし委員は、堡塁と守備隊の維持を背負わされているから、230 この目的のためなら、大ブリテンからアフリカへ各種の財貨、軍需品を輸出しても差し支えない。かれらが会社から受け取る金のうち、八〇〇ポンドを超えない金額なら、ロンドン、ブリストル、リヴァプールにいる書記や代理人の俸給、ロンドンの事務所の家賃、イングランドでの経営、委託および代理にかかるその他すべての経費に充てることを許される。こうしたさまざまの経費を支払ったうえで残った分は、委員たちの慰労金として、かれらが適当と思う方法で互いに分けてしまってもいい。こういう制度にしておけば、独占の精神はうまく抑えられ、この条例の第一の目的は十分達成されると期待されていたらしい。ところが実際には、そうはいかなかったように思われる。ジョージ三世治世第四年の条例第二十号で、セネガルの堡塁は、その属領全部といっしょにアフリカ貿易商人のこの会社に帰属したが、もうその翌年には（ジョージ三世治世第五年の条例第四十四号により）、セネガルとその属領ばかりか、南バーバリにあるサレー港からルージュ岬までの全海岸は、会社の管轄区域からはずされて王権の直轄にするとともに、その地域との貿易は陛下の臣民すべてに自由だ、と宣言された。これは、会社が貿易に制限を加え、ある種の不当な独占をやっていると疑われたからである。けれども、ジョージ二世治世第二十三年の条例の規制があるのに、どうすれば会社にそんなことができるのか、はなはだ理解に苦しむ。印刷された下院討議録のなかで――これは、かならずしもつねにもっとも権威のある真実の記録ではないけれども――私は、会社がこの点を非難されているのを見たことがある。委員会の九人のメンバーはすべて商人だし、あちこちの堡塁や定住地(セツルメンツ)の司令官とか代理商(ファクター)も、皆かれらに依存しているわけだから、委員たちからの委託商品と委託業務には特段の注意を払ったというのは、おおいにありそうなことで、これが実質的には独占となったのであろう。

この条例の第二の目的、つまり保塁と守備隊の維持のために、議会は通例年額約一万三〇〇〇ポンドを会社に割り当てた。この金額を適切に使うよう、委員会は毎年財務裁判所書記官[2]に報告を出すことを義務づけられ、その報告書は、あとで議会に提出すべきこととされた。しかし、何百万の使い方にすら、ろくに注意も払わぬ議会が、年に一万三〇〇〇ポンドのはした金(がね)の使い方に、たいした注意を払うことなどありそうにもないし、また財務裁判所書記官が、その職務からいっても受けた教育からいっても、堡塁や守備隊の適切な経費がなにかについて十分熟知しているとは思えない。実際問題としては、海軍本部委員会[3]が、帝国海軍の艦長なり、その他の士官なりを任命して、堡塁や守備隊の状況を調査させ、その結果を本部委員会に報告させることはできよう。しかし本部委員会には、会社の委員会にたいして、なんら直接の管轄権もなければ、こうやってその行動を調べ上げた人々の行ないをただささせる権限ももっていないように思われる。それればかりか、帝国海軍の艦長たちが、いつもみんな築城学の深い学識をもっているとも考えられない。公金あるいは会社の公金にからんで、直接本人がかかわった汚職とか横領は別として、委員がなにか失敗した時に受ける最高の罰は免職であろうが、なにせ任期は三年しかなく、合法的な報酬は任期中でもまことにわずかである。そうだとなると、これくらいの罰にたいする懸念だけでは、そのこと以外なんの関心もない仕事に、たえず行き届いた注意を払わせるほどの強力な動機にはなろうはずがないのである。現に委員たちは、ギニアの海岸にあるケープ・コースト城を修理するのに、なんとイングランドから煉瓦や石を送り出した、というので非難されている。この修理のために、議会は、数度にわたって莫大な金を交付したのであった。そのうえに、わざわざ洋上はるかに送りつけた煉瓦や石はひどく質の悪いものだったので、それでもって修理した城壁は、土台からやり直さなければならなかった、という。ルージュ岬から北の堡塁や守備隊は、国の経費で維持されているだけでなしに、行政権が直接に管理もやっている。すると、その岬から南にあるものは、少なくともその一部は、同じく国の経費で維持されているのに、なぜ違った管理のもとに置かれなければならないのか、まともな理由を思いつくのさえ容易なことではなさそうである。地中海貿易を保護する、というのが、ジブラルタル[4]とミノルカに守備隊を置くそもそもの目的ないしは口実であった。そして、これら守備隊の維持と管理は、トルコ会社にではなしに、ずっと行政権にまかされてきたが、これはきわめて適切なやり方である。行政権の誇りと威光は領土の広さに左右される割合が大きいものだから、その領土の防衛に必要なものについて注意を怠るなどということは、まずありそうにない。したがって、ジブラルタルとミノルカの守備隊は一度もなおざりにされたことはなかった。もっともミノルカ[5]は、これまで二回奪われたことがあり、現在では、おそらく永久に失われたわけだろうが、それでも、この不祥事が行政権の怠慢のせいにされたことはけっしてなかった。こう述べたからといって、私は、金のかかるこれら守備隊のいずれにせよ、スペイン王国から初めにこれらの地域を割譲させた時の当の目的のために、いささかなりとも必要だったとは思ってもいな
232 いのであって、私が必要だとほのめかしているなどとは考えてもらいたくない。この割譲は、イングランドとその自然の同盟者たるスペイン国王とを仲違いさせ、ブルボン家の二つのおもな分家〔たるフランスとスペイン〕を、その血の絆(きずな)さえかつてなしえなかったほど、より緊密で永続的な同盟によって結びつける以外、おそらくなんの実際の役にもたたなかったのである。

―― 合本会社と合名会社とは異なる ――

合本会社は、国王の特許状によるか、または議会の条例によるかして設立されるが、い

ずれにしても、いくつかの点で制規会社と違うばかりでなく、合名会社（プライベイト・コパートナリー）とも違っている。

第一に、合名会社だと、どの社員も会社の承認なしには、自分の持分を他人に譲渡すること、つまり会社に新しい社員を加入させることができない。その代り、各社員は適当な予告をしたうえなら、退社して、共同資本のうちの自分の持分を払い戻すよう会社に請求できる。これにたいして、合本会社だと、どの社員も、自分の持分の払戻しを会社に請求できない。その代り各社員は、会社の承認なしで、自分の持分を他人に譲渡し、それによって新しい社員を加入させることができる。合本資本の持分の価値は、つねに、それが市場で売れるであろう価格である。だからこの価格は、持分の所有者が、会社の共同資本にたいしてもっている債権としての払込金額よりも、なにほどか多かったり、少なかったりする。

第二には、合名会社だと、各社員は、会社が契約した債務にたいして、自分の財産の全額までの義務を負う。これにたいして合本会社だと、各社員は、自分の持分を限度とする義務を負うだけである。

合本会社の外国貿易は、特権がなければなおのこと、排他的特権があってさえ失敗が多い。その例、王立アフリカ会社、ハドソン湾会社、南海会社

合本会社の事業は、つねに取締役会によって運営される。確かに取締役会は、多くの点で株主総会の統制を受けることがよくあるけれども、株主の大部分は、会社の業務について、あえてなにごとかを知ろうなどと張り切ることはめったにない。たまたま株主の間に派閥的な風潮でもひろがっていないかぎり、会社の業務に頭を突込んで心を労したりはせず、取締役がこのくらい渡すのが適当だと考える半期分もしくは一年分の配当をもらうことに甘んじている。このように、苦労も、一定額以上の危険負担も完全に免れられるために、合名会社であったなら、どんな事情があろうとその財産を賭ける気にならないおおぜいの人々も、合本会社の投資家にならなってもよい、という気を起すのである。そこで通例、合本会社には、どんな合名会社が誇るよりも、はるかに巨大な資本が集まってくる。南海会社の営業資本は一時三三八〇万ポンドを超えたことがあった〔一七二三年のこと〕。[233]イングランド銀行の配当付資本は現在一〇七八万ポンドに達している。ところが、こういう会社の取締役は、自分の金（かね）というより、むしろ他人の金の管理人であるわけだから、合名会社の社員が、自分自身の金を見張る時にしばしば見せるのと同じ鵜（う）の目鷹（たか）の目でひとの金を見張るとは、とても期待できない。金満家の執事よろしく、些事（さじ）に注意を払うと、かえって御主人の沽券（こけん）にかかわるなどと考えがちで、いともあっさりと自分で自分の注意義務を免除してしまう。だから、こういう会社の業務運営には、多かれ少なかれ怠慢と浪費がつねにはびこること必定である。外国貿易を営む合本会社が、個人の投機家との競争にほとんど耐えてゆけなかったのは、まさにこのためである。したがって、こういう会社は、排他的特権なしでは、ほとんど成功したためしがなく、特権をもっていてさえ成功しなかったこともしばしばあった。排他的特権がなければ、たいてい貿易をしくじっている。排他的特権をもてば、貿易をしくじったうえに、貿易を独占しようと他人を排除した。

現在のアフリカ会社の前身、王立アフリカ会社は、特許状にもとづく排他的特権をもっていた。しかしこの特許状は、議会の条例によって確認されてはいなかったので、その貿易は、権利宣言の結果として、革命〔一六八八年の名誉革命のこと〕後まもなく陛下の臣民すべてに開放された。ハドソン湾会社は、その法的な権利にかんしては、王立アフリカ会社と同じ状況にある。つまり、その排他的な特許状は、議会の条例によって確認されたことがない。南海会社は、貿易会社として続いているあいだは、議会の条例で確認された排他的特権をもっていた。この点は、いまの東インド貿易商合同会社〔東インド会社のこと〕も同様である。

王立アフリカ会社は、権利宣言があったにもかかわらず、なおしばらくのあいだは、個人の投機家をもぐり商人とよび、また、もぐり商人扱いして迫害し続けたが、やがて、かれらとの競争には耐えてゆけないことがわかってきた。それでも、一六九八年に、個人の投機家たちは、かれらが営むさまざまな貿易部門のほとんどすべてにわたって一割の税を課せられたのであって、これを会社は、堡塁や守備隊の維持に充てることにしていた。しかし、こんな重税をかけても、まだ会社は競争に耐えかねた。会社の資産と信用は、次第

234 に減っていった。一七一二年には、会社の負債があまりにも多額になったので、会社の安全のためにも債権者の安全のためにも、議会の特別立法が必要だと考えられるにいたった。そこで、負債の支払について会社に与えるべき猶予期間と、この負債をめぐって会社と結ぶのが適当と考えられる、その他いっさいの協定とにかんしては、債権者のうち、人数と債権額からいって三分の二が行なった決議は、残りのものをも拘束する、という条例が制定された。一七三〇年には、会社の業務は乱脈をきわめ、会社設立の唯一の目的であり口実でもあった、堡塁と守備隊を維持することもぜんぜんできなくなった。この年から、この会社が最終的に解散するまでのあいだ、議会は、右の目的のために年額一万ポンドを会社に与える必要がある、と判断した〔これは一七四六年までつづいた〕。西インド諸島へ黒人を運ぶ貿易で、会社は長年にわたり損を重ねた末、一七三二年には、とうとうこの貿易をまったく断念し、会社がアフリカ海岸で買い込んだ黒人を、アメリカ貿易を営む個人の貿易商に売って、会社の使用人は、アフリカ内陸部で砂金、象牙、染料等を買い付けるための貿易に振り向けることに決めた。しかし、このように貿易の間口をせばめてみても、従来の手広い貿易よりうまくいったわけではなかった。会社の業務は次第に先細りになってゆき、ついに最後には、どこから見ても破産会社になってしまったので、会社は議会の条例によって解散させられ、同社の堡塁と守備隊は、アフリカ貿易商のいまの制規会社〔アフリカ会社のこと〕のものとすることになった。王立アフリカ会社が創設される前にも、別に三つの合本会社が相ついでアフリカ貿易のために設立された〔一六一八年、三一年、六二年〕が、どれも不成功に終っている。そのくせ三社は、いずれも排他的な特許状をもっていたので、議会の条例による確認こそなかったが、その当時には、実質的な排他的特権を与えたものと考えられていたのである。

ハドソン湾会社は、最近の戦争〔七年戦争のこと〕で不幸な目にあったが、それ以前には、王立アフリカ会社より、ずっと運がよかった。その必要経費もはるかに少なかった。会社がなになに堡塁（とりで）というふうによんで敬意を表した、さまざまの定住地や居留地に置いてある人々の総数も、一二〇名を超えなかった、という。しかし、これだけの人数があれば、会社の船に積み込む毛皮その他の財貨の船荷を前もって整えておくには十分であって、この
235
方面の海域では、結氷のために、船舶は六週間から八週間以上は、ほとんど留（とど）まっていることができないのである。準備の整った船荷があるというこの利点は、個人の投機家たちでは、長年望んでも手に入れられなかったものであり、しかもそれがなければ、ハドソン湾貿易の可能性はないように思われる。そのうえに、同社の資本は一一万ポンドを超えないと言われるように、たいした額ではないけれども、同社の特許状に含まれる、広大ではあるが惨めなその国の貿易と剰余生産物の全部、あるいはほとんど全部をひとり占めするには十分だろう。こういうわけで、個人の投機家では、かつてだれ一人、会社と競争して、この国と貿易しようと企てた者はなかった。そこでこの会社は、法律のうえでは排他的貿易の権利をもたなかったにもかかわらず、実際には、いつもそれをやってこられたのであ

236

った。かてて加えて、この会社のたいした額でもない資本は、ごく少人数の株主が分け持っている、といわれる〔後出のドッブズによると、同社資本の九割を、八、九人の株主が握っていたという〕。ところが、少数の株主から成っていて、あまり資本も多くない合本会社は、合名会社の性格にごく近いものとなるから、ほとんど同程度の警戒心と注意を払うことも可能である。それゆえ、こんなにさまざまな利点の結果として、たとえハドソン湾会社が、最近の戦争以前には、その貿易でかなりの成功を収めえたとしても、これは驚くに当らない。とはいうものの、同社の利潤が、故ドッブズ氏[6]の推定したところに近づいたことがあるとは思われない。氏よりもずっと冷静明敏な著述家で、『商業にかんする史的推論』の著者であるアンダーソン氏〔アダム・アンダーソンのこと。一六九二頃〜一七六五〕は、ドッブズ氏みずからが示した同社の数年にわたる輸出入の報告を検討し、また同社の不時の危険や出費について妥当な斟酌を加えると、その利潤はうらやむべきほどのものとも思えない、つまり、貿易業における通例の利潤を超えるとしても、そう大幅なものとは思えない、と述べているが、これはまことに正論である。

南海会社には、維持しなければならぬ堡塁とか守備隊とかは、なにもなかったから、外国貿易を営む他の合本会社が負わされていた一大経費を完全に免れていた。しかしこの会社は、莫大な数の株主に分割された莫大な資本を擁していた。したがって、愚行と怠慢と浪費とが、会社の業務運営の全般にわたって、はびこるものと予想されていたのも当然であった。同社の株商売にかかわる企画のいんちきと出鱈目は周知のところであるし、その説明は当面の主題とはかかわりがあるまい。同社の商業面での企画も、それと似たり寄ったりの処理をされたのである。すなわち、同社が最初に手がけた貿易はというと、スペイン領西インドに黒人を供給する貿易であって、これについては（ユトレヒト条約によって同社に与えられた、いわゆるアシェントー協約[7]の結果）排他的特権をもっていた。ところが、これより前に、同じく排他的特権をもってこの貿易をやっていたポルトガルとフランスの会社は、ともにその貿易のために倒産していたものだから、この貿易からたくさんの利潤があがるとは期待すべくもなかった。このために同社は、その代償として、スペイン領西インドと直接に貿易する一定積載量の船を、年々一隻ずつ送ることを許されたのである。この年々送ってよいとされた船の航海は一〇回あったけれども、かなり儲けたのは、たった一回、一七三一年のロイヤル・キャロライン号の航海だけで、あとのほとんど全部は、多かれ少なかれ損をしたという。この不成功は、同社の代理商や代理人に言わせると、スペイン政府の強奪と抑圧のせいだ、というのだが、おそらくこれは、当の代理商や代理人の浪費と横領がおもな原因であろう。現に、かれらのなかには、たった一年間で巨万の富を築いた者もあるという。一七三四年、会社は大ブリテン国王に、年々の配船ではわずかの利潤しかあがらなかったから、この貿易と船舶を手放す代りに、スペイン国王から、なにかだいたい同じ値打のものをもらうことを許していただけまいか、と請願した。

一七二四年、この会社は捕鯨業を始めた。もっとも、これについては独占権をもっていなかったけれども、同社がやっていたあいだには、他に大ブリテンの臣民でこれに従事した者はいなかったようである。会社の船は、八回グリーンランドへ出かけたが、儲けたのは一回だけで、あとはすべて損をした。八回めの最後の航海のあとで、同社は船舶、船具から什器まで売り払ったところ、この事業部門での会社の全損失は、資本と利子を含めて二三万七〇〇〇ポンド以上に及んだことがわかった。

一七二二年、この会社は、その全額が政府に貸してあった三三八〇万ポンド以上の莫大な資本を、二つに等分することを許可してほしい、と議会に請願した。すなわち、片方の半分、額にして一六九〇万ポンド以上は、政府のほかの年金〔政府に貸し上げて、その代りに年々一定の利子相当額を受け取るもので、利子つき資本として運用するわけである〕[237]と同じ扱いにして、会社の商業面での企画を遂行するために、取締役が債務の契約をしたり、損失をこうむったりしても、手をつけないことにし、他の半分は、従前通り営業資本のままにしておいて、そうした債務や損失に応じてとり崩すこともできるようにしたい、というのである。この請願は、たしかに筋の通ったものだったから、許可しないわけにはいかなかった。すると一七三三年に、同社はまたもや議会に請願して、営業資本の四分の三を年金資本に切り換え、四分の一だけを営業資本として残したい、と言い出した。会社の取締役たちのまずい経営から生ずる危険にさらされる分は四分の一だけにしたい、というわけである。すでにこのころまでには、年金資本も営業資本も、政府からの数回にわたる償還によって、それぞれ二〇〇〇万ポンド以上も減っていたのだから、この四分の一は、たった三六六万二七八四ポンド八シリング六ペンスに過ぎなかった。一七四八年には、アシエントー協約で手に入れた、この会社のスペイン国王にたいするいっさいの請求権は、エクス・ラ・シャペル条約〔アーヘン条約のこと。オーストリア継承戦争（一七四〇～四八）を終結させた条約〕にもとづいて、だいたい同じ値打と思われるものと引換えに放棄された。そこで、同社のスペイン領西インドとの貿易にも終止符が打たれることになり、営業資本は年金資本に切り換えられ、かくてこの会社は、どこから見ても貿易会社ではなくなってしまった。

ここで注意すべきは、南海会社が年々の定期船で営んだ貿易は、かなりの利潤をあてこんだ同社唯一の貿易だったが、これには国外市場でも国内市場でも、競争者がいないわけではなかった点である。カルタヘナ、ポルト・ベロそれにラ・ベラクルスでは、同社の船の往路の積荷と同種のヨーロッパ産財貨をカディスからこれらの市場へ運ぶ、スペイン商人との競争に遭遇しないわけにいかなかった。またイングランドでは、帰路の積荷と同種のスペイン領西インド産財貨をカディスから輸入してくる、イングランド商人との競争にあわざるをえなかった。もっとも、スペイン商人とイングランド商人の財貨には、ともに同社よりもっと高い関税がおそらくかかっていたろう。だがしかし、この会社の使用人の怠慢、浪費、汚職から生ずる損失は、思うにこれらすべての関税よりもはるかに重い税であった。個人の投機家がなんらかの形で自由公平な競争を挑みうる場合でも、合本会社が外国貿易のどの部門にせよ、うまくやれるなどということは、およそ経験に反するように思われる。

旧東インド会社は競争に負けて、いまの会社にかわった。新社は特権のおかげで貿易に成功し、インドの支配者になったが、十分な統治ができず、議会は同社の改革にのり出した

イングランドの旧東インド会社は、エリザベス女王の特許状によって、一六〇〇年に設立された。同社がインドに向けて送り出した初めの一二回の航海では、使った船だけは会[238]社の共用船だったが、資本のほうは合本でなく、各個ばらばらで、同社は一個の制規会社として貿易をしていたらしい。一六一二年、これら資本を合同して、一つの合本資本にした。同社の特許状は、排他的なもので、議会の条例によって確認されてはいなかったけれども、その当時には、実質的な排他的特権を与えたものだと考えられていた。そのため、多年にわたって同社は、もぐり商人にあまり邪魔されることがなかった。同社の資本は、七四万四〇〇〇ポンド以上になったことがなく、一株は五〇ポンドであったが、これならば、そう法外な額でもないし、その取引もそれほど手広くなかったので、ひどい怠慢や浪費に口実を与えるとか、ひどい汚職に隠れみのを与えてしまうほどではなかった。そこで、一部はオランダ東インド会社の敵意により、また一部はその他の災難によって、なんどか手ひどい損失を受けたにもかかわらず、会社は長年にわたる貿易を営んで成功してきたのである。しかし、時の流れとともに、自由の原理の理解が進んでくると、議会の条例によ

って確認されていない国王の特許状が、いったいどれほどの排他的特権を与えうるのかが、日を追ってますます疑わしくなってきた。この問題について、裁判所が下した判決はまちまちで、政府の権威や時代の風潮につれて変化した。もぐり商人はもぐり商人をよぶ、というふうにふえてゆき、チャールズ二世の治世の終りころ、ジェイムズ二世の全治世、ウィリアム三世の治世の一時期を通じて、同社をいちじるしく苦境におとしいれた。一六九八年に、新株式の応募者が排他的特権をもつ新東インド会社を設立していいという条件でなら、年八分で政府に二〇〇万ポンドを貸そう、という提案が議会に出された。そこで、旧東インド会社のほうは、同じ条件で、その資本の全額に近い七〇万ポンドを四分で貸そうと申し出た。ところが、当時の国家信用の状態からすると、四分で七〇万よりは、八分でも二〇〇万借りるほうが、政府にとってはありがたかったのである。新規の応募者の提案のほうが受理されて、その結果、新東インド会社が設立された。ただし、旧東インド会社は、一七〇一年までは、その貿易を続ける権利をもっていた。そればかりか、同社は、会計係の名義で、たいへん巧妙に、新社の株に三一万五〇〇〇ポンド応募していた。二〇〇万というこの貸付金への応募者に、東インド貿易をゆだねた議会の条例には、表現のうえでの不注意があったために、応募者が、出資金をただ一つの合本資本にまとめなければいけないのか否か、かならずしもはっきりしなかった。そこで少数の個人貿易商は、その応募額はわずか七二〇〇ポンドにしかならなかったが、自分たちの資本と自分たちの危険負担で別に貿易をやる権利があるのだ、と主張した。一方、旧東インド会社は、一七〇一年までは、その旧資本で別に貿易をやる権利をもっていたし、なおそのうえ、一七〇一年の前にも後にも、ほかの個人貿易商と同じく、新社の株に応募した三一万五〇〇〇ポンドで別に貿易を営む権利ももっていた。新旧二つの会社と個人貿易商のあいだの、さらに両社相互間の競争は、両社を破滅寸前にまで追い込んだという。だいぶあとの時期になって、つまりこの貿易を、一制規会社に経営させることによって、いくらかでも公開しようという提案が議会に出た一七三〇年に、東インド会社は、この提案に反対して、かつての競争が、その当時、いかに惨めな結果を招いたか——と同社は考えた——を、どぎつい調子で述べたてた。同社がいうには、インドでは、競争で、財貨の値段が仕入れるのも無意味なほどはね上ってしまい、他方イングランドでは、市場に財貨があふれ、競争で、その値段は全然利潤があげられぬほど暴落してしまった、と。競争が供給をより豊かにして、社会公共にとってはおおいに有利好都合なことだが、イングランド市場でのインド産品の価格を、大幅に引き下げたことは疑いを容れない。しかしながら、競争が、インドの市場で、インド産品の価格を大幅に引き上げた、というのは、まずありそうもないことのように思われる。なぜなら、そうした競争が生み出す追加需要を全部合せても、インドの商業という大海に落ちた水の一滴のようなものでしかなかったにちがいないからである。そのうえ、需要の増加というものは、初めのうち、時には財貨の価格を引き上げることもあるけれど

も、長いあいだには、かならずそれを引き下げずにはおかない。なぜなら、需要の増加は
生産を奨励し、それによって生産者の競争は激しくなるが、かれらは互いに他より安く売
るために、そうでもなければとても思いつきもしない新しい分業や技術の改良に訴えるか
らである。この会社が不平を並べたあの惨めな結果というのは、ほかでもない、消費の低
廉、生産の奨励のことだったのであって、これら二つの結果こそ、まさしく経済政策が振
興すべき偉大な事業なのである。しかしながら、同社がああして陰鬱(いんうつ)に描き出した競争は、
長続きしなかった。一七〇二年、二つの会社は、〔アン〕女王を第三の当事者とする三者
協約を結ぶことによって、ある程度まで連合した。さらに一七〇八年、議会の条例により、
240 完全に合併して、いまの東インド貿易商合同会社という名の一つの会社になった。この条
例には、会社から分れてやっていた貿易業者は、その貿易を一七一一年のミカエル祭
〔九月二九日。イングランドでは年間四回ある貸借決済日の一つ〕まで続けることを許可するが、これと同時に、会社の取締役には、
三年の予告期間で、かれらの七二〇〇〇ポンドの少額資本を買い戻し、これによって同社の
全資本を一個の合本資本に切り換える権利を与える、という一条項を挿入する値打がある
と考えられた。この同じ条例で、会社が政府に新たな貸付をした結果、同社の資本は二〇
〇万ポンドから三二〇〇万ポンドにふえた。一七四三年、同社は、さらに一〇〇万ポンドを
政府に貸し付けた。しかし、この一〇〇万ポンドは、株主にたいする払込請求によらず、
年金証書を売り、社債を発行して調達したものだったから、株主が配当を要求できる資本

がふえたことにはならなかった。ただし、会社の営業資本の増加にはなったのであって、それは、この分も、ほかの三二〇万ポンドと同様、同社が商業面での企画を遂行するために受けた損失や契約した債務の担保になるからである。一七〇八年このかた、あるいは少なくとも一七一一年このかた、同社はいっさいの競争者から解放されて、東インドへのイングランド貿易における独占を完全に確立したものだから、その貿易は成功を収め、あがった利潤から、年々株主にはまずまずの配当をした。一七四一年に始まったフランスとの戦争のあいだ、ポンディシェリのフランス総督デュプレークス氏〔一六九七〜一七六三〕の野心は、この会社をカルナーティク地方の戦いやインドの王侯たちの政争にまき込んだ。いくたの派手な勝利と、同じくらい派手な負け戦をくり返したあげく、とうとう会社は、その当時、インドにおける同社の主要定住地だったマドラスを失った。マドラスは、のちにエクス・ラ・シャペル条約で、同社に返還された。しかし、ほぼこのころには、戦争と征服の精神が、インドにいる同社の使用人にとりついてしまっており、以来、ついにかれらから離れることはなかったように思われる。一七五五年に始まったフランスとの戦争のあいだ、同社の軍隊はおしなべて、わが陸海軍の恵まれた武運のお相伴にあずかった。同社の軍隊は、マドラスを守りぬき、ポンディシェリを占領し、カルカッタを取り返して、その当時、年額三〇〇万ポンドを超えるといわれていた、豊かで広大な領土からの収入を手に入れた。同社は、数年にわたって、この収入を無事もちつづけたのだが、一七六七年、政府は、

241 同社が手に入れた領土と、そこからあがる収入は、本来国王に属するものだとして、その所有権を主張した。そこで同社は、この要求にたいする埋合せとして、毎年四〇万ポンドを政府に納めることに同意した。同社は、すでにこれより先、配当をだんだんふやして、約六分から一割に引き上げていた。言いかえると、同社の三二〇万ポンドの資本にたいして配当金を一二万八〇〇〇ポンドだけふやした、つまり、年額一九万二〇〇〇ポンドから三二万ポンドに引き上げていたのである。ちょうど、政府への上納に同意したころ、同社はさらに配当を引き上げて、一割二分五厘にしようと企てていたが、もしそうなれば、株主への年々の支払額は、政府に年々納めることに同意した額、すなわち年額四〇万ポンドに等しくなったであろう。しかし、同社が政府とのあいだで結んだ協定が有効とされた二年間は、相ついで定められた議会の二つの条例によって、同社はそれ以上の増配を抑えられてしまった。二つの条例が目的とするところは、当時イングランド正貨で六〇〇〇万から七〇〇〇万以上と見積もられた同社の負債を、もっと早く償還することができるようにすることだった。一七六九年に、同社は政府とのこの協定を更新して、さらに向う五年間続けることにし、あわせて、この期間の経過中に、同社は、配当をだんだんふやして一割二分五厘まで上げることを許されるが、ただし年に一分以上上げることはしない、という条項を加えた。したがって、この増配が最高限度に達した時でさえ、同社の株主と政府にたいする年々の支払額は、両方あわせても、同社が最近領土を手に入れる以前より、わずか六

〇万八〇〇〇ポンドふえただけであった。手に入れた領土からの総収入が、どれくらいに
なると推定されていたかは、すでにふれておいたが、東インド貿易船のクラッテンデン号
が一七六八年にもたらした報告によれば、いっさいの掛りと軍事費を差し引いた純収入の
ほうは二〇四万八七四七ポンドだと、述べている。同じこの時の報告だと、同社は、一部
は土地からだが、主としては同社のあちこちの定住地に設けた税関からあがる別途収入を
もっており、これは四三万九〇〇〇ポンドに達したという。また同社の貿易の利潤も、取
締役会長の下院での証言によれば、その当時、少なくとも年四〇万ポンド、同社会計係の
証言によれば、少なくとも五〇万ポンドにのぼったから、最低に見積っても、少なくとも、
同社の株主に支払われることになっていた最高の配当額に等しかったことになる。これほ
どの大きな収入があるのだから、年々の支払を六〇万八〇〇〇ポンドふやすゆとりもある
し、さらにこれと同時に、負債をどんどん減らしてゆくのに十分なくらい巨額の減債基金
が余ってくるのも確実なはずであった。それなのに、一七七三年には、負債は減るどころ
か、国庫にたいする四〇万ポンドの支払の滞納、もう一つ、税関にたいする未払関税の滞
納、「イングランド」銀行から借りた巨額の債務、そしてインドから同社あてに振り出され、
242 うかつに引き受けた一二〇万ポンドを超える為替手形による四番めの債務のため、負債は
かえってふえてしまった。これらの支払請求が積み重なって苦境に陥った同社は、にわか
に配当を六分に引き下げたばかりか、政府のお慈悲にすがって、第一には、約定してあっ

た年四〇万ポンドの支払を以後免除してもらうように、そして第二には、さし迫った破産から救ってもらうために、一四〇万ポンドを貸し付けてくれるようにと、哀願せざるをえなくなった。要するに、同社の財産は大幅にふえたものの、それは同社の使用人に、財産の増加に見合うというより、かえって、大きな浪費の口実と大きな汚職の隠れ家をつくってやるだけの役目しかしなかったらしい。そこで、同社の使用人のインドでの行状と、インド、ヨーロッパ双方での同社の業務状況全般が、議会の調査にかけられることになった。その結果、国内でも海外でも、同社の管理機構にたいして非常に重要な変更が加えられたのである。インドでは、同社のおもな定住地のマドラス、ボンベイおよびカルカッタは、それまで互いにまったく独立していたが、こんどは四人の顧問からなる評議会に補佐される総督の管轄下に置かれることになり、議会がみずから総督と顧問の最初の任命権を握って、かれらをカルカッタに駐在させるようにした。というのは、カルカッタが、以前のマドラスにとって代って、いまでは、インドにおけるイングランド定住地のうちで、もっとも重要な場所になっていたからである。カルカッタ市長の法廷は、もともとは同市とその近在で起る商事訴訟を裁くために設けたものだったが、帝国の拡張につれて、だんだんその管轄権の及ぶ範囲を拡げてきていた。こんどは、この法廷を、設置したもともとの目的に戻して、それだけに限定することにした。その代りに新しい最高法院を設立し、国王が任命する首席判事一名と判事三名でこれを構成することにしたのである。ヨーロッパのほ

うでは、株主が株主総会での投票権を得るのに必要な資格を、この会社の資本にたいする
持分一株の本来の価格であった五〇〇ポンドから一〇〇〇ポンドに引き上げた。そのうえ、
この資格にもとづいて投票するためには、相続でなしに自分で買って手に入れた株であれ
ば、少なくも一年間にわたって所有している必要がある、と告知されたが、前にはこの必
要期間は六ヶ月であった。二四名の取締役会は、これまで毎年改選されていたが、いまや
各取締役は、今後は四年を任期として選出さるべきこと、ただし、そのうちの六名ずつは
毎年輪番制で退職してゆき、つぎの年度の六名の新取締役の選挙の時には再選されること
ができない、ということが条例で決められもした。こういう変更をすれば、株主総会も取
243 締役会も、これまでつねづねやっていたのよりは折目正しく堅実に行動するようになるだ
ろう、と期待されたのである。しかしながら、どんな変更をしてみたところで、こうした
総会や取締役会が、一大帝国を統治するのはおろか、せめて統治に参与するのに適したも
のになることさえ、どう見ても不可能だと思われる。なぜなら、総会や取締役会構成員の
大部分は、どんな場合でも、この帝国の繁栄には、ほとんど無関心たらざるをえないのだ
から、その繁栄を促すような事柄に真剣な注意を払うはずがないのである。大きな財産の
ある人ならしばしば、たいした財産のない人でも時には、東インド会社の一〇〇〇ポンド
株を、株主総会での一票によって影響力がもてるというただそれだけのために、よろこん
で買おうとする。総会での投票権をもてば、インドの略奪にではないにしろ、それでも略

奪者の任命にはあずかることができる。というのは、任命するのは取締役会だけれども、取締役を選ぶのは株主だ、というだけでなく、時にはインドにおける同社の使用人の任命をくつがえすことさえあるので、取締役会はどうしても、多かれ少なかれ株主の影響下に置かれるからである。もし何年間かにわたってこうした影響力をもち続け、また、そのおかげで何人かの友人の面倒を見てやることができるなら、配当などはむろんのこと、自分の投票権のもとになっている株式の価格すらあまり気にしない株主がよくいる。ましてや、大帝国の繁栄などという話になると、その投票権が与えてくれたのは、まさに大帝国の統治にあずかる権利であったのに、まず全然気にもかけないのがほとんどである。これら商事会社の株主の大多数は、抗しがたい社会的な原因[8]から、自分の臣民の幸福と悲惨、自分の領土の改良と荒廃、自分の行政の栄光と汚辱について完全に無関心であり、また、必然的に無関心たらざるをえないのであって、ここまで無関心な主権者は、いまだかつて他にいなかった、というよりは、事の性質からして、無関心でいられるはずがなかったのである。そのうえ、この無関心さは、議会の調査の結果つくられた新規定中のいくつかのために、減るよりもむしろ増したようである。たとえば、下院の決議にもとづいて次のような告知が行なわれた。すなわち、政府がこの会社に貸した一四〇万ポンドを返済し、かつまた社債を一五〇〇万ポンドまで減らした時には、同社はその資本にたいして八分の配当をして差し支えないが、それまではそうしてはならない、とか、同社の収入と純利潤のうち本

244 国に残される分はすべて四つの部分に分け、そのうち三つは公共の用途に充てるため国庫に納めるべきこと、第四の部分は、社債の今後の償還に充てるか、あるいは、そのほか会社が陥るかもしれない不慮の急場をしのぐための基金としてとっておくこと、というのである。けれども、純収入も利潤も全部会社のものになって、会社がみずから自由に処分できた時でさえ、同社が悪しき執事、悪しき主権者だったとするならば、その四分の三までが他人のものになってしまい、残りの四分の一も、会社の利益のために積み立てておくとはいうものの、他人の監視を受け、承認を仰いでの積立だという場合には、同社が前よりよくなることは、まずありそうにない。[9]

議会による改革をもってしても、会社の破滅は救えそうにない。一時的ならともかく、合本会社に永久的特権を与えるのは、国民に理由なく税を課すに等しい

会社にしてみれば、提案のあった八分の配当を支払ったうえで余りが残りでもするなら、それをすべて、自社の使用人や従者が浪費して楽しむなり着服して私腹をこやすなりしてくれるほうが、あんな決議で、なにほどかは会社と不和になるに決まっている一群の人々の手に渡ってしまうより、いっそ痛快であろう。これら使用人と従者の利害は、株主総会の場では、はなはだ優勢だから、総会そのものの権威をまともに侵害して行なった強奪の張本人たる使用人や従者が、時には総会のほうで自分たちを支持するようにしむけてしまかえって大切な問題だと時には思えたのだろう。

うこともあったらしい。つまり、株主の側からいうと、その多数にとっては、総会の権威をないがしろにした連中を支持することのほうが、自分たちの総会の権威を守ることより、かえって大切な問題だと時には思えたのだろう。

こういう次第だから、一七七三年の規制をもってしても、この会社のインド統治における乱脈ぶりは終らなかった。ほんの一時、発作的に神妙にしていたあいだに、一度はカルカッタの金庫に正貨三〇〇万ポンド以上も貯め込んだにもかかわらず、またその後、会社の支配権もしくは強奪を、インドでも一番豊かで肥えた若干の地方から成る広大な接収地にまで拡張したにもかかわらず、すべては浪費され、台なしにされてしまった。気がついた時には、ハイダル・アリー〔一七二二～八二。インド南部、マイソール王国の僭王。一七八〇年、英統治下のカルナーティク地方に侵入、暴威を振るったが、八二年陣中で死んだ〕の侵入にたいして阻止抵抗する準備など、まるでできていなかったのであって、こういう乱脈の結果、現在（一七八四年）この会社は未曾有の苦境に立っており、ついに、差し迫った破産を免れようと、またしても政府の援助を哀願するところまで追いつめられている。事業経営の改善のために、さまざまの提案が、さまざまの党派から議会に出されている。そして、これら提案のすべては、実は初めからあまりにもわかり切ったこと、つまり同社は、その領有地を統治するにはまったく不適当である、という想定を置く点で一致していると思われる。それどころか、同社自身でさえ、そこまでの能力はないと自覚しているらしく、そうだからこそ、すすんで領有地を政府にあけ渡したがっているように思えるのである。
　遠方の未開の国に堡塁や守備隊をもつという権利には、かならずその国での和戦の権
利がつきものである。前の権利を手に入れた合本会社は、いつでも後の権利をも行使した
し、さらには、はっきりそれとうたったうえで、和戦の権利を授けさせたこともよくあっ
245 た。どれほど不正に、どれほど気まぐれに、どれほど残忍に、それらの会社が、通常この
権利を行使したかは、最近の経験からあまりにもよく知られているところである。
　商人たちの会社が、みずからの危険負担と費用で、どこか遠方の未開の国民と新しく貿
易を開こうと企てた場合、かれらを合本会社の形で法人化し、成功の暁には、一定年数の
あいだ、その貿易の独占権を与えてやるというのは不合理ではあるまい。これは、危険で
費用のかさむ実験にあえて取り組んだことにたいして、国家がむくいてやれる一番たやす
くもあり、自然でもある方法だからであって、公共社会は、あとあとこの実験から利得を
刈り取ることになる。この種の一時的な独占権は、新しい機械のそれとよく似た独占権が、
その発明者に授けられ、新しい書物のそれが著者に授けられるのと同じ考え方から弁護す
ることができよう。しかし、この期間が満了すれば、むろん独占権も終結すべきなのであ
って、堡塁や守備隊は、もし置いておく必要があるとわかったなら、その価値を会社に払
ってやったうえで、政府の手に移すべきであり、そしてその貿易は、国家のすべての臣民
に開放されるべきである。ところが、永久的な独占を認めると、国家のほかの臣民すべて

が、つぎの二つの違った方法で、はなはだ馬鹿げたことに、いわば税を課せられることになる。その第一は、自由貿易の場合ならばずっと安く買えるはずの財貨の高価格によってである。そして第二は、臣民の多くにとって、それを営めば便宜でもあれば有利でもありえたはずのその事業部門から、完全に締め出されることによってである。しかも、臣民がこんなやり方で、いわば課税されるのは、およそあらゆる目的のうちでもっとも無価値なことのためなのである。それは、ただただこの会社が、自分の使用人の怠慢と浪費と汚職を続けさせることを可能にするためのものでしかない。現に、かれらの出鱈目な行状のせいで、会社の配当はまったく自由な貿易における通常の利潤率を超えることはめったになく、この率より大幅に下回ることさえしばしばであった。ところが、合本会社というものは、経験上明らかだと思うが、独占権なしでは、どんな部門の外国貿易にせよ、長くは営んでいくことができない。こちらの市場で仕入れてあちらの市場で利潤をあげて売りさばく、両市場とも競争者がひしめいている、需要の時々の変化ばかりか、競争上の、つまりその需要にたいして他の人々が応ずるおそれのある供給上の、より大幅で頻繁な変化を睨む、さらには、熟練と判断を駆使して、それぞれの種類別財貨の数量も品質も、これらいっさいの事情に適応させてゆく、それはまさにたえず作戦変更を要する一種の戦争であって、ねばり強く不断の警戒と注意を払うのでなければ、りっぱに指揮してゆくことなど、とうていできるものではなく、そんな警戒と注意を合本会社の取締役連中にいつまでも期待するわけにはゆかないのである。東インド会社は、資金の償却がすみ、排他的特権の期間が満了した後も、議会の条例によって合本制の会社のまま存続し、また法人としての資格で、ほかの同胞市民とならんで、東インドとの貿易を営む権利をもっている。しかし、そういう立場に置かれてしまえば、個人の投機商人の警戒と注意にはとてもかなわないから、十中八九、同社はまもなくこの貿易に嫌気がさしてしまうだろう。

合本会社が排他的特権なしでもやれる事業としては、銀行業・保険業・運河事業・水道業の四つだけである

高名なフランスの著作家で、経済学の諸問題に豊かな知識をもつモルレ師は、一六〇〇年以降ヨーロッパ各地に設立され、かつまた、かれによると、排他的特権を有しながら、いずれも経営を誤って失敗した外国貿易の合本会社五五社の一覧表を掲げている。[10] もっとも、そのうち二、三の会社の歴史について、かれは誤解をしている。それらは合本会社ではないし、失敗もしていない。ところが反対に、失敗した合本会社がほかにも数社あったのに、かれはそれを挙げてはいない。

合本会社が、排他的特権なしで営んでも、うまくやっていけそうな事業は、いっさいの仕事を、いわゆる型にはめる、つまりほとんど、あるいはぜんぜん調整の要もないほど、仕事のやり方を画一的なものに還元してしまえる事業だけである。この種の事業としては、第一に銀行業、第二に、火災、海難および戦時拿捕(だほ)の各保険業、第三に、航行できる掘割や運河をつくったり、維持したりする事業、そして第四に、これとよく似た、大都市への給水事業がある。

銀行業の原理というといくらかむずかしそうに思えるが、その実務は厳密な規則に還元してしまえるものである。ぼろ儲けしてやろうなどという分を超えた投機をねらって、たまたまその規則から外れるのは、企てた銀行業の会社にとって、ほとんどいつでもはなはだ危険であり、命取りになってしまうこともよくある。ところが、合本会社という制度は、どんな合名会社よりも、概して、一度決まった規則は墨守させるようにできている。だから合本会社は、この事業には、ちょうどあつらえむきだと思われる。したがって、ヨーロッパのおもな銀行会社は、現に合本会社であり、その多くは、なんの排他的特権もなしで、りっぱにその事業を経営している。イングランド銀行も、なにも排他的特権はもっていないが、その他のイングランドにある銀行会社と違って、六名以上で構成してはならないという制約を受けていないだけである。エディンバラにある二つの銀行は、まったく排他的特権のない合本会社である。

247　火災、海難や拿捕による損害の危険の価値を、ごく正確に算定することはおそらくできまいが、それでもある程度まで、厳密な規則と手続に還元してしまえるくらいの大まかな推算は可能である。したがって、保険業は、なにも排他的特権がなくとも、合本企業が営んで、りっぱにやっていける。ロンドン保険会社でも、ロイヤル・エクスチェインジ保険会社でも、そうした特権はなにももってはいない。

航行できる掘割や運河というものは、いったんできてしまえば、経営はまったく単純で容易なものになってしまい、厳密な規則と手続に還元してしまえる。それをつくることでさえそうで、一マイルにつきいくら、水門一つにつきいくらといって、請負業者と契約してしまえばよいからである。同じことは、大都市に給水するための運河、水道、または大導水管についても言えよう。だから、こういう企業は、排他的特権をなにももたない合本会社でも、非常にりっぱに経営してゆけるし、したがって実際そうやっている場合も少なくない。

だからといって、たんに、合本会社でもりっぱに、ある企業を経営できようからという だけの理由で、なんらかの企業に、こうした会社を設立すること、言いかえると、特定の一群の商人を、その隣人すべてに適用されている国の一般法の若干のものから免除してやれば繁昌（はんじょう）できようから、というただそれだけの理由で、かれらに免除を与えるのは、確かに妥当ではあるまい。こういう会社を設立しても、それが完全に妥当だと言えるようになるには、厳密な規則と手続に還元できるという事情とともに、なお二つの事情がそろわなければならない。第一に、その企業が、ほかの普通の事業の大多数のものよりも、大きな、そして一般的な効用をもっているということ、第二に、個人的な合名会社では容易に集められないくらい多額の資本を必要とすること、この二つが明々白々に立証されるのでなくてはいけない。もし一応の資本で間に合うのなら、その企業の効用が大きくても、それだけでは合本会社を設立する十分な理由にはならないだろう。なぜなら、この場合には、その企業がもたらすはずのものにたいする需要は、個人の投機家が即座にたやすく満たすだろうからである。右に述べた四つの事業では、これらの事情が二つともそろっている。

銀行業には、堅実な経営をしているかぎり、大きな一般的な効用があることは、本研究の第二篇で十分に説明を加えておいた〔第二章「銀行の手形である……」の小見出しから「銀行券は主として……」の小見出しまで参照〕。国家の信用を維持せねばならず、そのうえ特別の非常事態になれば、おそらく数百万ポンドにもなる租税収入の全額を、納期の一、二年も前に政府に前貸ししなければならない公共の銀行は、どんな個人的合名会社にも容易に集められないくらい巨額の資本を要するものである。

248

保険業は、個人財産の安全性をおおいに高め、一個人なら破滅してしまうような損失を、おおぜいのあいだに分散することによって、社会全体にかかる時には、軽くて楽なものにしてしまう。けれども、この安全性を保障するためには、保険業者はよほど大きな資本をもつ必要がある。ちなみに、保険の合本会社二社がロンドンに設立される前に、ここ数年のあいだにつぶれてしまった個人保険業者一五〇人の名簿が、検事総長の手許に提出されたという話である。

航行のできる掘割や運河、また大都市に給水するために往々必要となる施設は、大きな一般的効用があるし、同時に、個人の財産では手にあまるほどの大きな経費が、しばしば要ることもまったく明らかである。

上記四つの事業以外に、私は合本会社を設立するのが妥当とされるための三つの事情が、すべてそろっている事業を思いつくことができない。たとえば、ロンドンのイングランド銅会社、鉛精錬会社、ガラス研磨会社は〔合本会社になっているものの〕、求める目的が、偉大な効用、あるいは独自の効用をもつなどという、かこつけさえ利かないし、また、この目的を追求するのに、個人の資力では大勢集まっても手に余るくらいたくさんの経費が要るとも思えない。はたして、これらの会社が営んでいる事業が、合本会社としての経営にふさわしいように、厳密な規則と手続に還元してしまえるものなのかどうか、あるいは、はたして法外に儲けていることを誇示しないと、ぐあいの悪い理由でもあるのかどうか、私はそこまでは知らない。ただ、鉱山企業会社は、とうの昔に破産してしまっている。エディンバラの大ブリテン亜麻布会社の株は、いまでは、数年以前ほど安くないにせよ、額面をはるかに割って取引されている。これら合本会社は、ある特定の製造業を振興しようという公共心に富んだ目的のために設立されるのだが、実は、自分の業務の経営に失敗して、社会の総資本を減らす結果となるばかりか、その他の点でも、まず間違いなく益よりも害をもたらさずにはおかない。たとえ、その意図はおおいに高潔であるにしても、製造業の特定部門の取締役は、企業家たちに惑わされ、つけ込まれて、どうしてもその特定部門を依怙贔屓するものであって、この依怙贔屓が、他の製造業部門にとっては、まったくの厄介者であり、さもなければ、分別のある産業活動と利潤とのあいだにおのずと成立するはずの、あの自然な割合、すなわち、一国の全産業活動にたいするあらゆる奨励のうちで、もっとも強大もっとも有効な、あの自然の割合を、多かれ少なかれ必然的に破壊してしまうのである。

〔1〕この個所(このページまで)は、『増補と訂正』および第三版で初めてつけ加えられた。なお、この増補全体がおもなねらいとしたのは、『国富論』初版(一七七六年)以後、アメリカ独立戦争の進展、英仏二大植民帝国の激突、大ブリテン議会での植民地問題、それとからみ合う独占会社問題討議、そして一七八二年の「経済改革」といった危機の深化を踏まえて、重商主義的独占と植民地支配を、危機と戦争の根因としていっそう厳しく批判することにあった。この小項〔2〕の追加も、その有力な一環である。それと同時に、在来の小項1と相応じて、商業のための公共施設論としていちだんと整備されるとともに、財政論の視角からではあるが、国家と経済のもっとも深いからみ合いを照らし出す役割を果すことに成功している。スミス自身、出版元のカデル宛ての手紙で「増補のなかには大ブリテンのすべての貿易会社の、短いけれども、心ひそかに完全と信ずる歴史が入っています」(John Rae, *Life of Adam Smith*, p. 362. 大内兵衛・節子訳『アダム・スミス伝』四五五ページを参照)と書いており、この小項の

加筆を重要なものと考えていたことがわかる。

〔2〕Cursitor Baron of the Exchequer　財務裁判所の下級の判事（Baron）であるが、その仕事は同裁判所の行政的事務、とりわけ歳入面の監督を司ることであった（本章第二節訳注〔5〕参照）。

〔3〕the Board of Admiralty　イングランド海軍の最高統率機関で、旧日本海軍にあてはめると、海軍省と海軍軍令部をいっしょにしたような機能をもっていた。

〔4〕「地中海の鍵」といわれたジブラルタルは、スペイン継承戦争中の一七〇四年に、大ブリテンとオランダの連合艦隊によってスペインから奪取され、一七一三年のユトレヒト条約で大ブリテンに割譲されることになった。しかし、その後もスペインの返還要求は根強く、一七二〇、二七年にもスペイン軍の攻撃が行なわれ、とくに一七七九年からアメリカ独立戦争終結まで四年にわたり、スペイン・フランス連合軍の猛攻を支えたいわゆる「ジブラルタルの大攻囲戦」は、古今の戦史にも稀な激戦として有名である。スミスが『増補と訂正』を執筆したのは、一七八二年から八四年にかけてと推定されるから、ちょうど「大攻囲戦」のさなかにこの部分を書いたのであろう。

〔5〕このスペイン領の小島もジブラルタルの場合と同じく、スペイン継承戦争中の一七〇八年に大ブリテン軍が占領し、ユトレヒト条約によってスペインから割譲させることに成功した。一七五六年、フランス軍が占領したが、一七六三年、七年戦争の終結に際し、パリ条約によって大ブリテンの手に戻った。ところが一七八二年、再びスペ

イン・フランス連合軍の猛攻を受けて陥落し、八三年のヴェルサイユ条約によってスペインへの返還が決まった。本文はこの点を指している。

〔6〕大西洋を西に航海して、日本・シナ・インドに達する、というのは、ヨーロッパ人の長い間の夢であった。アーサー・ドッブズ Arthur Dobbs はアイルランドの郷紳（ジェントリー）で、アメリカ植民地ノースカロライナの総督だったころから、北西航路の存在を確信し、海軍本部委員会に意見具申を続けていた。一七四一年、王と閣議の支持を得て、委員会は二隻の艦隊を編成して探検を命じた。その指揮官に任命されたのは、キャプテン・ミドルトンであった。われわれにとって興味深いのは、ミドルトンが受けた委員会命令には、もし強力な、あるいは多数の日本艦船に遭遇した場合には、直ちに反転帰投せよ、などとあることだろう。艦隊は、四一年、ハドソン湾で越冬し、翌年夏、北西に進んで、大きな水路を発見した。ミドルトンは、これを河と判断して、委員会本部長の名をとりWager河と命名し、航路は存在しないと結論して、本国に帰還した。

ドッブズは、ミドルトンの報告書を納得せず、*An Account of the Countries Adjoining to Hudson's Bay......with an Abstract of Captain Middleton's Journal and Observations upon his Behaviour*, 1744 を著わして激しく反論した。ミドルトンの発見した「河」は海峡にちがいない。なぜそれを隠すのか。ハドソン湾会社と、半年をハドソン湾会社で送っているミドルトンは、新たな有力航路の発見によって、必然的に起ってくるハドソン湾貿易開放の要求がこわいのだ。会社の貿易は、議会の立法にもとづく法的権利を有するのでなしに、チャールズ二世の特許状に依っているにすぎないではないか。それというのも、会社は、ハドソン湾の先住民に二〇〇〇パーセントもの利潤をかけて商品を売りつけているうまみを手放したくないからだ、というのである。もっとも、この二〇〇〇パーセントの利潤というのは、本国での仕入値と、先住民への売値の差を言っているにすぎない。

〔7〕ユトレヒト条約は、一七〇一〜一三年（部分的に一四年まで）のスペイン継承戦争を英仏間で終らせた単独講和条約。アシェントー協約は、この条約にもとづき、アフリカの黒人奴隷をスペイン領アメリカ植民地に送り込むというフランスの既得権を、大ブリテンに譲ることを取り決めた一七一三年の協約である。

〔8〕原文は、moral cause で、従来すべて「道徳的原因」と訳されてきた。しかし、十八世紀の moral という言葉は、単に個人的な修身倫理を意味するよりは、市民相互の社会的関係に重点を置いた含意をもつ。道徳哲学しかり、『道徳情操論』またしかりである。しかもこの場合には、スミス自身が、東インド会社関係者の人格を非難するつもりはまったくなく、かれらをしてそう行動せざるをえなくしている、その制度・機構こそが問題だ、と指摘しているその個所である（第四篇第七章第三節「また東インド会社……」の小見出しを見よ）。このゆえに「道徳的」の慣用には従わなかった。

〔9〕この一段落は、『国富論』全篇中、もっとも長文のもの。東インド会社問題は、たびたび議会でとりあげられ、国論をわかせたが、とくにスミスが増補部分の執筆に当っ

た時期は、議会での東インド会社論争のピークに当っていた。ヘンリー・ダンダスの提案に対抗して、ウイッグ左派のチャールズ・フォックスが提出した有名なインド法案が否決されたのが一七八三年、小ピットのインド法案が通り、連立内閣の崩壊を招いたのが、第三版の出た一七八四年であった。そういうホットな時事問題を、第一篇以来の原理論の立場を貫徹させ具体化しながら、問題の歴史的経過の結節を押えて現状の必然と将来の方向を見通し、これを財政論＝国家論のうちに定置したスミスの体系的思考のみごとさを読みとるべきであろう。なお、この会社の歴史については、第四篇第七章第三節訳注〔7〕を参照。

ちなみにスミスは、一七七二年、もう少しで、その東インド会社と深いかかわりをもちかけたことがあった。本文にあるとおり、苦境に立っていた会社は、独立有能な三人の人物からなる監査特別委員会をつくり、経理の全般にわたる監査の権限と、会社の運営にたいする強い発言権を与えて、インドに派遣するという構想を樹てた。スミスの親友で、会社にたいして大きな影響力をもっていたウィリアム・ポウルトニーが、おそらくスミスを取締役会に委員候補として推挙したものと思われる。一七七二年九月五日付スミスのポウルトニー宛ての手紙では、スミスも受諾の意向は十分あったように見える。しかしこの構想は、議会の反対が入って実現しなかった。『国富論』ロジャーズ版の編者サラルド・ロジャーズ教授にいたっては、もしスミスが委員になっていたなら、会社を手きびしく批判した『国富論』は、刊行されずに終ったかもしれない、とまで憶測している。

〔10〕*Examen de la réponse de M. N.*〔Necker〕*au Mémoire de M. l'Abbé Morellet, sur la Compagnie des Indes*: par l'auteur du Mémoire, 1769, pp. 35-38. モルレ師『東インド会社にかんする覚書』。モルレ（André Morellet, 1727-1819）は自由主義の哲学者、経済学者で、スミスとも親交があり、『国富論』をフランス語訳した。

第二項　青少年教育のための施設の経費について

249

教育施設も、その経費は自弁できる

青少年教育のための施設は、同様のやり方で、みずからの経費をまかなうに足る収入をあげることができる。学生が教師に払う授業料あるいは謝礼金が、当然この種の収入をなす。

教育施設は、寄付財産によってもその経費をまかなえるが、これは教育の振興に役だたない

教師の報酬を、この当然の収入で全部は出せない場合でも、だからといって、たいていの国で、その徴収と運用を行政権がやることになっている、国家の一般収入から出さなければならぬ必要はない。そこで、ヨーロッパの大部分を通じ、学校や学寮（カレッジ）には寄付財産があって、国家の一般収入には負担をかけないか、かけても、ごくわずかでしかない。その寄付財産は、どこにおいても、地方や州のなんらかの収入から、ある所領の地代から、あるいは、時に主権者自身により、時に個人の寄贈者により、この特定の目的のために割当てられ、受託者の管理下に置かれた貨幣の利子から、主として生ずるのである。

この公けの寄付財産は、一般に、教育施設の目的を達するのに貢献しただろうか。また、教師の精励をうながし、その能力を高めるのに貢献しただろうか。それによって、教育の進路は、当然おのずからたどっていったと思われる目標よりも、個人と公共の両方にとって、もっと有用な目標に向ったただろうか。これらの問いのそれぞれに、少なくとも当らずといえども遠からずの答えを出すのは、そうむずかしいことではあるまい。

どんな職業でも、それをやっている大半の人々の場合には、努力せざるをえない必要に比例して努力するのがつねである。この必要は、財産をつくるにも、それどころか、日々の収入や暮しの糧(かて)を得るにも、かれらの職業の報酬だけを財源とする人々の場合に最大である。財産をつくるため、いや、暮しの糧を手に入れるためにさえ、かれらは、一年のうちに、一定の価値総額になるように、ある分量の仕事を仕上げなくてはならない。そして、競争が自由なところでは、だれもがお互いに相手を仕事から押しのけようと努めている競争者たちの対抗関係があるから、各人ともその仕事をある程度は正確に仕上げようと努力しないわけにゆかない。いくつかの特殊な職業では、うまくゆけば獲物が大きいというので、時には、なみはずれた闘志と野心をもった少数の人たちの頑張(がんば)りをかき立てることも、むろんあるだろう。だからといって、最大限の努力をひき起すためには大目標が必要だ、ということにならないのは明らかである。対抗と競争は、卑しい職業においてさえ、他に
250 抜きん出ることを野心の目標たらしめ、しばしば、最大限の努力をひき起す。これに反して、大目標というものは、ただ大きいというだけで、それに向って精を出す必要がなければ、めったに大きな努力をかき立てる力はもたないものである。イングランドでは、法曹(ほうそう)界(かい)での成功は、野心の大目標になる。それなのに、安楽なご身分に生れついて、かつてこの国で、その職業で名をあげた者のなんと少ないことか。

　学校や学寮の寄付財産は、どうしても、教師たちが精を出す必要を多かれ少なかれ減らしてしまうことになった。かれらの生計の資は、その俸給からくる分だけは、明らかにかれらの特定の職業における成功や評判と全く無関係な基金(ファンド)から出ているからである。

　大学のなかには、俸給が教師の報酬の一部分、しばしばわずかな部分にすぎず、その大半は、かれの生徒の謝礼金あるいは授業料から出ているところもいくつかある。[1]精励の必要性は、つねに多少とも減りはするが、この場合には、全然なくなってしまうことはない。教師の職業上の評判は、かれにとって、なおいくらか重要であり、かれは、その授業を受けた人々の愛着、感謝、そしていい評判を、なおいくらかは気にする。そして、こうした好意的な感情を得るには、教師がそれにふさわしくすること、すなわち有能に、一所懸命

に義務のすべてを果すこと以上の手はありそうにない。

　他の諸大学では、教師はかれの生徒からいっさいの謝礼金や授業料を受け取ることを禁じられており、かれの俸給が、その職務から得る収入のすべてである。この場合には、かれの利益は、かれの義務にたいして、完全に真正面から対立させられてしまう。だれだって、できるだけのんきに暮すほうが得である。だから、もしなにか、ひどく骨の折れる義務を果そうが果すまいが、かれの報酬はびた一文変らぬということになっているなら、まず間違いなくかれの利害関心（インタレスト）のおもむくところは――少なくともインタレストを通俗的に解すれば――、義務をまったくなおざりにするか、あるいは、そうまでは容赦してくれそうにないある権威に服しているとすれば、その権威が許しそうな範囲で、できるかぎり、身を入れず、お粗末なやり方ですませることになる。もし、かれが生れつき活動的で労働を好む人間であれば、その活動力をなんの得にもならない義務の遂行に使うよりも、いくらかでも得になるような道に使うほうが、かれの利害関心にかなう、というものである。

大学の教師は互いに寛大すぎるが、外部権力による管轄も、形式的であり無知かつ気まぐれである

　もし教師の服する権威が、かれ自身そのメンバーである団体、すなわち学寮または大学
251 にあり、かつ、そこでは他のメンバーの大半も、かれ同様、教師であるか、あるいは教師
たるべき人々であるならば、かれらは共同戦線を張って、あいみ互いにすこぶる寛大であ

ろうとし、だれもが、自分の義務をなおざりにしても、とがめられないという条件のもとに、仲間がなおざりにしても、それを黙過しているらしい。オックスフォードの大学では、正教授の大半は、ここ多年にわたり、教えるふりをすることさえ、すっかりやめてしまっている。[2]

もしも教師の服する権威が、かれもそのメンバーである団体にあるより、むしろ外部の第三者、たとえば、その司教管区の司教、その州の知事、もしかすると文部大臣にあるならば、この場合、かれが義務をまったくなおざりにすることを容赦してもらえることは、とてもありそうにない。しかし、そうした上位の者が、かれに強制して行なわせうることは、たかだか一定時間生徒につき合うこと、つまり一週なり一年なりのうちに、一定回数の講義をすることでしかない。そうした講義がどんなものになるかは、いぜんとしてその教師の勉励しだいたらざるをえないし、またこの勉励の度合は、通例かれが勉励しようとするその動機の強さに比例する。そのうえ、この種の外部からの管轄権は、えてして、わかりもせずに気まぐれに行使されがちである。それは、その本質からして恣意的、専断的であるうえ、管轄する当人は、みずから教師の講義に出席するでもなく、また教師にとっては、それを教えるのが仕事の学問についても、おそらくわかっていないのだから、まともな判断に立って管轄権を行使することなど、まずできない。職権を鼻にかけた横柄さも手伝って、連中は、どのように管轄権を行使するかについて、しばしば無関心であり、そして気まぐれに、また、なんら正当な理由もなしに、教師の職務について非難したり、その職務を奪ったりしたがる傾向がおそろしく強い。こんな管轄権に服している人物は、そのために必然的に堕落させられ、ついに、社会でもっとも尊敬すべき人間の一人であるはずなのに、もっとも卑しく軽蔑すべき人間の一人になってしまう。たとえば、教師が四六時中身をさらしている、ひどいあしらいから有効に自分を守れるのは、有力な保護によってのみであるが、かれがこうした保護をもっとも安直に手に入れるには、かれの本職での能力や勉励ではなしに、かれの上位の者の意向におもねること、そしてその意を迎えて、かれがそのメンバーたる団体の権利も利益も名誉も犠牲に供しようと、いつも待ちかまえていることが第一なのである。フランスの大学の運営に、かなりのあいだ携わったことのある者ならだれでも、このたぐいの恣意的な外部からの管轄が、おのずからもたらす結果に気づいたことがあるにちがいない。

大学や教師の値打と無関係に、一定数の学生を入学させるような諸制度は、大学間、教師間の自由競争を阻害する

教師の値打や評判と関連させずに、学寮または大学に一定数の学生を押し込むのは、す
252 べて多かれ少なかれ、教師の値打や評判の必要度を低める傾向がある。人文諸学、法学、
医学、神学における大学卒業者の諸特権が、ある大学に何年間か在籍するだけでもらえる
場合には、教師の値打や評判と関連なしに、必然的に、ある数の学生をそういう大学に押

し込むことになる。大学卒業者の諸特権は、徒弟条例のごときものであって、それが教育の進歩に貢献してきたというのなら、かの徒弟条例も、ちょうどこれと同じくらい、技術や製造業の進歩に貢献してきたということになる。

研究費、奨学金、給費などの慈善的な基金は、かならず一定数の学生を、一定の学寮に、それら特定の学寮の値打とは全然関連もなしに縛(しば)りつける。もし、そうした慈善的な基金をもらっている学生が、もっとも好きなどの学寮を選んでも自由だということになれば、おそらくそれぞれの学寮のあいだに、ある程度の競争をひき起すのに役だったであろう。これと逆に、各学寮の自費学生でさえ、まず退学しようとする学寮に許可を求めてそれが認められぬかぎり、その学寮を離れてどこか他の学寮に行くことを禁ずるという規則は、この競争を絶滅させる傾向がいちじるしく強い。〔3〕

もし各学寮で指導私教師(チューター)、〔4〕つまり個々の学生にすべての人文諸学や科学を指導することになっている教師を、その学生のほうでだれにつくかを自由に選ぶのでなく、学寮の長のほうから割り当ててくることになっており、また、もしその指導私教師に怠慢、無能あるいは不適当な取扱いがあったときにも、学生はその指導私教師から他の指導私教師に代ってつくのを、まず許可を求めてそれが認められぬかぎり許されないことになっているとすれば、こういう規則は、同じ学寮のなかのそれぞれの指導私教師間のいっさいの競争を絶滅する傾向がおそろしく強いだけでなく、かれら全員にわたって、勉励する必要と各自受持の生徒に気を配る必要とをおおいに減ずる傾向があろう。こういう教師は、かれらの学生たちからたっぷり報酬を取っているけれども、学生から全然報酬を取らないか、あるいは俸給以外にはなんの報償もない者と同じように、学生たちをなおざりにする気持にさせられるだろう。

たまたま教師が、もののわかる人であれば、学生に講義をしながら、自分のしゃべったり読んだりしていることが、ナンセンス、あるいはほとんどナンセンスに近いことだと自覚しているのは、いい気持でないに決まっている。また学生の大部分が、かれの講義をさぼったり、あるいは出席はしても、おそらく一見明白な無視、軽蔑、嘲弄（ちょうろう）の色を示しているのに気づくのも、いい気持でないにちがいない。だから、かれが一定回数の講義をせねばならぬことになれば、ほかになんの利害がなくても、右の動機だけからでも、聞くに
253 耐えるくらいの講義をするために苦労しようという気持になるだろう。ところが、あの手この手と思いつくものだから、おかげで勉励へのそうした刺激の鋭さは、てきめんに鈍ってしまう。教師は、生徒に教えようと思っている学問を、自分でかれらに説明してやる代りに、なにかそれにかんする本を読んでもいい。そして、もしその本が外国の死語で書かれているなら、生徒にたいして、自国語に訳してやることによって、あるいはもっと楽なやり方だが、生徒に、かれの前で訳をさせ、ときどき思いつきをいうことによって、おれは講義をやっているんだというつもりになることもできる。これならば、ほんのわずかな

知識と勉強でもって、軽蔑にも嘲弄にもさらされることなく、あるいは、まったく馬鹿げた、理に合わぬ、または、とんでもないようなことは少しも言わずに講義することができよう。それと同時に、学寮の校規があるから、かれは、生徒全員を強制して、こんないい加減な講義でも欠かさず出席させ、また講義の始めから終りまで、最高に行儀よく、うやうやしい態度をたもつようにさせておくことができる。

学寮や大学の校規は、総じて、学生の便益のためにではなしに、教師の利益のため、もっと端的に言ってしまえば、教師の安逸のためになるようにできている。その目的は、どんな場合にも教師の権威を維持し、そして教師がその義務を怠ろうがやり遂げようが、学生の側はどんな場合にも、教師があたかもその義務を最大の勉励と能力でもってやってのけたかのように、教師にたいしてふるまうことを強いることにある。校規は、教師という階層は完璧な知と徳をもっているのに、学生という階層は最低に欠陥だらけで愚かだという前提に立っているかのようだ。しかし、教師がほんとうにその義務を果している場合には、学生の大半が、いやしくもかれらの義務を怠るなどという例はない、と私は信じている。真に出席するに値する講義ならば、そういう講義の行なわれているところでは、どこでもよく知られているとおり、出席を強制する校規などおよそ必要がない。もっとも、強制と拘束も、児童、あるいは少年といってもごく小さい者たちを、教育のうちで、一生のそういう早い時期のあいだに身につけることが、かれらのために必要だと考えられる課程に強いて出席させるためになら、ある程度必要なことは疑いなかろう。けれども、一二、三歳をすぎれば、教師がその義務を果しているかぎり、強制とか拘束とかは、教育のどの段階を行なってゆくにも、その必要はまずありえない。若い者の大部分は、とても寛大なもので、教師の指導を無視したり、軽蔑したりする気になるどころか、教師の側でかれらの役にたとうという、まじめな意図を示しさえすれば、教師がその義務を果すうえで、いろいろまちがいがあっても大目に見るし、時には、えらく怠慢なことをしても、世間には知られないように、かばおうとさえする気になるのが普通なのである。

公立でない教育部門は運営がうまくいっているし、公立でも、授業料に多く依存していて特権をもたない場合には、腐敗の度が少ない

教育部門のうちでは、教えるための公共施設がない部門が、総じてもっともうまく運営
254 されていることは注目すべきである。若者がフェンシングやダンスの学校に通う場合、フェンシングやダンスが、かならずうまくなるとはかぎらないけれども、一とおり覚えないということはめったにない。乗馬学校のよい効果となると、普通それほど明らかではない。乗馬学校はたいへんな経費がかかるから、たいていのところで公共施設になっている。学術教育のもっともたいせつな三つの部分である、読み書き、計算は、いまも引き続き、公立学校（パブリック・スクール）[5]よりも私立学校で身につけるほうが普通で、また、ぜひ身につけておかねばな

らぬ程度までのことも、身につけそこなう者が出るなどということは、ごくまれにしか起らない。

イングランドでは、公立学校は大学よりも腐敗の度がはるかに少ない。公立学校で、青少年は、ギリシャ語とラテン語を教えられる。少なくとも教えられる可能性はある。それが教師の教えると称するもの、あるいは、教えるべきだと期待されているものの全部なのである。ところが、学問を教えるのが本務の機関だというのに、大学では、青少年は学問を教えられもせず、また、どうすれば教えてもらえるかという適切な方法も示されていないことさえよくある。学校教師の報酬は、たいていの場合には主として、ある場合にはほとんどまったく、かれの学生の授業料あるいは謝礼金に依存している。公立学校は、排他的な特権というものをなにももっていない。公立学校の卒業資格をとるのに、どこかの公立学校で一定の年数修学したという証明書を出す必要もない。試験のおりに、公立学校で教わることを理解しているとわかれば、それを学んだのはどこだ、などときかれることはないのである。

教育のうち、普通、大学で教えられている部分は、あまりうまくいっていない、と言ってよかろう。けれども、こういう施設がなかったならば、教育のうち、大学で教えられている部分は、普通には全然受けられなかったろうし、個人も社会も、教育のうち、それらの重要な部分が欠けるために、おおいに困ることになったろう。

元来、大学は聖職者教育のために設けられ、古典語の研究もその目的に従属していた

ヨーロッパのいまの大学は、その大半がもともとはキリスト教会の団体であって、聖職者教育のために設けられたものであった。これらの大学は、法王の権威によって創立され、完全に法王の直接の保護のもとにあったから、教師であれ学生であれ、大学の成員みんなが、その当時のいわゆる僧侶の特権[6]をもっていたくらいである。つまりかれらは、それぞれの大学が置かれている国々の一般市民にたいする司法権の適用を免れ、教会裁判所にだけ従う義務があったのである。こういう大学の大部分で教えられていたことは、設立の目的にかなうもの、すなわち神学か、さもなければ神学の準備にすぎぬものか、のどちらかであった。

キリスト教が初めて法律によって認められたとき、訛ったラテン語がヨーロッパの西部
255 全地域の共通語になった。したがって、教会の礼拝も、教会で読まれる聖書の翻訳も、ともにこの訛ったラテン語、つまりその国での共通語で行なわれた。ローマ帝国をくつがえした野蛮民族の侵入があってからは、ヨーロッパのどの地域でも、次第にラテン語を使わなくなった。けれども、人々の敬虔の念は、自然に、宗教上のいったんできあがった形式や儀式を、初めにそれらを採り入れ、また妥当なものとした事情がもはやなくなってしまった後でも、久しく温存するものである。そのため、ラテン語は、どこへ行っても、もう

国民大衆にはわからなくなってしまったのに、いぜんとして教会の礼拝は全部この言葉で行なわれ続けた。こういうわけで、ヨーロッパでは、古代エジプトの場合と同じように、二種類のべつべつの言葉ができあがってしまった。僧侶の言葉と一般人の言葉、神聖な言葉と世俗の言葉、学のある人の言葉と無学な人の言葉が、それである。ところが、僧侶にしてみれば、かれらが、それで職務を果すべき神聖な言葉、つまり学者言葉のいくらかは理解しておく必要があったものだから、それでラテン語の学習は、最初から大学教育の本質的な部分を成すことになった。

ギリシャ語にもヘブライ語にも、こういうことはなかった。教会の無謬（むびゅう）の布告は、普通「一般ラテン訳（ヴルガータ）」[7]とよばれていた聖書のラテン訳が、ギリシャ語〔新約聖書〕およびヘブライ語〔旧約聖書〕の原典と同じく、神聖な霊感にもとづいて口述されたものであり、したがって同じく権威のあるものだ、と宣言した。そのために、これら二つの言語についての知識は、聖職者にとって、どうしても必要だというものではなかったから、その研究は、長いあいだ、大学教育の普通課程での必修科目にはならなかった。スペインには、ギリシャ語の研究が、いまだかつて、普通課程のどこにも組み込まれたことのない大学がいくつかある、と確聞している。宗教改革者たちは、たちどころに、新約のギリシャ語原典、さらには旧約のヘブライ語原典でさえ、ラテン訳よりも自分たちの意見にとって都合がいいことに気がついた。当然想像がつくように、ラテン訳は、カトリック教会の教義を裏づけるよう次第に手を加えられてきていたからである。そこでかれらは、この翻訳のたくさんの誤りを暴露することにとりかかり、こうしてローマ・カトリックの僧侶は、それを擁護したり、弁明したりしなければならぬことになった。ところが、そういうことは、原語についてある程度の知識がなくては、うまくやれるものでないから、そこで、その研究が大部分の大学に、つまり宗教改革の諸教義を受けいれた大学にも、斥けた大学にも、だんだん導入されていったのである。ギリシャ語のほうは、古典研究のあらゆる部分と結びついていたのであって、古典研究は——たしかに最初これを修めたのは、おもにイタリー人やカトリック教徒だったが——宗教改革の諸教義が起ったのとほとんど同じころ、たまたま流行し始めたのだった。そのために、大部分の大学で、ギリシャ語は哲学の研究に先立ち、学生がラテン語をいくらか覚えるとすぐに教えられた。だが、ヘブライ語は、古典研究とはなんの関係もなかったし、聖書を別にすれば、多少とも重んじられるほどの本は、ただの一冊も書かれたことのない言葉だから、その研究は、通例、哲学研究のあと、学生が神学の研究に入ってからでないと始まらなかった。

もともとは、ギリシャ語もラテン語も、その初歩から大学で教えていたのであって、いくつかの大学では、今でも引き続きそうである。その他の大学では、学生はこれらの言語の一方、あるいは両方の少なくとも初歩は、あらかじめ習得しているものという建前になっており、これら両語の研究は、どこでも引き続き大学教育のきわめて重要な部分を成している。

> ギリシャの学問は、適切にも、物理学つまり自然哲学、倫理学つまり道徳哲学、論理学の三部門に分けられていた

古代ギリシャの学問は、三大部門に分れていた。すなわち、物理学つまり自然哲学、倫理学つまり道徳哲学、それに論理学である。この大分類は、事物の本性と完全に合っていると思われる。

自然の偉大な諸現象、すなわち天体の運行、日・月蝕、彗星、それに雷鳴や稲妻その他の異常な大気現象、さらには植物と動物の発生、生活、成長と死滅は、必然的に驚異の念をかきたてるから、おのずとその原因を探究しようという人類の好奇心を呼びさます対象である。初めは迷信が、こういう驚くべき現象をすべて神々の直接の御業に帰することによって、この好奇心を満足させようと試みた。後には、哲学が、神々の御業よりはもっと身近な原因から、つまり人間がもっとよく心得ているような原因から、それらの現象を説明しようと努めた。こういう偉大な現象は、人間の好奇心の最初の対象なのだから、それを説明しようというつもりの科学も、当然、学問のうちでは最初に研究された部門だったにちがいない。ここからして、歴史上なんらかの記録をとどめる最初の哲学者は、自然哲学者だったと思われる。

世界じゅう、どの時代どの国でも、人は互いに他人の性格、意図や行動に注意を払った

にちがいないし、また人の世に処してゆくための多くの尊重すべき原則や格率が一般的な合意にもとづいて定められ、認められてきたにちがいない。ものを書く習慣が広まるや否や、賢人たち、あるいはおれは賢人だとうぬぼれていた人たちは当然、世間で通用していて尊重されているこうした格率をふやしたり、正しい行為あるいは正しくない行為についての自分の考えを表明しようと努めたであろう。その際に、ある時はイソップ物語と呼ばれているもののように、寓話という、わりに凝った形式が、ある時はソロモン〔前十世紀のイスラエル
257 王。ダビデの子〕の格言とか、テオグニスやフォキュリデス〔前六世紀のギリシヤ、ミレトスの詩人〕の詩句、ヘシオドス〔ホメロスのややあとに出た古代ギリシヤの詩人〕の著作の一部のように、警句または金言という比較的簡明な形式が採られたのである。かれらは、このようなやり方で長いあいだ、ただ智と徳についての格言の数をふやし続けはしたらしいが、それらをなんらかのごく明確な、あるいは方法的な順序で排列しようと企てることさえせず、ましてや、一つあるいはそれ以上の一般原理によって繋ぎ合せ、自然的な原因からその諸結果が引き出せるように、一般原理からそれらすべてを引き出せるようにしようと企てたりはしなかった。わずかな数の共通原理によって繋ぎ合されたさまざまな観察を、体系的に排列することの美しさは、自然哲学の一貫した体系を樹てようとめざしたその古代当時の荒っぽい諸試論のうちに初めて現われた。その後になってから、これと同じようなことが、道徳においても企てられた。つまり日常の生活の格率は、もろもろの自然現象を排列したり繋ぎ合せたりしようと企てたのと同じや

り方で、ある方法的な順序に従って排列され、わずかな数の共通原理によって結び合されたのである。このような結合原理を探究し説明しようとする学問が、まさに道徳哲学と称されるにふさわしいものなのである。

さまざまな著者たちが、自然哲学と道徳哲学をさまざまに体系化した。しかし、かれらがこうしたさまざまな体系を支えるのに使った議論はいつでも、論証というにはほど遠く、せいぜいのところ、はなはだ薄弱な腰だめの議論でしかないこともしばしばであり、時としては、日常用語の不正確さとあいまいさのほかには、なんの根拠もない単なる詭弁であった。思弁的な諸体系は、ほとんど金銭上の利害関係を伴わない事柄にかんしてならば、世界じゅう、どの時代においても、常識のある人がそれにもとづいて判断を下そうというには、あまりにも下らない理由によって採用されてきたのである。さすがに馬鹿げきった詭弁が、人類の意見になにほどかの影響を与えたことはめったになかったけれども、哲学と思弁にかんする事柄は例外で、この場合には、しばしば最大の影響を及ぼしたのである。自然哲学や道徳哲学のそれぞれの体系の擁護者たちは、当然のことながら自分の体系と反対の立場にある諸体系を支持するために引証される議論の弱点を暴露しようと力を尽した。こうした議論を検討してゆくうちに、かれらは必然的に、腰だめの議論と実証的な議論、まちがった議論と確かな議論との違いを考えるようになった。こうして論理学、つまり正しい推論と誤った推論にかんする一般原理の科学が、この種の吟味が生みだした観察のなかから必然的に発生してきた。その起源からすれば、論理学は物理学にも倫理学にもおくれたけれども、古代の哲学の学校の全部ではないにしても、大部分の学校では、それらの科学のどちらよりも先に教えられるのが普通だった。学生は、〔物理学、倫理学という〕これほど重要な問題について推論するようになる前に、正しい推論と誤った推論との違いを〔論理学によって〕十分理解しておくべきだ、と考えられていたものであろう。

その後、ヨーロッパの学問は堕落して五部門になり、大学は実社会から遊離した

学問を分けて三つの部門にするというこの古代の分け方は、ヨーロッパのたいていの大学では変更されて五部門になった。

古代哲学では、たとえ人間精神であれ神であれ、その本性（ネイチャー）について教えられたことはなんでも、物理学の体系の一部を成していた。これらの存在は、その本質がなんであると考えられたにせよ、宇宙の大体系の部分であり、しかも、もっとも重要な結果を生み出す部分でもあったからである。人間の理性がそれらについて結論したり、推測したりできたことは、すべて宇宙の大体系の起源と運行を説明しようと努めた科学の、いわば二つの章になっていた、とはいっても、むろんきわめて重要な二章であった。ところが、ヨーロッパの諸大学では、哲学は神学に従属するものとしてしか教えられなかったから、これら二つの章が、この学問の他の章のどれよりも詳しく説かれたのは当然だった。これら二つの章は次第にますますふくれあがり、そのなかがさらに数多くの小さな章に分けられて、そのあげくに、ほんのわずかしか知ることのできない霊についての学説が、実にたくさん知ることのできる肉体についての学説と同じ大きさの場を、哲学体系のうちに占めるようになった。それら二つの題目にかんする学説は、二つの別個の科学を成すものと考えられた。形而上学もしくは気学（ニューマティックス）とよばれるものが物理学に対置され、両者のうちでは前者のほうが、より高尚な学問であるばかりでなく、ある特定の職業につくためには、より有用な学問として修められた。実験と観察にふさわしい主題であり、周到な注意をもってすれば、非常に多くの有用な発見もできる〔肉体についての〕主題のほうは、ほとんどまったくなおざりにされた。一方、わずかばかりのごく単純でほとんど自明な真理を除いては、どんなに周到な注意をもってしたところで、あいまいなことと不確かなこと以外には、なに一つ見いだすことのできない、したがって、煩瑣（はんさ）な区別立てと詭弁のほか、なにも生み出すことのできない〔霊についての〕主題がさかんに学習されたのである。

　さて、これら二つの学問が、こういうふうにして互いに対置されてしまうと、両者の比較は、自然に第三の、本体論（オントロジー）とよばれた学問、つまりさきの二つの学問の主題の双方に共通な性質や属性を取り扱う学問を生み出した。ところが、煩瑣な区別立てと詭弁が、諸学校の形而上学あるいは気学の大部分を成していたとすれば、それらは、本体論という、この蜘蛛（くも）の巣学問では、そのすべてだったのであって、この学問も時として同じく形而上学とよばれたのである。

ただに個人としてだけでなく、家族の、国家の、さらには人類という一大社会の一員としてみる場合に、人間の幸福と完成とはそもそもなにかということが、古代の道徳哲学の探究しようと企てた目標であった。その哲学では、人生の義務は、人生の幸福と完成の単なる手段として扱われていた。ところが、自然哲学ばかりか道徳哲学も神学に従属するものとしてしか教えられなくなると、人生の義務は、主として来世の幸福の単なる手段として扱われるようになった。古代の哲学は、徳の完成はそれを身につけた人に現世においてもっとも完全な幸福を必然的にもたらすものだ、と主張した。近代の哲学は、徳の完成はだいたい、いやむしろほとんどいつでも、たとえそれがどんなにささやかなものであっても現世の幸福とは相容れないものだと主張したのであって、天国は、懺悔と禁欲、修道僧の耐乏と神にたいする卑下によってのみ、かちえられるものであり、人間の自由で寛大な、活力に満ちた行動によってではなかった。たいていの場合、決疑論[8]と禁欲道徳論が、諸学校の道徳哲学の大部分を成していた。哲学のさまざまな部門のすべてのなかで、とび抜けてたいせつな部門が、こうしてもっとも堕落した部門となったのである。

したがって、ヨーロッパのたいていの大学における学問教育の普通の課程は次の通りだった。論理学が最初に教えられ、本体論が二番めにきた。人間の魂と神の本性とにかんする学説を内容とする気学が三番めにきて、四番めには道徳哲学の堕落した体系が続いた。

これは、気学の諸学説と、人間の魂の不滅と、来世において神の正義に期待すべき賞罰とに直接結びついたものと考えられていた。物理学の簡単で皮相な体系が、通例、この課程の結びになっていた。

こうして、ヨーロッパの諸大学が古代の学問課程に採り入れた変更は、どれもが聖職者の教育をねらったものだったし、また学問を神学研究のもっと適当な入門にしようとねらったものだった。けれども、煩瑣な区別立てと詭弁の盛り沢山なおまけ、つまり、こうした変更が持ち込んだ決疑論と禁欲道徳論は、学問を紳士や社会人の教育にとってより適切なもの、つまり、頭をよくするか心を正すか、どちらかの役にたちそうなものにしなかったことだけは間違いない。

学問のこの課程は、ヨーロッパのたいていの大学で、いまもって引き続き教えられているものであって、精を出して教えられているかどうかは、それぞれの大学の制度のために、たまたま教師たちがどのくらい精を出す必要に迫られているか、に対応している。もっと[260]も豊かで、もっとも寄付財産の多い大学のいくつかでは、指導私教師が、この堕落した課程のわずかばかりのこまぎれをつぎはぎして教えることに甘んじており、しかも、こんなしろものでさえ、かれらは投げやりに、うわべだけしか教えないのが通例である。

近代において、学問のいくつかの部門で行なわれてきた進歩は、そのうちいくらかは、疑いもなく大学によってなされたものだが、大部分はそうではなかった。たいていの大学は、そういう進歩があった後にも、進んでそれを採用しようとさえしなかったし、そのうえ、〔大学という〕これら学者社会のいくつかは、長いあいだ、聖域として、つまり打破された体系と古めかしい偏見とが、大学以外の世界のすみずみからも追い出されてしまった後、そこに逃げ場と庇護を見いだす聖域として留まる途をえらんだ。総じて、もっとも裕福で、もっとも寄付財産の多い大学が、こうした進歩を採り入れるのにもっとも遅く、また、既定の教育計画になんらかの重大な変更を認めるのを、もっともいやがった。これらの進歩は、比較的貧乏な諸大学のいくつかで、もっとすんなりと導入された。それというのも、こうした大学だと、教師はその生計費の大部分を自分の評判に依存しているものだから、世間でもてはやされている諸見解に、いっそうの注意を払わぬわけにはゆかなかったのである。

だが、ヨーロッパの公立学校も大学も、もともとは特定の職業、つまり聖職者の教育だけをやるつもりだったし、そのうえ、この職業に必要だと思われた学問についてさえ、生徒の指導に当って、かならずしも一所懸命というわけではなかったにもかかわらず、しだいに他のほとんどの人々、とりわけ、ほとんどすべての紳士や財産家の教育を自分のところで引き受けるようになってしまった。人は、幼年時代から、世間の実務、つまり、それから先の日々を通じて従事すべき仕事に本気で取り組み始める生涯の時期までの長い合間を、いくらかでも有益に過ごすこれ以上の方法を思いつかなかったものらしい。それにしても、公立学校や大学でいま教えていることの大部分は、こうした実務のためのもっとも適切な準備になっているとは思えない。

　イングランドでは、若者が学校を出ると、どこの大学にも上げず、すぐ外国漫遊に出すことが日に日に習慣となりつつある。[9] わが国の若者たちは、総じて、この外遊でおおいに進歩して帰ってくる、と言われている。一七か八で外国に出かけ二一歳で帰ってくる若者は、初め外国に出た時よりは三つ四つ年をとって戻るわけだが、この年頃では、三年か四261年のあいだに、かなりの進歩をしないほうが、むしろむずかしい。その旅行中に、たいていの場合、若者はひとつふたつの外国語が、いくらかわかるようになる。とはいうものの、わかるといっても、それらの外国語を正しく話せたり書けたりするところまでゆくことはめったにない。その他の点では、かれはうぬぼれが強くなり、無節操な放蕩者になり、学問にも、あるいは実務にも、まじめに打ち込めなくなって帰ってくるのが通例で、その程度たるや、もし故国で暮していたら、こんな短期間に、とてもああはなれまいというほどである。そんな若さで旅に出るために、しかも両親や親類の眼も届かず監督もできない遠方で、人生の一番貴重な歳月をもっとも下らない放蕩に費やしてしまうために、それ以前の教育で身につきかけていたはずの有用な習慣は、つき固められ揺るがぬものになるどころか、どれもこれも、まずまちがいなく弱められるか、拭い去られるかしてしまう。人生のこの早い時期に外遊するというような、はなはだ馬鹿げた慣習が、これまで好評をもって迎えられたのは、とりもなおさず、大学がみずから甘んじて落ち込んだ不信用を措いてほかにない。息子を外国にやっておけば、父親は、職もなく、ひとからは相手にされず、自分の眼の前で破滅してゆく息子などという、なんともやり切れぬしろものを、少なくともしばらくのあいだ見ずにすむということなのである。

以上のようなところが、近代の教育施設の若干のもののもたらした結果であった。

他の時代、他の国民においては、教育のためのさまざまな方法と、さまざまな施設があったようである。

古代には、原則として国が公共の教育施設をつくることはなく、また教師に俸給を払ったり任命したりもしなかったので、自由に私的な競争が行なわれた

古代ギリシャの諸共和国では、自由市民はだれも、国の役人の指揮下で体育訓練〔本篇第一章第一節訳注〔3〕参照〕と音楽の指導を受けた。体育の訓練は、自由市民の身体を鍛え、勇気を磨き、そして戦争の疲労と危険に耐えられるようにしておくのがねらいであって、ギリシャの民兵は、だれに言わせても古今を通じて世界最良のもののひとつだった以上、かれらの公共教育のこの分野は、所期の目的に完全に応えたものにちがいない。もうひとつの分野の音楽がねらいとするところは、少なくとも、こういう制度について書き残してくれている哲学者や歴史家によると、精神を豊かにし気性を柔らげて、自由市民が公私両方の生活におけるすべての社会的・道徳的義務を果たそうとするように仕向けることであった。

古代ローマでは、マルスの野原での訓練が、古代ギリシャのギムナジウムの訓練と同じ目的に応えるもので、両方とも、よくその目的を果したと思われる。しかし、ローマ人のあいだには、ギリシャ人の音楽教育に相当するものがなにもなかった。それにもかかわらず、公私両方の生活におけるローマ人の道徳は、ギリシャ人の道徳に匹敵していたばかりでなく、全体としては、ずっと優れていたように思われる。ローマ人が私生活の面で優っていたということについては、この両国民をよく知っている二人の著者、ポリビウスとハ
262 リカルナッセウスのディオニュシオス〔前八年頃に没したギリシャの歴史家、修辞学者〕のはっきりとした証言があり、またギリシャ史とローマ史の全体の筋途は、ローマ人の公共道徳が優れていたことを立証している。相争う諸党派が激することなしに節度を保つということは、およそ自由な国民の公共道徳のなかでも一番たいせつな事柄であるように思う。ところが、ギリシャ人の党争は、ほとんどいつも乱暴で血なまぐさいものだったのに、他方、ローマ人のどの党争でも、グラックス兄弟〔兄はティベリウス・センプロニウス（前一六二～前一三三）、弟はガイウス・センプロニウス（前一五三～前一二一）。ともにローマの護民官〕の時代までは、かつて一滴の流血も見なかった。そしてまたグラックス兄弟の時代からは、ローマ共和国は事実上解体したものと見なして差し支えないのである。こういうわけで、プラトン、アリストテレス、ポリビウスのような、おおいに尊重すべき典拠があるにもかかわらず、さらに、モンテスキュー氏がこれを支持しようと努めて、たいへん巧妙な論拠を挙げている

にもかかわらず、ギリシャ人の音楽教育が、かれらの道徳を向上させるのになにもたいした効果をもたなかったことは確からしい。なにしろ、こんな教育は全然やらなくても、ローマ人の道徳のほうが全体として優れていたのだからである。前にあげた古代の賢人たちは、たぶん祖先の諸制度を尊敬するあまり、実のところは、おそらくただの慣習でしかなかったのだが、それらの社会のもっとも古い時代から相当に高度な文明に達するまで、途絶えることなく続いてきたもののうちに、おおいなる政治的叡知を見いだしたい気になったのであろう。音楽とダンスとは、ほとんどすべての野蛮国民のたいせつな娯楽であり、だれもがその交友をもてなすのにふさわしいと思われる、たいせつなたしなみでもあった。今日、アフリカ海岸の黒人のあいだでは、そうである。古代のケルト人のあいだでも、古代のスカンディナヴィア人のあいだでもそうだったし、そしてホメロスから読み取れるように、トロイ戦争以前までの時期の古代ギリシャ人のあいだでも、そうだったのである。ギリシャの諸民族がそれぞれ小共和国をつくり上げていった時、こういうたしなみの研究が、長いあいだ、民衆の公けの、また普通の教育の一部になっていったのは当然のことであった。

若い人たちに音楽なり軍事教練なりを指導した教師たちは、ローマでも、あるいはその法律や習慣が、もっともよくわれわれにわかっているギリシャ共和国のアテネでさえも、国から俸給をもらったことはないようだし、任命ということすらなかったらしい。国は、すべての自由市民が、戦争になったら国の防衛に当れるよう準備しておくべきこと、また、そのため軍事教練を受けるべきことを求めはした。けれども国は、どの教師について教練
263 を学ぶかは市民にまかせておいたのであって、国がこの目的のために提供したのは、市民が軍事教練の練習や実演をやる公共の広場か運動場だけだったようである。

ギリシャでもローマでも諸共和国の初期の時代には、その他の教育部門といえば、読み、書き、そして当時の算術にもとづく計算を学ぶことであったらしい。こうしたたしなみを身につける場合、富裕な市民であれば、通例、しばしば自分の家で奴隷か解放奴隷〔解放されて奴隷から自由民になった人〕かの家庭教師たちの助けを借りたし、貧しい市民であれば、金を取って教えることを商売にしている教師の学校に行ったものらしい。ただし、この部分の教育は、各個人の両親か保護者の配慮にまったくゆだねられていた。国が各個人の監督や指導を引き受けるといったようなことは全然なかったと思われる。また事実、ソロン〔第四篇第五章「穀物貿易および穀物法にかんする余論」「現行の穀物法は……」の小見出しの割注を参照〕の法典によると、両親が子供になにか儲かる商売か仕事を教えこむのを怠った場合には、子供は親が年をとっても扶養しなくてよいことになっていた。

文明が進んで哲学と修辞学が流行するようになると、上流の人々は子供を哲学者や修辞学者の学校に通わせて、これら流行の学問を教えてもらうのが普通になった。それでも、これらの学校は、なんら国の援助を受けなかったのみか、ただ久しく黙認されていただけであった。哲学や修辞学にたいする需要は、長いあいだ、ごくわずかだったから、いずれ

の学問でも、その最初の専門教師は、どこか一つの都市では長続きのする職を見つけるこ
とができないで、転々と渡り歩かざるをえなかったくらいである。エレアのゼノン〔前四六〇
年頃のギリシャの哲学者。弁証法の創始者といわれる〕、プロタゴラス、ゴルギアス、ヒッピアスその他多くの人たちがこう
いうやり方で生活していた。ところが、需要がふえてくると、哲学の学校も修辞学の学校
も、最初にはアテネに、後にはその他いくつかの都市に定着するにいたった。それでも国
家は、それら学校のいくつかに、教えるための決まった場所をあてがうこと以上には奨励
もしなかったようで、場所の提供は、ときに個人の寄贈者がやることもあった。国は、プ
ラトンにはアカデミーを、アリストテレスにはリュケーウムを、そしてストア学派の創始
者たるキティオンのゼノン〔前三三五～前二六三。ギリシャの哲学者でストア派の開祖〕にはポルティコスをあてがったものと
思われる。しかし、エピクルスなどは、自分の庭園を自分自身の学校に遺贈したのである。
けれども、ほぼマルクス・アントニヌス〔一二一～一八〇。ローマ皇帝で、同時に帝政期ストア派の代表的哲学者〕の時代までは、国
から俸給をもらったり、学生たちの謝礼金または授業料からあがるもの以外に、なにかの
報酬を受けたりする教師は一人もいなかったらしい。ルキアノス〔一二〇頃～一八〇頃。シリア生れのギリシャ詩人〕に
264 よって知ることができるとおりの、この哲学好きな皇帝が、哲学教師の一人に与えた奨励
金も、どうやら彼一代限りのものであったらしい。いまの卒業という特権に見合うものは
全然なかったし、どんな商売や職業にたずさわる許可をもらうにも、こうした学校のどれ
かに学んだということは必要ではなかった。もし、これらの学校は自分自身のためになる

のだという評判で学生を引き寄せることができない場合にも、法律で入学を強制したり、学校に行っていたからといって報償を出したりはしなかった。教師には教え子にたいするなんの管轄権もなかったし、若者の教育の一端をまかされている人々が、徳と才能に秀でておりさえすれば、かならず若者からかちうるはずの自然の権威以外には、なんの権威ももたなかったのである。

ローマでは、民法の学習は、市民の大多数のというわけではなく、ある特定の家族の教育の一部をなしていた。それでも、法律の知識を身につけたいと願う若者は、入るべき公共の学校がなかったから、身内や友人のうち法律がわかっていると思われる人々の集まりにつねづね出入りするよりほか学習のすべがないのであった。つぎのことは、おそらく一言に値しよう。すなわち、あの十二銅表〔日常の市民生活に重要なローマ法中の一二条を一二枚の銅板に刻んだもの。前四五一～前四五〇に制定された〕の法律は、その多くが、いくつかの古代ギリシャ共和国の法律を模したものだったとはいえ、古代ギリシャのどの共和国でも、法律が一個の科学にまで育っていたとは、とうてい思えない、ということである。一方ローマでは、法律はごく早くから一個の科学になっており、法学がわかるという評判を得た市民は、それだけで相当な有名人になれたのである。古代ギリシャの共和国、とりわけアテネでは、普通の裁判所はたくさんの、したがって無秩序な人々の集団が寄り集まってできており、しばしば、かれらは、ほとんど出鱈目(でたらめ)に、あるいは野次と党争と派閥根性のたまたまおもむくままに判決を下した。不当な判決を行なったという不名誉も、それが五〇〇人、一〇〇〇人、さらには一五〇〇人ものあいだに分けられてしまえば（なんとなれば、裁判所のいくつかは、そんなにおおぜいの人々からなっていたから）、だれか一人の上にひどく重たくのしかかってこようはずもなかった。これに反してローマでは、おもな裁判所は、ただ一人または少数の判事によって構成され、とりわけ、その審理はいつも公開だったから、早まった判決や不当な判決を下そうものなら、かれらの評判はひどく悪くなってしまうに決まっていた。疑わしい事件になると、こうした裁判所は、非難を蒙（こうむ）りたくない一心で、同じ裁判所なり、どこか他の裁判所なりの前任判事たちの先例や判例をたてにとろうと努めるのは、自然であったろう。慣例や判例にこうして注意を払ったがために、当然に、ローマ法は、われわれに伝えられてきたような、あの秩序整然たる体系にまで築き上げられたのであって、同じような注意を払った国ではどこでも、その法律に同様の効果をもたらしたのである。ローマ人の人格が、ギリシャ人
265 のそれより優れているというのは、ポリビウスやハリカルナッセウスのディオニュシオスが力説したところであるが、それは、これらの著者が原因として挙げた諸事情のどれより、たぶんはるかに多く、ローマの裁判所の構成がより優れていたことによるものである。ローマ人は宣誓をとくに重んずることで、とりわけ有名だったといわれる。けれども、精励で事情によく通じた裁判所でだけ宣誓しつけてきた人々が、暴徒のように無秩序な集会でそうしつけてきた人々より、誓う内容について、はるかに注意深くなるのは当り前であろ

う。

古代の教育制度のほうが、公共の教育施設を重視する近代の制度より立派な教師を生んだし、実際に役だつ学問を教えた

ギリシャ人とローマ人の市民としての能力も、また軍人としての能力も、どの近代国民の能力に比べてさえ、少なくともそれに匹敵するものだったことは、たやすく認められるだろう。おそらく、われわれの先入見は、むしろそれを過大評価したがるくらいであろう。ところが、軍事教練にかんすること以外では、国家が、これらの偉大な能力をつくり上げようと骨を折ったとは思えない。というのも、私はギリシャ人の音楽教育が、こうした能力を育てるうえで、大きな効果をもったと信ずる気にはなれないからである。だが、これら国民の上流の人々にとって、それぞれの社会の状況からして、習っておくことが必要となり、あるいは好都合となった学術技芸ならどの分野においても、かれらを指導してくれる教師は見つかったらしい。こういう指導にたいする需要は、需要がいつも生み出すもの、つまり、ここでは指導する才能を生んだのであって、さらにその才能は、無制限な競争が、かならずやかき立てずにはやまない対抗意識によって、最高度の完成に押し上げられたものと見える。古代の哲学者たちは、かれらが世人のあいだに呼び起した注目において、そのの聴講者の意見や考え方に及ぼした絶対的な支配において、はたまた、それら聴講者の行動や話し方に一定の気品と特徴を与えるその能力において、近代のいかなる教師よりもは

るかに優れていたように思われる。近代においては、公職にある教師を、自分の専門の職
業での成功や評判にたいして多少とも無関心にさせる事情があるものだから、かれらは多
少とも精を出ししぶる。また、かれらには俸給があるから、あえてかれらとの競争に加わ
ろうとする私教師は、国から少なからぬ奨励金をもらって商売をしている商人たちと競争
しようとする奨励金なしの商人と同じ状況におかれる。もしも、かれが自分の商品を競争
者たちのとだいたい同じ価格で売れれば、同じ利潤をあげられるはずはなく、たとえ破産や
破滅にはいたらぬまでも、少なくとも貧乏と乞食ぐらしがかれの避けがたい運命となるで
あろう。もし、かれが商品を競争者よりもずっと高く売ろうとしようものなら、顧客はご
くわずかしかつきそうにないから、かれの境遇がおおいによくなることにはならないだろ
う。そのうえ、卒業という特権は、多くの国で知的職業につくほとんどの人にとって、つ
266 まり学問的教育を必要とする人たちの大多数にとって必須である、あるいは少なくとも、
はなはだ好都合である。ところが、この特権は公職にある教師の講義に出ないと、もらう
ことができない。私教師についたのでは、どんなに有能な指導を最大限念入りに聴講した
としても、こういう特権を要求するなんらかの資格が得られるとはかぎらない。こうした
さまざまの理由があればこそ、大学で普通教えられているどの学問をとっても、その私教
師は学者のなかの最下級にあるもの、と近代では考えられているのである。実力のある人
物が、その能力を振うべき職として、これ以上屈辱的で損なものは、まず他にありえまい。

学校や学寮の寄付財産は、こういうぐあいにして、公職についている教師のやる気をしぼませてしまったのみか、立派な私教師を得ることをも、ほとんど不可能にしてしまったのである。

たとえばの話だが、教育のための公共施設がなにも存在しない場合には、いくらかでも需要のない学説や学問、すなわち、その時代時代の事情のゆえに学ぶ必要が生じたか、好都合になったか、あるいは、少なくとも流行ってきたか、そのいずれかに当らぬような学説や学問が教えられることはなくなるであろう。また、有用と認められている学問分野ではあっても、そのうちの、すでに打破され時代おくれになった学説なり、詭弁と荒唐無稽の無益で衒学的な堆積にすぎないとあまねく信じられている学問なりを私教師が教えてみたところで、とうてい割に合わないだろう。こんな学説、こんな学問は、その繁栄と収入が、その評判とはほとんど無関係、その勤勉とはまったく無関係といった教育上の団体を除いては、どこにおいても生き延びることができない。もし教育のための公共施設がなにもなければ、その時代の情況が許すかぎりのもっとも完全な教育課程を、熱心に力一杯やり終えた紳士が世に出てみると、紳士たちや世慣れた人々のあいだで交される、ありふれた話題になっている事柄のどれもこれも全然知らない、といったことは起らなくなるだろう。

女子教育のためには公共の施設というものが一つもないし、そこでまた、女子教育の普通の課程には、無用なもの、馬鹿げたもの、空疎なものは一つもない。彼女たちが教わるのは、その両親や保護者が彼女たちにとって学ぶ必要があるとか、学べば役にたつとか判断したものだけで、その他にはなにも教わらない。女子教育は、そのどこを取ってみても、明らかになにかの有用な目的に役だつ。たとえば、容姿の生の魅力に磨きをかけるとか、その心を慎み深くしとやかに、貞節で倹約を重んずるようにするとかして、一家の主婦たるにふさわしい人にするとともに、主婦となった暁には立派にやってゆける人にもするのである。女性は、一生のどの時期においても、自分が受けた教育のどの一こまも、なにほどかは重宝で役にたつと感ずる。男性だと、自分が受けた教育のなかでいちばん骨の折れた、面倒な部分でも、それが、なにほどかでも重宝したとか役にたったとかいうことは、一生のどの時期であろうと、めったに起らない。

267

未開社会と違って文明社会では、国が教育によって予防しないかぎり、分業による単純労働のため、庶民はかならず堕落する

それならば、国は、人民の教育をほうっておかなければいけないのか、と反問されるかもしれない。そうではなしに、もしなんらかの配慮をすべきだというのなら、人民のそれぞれの階級に応じて、国が配慮すべき教育の諸部面とはなんなのか、また、どういうやり方でそれらの部面に配慮を加えるべきなのか。

ある場合には、社会の仕組がうまくできていて、それが、大部分の個人を必然的に次のような境遇におくように作用する。その境遇のもとでは、政府がなんの配慮をしなくても、社会の仕組が求めるような、あるいは、そこまでゆかなくても、なんとか許容できるような能力と徳のほとんどすべてが、おのずからかれらのうちに形成されてくる。他方、社会の仕組が、大部分の個人をそうした境遇におくようにできていない場合もあるのであって、そこでは、国民大衆がほとんど底なしに腐敗堕落してしまうのを防ぐために、政府が一定の配慮をする必要がある。

分業の発達とともに、労働で生活する人々の圧倒的部分、つまり国民大衆のつく仕事は、少数の、しばしば一つか二つのごく単純な作業に限定されてしまうようになる。ところで、おおかたの人間の理解力というものは、かれらが従っている日常の仕事によって必然的に形成される。その全生涯を、少数の単純な作業、しかも作業の結果もまた、おそらくいつも同じか、ほとんど同じといった作業をやることに費やす人は、さまざまの困難を取り除く手だてを見つけようと、努めて理解力を働かせたり工夫を凝らしたりする機会がない。そもそも、そういう困難が決して起らないからである。こういうわけで、かれは自然にこうした努力をする習慣を失い、たいていは神の創り給うた人間としてなり下れるかぎり愚かになり、無知になる。その精神が麻痺(まひ)してしまうため、理性的な会話を味わったり、その仲間に加わったりすることができなくなるばかりか、寛大で高尚な、あるいはやさしい感情をなに一つ抱くこともできなくなり、結局、私生活のうえでの日常の義務についてさ

え、多くの場合、なにもまともな判断が下せなくなってしまう。自分の国の重大で広範な
利害についても、まったく判断が立たない。そして、かれをたたき直すために、よほど特
別の骨折をするのならいざ知らず、戦争になっても、かれは自分の国を護ることが、これ
またできない。淀(よど)んだようなかれの生活は十年一日のごとく単調だから、自然に勇敢な精
神も朽ちてしまい、そこで、不規則不安定で冒険的な兵士の生活を嫌悪の眼で見るように
なる。単調な生活は、かれの肉体的な活力さえも腐らせてしまい、それまで仕込まれてき
た仕事以外は、どんな仕事につこうと、元気よく辛抱づよく自分の力を振るうことができ
なくなってしまう。自分自身の特定の職業での手際(てぎわ)というのは、こういうふうにして、か
268 れの知的な、社会的な、また軍事的な美徳の犠牲において獲(え)られるもののように思われる。
これこそ、進歩した文明社会ではどこでも、政府がなにか防止の労をとらぬかぎり、労働
貧民、つまりは国民大衆の必然的に陥らざるをえない状態なのである。
　野蛮な社会と普通呼ばれているような狩猟民や牧羊民の社会では、これと事情が異なり、
製造業の発達と外国貿易の拡大に先立つ原始的な農業の段階にある農耕民の社会でさえも
事情が異なる。こういう社会では、だれもが多種多様の仕事をやるから、だれもがその能
力を発揮しないわけにゆかないし、また、絶えず起ってくるさまざまな困難を取り除く手
だてを発明せざるをえなくなる。発明力は活(い)き活きと保たれ、人の心は、文明社会でほと
んどすべての下層階級の人たちの理解力を麻痺させてしまうかに見える、あの半分寝呆(ねぼ)け

たような愚昧に落ち込ませられることはない。これらいわゆる野蛮社会では、すでに述べたとおり、だれもが戦士である。しかも、そのだれもが、ある程度は政治家でもあり、社会の利害や社会を統治する人たちの行動について、一応の判断を下すことができる。かれらの首長が、平時にはどこまで立派な裁判官か、戦時にはどこまで立派な指揮官か、かれらのひとりひとり、ほとんど皆が観察してよくわかっている。もとより、こうした社会では、もっと文明の進んだ状態で、一握りの人たちがときとして備えているような、鍛え上げられ、洗練された理解力を身につけることは、とてもだれにもできそうにない。未開社会にあっては、各個人個人の仕事こそ相当に多種多様だけれども、社会全体の職業の種類はそれほど多様ではない。だれもが、他人のすること、やれることは、ほとんど皆、自分もするし、やれもする。だれもがかなりの程度に知識も創意も発明の才ももっているが、その代り、十分にもっている者はめったにいない。けれども、普通だれもがもっている、この程度のものでも、社会の仕事も単純だから、そのすべてを片づけてゆくのに総じて十分なのである。これとは逆に、文明の進んだところでは、大部分の人が、一個人として従う職業の種類にはほとんど多様性がない代りに、社会全体の職業はほとんど無限に多種多様である。こういう多様な職業は、自分自身は決まった職につかず他人の職業を研究する暇と意向をもつ少数の人々にたいして、ほとんど無限の多様性を備えた思索の対象を提供する。これほど千差万別の対象を考え抜くとなれば、かれらは、どうしても際限もない比

269 較と脈絡づけに脳漿を絞ることになり、その理解力は異常なまでに鋭くかつ博くなる。けれども、こうした少数者が、たまたまごく特殊な地位につかぬかぎり、その偉大な能力は、本人にとっては名誉であるにせよ、かれらの会社の優れた統治や幸福にはろくに寄与しないだろう。少数者だけは偉大な能力をもっていても、国民大衆のあいだでは、人間性のうちの高貴な部分はすべて、はなはだしく抹殺され消滅させられてしまうだろう。

国は、とりわけ庶民の教育に配慮すべきである。読み書き、計算をすすめ、勇武の精神を保たせ、無知と愚鈍を防ぐことは、政府の安定のためにも重要である

庶民の教育は、文明の進んだ商業的社会では、いくらかでも地位や財産のある人々の教育より、おそらく、国が一段と配慮してやる必要があろう。いくらかでも地位や財産のある人々が、それによって世に出て認められようと思う特定の事業なり職業なり商売につくのは、普通一八か一九歳になってからのことである。それまでに、かれらは、世間から重んじられる、あるいは、重んじられるに値するものになるためのいっさいの教養を身につけるか、少なくとも、後に身につける用意をしておく時間は十分にある。かれらの両親や保護者は、かれらがそうした教養を身につけておくようにと、しきりに切望するのが普通で、たいていの場合、その目的に必要な費用なら大喜びで出したがる。かりに、かれらが、かならずしもまともに教育されていないとしても、それは、かれらの教育に使った費用が足りないせいであることはめったになく、むしろ、その費用の使い方が不適当だからである。教師が足りないせいであることはめったになく、むしろ、求めうる教師が怠慢無能だからであり、また、いまの状況では、いくらかでもましな教師を見つけることが困難、というより不可能だからである。それに、ある程度の地位や財産のある人たちが生涯の大部分を過ごす職業も、庶民の職業のように単純で千篇一律のものではない。そのほとんどどれもが、極度に複雑で、手よりは頭を使うといったものである。だから、こういう職業についている人々の理解力が、使い方が足りないために呆けてくるなどということは、まずありえない。しかも、ある程度の地位や財産のある人々がつく職業は、朝から晩まで、かれらを悩ますようなものであることはめったにない。そこでかれらは、たっぷり暇があるのが普通で、生涯のはじめの時期に土台を造っておいたか、多少なりとも趣味を養っておいたかしたはずの、実用になる知識なり飾りになる知識なりのどの部門においても、その余暇のあいだに、みずからを完成させてゆける。

　庶民のあいだでは事情がちがう。かれらが教育のために割ける時間は、ほとんどない。かれらの両親は、幼いかれらをさえ養いかねるくらいなのである。働けるようになるやいなや、かれらは自分の食扶持を稼ぎ出せるような、なにかの職業に身を入れざるをえない。その職業たるや、おおかた、ひどく単純で千篇一律のものだから、理解力を鍛えることにはまずならないし、他方では同時に、かれらは少しの絶え間もなく、非常にきつい労働を

270

やっているから、なにかほかのことに身を入れるとか、あるいは、ほかのことを考える暇さえほとんどなく、まして、そうしたいという気持には、とうていなれないのである。

しかし、文明社会ではどこでも、庶民は、ある程度の地位や財産のある人々のようには立派な教育を受けられないけれども、それでも、教育のもっとも基本的な部分、つまり読み書き、計算は、生涯のごく早い時期に修得できるわけなのだから、最低の職業を仕込まれることになっている人たちでさえ、その大多数は、そうした職業に雇われてゆく前に、それらを身につける時間はある。国は、ごくわずかの経費で、国民のほとんど全部に、教育のこうしたもっとも基本的な部分を修得することを、助け、奨励し、さらには必須のものとして義務づけることさえできる。

まず、この修得を助けるために、国は教区あるいは地区ごとに小さな学校を設けることができる。そこで子供たちは、なみの労働者でも払えるくらい、ごく安い謝礼で教えてもらえるだろう。というのは、国が教師の俸給の一部分を支給するからである。ただし、国は、その全部を支給するようなことはない。なぜなら、もし、教師が国から俸給の全部をもらうことになると、いや、主として国からもらう場合でさえ、かれはまもなく、自分の職務を怠けることを覚えるだろうからである。スコットランドでは、こうした教区学校（パリッシュ・スクール）の制度が、庶民のほとんど全部に読むことを教え、また、その大部分に書くことと計算とを教えてきた。イングランドでは、慈善学校（チャリティ・スクール）の制度がこれと同種の効果を挙げたが、制度そのものがスコットランドほど行きわたっていないものだから、効果のほうも、それほど行きわたっていない。[10]もし、これらの小さな学校で、子供たちに読み方を教えるのに使う本が、いま普通に用いられているものより、もう少しためになるものになれば、またもし、庶民の子供たちが時々そこで教えられはするが、どう転んでもこの子たちにはなんの役にもたたないラテン語のほんの生かじりの代りに、幾何学と機械学の初歩を教わるようにすれば、この階級の人たちの学問教育は、おそらく、可能なかぎり完璧に近いものになるだろう。およそ普通の職業で、幾何学と機械学の原理を応用する機会が少しもないというようなものは、めったにないから、職につけば、庶民は、もっとも実用的な学問はむろんのこと、もっとも高尚な学問にとっても、必ずくぐらなければならない入門であるこれらの原理を、だんだんに仕込まれ身につけてゆくに相違なかろう。

つぎに、教育のこれらもっとも基本的な分野の修得を奨励するために、国は、この分野で秀でた庶民の子供たちに、少額の賞金や表彰バッジを授けることができる。

さらには、国は、教育のこれらもっとも基本的な分野の修得を、国民大衆のほとんど全部に、必須のものとして義務づけることもできる。その際には、いずれかの同業組合の親方身分を取得しようとするか、あるいは、村や自治都市で、なにかの営業を始めるのを許可してもらおうとする者すべてに、国がこれらの分野の試験なり検定なりを強制すればよい。

ギリシャとローマの共和国が、市民それぞれの勇武の精神を維持したのは、右のようなやり方で、すなわち、市民たちの軍事教練、体育訓練の修得を助け、奨励し、さらには、国民全体に、これらの訓練を受けることを必須のものとして義務づけさえすることによってであった。これらの共和国は、こうした訓練を受けたり実習したりする決まった場所を指定し、また、一定の教師たちに、その場所で教える特典を授けることによって、その修得を助けた。これらの教師は、俸給ももらわなかったし、なんらかのたぐいの排他的な特権ももたなかったようである。かれらの報酬は、すべて自分の学生から受け取ったものであった。公けのギムナジウムで訓練を受けた市民も、個人教師について私的に訓練を受けた市民――ただし訓練の成績が同格でさえあれば――以上に、なんらかの法律上の特典を得るわけでは全然なかった。これらの共和国は、こうした訓練の修得を奨励するために、成績優秀な者には、少額の賞金と表彰バッジを授けた。オリンピック、イススム、またはネメアの競技大会で受賞することは、賞を受けた者ばかりか、その家族親類にいたるまで、皆を有名にしたのである。もし召集されれば、あらゆる市民は一定年数のあいだ、共和国の兵役に服する義務があったが、これは、どうしても訓練を受けざるをえなくさせる十分の強制力であった。なんとなれば、これを受けていなかったら、とても軍務に耐えることができなかったからである。

世の中が進歩するのにつれて、軍事教練の実習は、政府がそれを支持するために適切な努力を傾けないかぎり次第に衰えてゆき、また、国民大衆の勇武の精神も、それと歩みをともにするということは、近代ヨーロッパの実例があますところなく立証している。しかし、あらゆる社会の安全は、多かれ少なかれ、いつでも国民大衆の勇武の精神に依存するにちがいない。なるほど現代では、ひとりそうした勇武の精神だけでは、それが軍律正しい常備軍に支えられていないかぎり、どんな社会であろうと、その防衛と安全保障にとって、おそらく十分ということはなかろう。けれども、市民ひとりひとりが軍人精神を持しているところでは、割に小規模の常備軍しか必要としないのは確かであろう。そればかりか、この精神は、普通、常備軍について危惧されている自由にたいする危険――それが現実的なものか、想像上のものかはともかく――を、かならずや大幅に減少させるだろう。この精神は、外敵の侵略にたいする軍隊の作戦行動をおおいにやりやすくすると同様、軍隊が、もし万が一、不幸にも国家の基本制度に反抗するような場合には、等しくおおいにその行動を阻むであろう。

　ギリシャとローマの古代の制度は、人民大衆の勇武の精神を維持するのに、近代のいわゆる民兵制度より、はるかに効果的だったと思われる。古代の制度は、近代の制度より、
272 はるかに簡単であった。いったん制度ができ上ってしまえば、あとは、ひとりでに動いてゆき、活き活きとした、もっとも完全な状態を保持するために、政府からの配慮はほとんど、または全然必要としなかった。これにたいして、近代のどこの民兵でも、その複雑な

規則を、まあまあどうにか実施させておくのにさえ、政府は絶えず骨の折れる配慮をせねばならず、それなしには、不断にこういう規則はまったくなおざりにされ、すたれてしまう方向に陥ってゆく。そのうえ、古代の制度の影響は、はるかにゆきわたっていた。この制度のおかげで、市民全体が、武器を扱うことを徹底的に教え込まれたのである。これにたいして、近代のどこの民兵の規則でも、そこまで教え込まれるのは国民全体のうち、ほんの一握りにすぎない。おそらく、例外をなすのはスイス民兵だけであろうか。さてしかし、臆病者、つまり自分の身を護ることも、仕返しすることもできないものは、明らかに、人間としての特性の一番肝心な一面を欠いている。こういう人間は、精神的に不完全であり歪んでいるのであって、それは、肉体のもっともたいせつな部分のどれかを失うか、使えなくなった人が、肉体的に不完全であり形を損なわれているのと同じである。この二人のうちでは、明らかに、前者のほうが不幸で惨めである。なぜなら、幸福とか惨めさとかいうのは、すべて人の心のうちに住むものだから、かならず肉体よりも精神の在り方が健康か不健康か、不完全か完全かに、より多く依存するにちがいないからである。そこで、かりに人民の勇武の精神が、その社会の防衛にとってはなんの役にもたたないとしても、臆病にかならずふくまれている、この種の精神的な不完全さ、歪み、卑劣が国民大衆のあいだに拡がってゆくのを防ぐことは、やはり政府のもっとも真剣な配慮に値しよう。それは、ハンセン病であれ、その他なんであれ、忌わしく不快な病気が、たとえ致命的でも危険でもないにせよ、国民のあいだに拡がるのを防ぐことが、政府のもっとも真剣な配慮に値するのと同じことである。こういう配慮をしたからといって、社会にたいする、こんなにも大きな害悪を防ぐという以外、おそらくなにも公共の利益をもたらすまいが、それにもかかわらず、配慮に値することに変りはない。[11]

これと同じことは、文明社会で、すべての下層階級の人々の理解力を往々にして麻痺させていると思われる、ひどい無知や愚昧についても言えよう。人間としての知的能力をまともに使えない人は、なろうことなら、臆病者以上に軽蔑さるべきであって、人間本性の特質のうち、臆病者よりさらに本質的な一面で、不完全であり歪んでいるのだとも思われる。かりに、国家は、国民の下層階級を教育しても、なんら利益があがるものではないとしたところで、かれらをまったくの無教育のままにしておかないようにすることは、やはり国の配慮に値しよう。ましてや、国家は、かれらの教育によって少なからぬ利益をあげ
273 るにおいてをや。つまり、かれらが教育を受ければ受けるほど、無知な国民のあいだで、もっとも怖るべき無秩序をしばしばひき起す狂信や迷信の惑わしに引っかかることが、それだけ少なくなる。そのうえ、教育のある知的な国民は、無知で愚昧な国民よりも、つねに慎み深く秩序を重んずる。かれらは、それぞれ個人として、自分は無知な人たちよりもまともだし、法律が認める目上の人々も、自分のほうをより尊敬してくれてよいはずだ、と感じており、したがって、かれらは、無知な人たちと違って、これら目上の人々をいっ

そう尊敬する気にもなる。かれらのほうが、派閥や反徒たちの利己的な利害をからめた不平はとっくり調べてやろう、という気になりやすいし、それを見抜く眼もより鋭い。また、このゆえに、政府の施策にたいして無茶な、あるいは不必要な反対をするように引き回されがちな傾向も少ない。自由な国々では、政府が安泰かどうかは、その行動にたいして国民が下す判断が好意的か否かに大きく依存するから、国民が政府の行動にかんして、せっかちに、または気まぐれに判断を下したがらないようにするということは、確かに最高の重要事でなければならない。

〔1〕スミスが学び教えたグラスゴウ大学は、事実こうした制度をとっていた。レーの推定によると、教授の給料は年七〇ポンドくらいで、学生からの受講料は一〇〇ポンド足らずであったらしい。もっとも、不作の年や不況の時には、出席者が減って受講料が少なくなることもあった。学生のなかには、量目不足のギニー金貨を持ち込む不心得者もいた。有名な化学者で、スミスの親友であり、かれの遺言執行人ともなったブラック教授などは、学生の持ってきた金貨を注意深く秤（はかり）にかけたという。これは、学年の途中で渡仏のために教授をやめたスミスが、後任担当者の残りの期間の給料にスミス自身の給料を充てる処置を取り、学生にたいしては、一人一人に紙包にした受講料を、学生の猛反対を押し切って返還した、という逸話とともに、ほほえましい話で

ある。

〔2〕これらの批判は、すべてスミス自身が六年間のオックスフォード生活のなかで経験した事実のうえに立っている。入学してすぐに、スミスは後見人への手紙に「ここでの仕事といえば、一日二度の礼拝に出て、週二度の講義をきくことだけ」と書いた。社交室でも学問の話が交されることはなく、反動的な政治談義や私的なゴシップによどみきっていたという。スミス自身、ヒュームの『人性論』に読みふけっているところを見つかって、きつい戒告処分を受けたうえ、本を没収されたこともあった。こうして、あの友達つくりの名人だったスミスが、青春の六年間、ついに一人の友をも得ることなく、中途退学していったのである。

〔3〕この学寮間の自由転学問題も、オックスフォード大学ベイリオル・カレッジで、スミス自身が体験したことであった。当時、ベイリオルに在学していた一〇〇人ほどの学生のうち、八人がスコットランドからの給費留学生で、スコットランドの大学から転校してきたものたちであり、スミスもその一人であった。かれらは、まともな研究指導をほとんど受けられなかったばかりでなく、なにかにつけて、他のイングランドの学生との差別待遇に悩まされた。かれらは、スコットランドの出身大学に訴えて、勉学条件の改善を、ベイリオルと交渉してくれるよう運動したことさえあったが、有効な対策はとられず、この問題は、後にスミスがグラスゴウ大学の教授となり、学部長となってからも、両大学間の懸案になっていた。一七七六年には、グラスゴウ大学

評議会が、ベイリオルにたいし、給費留学生に学寮を自由に選択させてはどうかという提案をしている。

〔4〕大ブリテンのユニヴァーシティは、もともと、いくつかのカレッジの集合体で、学生はすべて寄宿制をとり、カレッジは学校であると同時に学寮でもあった。指導私教師は、少数の学生を受け持つ舎監であり、同時に受持ち学生の学習全般を指導する助教師でもあった。教授と違って、通例、専門の講義はもたなかった。

〔5〕ここにいう「公立学校」public school とは、十六世紀前後から、イングランド各地で、教区なり都市なりの公的行政組織が、地域住民の子弟にラテン語の読み書きを教える目的で設立した文法学校 grammar school のことで、中等教育の機関である。ただし現在では、public school は、上流階級の子弟を対象に、オックスフォードおよびケムブリッジ大学入学を主目的にした、イートン、ハーロウなど全寮制私立学校（中学・高校）を指す。

〔6〕benefit of clergy, beneficium clericale「僧の恩典」とも訳される。僧侶は、犯罪を犯した場合にも、一般の裁判所の管轄から、教会裁判所の管轄に移してもらうことができた。それによって減刑となる場合が多く、また大逆罪で有罪とされる以外は、死刑および手や足の切断等の極刑を受けずにすんだ。初めは聖職者だけに限られていたが、その後、字の読める者も、この特典を受けられるようになった。それをためすのに広く使われたのが、聖書の「詩篇」第五〇篇三節――英訳では「詩篇」第五一篇第

一節に当る――の Miserere mei …… で始まるゴチック体、つまり黒字体(ブラック・レター)で印刷された一節であった。「首つなぎの詩(うた)」neck verse とよばれたのがこれである。ヘンリー七世、八世治下における王権の強化、宗教改革の過程で、この特権は次々に制限を受け、十六世紀には、教会裁判所への引渡しも実際には行なわれなくなり、アン女王治世の一七〇五年には、neck verse を読ませることもすたれ、死刑を免れるための複雑な手続として、一八二七年の完全廃止まで残存したにすぎなかった。

〔7〕カトリック教会の司祭であり、学僧であったヒエロニムス（聖ジェローム）**Eusebius Sophronius Hieronymus**, 340（350?）-419（420?）が、四世紀末ころ完成したラテン語訳聖書で、カトリック教会の公用聖書（これの英訳が、十五世紀末から十六世紀初めに現われた Douay Bible である）。これはまた、グーテンベルクによって、一四五〇年ころ、その一部が印刷され、世界最初の印刷物となったことでも有名である。

〔8〕道徳法則を律法の形で、いわば外面的に定立しておき、人間の個々の具体的な行為や良心の問題を、これに照らして判断しようとする学理。キケロを祖としてスコラ学派に重んぜられ、十二、三世紀以降、カトリック教会が、この学理に立って、「道徳綱要」**Sommes Morales** を定めるに及んで盛んになった。特にイエズス会が、厳格にこれを守ろうとした。パスカルは、この学理と実践にたいする最大の批判者であったし、スミスの道徳哲学（とその根本にある人間本性の自然主義的把握）も、これと正面から対立する性格のものである。

〔9〕スミスが指摘するとおり、十八世紀中葉から大ブリテンを蔽った海外旅行熱はたいへんなもので、富裕な上流階級の人々は、短くて半年から、二年、三年にわたってヨーロッパをめぐった。いわゆる「大旅行」grand tour である。しかもこれは、けっしてイングランドだけの習慣ではなかった。メイン・コースはフランスからイタリーへというルートであったが、それぞれの興味に応じてオランダやドイツを加えたり、ギリシャまで足をのばしたりしたのである。帰りには、たいていローマあたりで画や彫刻をどっさりと、偽物に少々の本物をまじえて土産とし、これを故国の邸に飾るのが、この人々――当時嘲笑的に、そして、たぶんいくらかの羨望を含めて、「マカロニ」とよばれた――の自慢であった。大ブリテン人は、まさにヨーロッパ旅行を独占した観があり、『ローマ帝国衰亡史』を書いたギボンは、一七八五年に、主従合せて四万人が大陸を旅行していたか、あるいは長期滞在していた、と伝えている。人によっては、高度成長期の東洋の島国を蔽った渡航熱を想起するかもしれない。「大旅行」にたいするスミスの評価は、はなはだ手厳しいが、それにもかかわらず、この当時、大ブリテンの知識人のあいだに起ってきた自然史（博物学）研究、歴史意識の強化と古典学の盛行、絵画・音楽・建築をはじめ芸術各分野への関心の拡大等々といった内側からの促迫が土台にあったこと、事実、こうした国際的な交流と知見の拡がりのなかから、この期の先端的な学術技芸の成果が生み出されていったことも、見落してはなるまい。また、当時、めざましい「文芸復興」を果しつつあったスコットランドが、イングラ

ンド文化にたいする親近と反撥という屈折した心情を抱き、伝統的にはフランス・オランダの文化圏に属していたことも、考慮に入れてよいであろう。

〔10〕同じ観点から、スミスは、一七八〇年代に始まった、主として労働者教育のための日曜学校運動にも、おおいに賛成していたらしい。レーの『アダム・スミス伝』によると、提唱者のトマス・レイクスは、ある手紙の中で、スミスが「使徒の時代このかた、これほどたやすく簡単に慣習を変えさせる望みのもてる計画はありません」と語ったことを伝えている。ただし、レーの『アダム・スミス伝』新版に、長文の興味深い「手引き」をつけたジェイコブ・ヴァイナーは、提唱者はトマスでなしに、その伯父でグロースターの印刷屋兼新聞発行人だったロバート・レイクスである、と指摘している（J. Viner, *Guide to John Rae's Life of Adam Smith*, 1965, p.78）。

〔11〕ここで、スミスが、一七八一年、エディンバラ市警備隊 Trained Bands of Edinburgh (City Guard) の名誉部隊長に任命されたことを想起するのは、場違いではあるまい。この組織は、かなり親睦的性格のものになっていたが、一七八四年には、暴動参加者にたいする笞打刑に立会うようにとの市長命令が出た。奪還のために、再び暴動が起る気配があったのである。警備隊は樫の杖で武装し、整然と行動して市長たちの護衛をつとめ上げた。当時スミスは、すでに六〇の坂をこえていたし、この日実際に出勤したかどうかは不明であるが、レーによれば、この日欠席した幹部の名簿にはスミスの名はのっていない、という。

第三項　あらゆる年齢の人々を教化するための施設の経費について

この施設は、おもに宗教上の教化を目的とする。宗教上の教師は、国教でなく、寄付財産もないほうが熱心である

あらゆる年齢の人々を教化するための施設とは、おもに宗教上の教化のためのものである。この教化は、人々を現世でよき市民にすることよりも、来世という、もう一つのより善い世界のために、今から用意させることを目的とするたぐいのものである。こういう教化を盛り込んだ教義を教える教師は、ほかの教師と同じように、その聴講者の自発的な寄進にすべて依存して生計を立てることもできようし、あるいは、その国の法律にもとづいてもらえることになっている、なにかほかの財源、すなわち土地財産、一〇分の一税つまり地租、定額の俸給つまり聖職禄といったものから生計費を引き出すこともできよう。その努力、その熱意と勤勉の程度は、後者の境遇よりも、前者の境遇に置かれた時のほうが、はるかに大きくなるものらしい。この点で、新興宗教の教師は、在来の国教制度を攻撃するに際しては、いつもおおいに有利な立場を占めてきたのである。けだし、国教の僧侶は、自分の聖職禄に安んじていたため、国民大衆のあいだに信仰と献身の熱情をかき立てておくことを怠り、また、すっかりだらけきってしまったため、国教になっている自分自身の

274
教会についてさえ、それを擁護しようと勇気をふるって力を尽すことが全然できなくなってしまったのである。国教になっていて寄付財産も豊かな宗派の僧侶は、しばしば、紳士としての徳をすべて備えるか、さもなくば、他の紳士がたの尊敬を博するに足る徳のすべてを備えるかした学識ある上品な人物になる。ところが、かれらは、かつて下層階級の人々にたいする権威と影響力をかれらにもたらし、また、おそらくは、かれらの宗教が成功を収めて国教にもなったそもそもの原因たるさまざまの資質を、善きにつけ悪しきにつけ、だんだん失いがちなのである。こういう僧侶が、おそらく無知蒙昧ではあろうが、人気があって大胆な狂信者の一派に攻め立てられると、ちょうど活力に満ちて無鉄砲、しかも飢えた北方のタタール人の侵攻を受けた時の、怠け者で惰弱で食らい太ったアジア南部の諸民族のように、自分はまったくお手上げだと感じてしまう。この種の僧侶は、こうした緊急事態になると、俗界の為政者に泣きついて、反対派を公共の平和を乱すものとして迫害し、撲滅し、追い払ってもらう以外には、なんの方策も持ち合せないのが普通である。ローマ・カトリックの僧侶が俗界の官憲に泣きついては新教徒を迫害したのも、イングランド国教会が非国教徒を迫害したのも、まさにこのゆえであり、また一般にすべての宗派が、一世紀か二世紀のあいだ、法律上の国教になっていったん安泰な地位に味をしめてしまおうものなら、なにか新しい宗派が起って、その教義なり宗規なりに攻撃を加えてこようとした時、気づいてみれば、なにも精力的な防衛ができなくなっていたというのも、まさにこのゆえであった。こういう場合、常識と立派な文章の点では、国教会の側が勝ることがよくあるだろう。しかし、人気を集める手管(てくだ)、改宗者をつかむ、ありとあらゆる手管となると、いつでも、その反対派の側に分(ぶ)がある。イングランドだと、これらの手管は、寄付財産の豊かな国教会の僧侶から長いあいだなおざりにされており、いまでは、おもに、非国教徒やメソディスト[1]がそれに磨きをかけている。それでも、自発的な寄進、信託権[2]、さらには他の脱法行為を使って、信者たちが多くの地域で非国教派の教師のために働かずにすむだけの生計の道をひらいてやったために、これらの教師の熱情と活動も、はなはだしく減退したように思われる。これらの教師の多くは、おおいに学識を積み、利口で尊敬すべき人物になりはしたものの、概して非常に人気のある説教師ではなくなってしまった。メソディストは、非国教徒の半分の学識も持ち合せないのに、いまや大流行(はやり)である。

　ローマ教会にあっては、下級の僧侶の勤勉と熱意は、利己心という強力な動機のおかげで、おそらく国教になっているどのプロテスタント教会よりも活き活き(い)と保たれている。教区をあずかっている僧侶の多くは、その生活費のごく大きな部分を、教区民の自発的な寄進から得るのであって、この収入源は、懺悔を聞くたびにふえる機会も多くなるというものである。托鉢(たくはつ)修道会は、生計費のすべてをこういう寄進から得る。かれらのは、どこかの軍隊の軽騎兵や軽歩兵と同じ、つまり略奪なくんば給与なし、というたぐいである。教区をあずかる僧侶は、その報酬の一部は俸給に、一部は自分の生徒から受け取る授業料

275 なり謝礼金なりに依存する教師に似ている。それにこの授業料なり謝礼金なりは、つねに多かれ少なかれ教師の勤勉と評判に左右されざるをえないのである。一方、托鉢修道会は、その生活費がすべて自分の勤勉にかかっている教師に似ている。そこでかれらは、一般庶民の献身を湧き立たせられるのなら、どんな手管でも駆使しないわけにはいかない。聖ドミニコと聖フランチェスコという二大托鉢修道会が設立されたおかげで、カトリック教会の衰えつつあった信仰と献身は、十三、四世紀に復活したのだ、とマキアヴェリは述べている。ローマ・カトリック教国で献身の精神を〔民衆のあいだに〕維持しているのは、もっぱら修道僧と、教区をあずかるそれよりもまだ貧しい僧侶である。この教会のえらい高僧たちは、紳士としての、社会人としての、また時には学者としてのあらゆる教養を身につけてはいるものの、目下の僧侶たちが必要な宗規を守るよう十二分に眼を配りこそすれ、みずから手を下して人民の教化に当ることはめったにしないのである。

ヒューム曰く、「国家は一般に職業を自由にゆだねるべきだが、その若干は国家の奨励が要る。聖職者の職業は奨励の要るものにふくまれ、定収入を考えておくのがよい」と

現代における、抜きん出てもっとも有名な哲学者で歴史家〔のヒューム〕は、こう言っている。「一国のたいていの技術や職業は、一方で社会の利益を増進させるとともに、同時に若干の個人にとっても有用であるか、または快適である、といった性質のものである。

そこでこの場合、為政者の守るべき不変の原則は、なにかの技術を初めて導入しようという場合はおそらく別として、その職業をなるがままにまかせ、それを振興するといったようなことは、その職業から利益を刈り取る当の個人にまかせておく、ということである。たとえば工匠は、自分の顧客(とくい)先の引立てがあれば儲けがふえるものだと悟れば、できるかぎり腕を磨き、いっそう勤勉にもなる。そして、物事が無分別な干渉によってかき乱されない時には、商品が終始その需要にほぼ釣り合うことはつねに確実である。

「ところが、国にとっては有用であり、また必要でさえあるのに、どの個人にも、なんの利益も喜びももたらさない職業(つとめ)もまたいくつかあるのであって、最高権力は、こうした職業をもつ人々については別のやり方をせざるをえない。すなわち最高権力は、それらを存続させるために公けの奨励を与えなければならず、また、そういう職業に特別の名誉を考えるとか、下から上まで高く積み上げた階級制度と厳格な従属関係を設けるとか、その他いろいろの方法を講じるとかして、そういう職業の場合、[3]放っておけばどうしても免れることのできない怠慢に備えなければならない。財政、海軍および行政にたずさわる人々は、この部類に入る者の例である。

「さて、一見したところ、聖職者は右の第一の部類に属し、かれらを奨励することは、法律家や医者の場合同様、その教義を慕い、またその霊的な奉仕や援助から恩恵や慰めを受
276 けている個々人の気前のよさに、安んじてまかせてしまって差し支えない、と当然に考え

られるかもしれない。かれらの勤勉と自戒は、こういう動機が加わったために、疑いもなく刺激されることになるし、また、かれらの職業上の熟練も人々の心を思い通りにする手際も、練習と研究と注意を積んでゆくから、日に日に向上するにちがいない。

「しかしながら、もしわれわれがこの問題をさらに立ち入って考察するならば、僧侶のこういう打算的な精励というものは、いやしくも賢明な立法者なら、つとめて阻もうとするものだということがわかるであろう。なぜならば、真の宗教は別として、あらゆる宗教にとって、こういう精励はきわめて有害であり、そのうえ、真の宗教にたいしても、迷信と愚昧と惑いの濃厚な混ぜものを注ぎこんで、それを邪道におとし入れる自然の傾向をすらもっているからである。だれにせよ、霊的な仕事にたずさわる者は、自分に帰依する人々の眼に、みずからがより高貴で神聖なものと映るように、他のいっさいの宗派にたいする、もっとも激しい嫌悪の情をかれらに吹き込み、また聴衆のだらけた信心を、なにか新奇なことでかき立てようと、たえず努力するであろう。教義を説き聞かせる時にも、そのなかの真理とか道徳とか品位とかは一顧だにされないであろう。人の心の気まぐれな感情にもっともよく合いそうな教義なら、どれでも採り入れられるだろう。俗衆の感情と軽信につけこむ新しい手管に精を出せば、非国教徒の秘密集会は、どこも贔屓の客が寄るということになろう。こうしてついに、俗界の為政者は、僧侶のために定収入をあてがわずにすませたという、見せかけの倹約がかえって高いものについたことを、そしてまた実際に、この精神上の教導者たちと結ぶことのできるもっともお上品で有利な妥協は、その職業に一定の俸給をあてがうことによって、いわば、かれらの怠惰を買収してしまうこと、つまり、かれらの羊の群れが新しい牧草地を求めてさまようのを、ただ食い止めはするが、それ以上積極的に活動するのは余計なことだ、とかれらが思うようにしてしまうことだ、と悟るであろう。かくて教会に定収入を与えることは、最初は宗教上の見地から始まるのが通例ではあったが、結局は、このようにして、社会の政治的利害にとっても有利だということがわかるのである」[4]と。

ヒュームの説は目的因と作用因の混同のうえに成り立っており、国家の宗教への干渉は原則的に不要かつ有害である

しかしながら、僧侶に働かないでも暮せる給与を与えたことの結果が良かったにせよ悪かったにせよ、それがこの結果を見越したうえでかれらに与えられたことは、おそらくきわめて稀であった。激烈な宗教論争の時代というのは、総じて、同じくらい激烈な政治的党争の時代でもあった。こういう場合、各政党は相争っている宗派の一方、あるいは他の一方と同盟するのが有利だと見抜いた、もしくは有利だと思ったのである。けれども、同盟してもらうのは、その特定宗派の教義を受けいれてしまうか、少なくとも賛成するのでないかぎり、できることではなかった。たまたま勝ったほうの政党と運よく同盟を結んで
277 いたほうの宗派は、必然的に、この同盟者の勝利の分け前にあずかり、さらにその支持と

庇護のおかげで、まもなく自分の宗派に敵対する者たちすべてを、ある程度沈黙させ屈伏させることができたのである。これら敵対者は、勝った政党の敵と同盟しているのが通例であり、したがってまた、この政党の敵なのであった。この特定宗派の僧侶たちは、こうして、この戦場の完全な支配者となり、国民大衆にたいする影響力と権威とは、いまや最高潮に達していたから、かれらは、味方の政党の領袖や指導者を威圧するとともに、俗界の為政者がかれらの見解や意向を尊重せざるをえなくなるまでに強力であった。普通、かれらが出す最初の要求はといえば、為政者は自分たちの敵対者すべてを沈黙させ、屈伏させるべし、であり、その次に要求するのは、自分たちに働かずとも暮せるだけの給与をよこすべし、であった。なにしろ、総じてかれらは、勝利におおいに貢献したのだから、戦利品のなにがしかの分け前にあずかったところで、不当とは思われなかったのである。そのうえ、かれらは、国民の機嫌をとったり、その暮しを立てるうえで、国民の気まぐれに頼ることには、まったくいや気がさしていた。そういうわけだから、この要求を出すにあたって、かれらの念頭にあったのは、自分たちの安楽と慰安だったのであり、それが、将来、自分たちの教団の影響力や権威にもたらすかもしれぬ結果についてなど、思いわずらってもみなかったのである。俗界の為政者にしてみれば、この要求に応ずるには、むしろ自分のために手に入れたり、もっていたりしたくて仕方のないものを、かれらに与えるほかないわけだから、進んでこれを受けいれようとは、まずしなかった。しかしながら、しばしば何度も引き延ばしたり、逃げ口上を言ったり、うわべだけの弁解を重ねたりするのだったが、為政者は最後には、つねに必要に迫られて屈伏してしまうのであった。

それにしても、もし、政治がけっして宗教の助けを求めることをせず、また、もし勝った政党が、どれか一宗派の教義をその他の諸宗派の教義以上のものとして採用することを、けっしてしなかったなら、この政党が勝利を得た時にも、たぶん諸宗派のすべてを平等に公平に取り扱っただろうし、だれもが、みずから適当だと思うとおりに、自分の僧侶と自分の宗教を選ぶことを許したであろう。この場合には、疑いもなく宗教上の宗派は大変な数にのぼったであろう。さまざまの宗教集会(コングリゲイション)のほとんどすべてが、おそらく独自の一小宗派になったであろうし、さもなければ、それ自身のなにか独得の教義を抱いていたであろう。どの教師も、できるかぎりがんばらなくてはいけない、また、自分の弟子の数を維持しふやすために、あらゆる手管を用いなくてはいけない、とまちがいなく痛感していたであろう。ところが、他の教師たちも、ことごとく、まさに同じ必要に迫られていると感じていただろうから、ひとりの教師、あるいは教師たちの一宗派だけが、抜きん出た成功を収めることはありえなかったろう。宗教上の教師たちの打算的で積極的な熱心さが、危険で厄介なものになりうるのは、その社会にただ一つの宗派しか許されていないか、あるいは、一大社会の全体が二つか三つの大宗派に分れている場合だけである。そうなると、各
278 教師が協同し、また整然たる規律と服従のもとに行動するからである。けれども、そうい

う熱心さも、社会が二、三〇〇の、場合によっては二、三〇〇〇もの小宗派に分れていて、そのうちのどれ一つをとってみても、公共の平安をかき乱すに足るほどの重みはもちえないといったところでは、〔社会にとって〕まるで無害に相違ない。各宗派の教師は、自分を四方から取り囲んでいる連中の顔ぶれには味方よりも敵のほうが多いことを知っているから、大宗派の教師にはめったに見られないような率直さと節度とを、いやでも学ばざるをえまいが、他方、大宗派の教師となると、その教義は、俗界の為政者から支持されているために、広大な王国や帝国のほとんどすべての住民の尊敬を受けるし、したがって、かれのまわりには、信徒と弟子と控え目な崇拝者以外だれもいはしない。これにたいして、各小宗派の教師は、自分がほとんど孤立無援だとわかっているから、ほとんどすべての他の宗派の教師たちをいやでも尊敬せざるをえないし、お互いさまに譲り合えば都合もいいし気持もいいものだと双方が思うような互譲を重ねていると、時とともに、おそらく、かれらの大部分の者の教理は、背理、欺瞞（ぎまん）あるいは狂信の混ぜものとはいっさい無縁な純粋合理的宗教になってしまうであろう。そういう宗教は、世界じゅうのあらゆる時代に、賢人たちが国教として認められることを望んできたところだったけれど、おそらく、いまだ、どこの国でも、実定法によって国教と認めたことはなかったし、たぶん、これからも認めることはけっしてあるまい。それというのも、こと宗教にかんしては、実定法は民衆の迷信と熱狂によって多少ともこれまで影響されてきたし、たぶん、これからも、つねにそうだろうからである。こういう教会管理の構想、いやむしろ、より正確には教会無管理の構想は、独立派[5]とよばれた、疑いもなくきわめて猛烈な熱狂者の一宗派が、内乱〔一六四二〜四九年の、議会と王権の争いからピューリタン革命にいたる社会的動乱をいう〕の終りごろに、イングランドで実施しようと企てたものであった。もしこれが実施されていれば、ことの起りは、はなはだ非哲学的だったにせよ、おそらく今ごろは、どんなたぐいの宗教上の主義にたいしても、もっとも哲学的な寛容と節度でのぞむ気風ができ上っていたことだろう。ペンシルヴァニアでは、この構想が実施された。そこでは、たまたまクエイカー宗徒[6]の数が一番多いのであるが、法律は、実際、どれか一つの宗派を他の宗派より贔屓するということがなく、そこでは、あの哲学的な寛容と節度が生れてきている、という。

しかし、たとえ、こういうふうに平等に取り扱っても、ある特定の国のすべての宗派、ことによると大部分の宗派においてすら、この寛容と節度が生れなかったとしたところで、それでも、もし宗派の数が十分に多く、したがって、その各々は公共の平安をかき乱すには小さすぎるのであれば、それぞれが自分の特定の教義に行き過ぎた熱意をもったところで、ひどく有害な結果はとても生れてこないばかりか、逆にいくつかの善い結果を生むこともありうる。そしてもし、政府が諸宗派すべてを構わずにおくこと、また各宗派がお互
279 いに構い合わないよう、そのすべてに義務づけること、この両方を断乎として決意すれば、諸宗派はひとりでに速やかに分裂していって、まもなく十分な数になってしまうことは、

まずまちがいない。

文明社会の道徳には庶民の厳格主義と上流階級の自由主義の二体系が併存する。ほとんどの宗派は庶民のあいだから興るから、当初厳格主義を採るのを常とする

文明社会では、つまり階級の区別がひとたび完全にでき上っている社会ではどこでも、つねに二つの違った道徳の方式、すなわち体系が、同時にならび行なわれてきたのであって、その一つは、几帳面な、あるいは厳格主義の体系、もう一つは自由主義の、あるいは、そうよびたければ、放縦な体系とよんでもよかろう。前者は、だいたい庶民から賞められ尊ばれるのにたいして、後者は、いわゆる上流の人々によってとりわけ重んじられ採用されるのが普通である。これら二つの正反対の方式あるいは体系のあいだのおもな区別をなすのは、軽薄という悪徳を目して、どこまでの非難を加えるべきかという、その程度にあるように思われるのであって、この悪徳は、えてして非常な繁栄や、度外れの陽気と上機嫌から生れるものである。自由主義の、または放縦な体系では、贅沢、出鱈目な、羽目まで外す大うかれ、不謹慎に近いまでの快楽の追求、両性のうち少なくとも男性のほうの貞節の破棄などは、ひどい不体裁をともなわず、虚偽とか不正にわたらぬかぎりは、一般にずいぶんと寛大に扱われるし、たやすく許されるか、そのまま大目に見てもらえる。これに反して、厳格主義の体系では、こういった行き過ぎは極端に憎まれ、いやがられる。

軽薄という悪徳は、庶民にとっては、いつでも破滅のもとであり、ほんの一週間の無分別な行ないと散財も、しばしば、貧乏職人の一生を台なしにし、自暴自棄のあまり、極悪非道の大罪を犯すところまで駆り立てるのに十分なのである。こういうわけだから、庶民のうちでも、より賢く善良な部類の人々は、自分たちのような境遇に置かれた者にとっては、こんなにも直接命とりになると経験上わかっている、こうした行き過ぎを、極端に憎み、いやがるのである。これに反して、上流の人間なら、数年にわたる出鱈目と浪費をしたからといって、かならずしも落ちぶれてしまうとはかぎるまいし、またこの階級の人たちは、ある程度の行き過ぎにふけっていられる能力を、自分たちが財産をもっていることからくる強味の一つであり、世間から咎められも非難もされずにそういうことをやる自由を、自分たちの地位につきものの特権の一つなのだ、とすぐに見なしたがる。そこで、自分たちと同じ地位にある人々がそうした行き過ぎをやっても、たいして目くじらを立てもしないし、咎めるにしても、ほんのちょっとか、あるいは全然咎めもしない。

　ほとんどすべての宗教上の宗派は、民衆のあいだから起るのであって、その一番初期の、またもっともおおぜいの改宗者を引き寄せたのも、だいたい民衆のなかからであった。そのゆえに、これらの宗派は、道徳における厳格主義の体系を、ほとんど一貫して、つまりごくわずかの例外を除いて採用してきた。たしかに、若干の例外もあるにはあったのである。諸宗派が、既成の制度にたいする改革案を最初に提起した、その階級の人々に、自分をもっともうまく売り込めるとすれば、それはこの体系によってであった。諸宗派の多くは、おそらくはその大部分は、この厳格主義の体系に磨きをかけ、さらには、かなり馬鹿げた突拍子もないところまで押し進めることによって、信用を得ようという努力さえやった。そしてまた、ほかのなににもまさって、この度はずれた厳格さで、庶民の尊敬と崇拝を集めたことが、しばしばあったのである。

身分も高く財産もある人は、その地位のゆえに、大きな社会の成員としてきわ立った存在であり、そこで社会はかれの一挙一動にまで耳目をそばだて、ひいては、かれのほうも自分自身の一挙一動に気を配らざるをえなくなる。かれの権威と社会での重みとは、この社会がかれにたいして示す尊敬の念に依存するところが、はなはだ大きい。かれは、この社会のなかで自分の名を汚したり、信用を落したりしそうなことは、なんであれ、あえてしようとはしないし、この社会の衆目の一致するところ、かれのように身分も高く財産もある人なら、これくらいは当然だとして求められるたぐいの道徳は、自由なものであれ厳格なものであれ、これを厳守せざるをえない。これに反して、身分の低い人は、大きな社会のきわ立った成員などというものからは、およそかけ離れている。田舎の村にいるあいだなら、かれの行動は注目もされようし、そこで、かれのほうも自分の行動に気を配らざるをえないかもしれぬ。こういう場面においては、また、こういう場面においてのみ、いわば、かれはつぶすべき面子をもてるということなのである。ところが、大都会に出てくるや否や、かれは世に埋もれ、不善のうちに身をひそめる。かれの行動を観察したり注目したりする者など一人もいはしないし、そこでまた、かれのほうも自分の行動をおろそかにし、ありとあらゆる低劣な道楽と悪徳に身を持ち崩すことに、どうしてもなりやすい。こんな名も知られぬ状態からうまく脱け出し、かれの行動が、いずれかの立派な社会集団の注目の的になるためには、宗教上の小宗派の一員となるにしくはない。その瞬間から、かれは、いまだかつてもったことのない、ある程度の重みを備えた人物となる。すべてかれと同門の信徒たちは、その宗派の名誉のために、かれの行動を観察しようと注意を払い、もしかれがなにかの醜聞をひき起したり、かれらがつねづね互いに戒め合っている厳格な道徳から、かれが大きく逸脱したりするなら、かれを罰しようと注意を払う。その罰たるや、その宗派からの追放、つまり破門であって、これは、たとえ俗人としてのかれをいためつける効果がともなわない場合でさえ、非常な厳罰であることに変りはない。こういうわけで、宗教上の小宗派にあっては、庶民の道徳は、ほとんどいつでも目立って几帳面で秩序正しかったのであり、一般に国教におけるよりも、はるかにそうであった。実際、こうした小宗派の道徳は、しばしば、むしろ不快なくらい厳しく、非社交的だったのである。

けれども、この点については、ごく簡単で有効な対策が二つあって、両方の作用を結合させれば、国家は、その国内に分立する、あらゆる小宗派の道徳のうちに、どんな非社交的なもの、どんな不快なまでに厳しいものがあっても、すべて暴力を用いずに矯正できるはずなのである。

対策の第一は、科学と哲学の研究であって、国家は、これを中流あるいは中流以上の身分と財産をもつすべての人々のあいだに、ほとんどあまねく行きわたらせることができよう。そうするためには、教師に俸給を出せば、かれらをなげやりにし、怠けさせるだけのことだから、これはやらないことにし、代りに、かなり高度な、むずかしい科学については、一種の検定試験制度を設け、だれでも、なんにせよ自由職業につく許可を受ける前に、あるいは、なんらかの有給または無給の名誉ある官職の候補者としてあげられる前に、この試験を受けなければならないことにするのである。もしも国家が、この階級の人々に学問をすることを必須のものとして課するならば、国家は、かれらに適当な教師を世話する面倒をわざわざ背負い込むいわれはなにもなかろう。かれらは、国家が世話できるどの教師よりももっとよい教師を、まもなく自分で見つけてくるだろう。科学は熱狂や迷信という毒にたいする偉大な解毒剤であり、そして、上流階級の人たちがみなこの毒から守られているのに、下層階級だけはむき出しでその毒にさらされる、などということはありえないのである。

対策の第二は、盛んで朗らかな民衆娯楽〔の奨励〕である。それによって国家は、民衆の大多数のあいだから、ほとんどつねに大衆の迷信や熱狂の温床になっている、あの憂鬱（ゆううつ）で陰気な気分を、たやすく吹き払ってしまえるだろう。つまり、他人の中傷とか猥褻（わいせつ）とかにわたらぬかぎり、自分の営利のために、絵画、詩、音楽や舞踊で、また各種の劇を演じたり興行したりして、民衆を楽しませ、気晴しをさせようと企てるすべての人々を奨励する、言いかえれば、かれらに完全な活動の自由を与えることによって、奨励するのである。民衆娯楽は、大衆を狂乱させる狂信的な煽動者のすべてにとって、いつでも恐れと憎しみの対象であった。こうした民衆娯楽がかもし出す陽気さや上機嫌は、煽動者のねらいにうってつけの精神状態、すなわち、かれらがもっとも働きかけやすい精神状態とは、およそ両立しないものだった。そのうえ、演劇は、しばしば、かれらの手管を大衆の嘲笑の的として、時にはひどい嫌悪の的として、曝し物にしさえするので、このために、他のどの娯楽にもまして、とりわけ、かれらから目の敵にされたのである。[7]

国教制度の国では、主権者が国教僧侶の任免権をもたぬかぎり、その地位は安全でない。しかし、ヨーロッパ各国の僧侶の任免権は法王が握っていた

法律が、どれか一つの宗派の教師たちを、それ以外の宗派の教師たちより贔屓することをしなかった国では、教師のだれひとりとして、主権者なり行政権力なりに、なにか特別または直接の依存関係をもつ必要もなければ、他方、主権者が僧職の任免いずれにせよ手を出す必要もなかったろう。こういう状況であるなら、主権者は他の一般臣民のあいだにおけるのと同じやり方、つまり、お互いに迫害し合い、罵り合い、虐げ合うのを阻むことによって、かれらのあいだに平和をたもつこと以外に、かれらとわざわざかかわり合ういわれは少しもなかったであろう。しかし、国教あるいは支配的な宗教がある国々では、事
282 情はまったく異なる。この場合だと、主権者は、その宗派の教師たちの大多数に相当程度の影響力を振う手だてをもたぬかぎり、けっして安全たりえない。

国教会ならどれでも、その僧侶は巨大な一個の結社をなしている。かれらは協力して行動し、一つの方針にもとづき、一つの精神をもって、自分たちの利益を追求しうること、あたかも、ただ一人の人間の指揮下におかれているごとくだが、また事実そうした指揮下にあることも、しばしばである。一個の結合体としてのかれらの利害は、主権者の利害と同一だということは、けっしてないし、時には真正面からぶつかり合うこともある。かれらの最大の利害はといえば、それは国民にたいする権威をたもつことである。そして、この権威がたもたれるか否かは、かれらが教え込む教義全体を確かなもの、たいせつなものと〔国民が〕思ってくれるかどうか、永遠の不幸を避けるには、その教義のすみからすみまでを、もっとも盲目的な信心で採り入れる必要があるのだと思ってくれるかどうか、にかかっている。だから万が一、主権者が、うかつにも、かれらの教義のもっとも些細（ささい）な部分にしろ、みずから馬鹿にしたり首をかしげたりしたと思われるか、あるいは、このどちらかをやってしまった人を人道上保護しようとしたと思われでもしようものなら、主権者にはなにも依存していないのだから、つまらぬことだけはゆるがせにしない坊主の名誉心

が、たちまち眼をさまし、主権者を瀆神の輩として排斥するとともに、国民が、だれかもっと正教を信じ神に忠順な君主のほうにその忠誠を向けかえざるをえないように、宗教上のありとあらゆる恐怖手段を用いる。また万一、主権者が、僧侶たちの要求や横領に反対でもすれば、これまた同じように、非常に危険である。このやり方で教会にあえて反逆した君主は、みずからの信仰について、また教会が君主に指示するのが適当と考えた教義のすべてに、つつしんで服従してきたことについて、おごそかに申し立てたにもかかわらず、この反逆罪にかてて加えて、たいてい異端の罪をも負わされたのである。だが、宗教の権威は、他のいっさいの権威に勝る。そこで、この権威がほのめかす恐怖は、他のいっさいの恐怖にうち勝つ。宗教の権威をかさに着た教師が、国民大衆のあいだに、主権者の権威をくつがえすような教義を広めてゆく場合、主権者がみずからの権威を保ちうるとすれば、それはただ暴力、つまり常備軍の武力によってのみである。ところが、常備軍ですら、この場合には、主権者に長続きする安全を保証することができない。なぜなら、もしも兵士たちが、めったにありえないことだが、外国人であるというのなら別だが、ほとんどいつでも、そうならざるをえないように、自国の国民大衆のうちから採用されているとすれば、兵士たちも、他ならぬこういう教義によって、まもなく汚染されてしまうものらしいからである。東ローマ帝国〔三九五年、ローマ帝国の東西への分離によって成立したが、一四五三年、トルコの侵入により滅亡〕が続いているあいだ、ギリシャの僧侶の不穏な動きがコンスタンチノープルでたえずひき起していた騒動や、数世紀にもわたって、ローマ・カトリック教の僧侶の不穏な動きがヨーロッパのいたるところで[283]たえずひき起していた動乱は、自国の国教になっている支配的な宗教の僧侶に影響力を振う適切な手だてをもたぬ主権者の地位というものが、常時いかに頼りなく不安定たらざるをえないかを証明するに十分である。

信仰箇条は、その他いっさいの霊界の事柄と同様、俗界の主権者の本領に属するものでないことは自明であって、主権者は、国民を保護する資格は十分具(そな)えているかもしれぬが、国民を教化する資格もあると考えられたためしは、めったにない。したがって、こうした事柄にかんしては、かれの権威が、国教会の僧侶の統一された権威に拮抗(きっこう)するに足るなどということは、まずありえない。そうはいうものの、公共の平安と彼自身の安全が、こうした事柄にかんして僧侶が適当と考えて教え広める教義の如何(いかん)に依存する、ということはよくあることだ。そこでかれは、僧侶の決めることにたいして、主権者固有の重みと権威を使って直接反対するのは、まず不可能だから、かれは、この決定に影響を与えうる力をもつことが必要であり、しかも、かれが影響を与えうるとすれば、それはただ、僧職にある個人個人の大多数のあいだに、恐怖と期待とをかき立てることによってのみである。ここに恐怖と期待とは、すなわち免職その他の処罰への恐怖、そして昇進への期待に他ならない。

すべてのキリスト教会において、僧侶の聖職禄は、一種の自由保有権(フリーホールド)であって、僧侶は任意の期間でなしに、終身、つまり特段の不都合な行ないのないかぎり、これを享受することができる。もしも、僧侶がもっと不確実な保有権にもとづいて聖職禄を保有し、主権者なりその大臣なりに、わずかでも逆らうたびにお払い箱になりかねない、というのであれば、僧侶が国民のあいだにその権威をたもってゆくことは、おそらく不可能であろう。この場合、国民は、僧侶を宮廷おかかえの従者と見なし、そんな者の教えの誠実さなど、もはやなんの信頼も寄せなくなるだけだからである。ところが、もし万一、主権者が、僧侶が常軌を逸した熱心さで、派閥的なあるいは煽動的なある教義を教え広めたといったような理由でもつけて、不法にまた暴力をもって何人かの僧侶から自由保有権を剝奪しようと企てでもしようものなら、かれはこの迫害のせいで、僧侶とその教義とをともども、以前より一〇倍も人気のあるものにし、したがって、以前より一〇倍も厄介で危険なものにするだけのことであろう。恐怖は、ほとんどあらゆる場合において最低の統治用具であり、とりわけ、わずかにもせよ、独立への自負を抱いている階級の人々にたいしては、けっして行使すべきではない。こういう人々を脅しつけようと企てるのは、ただかれらの不興をかき立て、もっとおだやかな対処をすれば、おそらくかれらもたやすく和(やわ)らげるなり、まったくやめてしまうなりする気になったかもしれない反抗心を固めるのに役だつのみである。フランス政府が、その国のすべての高等法院(パルルマン)つまり最高裁判所を強制して、評判の悪い勅令を登録発効させるために、常套(じょうとう)的に用いた暴力的手段は、まずめったに成功することはなかった。とはいうものの、普通使われた手段、すなわち、手に負えない連中は片っぱしから投獄するやり方は、十分ききめがあった、と考える人もあろう。[8] たしかにステュアート朝の王たち〔ジェイムズ一世（一六〇三年即位）からアン女王（一七一四年没）まで六代〕は、イングランド議会の議員の何人かを思いどおりにしようとして、時々これと同様の手段を用いた。しかし、たいていいつも、これまた御し難い連中と知るのであった。イングランド議会は、いまでは、これとは別のやり方で操縦されているし、ショアズール公〔一七一九〜八八。フランスの外交官、政治家。哲学を愛好し『百科全書』を援助。スミスとも交際があった〕が、一二年ばかり前に、パリ高等法院にたいして試みた実験は、ほんの小さなものではあったが、フランスのどの高等法院も、同じやり方でパリ高等法院より、もっと簡単に操縦できたはずだ、ということを十分に証明した。それなのに、この実験は、それ以上続けられなかった。そのわけは、操縦と説得は、強制と暴力がもっとも悪質で危険な統治用具であるのと同様、もっとも簡単で安全な統治用具であるにもかかわらず、なおも人は悪い用具を使えないか、使うだけの勇気がない場合以外、ほとんどいつでも良い用具を使うのをいさぎよしとしないのが、思うに人間のもって生れた傲慢さというものだろうからである。フランス政府は、強制手段を使えたし、使うだけの勇気もあった。だから、操縦と説得を用いるのをいさぎよしとしなかったのである。けれども、私の信ずるところでは、あらゆる時代の経験にてらしても、どういう階級の人々にたいして強制と暴力を用いるのが危険か、いや、むしろまったく破滅的かというと、国教会に所属して尊敬を集めている僧侶くらい、これに当てはまる階級はほかになかろう。自分の教団と折合いよくやっている聖職者各個人すべての権利、特権、人格の自由は、たとえ、もっとも専制的な諸政府のもとにあっても、身分と財産がほぼ等しい他のだれよりも、いっそうの尊敬を受けている。この点は、おだやかで寛大なパリの政府の段階から、乱暴で猛(たけ)り狂ったコンスタンチノープルの政府の段階にいたる、専制主義のすべての段階においてそうである。ところが、この階級の人々を強制するなど、めったなことではできないにしても、かれらをうまく操縦することは、他のどの階級の人々とも同じように、たやすい。そして、主権者の安全は、公共の平安とともに、主権者がかれらを操縦してゆく手段に依拠するところきわめて大であるように思われる。しかも、その手段は、主権者が、かれらに授ける昇進の権限を握ること以外にはないと思われる。

キリスト教会の古い制度では、それぞれの司教管区の司教は、司教のいる教会が置かれた都市の僧侶と住民の合同の投票によって選挙されていた。住民は、この選挙権を、長いあいだ行使し続けたわけではなかったし、行使していたあいだでも、たいていいつも、こうした霊的な事柄については、明らかにおのずから住民の指導者である僧侶の影響のもとで動いていた。しかし僧侶は、まもなく住民を操縦する苦労が面倒くさくなり、自分たちの司教は、自分たちで選挙するほうが楽だと悟った。同じようにして、僧院長は、少なくとも大半の僧院長管区では、僧院の修道士たちによって選挙された。司教管区内にある司

285
教より下級の僧職は、すべて司教が任命したのであって、司教は自分が適任だと思う聖職者を、その地位につけたのである。教会内での昇進は、こういうふうに、すべて教会の手中にあった。主権者は、これらの選挙にたいして、間接的には、いくらかの影響力をもっていたけれども、また、選挙をやることについての同意とともに、選挙の結果についての承認を主権者に求めることが慣例になっている場合も、たまにはあったけれども、僧侶を操る直接的な、または十分な手段は持ち合せてはいなかった。どの僧侶も、その野心のおもむくところ、おのずから、おのれの主権者よりもむしろ自分の教団の機嫌をとった。教団にのみ、昇進の期待をかけることができたからである。

ヨーロッパの大部分で、ローマ法王は、まず、ほとんどすべての司教職と僧院長職の、つまりいわゆる枢機卿会議任命の聖職の任命権を、その次には、さまざまのたくらみと口実で各司教管区に属していた下級の聖職の大部分の任命権を、次第に自分の手中におさめてしまったので、司教には、自分の下にいる僧侶たちにたいして分相応の体面をつくろうのに辛うじて必要なもの以外には、ほとんどなにも残らなくなった。この仕組ができたおかげで、主権者の立場は、これまでにもまして悪くなった。つまり、ヨーロッパ諸国すべての僧侶は、こうして一種の宗教的軍隊としてまとめ上げられ、この軍隊は、いかにもあちこちの部署に散開してはいるものの、あらゆる移動も作戦も、いまやただ一人の司令官によって命令され、一つの統一的戦略にもとづいて指揮されうるにいたったのである。それぞれ特定の国の僧侶は、この軍隊の個々の分遣隊と見なしてもよいわけで、ある分遣隊の作戦は、その国を取り巻く国々に駐屯する他の全分遣隊によって、たやすく支持応援してもらうことができた。各分遣隊は、自分たちが駐屯し、養われてもいた国の主権者から独立していたというばかりでなく、外国の一主権者に従属していたのであって、この後者は、その特定の国の主権者に抗して、いつ何時(なんどき)でも武器を向け、しかも、この武器を他の全分遣隊の武器でもって支援することもできたのである。

この武器は、およそ想像の及ぶかぎり、もっとも恐るべきものであった。各種の技術と製造業が確立される以前のヨーロッパの旧状においては、その富ゆえに僧侶が庶民にたいしてもっていた影響力は、その富ゆえに大領主が自分の家臣、借地人、従者にたいしてもっていたのと、まさに同じ種類のものであった。王侯と私人の双方が、誤った敬神の念から教会に寄進した大きな領地では、大領主がもっているのと同種の裁判権が、これまた同じ理由から確立された。これらの大領地では、僧侶なり、その管理人(ベイリフ)なりは、国王あるいはその他のだれからも支持され援助されなくても、容易に平和をたもつことができたけれ
286 ども、国王あるいはその他のだれにせよ、僧侶の支持と援助なしに、そこで平和をたもってゆくことはできなかった。したがって、僧侶の裁判権は、かれらのそれぞれの領地なり荘園なりの範囲内では、世俗の大領主の裁判権と同じく、国王の裁判所の権威から独立しており、また、それを排除するものだった。僧侶の借地人は、大領主の借地人同様、ほと

んどすべてが随意解約小作（テナント・アット・ウィル）で、直接の地主にまったく従属するものだったし、したがって、なにかの紛争があった場合、僧侶がそこへ投入したほうがよいと思えば、いつでも戦いのために召集されるべきものであった。これらの領地から上る地代のほかに、僧侶は、ヨーロッパのどこの国でも、寺領以外のすべての領地から上る地代のたいへん大きな部分を、一〇分の一税という形で所有していた。これら二種類の地代から生じる収入は、その大部分が、穀物、葡萄酒（ぶどうしゅ）、家畜、家禽（かきん）等々の現物で支払われた。その量は、僧侶が自分で消費しうるところを、はるかに超えていた。といって、その余った分と交換できるような生産物をつくる技術も製造業も、まだなかった。そこで僧侶が、この莫大な剰余から利益を引き出す方法としては、大領主たちがその収入のうちの同じような剰余を使うのと同様、贅（ぜい）を尽した接待や、はなはだしく手広い慈善に使ってしまうほかはなかった。そういうわけで、昔の僧侶の接待や慈善は、実に大がかりなものだったという。僧侶は、どこの国でも、貧民のほとんど全部を養ったばかりか、おおぜいの騎士や郷紳（ジェントルマン）も、信心という口実で、その実、僧侶のもてなしにありつきたいばかりに、僧院から僧院へと渡り歩く以外に暮しの手だてをもたないことさえ、よくあったのである。何人かの特定の高僧となると、その従者は、しばしば最大の俗人の領主がかかえているのと同じくらいおおぜいであったし、僧侶全部の従者をいっしょにすれば、おそらく俗人の領主全部の従者よりも多くなっただろう。それに、僧侶のあいだの団結は、俗人の領主のあいだの団結よりも、つねにずっと固いものであった。前者は、法王の権威にたいする正規の規律と服従のもとに置かれていた。後者には正規の規律もなければ、服従のもとに置かれているわけでもなく、むしろ、ほとんどいつもお互い同じくらい嫉み合っており、また国王とのあいだも同様だった。だから、僧侶の借地人と従者双方を合算してしまえば、これは俗人の大領主がかかえているのより少数だし、その借地人だけなら、たぶんはるかに少数であったろうが、それでも、かれらの団結のゆえに、僧侶は俗人の大領主以上に恐るべきものだったはずである。そのうえ、僧侶のもてなしや慈善も、巨大な現世的な力にたいする支配権を与えたばかりでなく、その宗教上の武器の威力をもおおいに高めた。というのは、もてなしと慈善という徳行のおかげで、かれらはすべての下層階級の人々から最高の尊敬と崇拝とをかちえていた。287 なにせ、下層階級の多くは常時、そして、ほとんどすべては時々、かれらに食わせてもらっていたのだからである。そうなると、これほど人気のある一階層に属するか、または関連するいっさいは、所有物だろうと特権だろうと教義だろうと、庶民の眼には必然的に神聖なものと映ったし、また、それらをわずかでも侵害しようものなら、ほんとうに侵害があったのか、それとも、そう見えただけなのかにかかわらず、このうえもない罰当りな、邪悪と瀆神の行為と映ったのである。こういう事態のもとでは、もし主権者が、ごく少人数の大貴族の同盟に抵抗するのにも、しばしば困難を感じていたとするなら、まわりの国々全部の僧侶の連合軍に支援された、自分自身の国の僧侶の連合軍に抵抗するのに、もっと困難を感じたからといって、別に驚くには当らない。むしろ驚くべきは、こんな事情のもとで、主権者がときに屈伏を余儀なくされたことではなしに、むしろあえて抵抗しえたということである。

こうした古い時代の僧侶の諸特権（現代に生きるわれわれにはこの上なく馬鹿げて見えるが）、たとえば世俗の裁判権から完全に免れていること、すなわち、イングランドで「僧侶の特権」とよばれたものは、こういう事態の自然な、いや、むしろ必然の帰結であった。主権者にとっては、ある僧侶を、どんなことであれ、なにかの罪で処罰しようと企てるのは、もし、この僧侶の属する教団がかれをかばうつもりでおり、こんな信仰のあつい人を有罪とするには証拠不十分だとか、宗教によってその身を聖化された者に加える刑罰としてはひどすぎるとかと言い張るつもりでいる場合には、危険きわまることだったにちがいない。こういう事情のもとでは、かれを教会裁判所の審理にゆだねてしまうのが、主権者のとりうる最善の道であって、教会裁判所は、自分自身の教団の名誉のために、各成員がたいへんな犯罪を犯したり、あるいは、人民がうんざりしてしまいそうなひどい醜聞をひき起すことでさえも、できるだけ防ごうと注意していたのである。

中世ローマ教会の絶対的権力は、技術・製造業・商業の発達という事物自然の成り行きによって打ちくだかれ、各国で主権者の統治権が確立した

十、十一、十二および十三世紀を通じて、および、この期間の前後しばらくのあいだ、ヨーロッパの大部分をあまねくおおっていた状況のもとにおいては、ローマ教会という組織は、政府の権威と安全に対立して、また、政府が守ってやれるところでなくては栄えることのできない人類の自由と理性と幸福とに対立して、これまでにつくり上げられた、もっとも恐るべき結社と見てよかろう。この組織のなかでは、迷信という、もっとも馬鹿げた妄想でさえ、非常におおぜいの人たちの私的な利害関係によって支えられており、人間理性の強襲を受ける、いっさいの危険を免れるような工合になっていた。なぜなら、人間理性は、庶民の眼にも、迷信という妄想のいくつかをあばいて見せることは、たぶん、できたかもしれないが、私的な利害関係の絆を解きほぐすことは、とうていできなかったからである。だから、もしこの組織が、人間理性のか弱い努力以外の敵から攻め立てられる
288 ことがなかったとすれば、それは、永遠にもちこたえたにちがいない。ところが、人間の智と徳の限りを尽しても、くつがえすどころか、けっして揺がすことすらできなかった、この巨大で堅牢（けんろう）な建造物も、事物自然の成り行きによって、まず最初にゆるみはじめ、その後、部分的に崩れ出し、そして今日見るところでは、もう二、三世紀もたつうちには、

おそらく瓦解してまったくの廃墟と化してしまいそうに思われる。

技術と製造業と商業の漸進的な発達、すなわち、大領主たちの権力を滅ぼしたのと同じ原因が、これまた同じ仕方で、ヨーロッパの大部分を通じ、僧侶の現世的な権力全体を滅ぼしたのである。技術と製造業と商業の生産物のうちに、僧侶は大領主と同様、自分たちの土地からの原生産物と交換したいものがあるのを知った。この交換によって、自分の収入を、その大きな分け前を他人にやることもせずに、全部自分ひとりで使ってしまう方法を見つけたのである。慈善はだんだん範囲が狭くなり、接待は気前の悪いものになった。つまり、物惜しみするようになった。その結果、従者も数が減っていって、ついには、まったくいなくなってしまった。僧侶も大領主のように、自分の領地からもっと多くの地代を得て、大領主と同じやり方で自分自身の個人的な虚栄と道楽を満足させるのに使いたいと願った。しかし、地代をこのようにふやそうとすればその借地人に借地権を認めてやるほかはなく、すると、借地人は僧侶から大幅に独立してしまうようになった。下層階級の人々を僧侶にしばりつけていた、いく筋もの利害関係の絆は、このようにして、だんだんに切れてゆき解きほぐされていった。それらの絆は、この同じ階級の人々を大領主にしばりつけていた絆より、かえって速やかに切られ解きほぐされた。というのも、教会の聖職禄というのは、その大部分が、大領主の領地よりも、ずっと小さかったから、それぞれの聖職禄の所有者は、その全収入を自分ひとりで、ずっと速く使ってしまえたからである。

そこで、十四、五世紀の大部分のあいだ、ヨーロッパの大半を通じて、大領主の権力は、いまだ全盛をうたっていたのに、僧侶の世俗的な権力、つまり、かつて、ひとたびは国民大衆の上に振っていたあの絶対的支配権のほうは、すっかり衰えていたのである。そのころともなれば、教会の権力は、ヨーロッパの大部分を通じて、ほとんどその宗教上の権威から生じるものだけになってしまった。しかも、その宗教上の権威すら、僧侶の慈善と接待によって支えられることがやんだ時には、はなはだしく弱まった。下層階級の人々は、もはや僧侶の階級を、これまでそうしてきたように、自分たちの苦難を慰め、困窮を救ってくれる人とは見なさなくなった。それとは反対に、かれらは富裕な僧侶の虚栄、贅沢、金遣いに憤慨し、うんざりしていたのであり、かれらからすれば、僧侶は、わが身の快楽のために、以前には、いつでも貧民の世襲財産だと考えられていたものを使っている、と見えたのである。

289 こういう状況になってきたので、ヨーロッパ各国の主権者は、それぞれの司教管区の首席司祭(ディーン)と、かれが司る僧会(チャプター)とには昔もっていた司教選挙権の、そしてそれぞれの僧院長管区の修道士にはかつての僧院長選挙権の復活がかなうようにしてやって、教会の重要な聖職禄の割振りにかんして前に主権者がもっていた影響力を回復しようと努めた。この旧制度を再建しようというのが、十四世紀を通じてイングランドで立法化されたいくつかの条例の、とりわけいわゆる聖職後任者条例[9]なるものの目的だったし、また、十五世紀にフランスで制定された国本詔勅[10]の目的であった。いまや、選挙を有効とするためには、主権者が前もって選挙の実施に同意し、事後には選出された人物を承認することが、ともに必要とされた。それでも、選挙そのものは、いまなお自由なのだと考えられていたものの、主権者は、自国領内の僧侶に影響を与える間接的な手段——それは、主権者というその地位のゆえに必ず手に入れられるものであった——をいくらでももっていた。これと同様の傾向をもつ違った形の規制が、ヨーロッパの他の地域でも制定された。しかし、教会の重要な聖職の任命にかかわる法王の権力を、フランスとイングランドくらい効果的に、また、あまねく抑えつけたところは、宗教改革前には、どこもなかったように思われる。その後、政教条約[11]によって、十六世紀には、フランス・カトリック教会のいっさいの重要な聖職、つまり、いわゆる枢機卿会議任命の聖職への絶対的推薦権がフランス国王に与えられたのである。

国本詔勅と政教条約が制定されてからというもの、総じてフランスの僧侶は、他のどのカトリック教国の僧侶よりも、法王庁の布告に敬意を示さなくなった。かれらの主権者と法王とのあいだで起ったあらゆる紛争において、かれらはほとんどいつも前者に味方した。フランスの僧侶が、このようにローマ法王庁から独立したのは、おもに国本詔勅と政教条約にもとづくものと思われる。なぜなら、この国の王政の初期には、フランスの僧侶も、他のどの国の僧侶にも負けず、法王にたいして献身的だったらしいからである。カペー王

290 朝〔九八七～一三二八〕第二代の王ロベール〔信心王と呼ばれたロベール二世。九七〇頃～一〇三一。姪と結婚したため法王グレゴリウス五世から九九八年に破門された〕が、不当このうえもなくローマ法王庁から破門された際、ロベールお付の召使たちは、王の食卓からさげてきた食物を犬に投げてやり、破門されたような人が触って汚したものなど食うものか、と言ったという。かれらは、ロベール自身の領土の僧侶から、そうしろと教えこまれていたものと推測して、まずまちがいあるまい。

教会の重要な聖職の任命権、すなわち、それを守らんがために、ローマ法王庁が、キリスト教世界で最大の主権者たちの王座のいくつかをしばしば揺がせ、時には覆しもしたこの権利は、以上のようにして、ヨーロッパのあちらでもこちらでも、宗教改革以前でさえ、制限され、修正されるか、あるいは、まったく放棄された。こうして国民にたいする僧侶の影響力が減るにつれ、それだけ僧侶にたいする国家の影響力は増大した。このために、僧侶が国家を攪乱（かくらん）する力も意図も、ともに弱まっていったのである。

宗教改革を生み落すことになった論争が、ドイツに端を発して、まもなくヨーロッパの全域に拡がっていったその時には、ローマ教会の権威は、このような落ち目の状態にあった。新しい教義は、いたるところで、民衆から非常な好意をもって迎えられた。新しい教義は、およそ新しく生れた党派の精神が既成の権威を攻撃する時によくみずからをかき立てる、あの狂信的なまでの熱心の限りを尽して宣伝された。これら教義の教師たちは、他の点では、たぶん、国教会を擁護した神学者の多くの者よりも学識があるわけではなかったろうけれども、概して、教会史や教会の権威の基になっている学説体系の起源と発達については、よりよく通じていたらしく、そのおかげで、ほとんどいずれの論争でも、いくらかずつ分がよかった。かれらの態度は厳格で、このために、かれらは、庶民のあいだで権威をもつようになった。庶民は、かれらの行ないがきびしく几帳面なのと、自分のところのたいていの僧侶がだらしのない暮しをしているのとを比べていたのである。そのうえかれらは、相手方よりはるかに高度に、人気を集めたり、改宗者を引き込む手管のすべてを心得ていたが、こういう手管は、お高くとまって勿体ぶった教会の後継者たちにしてみればまるで無用だから、もう長いあいだなおざりにしてきたものだったのである。何人かは、新しい教義の道理を可とした。多くの者は、その目新しさを買った。さらに多くの者は、国教の僧侶にたいする憎しみと軽蔑から、新教義を受けいれた。しかし圧倒的な最大多数の者は、ほとんどいたるところで、新教義を説きさとす場合の、粗雑で田舎臭いこともよくあったにせよ、熱心で情熱的で狂信的な雄弁に惹かれたのであった。

新しい教義は、ほとんどどこでも大成功をおさめたので、たまたまその当時、ローマ法王庁と仲の悪かった君主たちは、この教義を梃子にして、自国領内で容易に教会の勢いを覆すことができた。なにせ教会は、下層階級の人々の尊敬も崇拝も失くしてしまっていたから、ほとんど、なんの抵抗もできなかったのである。ローマ法王庁は、北部ドイツにあ
291 る、いくつかの比較的小さな国の君主たちを、すげなく扱った。それは、おそらく、あま

りにも取るに足らないので、面倒を見るにも値しないと思ったのだろう。それならというので、これらの君主たちは、例外なしに、自分たちの領土内で宗教改革を実施した。グスターヴス・ヴァーサ〔一四九六頃～一五六〇。スウェーデンのグスターヴス一世〕が、クリスティアーン二世〔一四八一～一五五九。デンマーク、ノルウェー、スウェーデン王を兼ねたが、一五二三年、スウェーデンから追放された〕とウプサラの大司教トロールの両名をスウェーデンから追放できたのは、かれらの圧政のゆえであった。ところが法王は、この暴君と大司教を庇ったものだから、グスターヴス・ヴァーサは、なんの苦もなしに、スウェーデンで宗教改革を実施してしまった。その後、クリスティアーン二世は、デンマークの王位からも追われたが、この国でも、かれの所業は、スウェーデンにおけるのと同様、ひどい悪評をかっていたのである。しかし法王は、それでもなお、かれを庇う気でいたので、かれに代って王位に即いたホルシュタインのフリードリッヒ〔一四七一～一五三三。シュレスヴィッヒ・ホルシュタイン公フリードリッヒ一世で、デンマーク、ノルウェーの王位に即いた〕は、グスターヴス・ヴァーサの先例にならって〔宗教改革を実施し〕、法王に仕返しをした。ベルンとチューリヒの行政府は、とくに法王と争っていたわけでもなかったが、きわめて簡単に、それぞれの州で宗教改革を実施した。そこでは、その直前に、何人かの僧侶が、多少とも目にあまる詐欺をやって、僧侶階級全体がいやがられ軽蔑されるようになっていたからであった。

こういう危機的な状況にのぞんで、法王庁は、フランス王およびスペイン王という強力な主権者との友好をとり結ぼうと、さんざん苦労したのであって、このうちスペイン王は、その当時、ドイツ皇帝でもあった。かれらの援助があればこそ、法王庁は、大きな困難と多くの流血を伴わずにはすまなかったにせよ、かれらの領土内での宗教改革の進展を全面的に抑圧するか、あるいは、大幅に妨害することができたのである。法王には、イングランド王とも、よしみを通じておきたい気が十分にあった。けれども当時の事情からして、もっと有力な主権者たるスペイン国王兼ドイツ皇帝カルル五世〔一五〇〇～五八。スペイン王としてはカルロス一世で在位一五一六～五六。ドイツ皇帝としては一五一九～五六〕を怒らせずに、そんなことができるわけはなかった。したがって、ヘンリー八世は、自分自身宗教改革の教義など、ほとんど信奉していなかったものの、それが広く普及していたのに乗じて、自国領内のすべての修道院を弾圧し、ローマ教会の権威を根こそぎにすることができたのである。かれは、それより先へは踏み出さなかったけれども、ともかく、そこまでやったということは、宗教改革の賛同者たちを一応満足させた。そして、この人たちが、ヘンリー八世のあとを継いだ息子〔エドワード六世〕の治世に政権を握ったので、ヘンリー八世が手をそめたこの事業を、難なく完成したのであった。

　スコットランドのように、政府が弱体で人気がなく、まだ十分に基礎が固まっていないような若干の国々では、宗教改革は、教会ばかりか、教会を擁護しようと企てたということで、国家をも覆しかねないほど強力であった。

ヨーロッパ諸国の宗教改革者には、法王庁のような共通の権威がなかったので、教会管理と聖職任命権をめぐり、ルター派とカルヴィン派に分裂した

292 ヨーロッパ諸国のすべてに散らばっていた宗教改革の信奉者のあいだには、法王庁という最高法廷、あるいは全カトリック教会会議のように、かれらのあいだのあらゆる紛争に決着をつけ、抗うことのできない権威をもって、正統信仰の正確な限界を全員に指し示すことのできる総括的な最高法廷が存在しなかった。そこで、ある国の宗教改革信奉者が、たまたま、ほかの国の仲間と意見を異にした場合には、訴えるべき共通の裁判官がいないわけだから、この論争は、ついに決着がつかなかった。しかも、こういう論争は、あとからあとから起ったのである。教会の管理と聖職禄の授与権にかんする論争は、市民社会の平和と福祉にとって、おそらく、もっとも利害関係の深いものであったろう。したがって、その論争のなかから、宗教改革信奉者のあいだに、二つのおもだった党派、あるいは宗派が生れた。ルター主義とカルヴィン主義の両宗派がそれであり、宗教改革を信奉する諸宗派中、その教義と宗規が、ヨーロッパのどこかの国で法律によって認められたのは、これまでに、この両宗派だけである。

ルターの信奉者、ならびにいわゆるイングランド国教会は、多少とも監督制度にもとづく管理を存続させ、僧職間に従属関係をうち立て、主権者に、その領土内のすべての主教

職やその他の高位の聖職の処分権を与え、これによって、主権者を教会の真の首長とした。さらに、主教管区内の下級の聖職任命権を主教からとり上げることをせずに、主権者にも、その他俗人の聖職推薦権者にも、〔12〕これら聖職にかんしてさえ、推薦権の行使を認めたばかりか、推薦を奨励もしたのであった。この教会管理制度は、発足当初から、平和と良き秩序にとって、また一方、俗界の主権者にたいする服従の点でも好都合だった。だから、いったんこの制度が定着した国ではどこでも、それが誘因になって騒動や社会的混乱が起ることは、けっしてなかったのである。とりわけイングランド国教会は、みずからが樹てた管理の原則に徹頭徹尾忠実であることをつねづね誇ってきたが、それはまことにもっともである。こうした管理のもとでは、僧侶が、主権者にたいし、宮廷にたいし、また地方の貴族と郷紳(ジェントリー)にたいし、自分を売り込もうと努めるのは当然である。昇進させてもらおうという時に、主として期待できるのは、こういう人たちの影響力だからである。かれらが、時としては、下劣をきわめた諛(へつら)いと迎合によって、これら聖職推薦権者のご機嫌をとることとはいうまでもないが、むしろ、たいていの場合には、身分も高く財産もある人々の尊敬を受けるのに、もっともふさわしく、したがってまた、一番間違いなく尊敬を得られそうな、すべての技芸を磨くことによっても、ご機嫌をとるのである。すなわち、実用的な学問や修めれば箔(はく)がつく学問のあらゆる分野の知識によって、また、かれらの態度の上品な寛大さ、その会話がかもす社交的な楽しい気分によって、さては狂信者が教え込んだり、

293 実行していると称したりする馬鹿げた偽善的な禁欲生活――それは、庶民の尊敬をかれらの側に集め、そんなことはやらない、と公言する、大部分の身分も財産もある人たちにたいしては、庶民の憎悪をかき立てるためのものである――をあからさまに軽蔑することによって後援者の機嫌をとることもある。けれども、こういう僧侶は、このように上流の暮しをしている人たちのご機嫌をとっているうちに、下層の暮しをしている人々にたいする影響力と権威とを維持してゆくてだてを、すっかり投げやりにしてしまう傾向が、どうしても強い。かれらは、自分より目上の人からは、傾聴され、重んじられ、尊敬もされるが、目下の者の前に出ると、自分たちを頭からやっつけようと手ぐすねひいた、もっとも無知な熱狂者にたいしてさえも、他ならぬ自分たちの真面目で穏健な教義を効果的に、つまり、目下の聴衆が呑み込めるように擁護できないことが、しばしばである。

　ツウィングリの支持者、というより、いっそう適切には、カルヴィンの支持者は、これと反対に、各教区の住民に、そこの教会の聖職に空きが生じた時には、いつでも、自分たちの牧師を選挙する権利を与え、それと同時に、僧侶のあいだには、もっとも徹底した平等をうち立てた。この制度の前半分は、それが実効をたもっていたかぎり、無秩序と混乱のほかにはなにものをも生まず、僧侶と人民双方の道徳を、同じくらいずつ腐敗させる役割を果したようである。あとの半分は、まったく好ましい結果ばかりをもたらしたように思われる。

各教区の住民が、自分たちの牧師の選挙権を握っていたかぎり、住民は、ほとんどつねに、僧侶の、それもたいていは、この階層中もっとも党派的かつ狂信的な連中の影響のもとに行動した。僧侶は、こうした大衆的な選挙での影響力をたもっておきたいばかりに、みずから狂信者になるか、あるいは、その多くが狂信者になったような顔をして、住民のあいだに狂信をすすめるとともに、ほとんどいつも、もっとも狂信的な候補者を優先させた。一教区牧師の任命といった、ほんの小さな問題が、当の一教区だけにとどまらず、近隣のすべての教区においても激しい抗争をひき起したのであって、近隣の教区が、このいざこざに参加しそこなうことは、めったになかったのである。その教区が、たまたま大都市にある場合には、全住民が二派に割れたし、またこの都市が、スイスやオランダの重要な都市の多くがそうであるように、たまたまそれ自体、小共和国をなしているか、あるいは小共和国の中心であり首府であるといった場合には、たとえ、この種のあらゆる下らない争いでも、宗教以外のいっさいの住民の党争における敵意をかき立てたばかりか、かてて加えて、教会の新たな分裂と国家における新たな党争の両方を、しこりとして残す恐れがあった。そこで、これらの小共和国では、行政府は、公共の平和を維持するために、すべての空きが生じた聖職への推薦権を、みずからの手に握っておく必要がある、とすぐに見てとったのである。これまでに、教会管理のこういう長老制的形態が確立された国とし
294 て、もっとも国土の広大なスコットランドでは、聖職推薦権は、ウィリアム三世治世の初

めに長老制[13]を確立した条例によって、事実上廃止された。この条例は、各教区の少なくとも一定の階層の人々に、自分の牧師を選挙する権利を、ごくわずかの値段で買う力を与えたことになる。この条例で確立した制度は、約二二年間存続を許されたが、アン女王治世第十年の条例第十二号によって、比較的大衆的なこの選挙方式が、ほとんどいたるところでひき起した混乱と無秩序を理由に廃止された。もっとも、スコットランドのように広大な国では、どこか僻遠の教区で騒動が起っても、もっと小さな国でのようには統治に混乱を生ずる恐れは少なかった。アン女王治世第十年の条例は、聖職推薦権を復活した。ただし、スコットランドにおいては、法律は聖職推薦権者の推挙した人にはいっさい例外なしに聖職禄を与えると定めているものの、なお教会は、場合によっては（というのは、この点にかんする教会の決定はあまり一貫したものでなかったから）、その被推薦者に、いわゆる魂の救済、つまり、その教区における宗教的管轄権を授ける前に、住民のある種の同意を求めることとした。そこで教会は、少なくとも時々は、教区の平和を慮（おもんぱか）るふりをして、この同意が得られるまで決定を引きのばしておくことがある。近隣の僧侶のある者が、時にこの同意を得るために、しかし、それよりもしばしば、この同意を妨げるために行なう私的な干渉と、また、そういう場合に効果的な干渉ができるようにと練磨している人気とりの手管とは、おそらく、スコットランドの僧侶のなかにも人民のなかにも見られる、いずれにせよ、古い狂信的精神のどの残滓（ざんし）をも、主として支えている原因である。

教会管理の長老制形態が僧侶のあいだにうち立てる平等とは、第一に、権威、すなわち宗教的管轄権の平等であり、第二に、聖職禄の平等である。長老派教会は、どこであれ、権威の平等は完璧である。が、聖職禄のほうは、そこまで行ってはいない。それでも、聖職禄のあいだの差が問題になるくらい大きいことはめったにないから、小さな聖職禄をもっている者でも、もっと高い聖職禄にありつこうとして、諛ったり迎合したりの下劣な手管で、自分の聖職推薦権者のご機嫌をとろうという誘惑にかられることは、普通には起らない。聖職推薦権がしっかり定着しているすべての長老派教会では、安定した地位についている僧侶の大方が、自分より上の人に目をかけてもらおうと努めるのは、もっと高尚で立派な技能、すなわち、その学識、非の打ちどころもない規則正しい生活、そして、誠実に一所懸命にその職責を果すことによってである。かれらの聖職推薦権者たちは、かれらの独立精神に不平をこぼすことさえよくあり、これまで引き立ててやったのに恩知らずだ、と解釈しがちだが、これは最悪の場合でも、おそらく、その種の好意をこれ以上期待すべきでない、という自覚から自然に生れてくる無関心でしかないことが、ほとんどである。おそらくヨーロッパじゅうどこへ行っても、オランダ、ジュネーブ、スイス、スコットランドの長老派教会僧侶の大多数の者以上に、学識があり、上品で、独立心が強く、尊敬すべき人々の集まりを見いだすことは稀である。

295

教会の聖職禄が、どれもこれもほとんど同じところでは、そのうちのどれか一つが非常に大きいなどということは、あるはずがない。このように、聖職禄がとくに良くもなければ悪くもない、ということは、もちろん行き過ぎになることもありうるが、それにしても、いくつかのたいへん好ましい効果をもつ。ろくな財産もない人でも威厳を保てるとするなら、それは、もっとも模範的な道徳によるほかはあるまい。軽薄とか虚栄とかいう悪徳は、財産のない僧侶がやれば、かならず滑稽(こっけい)なものにならざるをえないし、そのうえ、ほとんど破滅的だという点では、庶民だろうと、その僧侶だろうと同じである。したがって、〔この種の僧侶は〕自分自身の行状については、庶民がもっとも尊敬している道徳体系に合せてゆかざるをえない。つまり、自分の利害と境遇がそれに従うようにと導いてくれる生活の仕方によって、庶民の尊敬や愛着をかち得るのである。われわれは、われわれ自身の生活条件と似たりよったりの人ではあるものの、ほんとうなら、もっと高い生活条件にあって然るべきだと思う人がいれば、おのずと一種の好意の眼で見るものだが、庶民はそういう好意をもってこの僧侶を眺める。庶民の好意は、自然、かれの好意をよび起す。かれは、かれらの教化に注意を怠らぬようになり、援助と救済に気を配るようになる。かれは、こんなにも自分に好意を寄せてくれる人たちにたいしては、たとえ、かれらが偏見をもっていても、見くだしたりはしないし、また、金持で寄付財産も豊かな教会のいばりくさった高僧にあまりにもよく見受ける、あの、人を馬鹿にしたような、尊大な態度で、かれらをあしらうようなことは、けっしてしない。それだから、長老派の僧侶は、おそらく、他

296

のいかなる国教会の僧侶よりも、庶民の心に大きな影響力をもっている。したがって、庶民が、迫害を受けたわけでもないのに、完全に、ほとんど一人残らず、国教に改宗したなどというのは、長老派教会の国々でないかぎり見られぬことである。

教会の聖職禄が、大部分、ちょうど多すぎもしなければ少なすぎもしないという国では、大学の教授職は、一般に教会の聖職禄以上に定収入の多い地位である。この場合だと、大学は、その成員を、その国の教会人のなかから引き抜いたり、選り抜いたりできるのであって、教会人は、どこの国でも、文筆家のうちで、ずば抜けて最大多数の階級を成しているのである。これと反対に、教会の聖職禄が、大部分、非常に高いところでは、教会は、自然に、大学から優れた文筆家の大部分を引き寄せてしまう。なにせ、こういう文筆家になると、たいてい、教会の高い地位を斡旋しては、それを自分の名誉と心得るような聖職推薦権者を見つけるのに事欠かないのである。前のほうの状況だと、大学は、その国で求められるかぎりの、もっとも優れた学者で満たされる可能性が強い。後のほうだと、大学には優れた学者はあまり見当らぬ、ということになりがちだし、そのうえ、このわずかな優れた学者も、大学社会のもっとも若い成員のなかにいるだけで、この人たちもまた、大学社会におおいに役立つに足るだけの経験と知識を身につけないうちに、そこから引き抜かれてしまいがちである。ヴォルテール氏[14]の述べているところによると、文筆界ではたいして有名でもない、ジェズイット〔イエズス会士のこと。イエズス会は、ロヨラ（一四九一～一五五六）が創始したカトリック教の修道会〕のポレー神父が、かつてフランスで読むに足る著書を書いた、ただひとりの教授である、[15]と。あれほど多くの優れた学者を輩出してきた国で、そのなかの、やっとひとりが大学の教授だったというのは、少々奇妙に見えるにちがいない。有名なガッサンディ〔Pierre Gassendi 1592～1655 フランスの哲学者、数学者、物理学者〕は、その生涯の初めのころには、エクス大学の教授だった。かれの天才が最初の輝きを見せたころ、教会に入れば研究を進めるのにもっと都合のよい地位が造作もなく手に入るのはもちろん、はるかに平穏で快適な暮しも送れる、と人から言われて、すぐさま、そのすすめに従ったのである。ヴォルテール氏の述べたことは、フランスだけでなしに、他のすべてのローマ・カトリック教国にも当てはめられると、私は信ずる。それらの国々では、どこへ行っても、大学の教授で優れた学者というのを見ることは、はなはだ稀であるが、ただし法律と医学にかんする職業はたぶん別で、教会もこれらの職業からは、他の分野のようには、学者を引き抜けそうにないのである。ローマ教会については、イングランド国教会が、キリスト教世界でもとび抜けて豊かだし寄付財産も多い教会である。このゆえに、イングランドでは、教会が絶えず大学から、そのもっとも優秀な、もっとも有能な成員をみんな引き抜いてゆくから、ヨーロッパじゅうに優れた学者として知られ、抜きん出ている老練な学寮指導教師を見ることは稀であって、この点は、どのローマ・カトリック教国でも同様である。これと反対に、ジュネーブ、スイスのプロテスタント諸州、ドイツのプロテスタント諸国、オランダ、スコットランド、スウェーデンやデンマークでは、これら諸国が産んだもっともすぐれた学者は、全部とは言わないまでも、圧倒的大多数は大学の教授であった。これらの国々では、大学のほうが、絶えず教会から、そのもっとも優れた学者をみんな引き抜いているのである。

ところで、詩人と少数の雄弁家と少数の歴史家とを除くと、その他の優れた学者の圧倒的多数は、ギリシャでもローマでも、公私どちらかの教師、たいていは哲学か修辞学の教師だったらしい、ということは、おそらく指摘しておく値打があろう。この指摘は、古くはリュシアス〔前四五〇頃〜前三八〇頃。アテネの修辞家〕とイソクラテス〔前四三六〜前三三八。アテネの修辞家〕、プラトンとアリストテレスの時代から、降ってはプルタルコス〔四六頃〜一二〇以後。『プルターク英雄伝』で知られたギリシャの伝記作家〕とエピクテトゥス〔六〇頃〜一二〇頃。ギリシャのストア派哲学者〕、スエトニウス〔五七頃〜一五〇頃。ローマの歴史学者〕とクインティリアヌス〔三五頃〜九五頃。ローマの修辞家〕の時代にいたるまで、ずっとほんとうだったことがわかるであろう。学問のどこか特定の分野を毎年教えなくてはいけない、という義務をだれかに課することは、実際、その人をして、みずからその分野を完全に体得させるもっとも有効な方法だと思われる。毎年、いわば同じところを繰り返し通らされるわけだから、よほど無能でもないかぎりは、何年もたたないうちに、かならずやその分野の隅から隅まで知り尽してしまうようになるし、また、かりになにか特定の点について、ある年、あまりに早まった意見をたてたとしても、次の年、講義が進んで、もう一度同じ主題を考え直してみれば、まずたいていは、それを訂正することになろう。純然たる学者はただの人にとって、学問を人に教えるということは、たしかに一番ぴったりした仕事だが、同様に、教えるということは、その人を、しっかりした学問と知識をもった人にする可能性が、おそらくもっとも高い教育方法でもあろう。とすると、教会の聖職禄が多すぎも少なすぎもしないということは、それが行なわれる国で、自然に、学者の大部分を、もっとも社会公共のためになりうる仕事を引き寄せると同時に、かれらが受けることのできる、おそらく最善の教育を与える、ということになる。つまり、それは、かれらの学問を、できるかぎりしっかりしたものにするとともに、できるかぎり有用なものにするのである。

国教会の収入の大半は国の収入からくるので、教会が富めば、それだけ主権者と人民は貧しくなる。教会の収入は豊かでなくても立派に人民を教化できる

あらゆる国教会の収入は、〔教会所有の〕特定の土地、つまり荘園からあがるような部分を除外すれば、国家の一般収入のうちの一部門だ、ということは注意すべきことであって、それが、こういうふうに、国家の防衛とはたいへん違った目的に転用されているのである。たとえば〔教会の収入になるものと定められている〕一〇分の一税は、まぎれもない地租であって、土地所有者が、さもなければ国家の防衛に大きく貢献できたはずの担税力を、その分だけ減らしてしまうことになる。しかし、土地の地代は、ある人々によれば、すべての大君主国において、国家の緊急の必要を、結局はそれでまかなわざるをえない唯一の基金であり、また他の人々によれば、主要な基金である。この基金のうちで、教会に与えられる分が多ければ多いほど、国家のためにとって置ける分が少なくなるのは明らかである。そこで、他の事情がすべて同じだと仮定すれば、教会が富めば富むほど、一方で主権者か、他方で人民か、どちらかが、かならずそれだけ貧しくなるに決まっており、またいかなる場合にも、国家がみずからを防衛する力は、それだけ弱くなるに決まっている、ということは、動かしがたい大原則として確言してよかろう。いくつかのプロテスタントの国、こ[298]とにスイスのすべてのプロテスタント諸州では、むかしローマ・カトリック教会のものだった収入、すなわち一〇分の一税と教会所有地は、国教会の僧侶に十分な俸給を払ってやれるだけでなしに、ほとんど、もしくは、まったく足し前をしないでも、その他いっさいの国家経費をまかなうに足りる基金だ、ということが明らかになった。とりわけ有力な州であるベルンの行政府は、この基金のうちから節約して巨額の蓄積をしたのであって、その額は数百万〔ポンド〕に達するものと見られ、その一部は国庫に預けてあり、また他の一部はヨーロッパのあちこちの債務国のいわゆる公債に、主としてフランスと大ブリテンの公債に、利付きで投資されている。ベルン州の教会なり、あるいは、どこか他のプロテスタントの州の教会なりが、国家に使わせている総経費がどれくらいの額か、私は知ったかぶりをするつもりはない。だが、きわめて正確な計算によると、一七五五年におけるスコットランド教会の僧侶の総収入は、かれらの聖職領耕地（グリーブ）つまり教会所有地と、牧師館つまり住宅の家賃とを妥当に評価して見積った分を含めても、たったの六万八五一四ポンド一シリング五ペンス一二分の一にしかならなかったことが、はっきりしている。この、たいへんつましい収入で、九四四人の牧師が、まずまずの暮しを立てているのである。教会の総経費は、折々教会や牧師館の建築と修理に支出する分をも含めて、年間八万ないし八万五〇〇〇ポンドを超えるとは、とうてい思えない。キリスト教世界で、もっとも富裕な教会でさえも、このひどく貧しい寄付財産しかないスコットランド教会以上立派に、国民大衆のあいだで、信仰の統一性、帰依の熱心さ、秩序の精神、規律正しさ、きびしい道徳をたもってはいない。スコットランド教会は、およそ国教が生み出すと考えられる聖俗両面の、ありとあらゆるよい効果を、他のどこの教会にも劣らず、完全に生み出している。スイスのプロテスタント教会の大半は、総じて、スコットランド教会以上に寄付財産が多いわけではないが、右のような効果を生む点では、かえってもっと上である。プロテスタント諸州の大部分では、自分が国教会に属していることを公言しない者は、ただの一人として見当らない。もっとも、国教以外のどれか他の教会に属すると公言すれば、法律によって、その州から出て行かざるをえないことは事実ではある。が、しかし、もし僧侶が力を尽して、たぶんほんの少数の個人は例外としても、人民全体を、あらかじめ国教に改宗させておかなかったら、こんなきびしい、というより、まさにこんな圧制的な法律が、あれほど自由な国で実施できるはずはなかったろう。だから、スイスのいくつかの地方で、プロテスタントの国とローマ・カトリックの国とが偶然に合併したために、まだ改宗が右の諸州のようには完全に行なわれなかったところでは、両方の宗教とも許されているばかりか、法律によって国教と認められてさえいるのである。

299 なにによらず、ある職務が立派に果されるためには、それにたいする給料なり報酬なりが、できるだけ正確に、その職務の性質と釣り合っていなくてはいけないように思われる。もし、ある職務が、はなはだしく低すぎる給料しか払われていないとすれば、それに従事する者は、あらかた卑劣で無能になり、そのためにかえって、職務そのものがだめになってしまいがちである。逆に、はなはだしく高すぎる給料が払われると、かれらは無責任になり、また怠け出して、低い時よりも、おそらく、もっとひどいことになりがちである。大きな収入のある人は、たとえその職業がなににせよ、大きな収入のある他の人々と同じような暮しを自分もすべきなのだ、だから自分の時間の大部分は、歓楽と虚栄と、さては放蕩に費やして当然だ、と考えてしまう。ところが、これが僧侶となると、こういう一連の生活は、その職務上の義務にあてるべき時間を食ってしまうのみか、それあればこそ僧侶にふさわしい重みと権威とをもってその義務を果してゆける、かれの人格の尊厳を、庶民の眼からすれば、まず完全に台なしにしてしまうのである。

〔1〕一七七〇年代、初めは、イングランド国教会内の改革運動としてウェズリー兄弟

（Wesley；John, 1703–91, Charles, 1707–88）が創始したプロテスタンティズムの一教派。当時、教会とその教えが形骸化する一方、啓蒙思想と理神論が起って信仰の土台はゆらいでいた。二人は敬虔主義に立つ厳格な信仰生活を唱え、ホイットフィールド（George Whitefield, 1714–70）とともに、街頭、野外での大衆伝道を始め、世紀半ばからのいわゆる「文明社会の危機」感と貧困の拡がりを背景にして、嵐のような勢いで下層労働者のあいだに浸透した。メソディスト、つまり方式家というのは、厳格な信仰生活の諸方式を決めてこれを重んじたことからついたあだ名であるが、後には、これがこの派の正式名称となった。現在、プロテスタント諸派中最大の組織を有している。

〔2〕信者たちが財産権を受託者に移し、受益者である教会のために管理させることによって、教会は衡平法上の財産権＝信託権を得るのである。

〔3〕ヒュームの原文では「財政、陸軍、海軍」となっている。

〔4〕Hume, *History*,（ヒューム『イングランド史』）chap. xxix, vol. iv., pp. 30, 31, in ed. of 1773. この引用にも示されているように、ヒュームの宗教と教会にたいする見解は皮肉なものである。かれの宗教上の立場は、徹底した経験主義に発した不可知論だったと考えられるが、その当時は、もっとも邪悪で危険な無神論と見なされていた。ある晩のこと、スコットランドに多い湿地に足をすべらして、お腹の出たヒュームは道に上れずに困っていた。そこへ老婆が通りかかったので助けを求めると、「あんただれ

かね」「ヒュームです」。すると「あの罰当りのヒュームかい。それじゃ、そこにそうしていな」と言って、さっさと行ってしまった、という話が残っている。さて、ヒュームとスミスとは、互いに生涯かわらぬ最良の友であった。しかし「無神論者」ヒュームにたいする世間の批難は、たびたび、そういう男と仲が良いというだけで、スミスにも向けられた。それはヒュームの死後までも続いたのである。ヒュームは『国富論』の公刊を見て、その一七七六年の夏に死んだが、かれは『自然宗教にかんする対話』の草稿をスミスに託して、これを出版してくれるように遺言した。この草稿は、公刊されれば、いっそう激しい攻撃を受けるだろう、として、ヒュームの友人たちが、上梓を控えるよう主張していた曰くつきのものであった。スミスは心配しながらも、この出版を応援した。こちらは、神学論争に食傷していた浮気な公衆から、なんの反撃も起らなかった。ところが、ヒュームの『自叙伝』の最後に付すべく、死の床に立会ったスミスが、ヒュームの死について書いた刊行者宛ての手紙が問題になった。スミスは、ヒュームが有徳の人間として生き、死に臨んでも快活さと雅量を失わず、安らかに死んでいった、と述べたのである。猛烈な攻撃がスミスに向けられた。キリスト教最大の敵が「有徳の人間」であろうはずはなく、まして安らかに死ねるはずがない、というわけである。オックスフォード大学モードレン・カレッジの学長は、スミスを名ざしで批判する匿名パンフレットを出版し、スミスが無神論者であり、それを広めようとしているとなじった。スミスが、当時のもっとも合理的宗教だった理神論に近い立場にあり、形式的な教会通いなどしなかったことは事実であるが、この批難は明らかに無根である。しかし、スミスは黙ってこれに堪えた。

〔5〕ピューリタンのなかでも、もっとも急進的にイングランド国教会からの分離を唱えた非国教徒の一派。分離派とも組合教会派ともいわれる。一五八〇年ころ、ブラウン(Robert Browne, 1550?-1633)の理論的指導を得て、急速に力を伸ばした。信徒の集まり(コングリゲイション)そのものが「真の教会」にほかならず、国あるいは聖職者の会議などは、これに干渉するなんの権能もない、として、完全な信仰の自由と教会の独立運営を主張したため、国と国教会の弾圧を呼び起し、多くの信者がおもにオランダに亡命した。メイフラワー号に乗って、一六二〇年、プリマスに渡ったピルグリム・ファーザーズも、レイデンに亡命したこの派の一グループだったことは、よく知られている。信徒の多くは、中産以下の階級に属する小農民、手工業者であり、政治的には、長老派と対立しながら、徹底した共和主義の立場に立ち、ピューリタン革命中は、クロムウェルのいわゆるニュー・モデル軍の中核をなし、護民官政治の社会的基盤となった。

〔6〕ジョージ・フォックス(George Fox, 1624-91)によって、ピューリタン革命中の一六四九年に創設されたプロテスタンティズムの一宗派。クエイカー(ふるえる人)というのは、フォックスが「キリストの名を聞いて身がふるえる」と語り、事実、そうしながら説教したのがもとでつけられたあだ名であり、かれら自身は、「光の子」

Children of the Light または「真理の友」Friends of Truth と自称していた。カルヴィン的な、人間の全的堕落と予定説の教義を排し、神によって照明された人間の霊魂のうちに、教会や聖書に先立つ権威を認めた。このため、ピューリタンからの激しい迫害を受け、さらに王政復古（一六六〇年）後は、非国教徒弾圧の焦点に据えられ、教徒の多くがアメリカ植民地に亡命した。ウィリアム・ペン（William Penn, 1644-1718）の指導によるクエイカーの町フィラデルフィアの建設と、クエイカーの国ペンシルヴァニア（ペンの名を冠している）の開拓は、有名な歴史的事実である。クエイカーの独得の信仰と行動は、よほどフランスの哲人ヴォルテールの興味を惹いたとみえ、かれの滞英中の感想をつづった『哲学書簡』（または『イギリス便り』）は、クエイカーについての四通の手紙で始まっている。クエイカーは、その徹底した博愛主義と非戦主義にもとづいて、活発な改革運動を今日まで続けており、一九四七年のノーベル平和賞は、英米のクエイカー組織に与えられた。

〔7〕スミスが教授としてグラスゴウ大学にあった一七六二年に、市内の商人たちが発起人になって、常設の劇場を建てようという計画が進められた。市会も大学もこれに強く反対し、劇場は六四年に市域の外に建てられたが、結局こけら落しの前夜、暴徒の手で焼き払われてしまった。この間スミスは、大学に設けられた建設反対の対策委員として活動している。これと、本文に示されたスミスの見解とは矛盾するようにも見えるが、当時の演劇のなかには、ずいぶんといかがわしいものが多かったことは事実

で、おそらくスミスは、本文にもあるとおり、「他人の中傷とか猥褻とかにわたらぬかぎり」という条件が保証されないと考えたのだろう、と『アダム・スミス伝』のレーは判断している。なお、スミス自身、演劇がきらいではなかったし、滞仏中、よく観劇に出かけたと伝えられている。

〔8〕スミスは、二年半ほどのフランス滞在期間のうち、一年半を南フランスのトゥールーズで過ごした。ちょうどスミスがこの市に着いた時、同市の高等法院は、政府の策定した一〇〇分の一税の登録を拒否してその発効を阻んだため、メンバーの全員が投獄ないし自宅監禁されていた。その後スミスは、この地の高等法院関係者と親しく交際しているが、本文の叙述が、これらの経験を念頭にしていることは間違いない。なお、第二篇第三章訳注〔5〕をも参照せよ。

〔9〕十三、四世紀に法王が使った聖職直任 provision という手段は、イングランドでも、はなはだしい害悪を生んだ。法王は、教会の聖職に空きが生じた時はむろん、現任者がいても、先取りする形で後任者 provisor を指名できたのである。その場合、指名される者のほとんどは、外国人か、数個の聖職を兼任している人か、そうでなければイングランドには住んでいない不在者であった。しかも、この指名には前払の手当がついていたのである。グレゴリウス九世は、一二三八年に、イングランドの聖職三〇〇を自分の指名のために提供するよう要求したほどであった。こうした矛盾にたいし、王権の強化を基礎として制定されたのが、聖職後任者条例 Statute of Provisors であ

った。この条例は、法王の聖職直任による指名はすべて無効と宣言し、違反者の拘留を命じたのであったが、ほとんど実効をともなわなかったともいわれている。

〔10〕Pragmatic Sanction　一般的には、国政の重要問題について主権者が発布する宣言、勅命等で基本法の効力をもつものをいうが、この場合には、百年戦争の時のフランス王シャルル七世（一四〇三～六一、在位一四二二～六一）が一四三八年に発した詔勅をいい、これによってガリカン教会（フランス国教会）の法王権力からの自由、王権との結合の基礎が置かれた。

〔11〕Concordat　カトリック教会の首長としてのローマ法王と、国家の主権者とのあいだで、その国の領土内における宗教上の諸問題を協定する目的で結ばれる協約のこと。一四一八年前後に、連続してヨーロッパの諸キリスト教国と法王とのあいだで結ばれたものは、多かれ少なかれ、世俗の権力が、その国内の教会にたいして一定の支配権をもつことを認める趣旨であった。十六世紀に入って、法王庁側のいわばまき返しも策されたが、本文にあるものは、一五一六年に結ばれた政教条約を指すものであろう。これは、フランス大革命まで有効に存続した。

〔12〕アングロ・サクソン時代のイングランドでは、下級の聖職にたいしては、主教の法座が置かれている大聖堂教会から手当が支払われ、その任免も主教によって一元的に行なわれていた。ところが、八世紀末ころから、大領主が自領内に教会を建てたり、寄進したりするようになり、この場合には、主教の同意のもとで、大領主がその教会

の牧師を指名し、教会の収入をこれに当てがうことが行なわれた。したがって、当初は、こうした聖職推薦権 advowson は、教会を建てたその領主に属するものであったが、次第に、教会の建っている領地に結びつけられるようになった。これを領地（荘園）付属の推薦権 advowson appendant という。その後、推薦権はそれ自体として売買されるようになり、土地所有権から分離するものが生じた。これが一身付属の推薦権 advowson in gross である。いずれにせよ、こうした推薦権者 patron は、富裕な有力者に限られたため、本文にあるような、上流階級と聖職者との社会的結合が生じたのである。

〔13〕長老制あるいは長老主義 Presbyterianism というのは、教会の組織と管理にかんして、監督（主教）を置かず、会衆によって選ばれた聖職者、俗人両方の長老（「新約聖書」にある Presbyteros つまり年上の者、上長の者から来ている）が信徒を指導し、教会の運営に当る方式のことで、イングランドに即して言えば、国教会の監督主義と、独立派の組合教会主義の中間に位置する。監督主義が、王党派的、保守的なら、独立派は民主的、共和主義的であり、これにたいして長老主義は、貴族主義的、妥協的といわれ、ピューリタン革命の経過のうちに、これら三派の性格がよく反映していることは、広く知られている。もともと新約聖書時代の教会組織は長老制タイプだったから、原始教会制への復帰を旗印の一つとした宗教改革運動のなかで力を得、さらに、カルヴィンがジュネーブで組織した教会が長老制を採っていたこともあずかって、本

文にあるように、スイス、オランダ、スコットランド、南ドイツ等に伸張し、いくつかの国で国教となった。

〔14〕ヴォルテールは、スミスのもっとも尊敬する文人であった。むしろ、同時代人でスミスが拝跪（はいき）したのは、ただヴォルテール一人だった、と言ったほうがよかろう。スミスは、滞仏中の一七六五年一〇月から約二ヶ月をジュネーブで過ごし、この間数回、ヴォルテールを有名なフェルネの別荘に訪ねている。後年、ある詩人が、別の一著述家のことを「まるでヴォルテールだ」と評したところ、スミスはこぶしで卓を叩（たた）き、「君、ヴォルテールは一人しかおりませんよ」と言ったという。スミスのこうしたヴォルテールにたいする尊敬が、どこから発していたかは、スミスが、あるフランス人の教授に語った言葉から知ることができる。「理性は、かれに測り知れない恩義を負うています。かれがあらゆる宗派の狂言者や異端者にあびせかけた嘲笑と皮肉によって、人間の悟性は真理の光を直視することができるようになり、このおかげで、人々は、すべて理知的な精神が渇仰すべき探究に向ったのです。いまでは、ほんの少数者にしか読まれていない真面目くさった哲学者にくらべると、かれは、人類のため、はるかに多くの貢献をしました。ヴォルテールの著作は全人類のために書かれており、全人類が読んでおります」（Rae, *Life of Adam Smith*, p. 190. 邦訳、二三五〜二三六ページ）。

〔15〕キャナンも、この部分につけた注で指摘しているが、ヴォルテールの原文は、スミスの要約と少しく趣旨が異なる。ヴォルテールの『ルイ十四世の世紀』*Le Siècle de*

Louis XIV, 1751は、第一～第五までに分けた本文三十九章のあとに、分量としては本文の三分の一にも及ぶ「人名辞典」を付し、ルイの時代に活躍した王侯、政治家、軍人、作家等の業績にたいしてかれ一流の評価を下した。そこでヴォルテールが書いているのは、要するにポレー（Charles Porrée, 1675-1741）が「世間の人々から大家として認められた、ごくわずかの教授の一人」だった、ということ、「雄弁で、詩人で、エスプリに富んでいた」、また「弟子たちに文学と美徳を愛好するよう教えた」ということだけである。

第四節　主権者の尊厳をたもつための経費について

この経費は、人民の支出の増加につれてふえ、また、君主国のほうが共和国より大きい

主権者をして、そのいくつかの義務を果すことができるようにするための経費のほか、それに加えて、主権者がその尊厳をたもつためには、なにほどかの経費が必要になる。この経費は、進歩の段階を異にするにつれて、かつまた、統治の形態が変るのにおうじて、違ってくる。

富裕な進歩した社会で、国民のさまざまな階級すべてが、その家、家具、食事、服装、さらに馬車と供まわりに、日ごとにいっそう金をかけるようになっているところでは、主権者だけが流行にさからって頑張るなどということは、とても期待できない。そこで主権者も、自然に、いやむしろ必然的に、これらさまざまの品物すべてに、前よりいっそう金をかけるようになる。その尊厳をたもつには、そうならなくてはいけない必要がある、とさえ思われる。

尊厳という点では、君主と臣民の格差は、どこの共和国をとっても、その元首と同胞市民のあいだにあると思われる格差よりも大きいから、そこで、このより高い尊厳をたもつためには、いっそう多くの経費が必要になる。われわれは、王国の宮廷は、ドージ〔ヴェニスおよびジェノア共和国の元首の称号〕や市長の公邸より、当然もっと豪華なものだと思っている。

300

結論

社会を防衛する経費と元首の尊厳をたもつための経費とは、ともに社会全体の一般的利益のために支出されるものである。したがって、それらは、社会のそれぞれの成員みんなが、各自の能力にできるだけ比例して出すというかたちで、社会全体の一般的醵出によってまかなわれるのが理にかなっている。

司法行政費もまた、疑いもなく社会全体の利益のために支出されるものと考えられる。したがって、これを社会全体の一般的醵出によってまかなうことには、なんの不穏当な点もない。ただしかし、この経費を使わせる原因をつくった人々というのは、なんらかの不正をはたらいたために、〔被害者をして〕裁判所に救済あるいは保護を求めざるをえないようにさせた連中なのである。一方、この経費によって、もっとも直接に利益を受ける人々というのも、裁判所からその権利を回復してもらうか、保全してもらうかする人々である。だから、司法行政費を、それぞれの場合の必要に応じ、これら性格の違った二つのグループのどちらか一方、あるいは両方の個別的な醵出によって、つまり法廷手数料によってまかなうのは、まことに当を得ている。犯罪者が有罪判決を受けたのに、自分では手数料を払うだけの財産も資金もないという場合は別として、司法行政費をどうしても社会全体の一般的醵出に負わせなくてはいけない、という必要性はありえない。

その利益が一地方または一州にとどまるような、地方的あるいは州の経費（たとえば、ある特定の一都市または一地区の治安のために支出される経費）は、その地方または州の収入によってまかなわれるべきであって、社会の一般収入に負担をかけるべきではない。ある経費のもたらす利益が社会の一部分に限られるのに、その経費を社会全体が醵出しなくてはならぬ、というのは公正でないからである。

よい道路や交通機関を維持する経費は、疑いもなく社会全体の利益になり、したがって、社会全体の一般的醸出によってまかなっても、少しも不当ということにはなるまい。しかしながら、この経費からもっとも直接に、すぐさま利益を受けるのは、ある場所から他の場所へ旅行したり、財貨を運んだりする人々と、そういう財貨を消費する人々である。イングランドの有料道路（ターン・パイク）通行税および他の国々の通行税とよばれる税は、この経費を、すべて受益者のこれら二種のグループに負わせ、それによって、社会の一般収入から、そのいちじるしく重い負担を取り除いている。

301 教育施設と宗教上の教化施設の経費も、同じく、社会全体の利益になることは疑いないし、したがって、社会全体の一般的醸出でまかなっても、不当ということにはなるまい。しかしながら、この経費を、教育や教化から直接の利益を受ける人々によって、つまり、教育か教化かを必要と考える人々の任意の醸出ですべてまかなっても、おそらく同じように穏当であり、いくらかの利点さえともなうかもしれない。

社会全体の利益になる諸施設や公共事業が、もっとも直接に利益を受けるその社会の特定成員の醸出だけでは、全然維持できそうにないものであるか、あるいは、現に全然維持されていないときには、不足分は、たいていの場合、社会全体の一般的醸出によって埋められねばならない。社会の一般収入のうち、社会を防衛する経費と元首の尊厳をたもつ経費をまかなって、なお残る部分は、収入のあまたの個別部門の不足を埋めなければならない。この一般収入、あるいは公共収入の源泉については、次章で説明に努めたい。

302

第二章　社会の一般収入あるいは公共収入の財源について

――この収入は主権者に専属する財源または国民の収入から引き出される――

社会を防衛し、元首の尊厳をたもつ経費だけでなく、統治に必要なその他いっさいの経費をもまかなうべき収入は、国家の基本制度として特定の収入をあてがってあるものを除き、第一に、主権者または国家に専属していて、国民の収入から独立したなんらかの基金（ファンド）か、あるいは第二に、国民の収入か、そのどちらかから引き出すことができる。

第一節　主権者または国家に専属する収入の基金あるいは財源について

――主権者専属の財源は資本か土地かである――

主権者または国家に専属する収入の基金あるいは財源は、資本（ストック）か土地かのどちらかにちがいない。

主権者は他のどの資本（ストック）の所有者とも同じように、それを自分で使用するか、あるいは貸し付けるかして、収入をあげることができる。かれの収入は、前の場合には利潤であり、後の場合には利子である。

――主権者が資本を運用して、利潤または利子をあげる例は少なくないが、それを財源とするのは不適当である――

タタールやアラビアの首長の収入は、利潤からなっている。利潤は、かれが持っている牛や羊の群れの乳とその増殖からおもに生ずる。かれは、みずから畜群の世話を監督するし、また、自分の群団あるいは種族のうちで最大規模の羊飼あるいは牛飼である。しかし、利潤が君主制国家の公共収入のおもな部分になっていたのは、政府が、このようにもっとも初期未開の状態だったときだけである。

小さな共和国だと、ときには、かなりの収入を商業的企業からあげることもあった。ハムブルク共和国は、公営の葡萄（ぶどう）酒蔵と薬剤店の利潤から、かなりの収入をあげているという。(1)
303 主権者が、酒屋や薬屋の商売をやるほど暇な国は、どうせ大国にはなれない。公立銀行の利潤は、もっと大きな国にとっても、収入の源泉になっている。この点は、ハムブルクだけでなしに、ヴェニスやアムステルダムでもそうであった。この種の収入は、大ブリテンのような大帝国でも注目に値する、と考える人々さえある。イングランド銀行の通常の配当を五・五パーセント、資本金を一〇七八万ポンドと計算すると、経営費を差し引いた年々の純益は、五九万二九〇〇ポンドになるはずだ、という。政府なら、この資本を三パーセントの利子で借り入れられるし、銀行経営を政府みずからの手に移せば、年に二六万九五〇〇ポンドの純益があげられるだろう、とこういうのである。ヴェニスやアムステルダムのような、秩序があり用心ぶかくて質素な貴族制の行政が、この種の商業的企業を経営するのにまことにふさわしいことは、経験から明らかである。しかし、イングランド政府のような政府に、そういう企業の経営を安心してまかせておけるかどうかとなると、右の国々と比べて少なくともかなり疑問と言わざるをえない。なにしろ、イングランド政府は、他にどんな長所があろうと、倹約で名をあげたことだけはなく、平時には、おそらく君主制としては当りまえなのだろうが、概して無精でなげやりな浪費をしながらことに当ってきたし、戦時には民主政治が陥りがちなあらゆる分別のない濫費をたえず繰り返してきたからである。

郵便事業は、ほんとうは商業的企業である。政府は、郵便局などを建てる経費と必要な馬や車を買ったり借りたりする経費とを前払するが、それは郵便料金により、大きな利潤をともなって回収される。これは、おそらく、どんな性格の政府が経営してもうまくゆく、唯一の商業的企業だと私は信じる。なぜなら、前払しなければならない資本は、そうたいした額ではないし、業務上の奥義もない。確実なばかりか即時に回収できるからである。

304　ところが、君主たちは、しばしばその他の商業的企業にも首を突っこみ、私人のように、普通の営業部門で投機家になって、すすんで財産をふやそうとした。だが、かれらが成功したためしはまずない。君主の仕事の処理にいつもつきまとう浪費が、その成功をほとんど不可能にしてしまうからである。君主の代理人は、主人の富は無尽蔵とこころえ、いくらで買おうが売ろうが、君主の財貨を、ある場所からほかの場所へ送るのにいくらかかろうが、ちっとも気にしない。こういう代理人は、しばしば君主のように浪費的な暮しをし、ときにはまた、そんな浪費にもかかわらず、適当なやり口で収支のつじつまを合せ、王者の産をなす。マキアヴェリが述べているところだと、けっして無能な君主ではなかったメディチ家のロレンツォ〔一四四九～九二。フローレンスの支配者で、みずからも教育家、詩人をもって任じ、ルネッサンス期の学芸、技術を保護した〕の代理人たちが、かれのためにやった商売はかくのごときものであった。フローレンス共和国は、代理人の濫費でかれが背負いこんだ借金を、なんども支払わされる羽目になった。それでかれは、もともとはメディチ家がそれでもって産をなした商人の事業を断念するほうが好都合だし、また、後半生には、残った財産と、国家収入のうちでかれの自由になる分との両方を、自分の地位にもっとふさわしい事業と経費に充てるほうが、好都合だと知ったのである。

商人の性格と主権者の性格と、これ以上に両立しない二つの性格はないように思われる。イングランドの東インド会社の商人気質が、この会社をはなはだ悪しき主権者にしているとすれば、主権者的な精神は、会社を同様に悪しき商人にしたようにみえる。会社が専ら商人だったあいだは、商売の運営はうまくいって、その利潤から、株主にほどほどの配当が払えた。ところが、この会社が主権者になって以来、もともとは三〇〇万ポンド以上といわれた収入を持ちながら、さしせまった破産を避けるため、政府に特別の援助を乞わねばならなくなった。以前の会社の立場だと、インドにいる会社の使用人は、自分は商社の事務員だと思っていた。いまの立場だと、自分は国王の大臣だと思っている。

国家は、公共収入の一部を、資本の利潤から引き出せるのと同じように、ときとして貨幣の利子からも引き出せる。もし、国家が金銀を蓄積していれば、その一部を外国にか、自国の臣民に貸し付けることもできる。

305

スイスのベルン州は、その金銀の一部を外国に貸し付けて、相当の収入をあげている。すなわち、それをヨーロッパの諸債務国、おもにフランスとイングランドの公債に投資している。この収入の確実性は、次の二つのことがらに依存するにちがいない。第一には、投資した公債の確実性、すなわち公債を管理している政府の誠意、そして第二に、債務国とのあいだに平和を保ってゆく確実性、あるいは可能性。戦争になれば、債務国側でまず最初にとる敵対行動は、債権者の公債を無効とすることだろうからである。貨幣を外国に貸し付けるこうした政策は、私の知るかぎりでは、ベルン州だけのものである。

ハムブルク市は(2)、一種の公営質屋を設けており、六パーセントの利子で質種を受け、その国の臣民に金を貸す。この質屋、いわゆるロムバルドは(1)、国家に一五万クローネの収入をもたらす、といわれている。これは、一クローネを四シリング六ペンスとしてイングランド正貨三万三七五〇ポンドになる。

ペルシルヴァニア政府は、金銀をまったく蓄積せずに、いかにも貨幣ではないが、貨幣の等価物を、その臣民に貸し付ける方法を編みだした。すなわち、私人に、利子付で、かつ二倍の価値の土地を担保にとって、信用証券を前貸したのである。この証券は、発行日付後一五年の償還で、それまでのあいだは銀行券と同じく手から手へと譲渡可能であり、議会の条例によって、州の住民間のすべての支払における法貨たるべきことが布告された。政府はこれでかなりの収入をあげたが、それは質素できちんとした同政府の全通常経費、約四五〇〇ポンドの歳出をまかなうのに相当役だった。この種の方策が成功するためには、三つのそれぞれ別個の事情がなければならない。第一に、金・銀貨以外にも、なにか他の交換の用具にたいする需要があること、言いかえると、消費財にたいして、それを買おうとすれば、かれらの金・銀貨の大部分を国外へ送らぬかぎり手に入れられないほど大量の需要があること。第二に、この方策を用いる政府の信用が厚いこと。そして、第三に、この方策を用いるに当って節度を守ること、すなわち、信用証券の価値総額が、もし信用証券がまったくなかったとした場合に、その流通を営むに必要なはずの金・銀貨の価値総額をけっして超えないようにすること、である。この同じ方策が、いろいろな場合に、いくつかの他のアメリカ植民地でも採用された。しかし、この節度を守らなかったために、大部分のところでは、便利どころか混乱のほうが大きくなってしまった。しかし、資本(ストック)と信用とは、不安定で失われやすい性質のものだから、確実で安定した永続的な収入の主たる財源として頼るには不適当である。しかも、政府に安定性と威厳とを与えうるのは、まさにそういう永続的収入だけなのである。しかも、牧畜国の域を脱した大国民の政府で、公共収入の大部分を資本や信用という財源から引き出していたところは、かつてなかったように思われる。

土地はより安定した財源であるが、これもまた文明国の経費をまかなうには足りず、かつ不適当である

土地は、もっと安定した、永続性のある財源である。したがって、公有地の地代は、牧畜国の域をはるかに脱した多くの大国民の公共収入のおもな財源であった。ギリシャやイタリーの古代共和国は、長いあいだ、公有地の生産物あるいは地代から、国家の必要経費をまかなう収入の大部分をあげていた。王領地の地代は、長いあいだ、ヨーロッパの昔の主権者の収入の大部分をなしていた。

近代では、あらゆる大国の必要経費の大部分は、戦争と軍備という二つの事情からひき起される。ところが、ギリシャやイタリーの古代共和国だと、全市民が兵士で、戦(いくさ)に出るのも、その準備をととのえるのも、ともに自前だった。だから、二つの事情のどちらも、国家に多大の経費を負わせることはありえなかった。たいして大きくもない公有地の地代

で、政府のその他いっさいの必要経費をまかなうのに十分足りたのであろう。

ヨーロッパの昔の君主国では、当時の風俗習慣のおかげで、国民大衆は、十分に戦の備えができていた。そして出征したときには、封建的土地保有の条件によって、自前か、さもなければ直属の領主の経費でやってゆくことになっていたから、君主にはなにも新たな出費は生じなかった。それ以外の政府の経費は、大部分、まったくたいしたものではなかった。司法行政は、すでに述べたとおり、支出の原因ではなくて、収入の一財源であった。地方住民の収穫の前後三日間ずつの労働は、その国の商業上必要と思われるすべての橋、公道、その他の公共事業を建設し、維持するのに十分な原資だと考えられていた。その当時には、主権者の主たる経費といえば、主権者の家族とその宮廷の維持費だったらしい。したがって、宮廷の職員は、そのころは国家の大官であった。大蔵大臣は、君主の〔ため[307]に〕地代を取り立てた。宮内大臣と内務大臣は、君主の家族の費用を世話した。君主の厩の監督は、主馬の頭と儀典長にまかされた。君主の家は、みな城づくりに建てられ、かれのもっている要塞のうちでももっとも重要なものだったと思われる。この家、つまり城を守る人は、一種の軍司令官と考えてよかろう。この人たちだけが、平時にも抱えておく必要のあった武官だったらしい。こういう事情のもとでは、広大な領地の地代は、平常の場合、政府のいっさいの必要経費をゆうゆうとまかなえたであろう。

ヨーロッパの文明化した君主国の大部分の現状では、一国の土地全部の地代をもってしても、もし、その土地が全部一人の所有者のものだったらたぶんやりそうな杜撰(ずさん)なやり方で管理されるなら、平時に国民から徴収する経常収入にさえ、おそらく達することはあるまい。たとえば、大ブリテンの経常収入は、年間の経常経費をまかなうのに必要な分だけでなく、公債の利払と公債元金の一部を償還するのに必要な分をふくめれば、年一〇〇〇万ポンド以上になる。だが、一ポンドにつき四シリングの地租は、年二〇〇万ポンドにもならない。この税は、地租とよばれはするものの、大ブリテンの土地全部の地代だけでなしに、全家屋の家賃と、資本ストック全部のうちから国家に貸してあるか、土地耕作に農業資本(ストック)として使用されるかしている分だけを除いたものの利子とにかけられ〔一ポンドにつき四シリングだから〕、その五分の一だとみなされる。この税収のうち相当大きな部分は、家賃と資本ストックの利子から生じる。たとえば、ロンドン市の地租は、一ポンドにつき四シリングで、一二万三三九九ポンド六シリング七ペンスになる。ウェストミンスター市のそれは、六万三〇九二ポンド一シリング五ペンスになる。ホワイトホールとセント・ジエイムズ両宮殿のは、三万七五四ポンド六シリング三ペンスになる。一定率の地租が、同様にして、王国のその他すべての都市や自治都市に賦課されるが、そのほとんど全部は、家賃からか、あるいは営業資本(ストック)と貸付資本(ストック)の利子と思われるものから生じる。そこで、大ブリテンの地租賦課のための評価額によれば、土地全部の地代、家屋全部の家賃、そして、国家に貸してあるか、土地耕作に使用されるかしている分だけを除いた資本ストック全部の利子とから生じる収入総額は、年に正貨一〇〇〇万ポンド、すなわち、政府が平時に人民から徴収する経常収入をも超えないのである。ただ、大ブリテンの地租賦課のための評
308 価額は、いくつかの州や郡では、その実質価値にほぼ等しいといわれているが、王国全体を平均すれば、明らかにその実質価値よりもずっと低い。家屋の家賃と資本（ストック）の利子を除き、土地の地代だけで二〇〇〇万ポンドと評価する人も多いが、これは、はなはだいいかげんな評価で、実際は、これより上かもしれないし下かもしれない、と私は思っている。それはともかく、もし大ブリテンの土地が、いまの耕作の状態で年二〇〇〇万ポンド以上の地代を生んでいないとすれば、この土地が全部、ただ一人の所有者のものになり、その執事や代理人のだらしのない、不経済で圧制的な管理のもとに置かれた場合には、右の地代の半分、いや、まずどうみても四分の一もあがらないだろう。現にいま、大ブリテンの王領地は、もしこの土地が私人たちの所有地だったら、たぶんあげられるはずの地代の四分の一もあげていない。もし、王領地がもっと広ければ、その管理は、さらに悪くなるだろう。

国民大衆が土地から引き出す収入は、地代にではなしに、土地の生産物に比例する。一国の土地の年々の生産物すべては、種子としてとっておく分を別にすれば、大多数の国民によって年々消費されるか、あるいは、かれらが消費するなにか他のものと交換される。土地の生産物を、ほかのやり方ならば達したはずの量よりも低く抑えておくような事情はなんであろうと、土地所有者の収入を減らすものだが、はるかそれ以上に大多数の国民の

収入を減らすものである。土地の地代、つまり土地の所有者のものになる生産物部分が、全生産物の三分の一以上になると思われるようなところは、まず大ブリテンのどこにもない。ある耕作の状態のもとでは年に正貨一〇〇〇万ポンドの地代をあげているが、別の状態のもとでなら二〇〇〇万ポンドの地代をあげるはずの土地があり、地代は、どちらの場合にも生産物の三分の一だとする。土地所有者の収入は、後の場合よりも年に一〇〇〇万ポンド少ないだけであろうが、国民大衆の収入は、種子として必要な分だけは別にして、後の場合よりも、年に三〇〇〇万ポンドも少なくなるだろう。そして、この国の人口は、こんども種子の分を引くとして、年三〇〇〇万ポンドが養いうるはずの人民の数だけ少なくなるだろう。ただし、種子を引いた残りを分配されるさまざまの階級の人々が、それぞれ分相応の生活様式と支出をする、としてのことである。

現在では、ヨーロッパには、公共収入の大部分を国家の所有する土地の地代からあげている文明国は、政体のいかんを問わず、ひとつもないが、それでもヨーロッパのどの大君
309 主国にも、王室のものになっている広大な土地が、いまだにたくさんある。それはたいてい狩猟につかう御料林なのだが、そのくせ、なかには、何マイル行っても樹影ひとつ見られない御料林もある。これは、生産物の点からいっても、人口の点からいっても、まったく国土の無駄と損失でしかない。ヨーロッパのどの大君主国も、王領地を売ると巨額の金になり、それを公債の償還に充てれば、それまで国王が王領地からあげていたよりずっと

大きな収入を、公債の担保にしておかずにすむことになろう。ある国で、その土地が非常に高度に改良され耕作されており、しかもそれを売るとき、その土地から無理なくとれるくらいの大きさの地代をあげている場合には、普通、地代三〇年分の価格で売れるものだとすると、改良も耕作もされず、地代の低い王領地などは、地代四〇年分、五〇年分、あるいは六〇年分の価格でも売れると考えて間違いないだろう。この多額の金のおかげで担保を解かれた収入は、ただちに国王のものになるだろう。数年もたつうちには、別の収入もたぶん入ってくるようになろう。というのは、王領地が私有財産になれば、数年もたつうちには、よく改良され耕作されるようになり、その生産物の増加は、国の人口をふやすことになろうが、それが行なわれるのは国民の収入と消費を増大させることによってである。ところが、国王が関税や消費税からあげる収入も、その国民の収入と消費におうじてかならず増加するものだからである。

文明化した君主国ではどこでも、国王が王領地からあげる収入は、個々人にはなにも負担をかけないようにみえて、じっさいには、国王が同額の収入を得るために、これほど大きな負担を社会にかけるものはおそらくほかにはない。国王のこの収入をなにかほかの同額の収入と取り替えてやり、その土地を国民に分ければ、どんな場合でも社会の利益になるだろう。そして、土地を分けるには、公売に付するのが、たぶんいちばんいいだろう。

公園や庭園、公共の遊歩道など、娯楽と美観を目的とする土地、すなわち、どこでも経費の原因とみられていて収入源とはみられていない所領だけが、大きな文明化した君主国で、国王の所有たるべき唯一の土地であるように思われる。

かくして、主権者または国家に専属のものとすることのできる二つの収入源である国有の資本(ストック)と公有地とは、大きな文明国ではどこでも、その必要経費をまかなうのに不適当かつ不十分な財源であるから、残るところは、必要経費の大部分を、なんらかの種類の租税によってまかなう以外にないはずである。つまり、国民が、各自の私的な収入の一部を、主権者または国家の公共の収入を調達するために醵出(きょしゅつ)するのである。

(1) Memoires concernant les Droits & Impositions en Europe ; tome i. page 73 を見よ。この本は、フランスの財政を改革するための適切な方策の考察に、ここ数年間たずさわってきた委員会に使わせようと、宮廷の命令によって編纂(へんさん)されたものである。四折判で三巻に及ぶフランスの租税にかんする記述は、十分に権威あるものと考えてよかろう。だが、その他のヨーロッパ諸国民の租税にかんする記述は、各国の宮廷にいるフランスの公使たちが集めることのできた報告にもとづいて編纂された。こちらの記述は、フランスの租税にかんする記述よりもずっと短くて、また、たぶんそれほど正確でもなさそうである。〔キャナンによれば、この本はモロー・ドゥ・ボーモン Moreau de Beaumont が書いたものであり、パリで一七六八年から九年にかけて四折判四巻本として印刷されたという。その正確な書名は、第一巻が *Mémoires concernant les Impositions et Droits en Europe*（『ヨーロッパにおける課税にかんする覚書』）、第二～四巻は、*Mémoires concernant les Impositions et Droits*, $2^{de.}$ $P^{tie.}$, *Impositions et Droits France*（『フランスにおける課税にかんする覚書』）である。もともと公刊書でないばかりか、レーによると、一〇〇部しか印刷されなかったといい、またスミス自身、ある手紙の中で、スミス所蔵のもの以外には「大英帝国に三冊しか」入っていないと述べ、自分は、委員会が必要とするよりもほんの数部だけ余分に印刷されたもののうちの一冊を、「前蔵相テュルゴー氏の格別のご配慮によって」入手した、と書いている。フランスでも、この本を入手できるのはよほどの有力者に限られていたから、テュルゴーが手に入れたのは、かれが政権の座についた一七七四年以後のことと思われる。したがって、『国富論』の収入論の相当の部分は、一七七四年以後書かれたか、あるいは大きく加筆されたものと推定できる。なお、本章全体にわたってスミスが依拠している上記 Mémoires は、スミスの原版のいずれにも Memoires となっており、é となってはいない。したがって、原注としてはスミス表記のままとし、訳注の部分においてのみ é とした〕

(2) Memoires concernant les Droits & Impositions en Europe; tome i. p. 73 を参照。

〔1〕質屋のこと。原意は「ロムバルディー人」。イタリー北部のロムバルディー地方の人々は、中世を通じて富裕な金貸しが多かった。ロンドンの有名な金融業の中心地ロ

ムバード街も、エリザベス女王の時代から住みついたロムバルディー人の街であった。

第二節　租税について

租税は、地代・利潤・賃銀から支払われるか、または、これら三種の収入すべてから無差別に支払われる

各個人の私的収入は、本書第一篇で明らかにしたとおり、結局のところ、地代、利潤および賃銀という三種の源泉から生じる。したがって、あらゆる租税も、終局的には、これら三種の収入のどれかから、あるいは無差別にそれらすべてから支払われざるをえない。私は、まず第一に、地代にかけようとする税、第二に利潤にかけようとする税、第三に賃銀にかけようとする税、第四に私的収入のこれら三源泉すべてに無差別にかけようとする税について、できるだけよく説明するように努めたい。これら四種の租税それぞれについて、くわしく考察するために、本章第二節を四つの項に分け、そのうち三つの項は、さらにいくつかの細目に小分けする必要があろう。これらの租税の多くは、以下の検討によって明らかになるように、その租税をかけようとする財源あるいは収入源泉から、終局的に支払われるわけではないのである。

租税には四原則があり、それは公平・明確・納税の便宜・徴収費の節約である

それぞれの租税の検討にはいるまえに、租税一般についての次の四原則を、あらかじめ述べておく必要がある。

一　すべて国家の臣民は、その政府を維持するために、各人それぞれの担税力にできるだけ比例して、言いかえれば、各自が国家の保護のもとで、それぞれ手に入れる収入にできるだけ比例して、醵出すべきである。一大国における、政府の経費と各個人との関係は、一大所有地における、その経営費と共同借地人との関係に似ており、共同借地人は、だれでもこの所有地から受ける、それぞれの利益に比例して醵出する義務がある。この原則を守るかいなかということに、いわゆる課税の公平不公平がかかっている。ここで、はっきりと述べておかねばならないのは、上記三種の収入のうち、終局的には、そのどれかただ一つにかかるような税はすべて、他の二つに影響しないのだから、その点でかならず不公平なものだということである。これからさまざまな租税を検討してゆくに当って、この種の不公平については、これ以上あまり深くは論じないつもりである。そして、たいていの場合、どれかただ一種の個人収入にたいしても、不公平に特定の租税がかけられるために起る不公平だけを考察するにとどめたい。

二　各個人が支払わされる税金は、確定的でなければならず、恣意(しい)的であってはいけな

い。支払の時期、支払の方法、支払の額は、すべて、納税者にもそのほかだれにも、簡単
311 明瞭（めいりょう）でなければならない。そうでない場合には、納税義務者はだれでも、多かれ少なかれ徴税人の意のままとなり、徴税人は気にくわない納税者には税を重くすることもできるし、税を重くするぞとおどしては、贈物や役得をせしめることもできる。課税の不確定は、傲慢（ごうまん）でもなく、腐敗していなくてさえ、ほんらい不人気なこういう階層の人たちの傲慢を奨励し、腐敗を助長するものである。各個人の支払うべき租税が確定しているということは、課税においてきわめて重大なことがらであるから、ごくわずかな不確定でさえ、ひどい不公平にも勝る大きな害をもたらすくらいである。これは、すべての国民の経験からして明らかだと信じている。

三　すべての租税は、納税者が支払うのにもっとも都合のよさそうな時期に、また方法で、徴収すべきである。土地や家屋の賃料（レント）にたいする税で、これらの賃料が普通支払われるのと同じ時期に納付することになっているものは、納税者が支払うのにもっとも都合のよさそうな時期、つまり、納める金（かね）をいちばん持っていそうな時期に徴収することになる。奢侈品（しゃしひん）のような消費財にたいする税は、すべて終局的にはその消費者によって、しかも一般には消費者にとってたいへん都合のよい方法で支払われる。消費者は奢侈品を買う必要が起るたびに少しずつ支払うのである。そのうえ、自分の好みにおうじて買うも買わぬも消費者の自由なのだから、もしかれがこの種の税から何か大きな不便をこうむるとしても、

それはまったく自業自得というものである。

四　すべて租税は、国民のポケットから取り立てるにせよ、また〔左の第二のように〕収入がポケットに入らぬようにしてしまうにせよ、それらの分と、国庫に入る分との差が、できるだけ小さくなるように工夫すべきである。租税が、国庫に入る分を大きく上まわって、国民のポケットから取り立てられたり、あるいは国民のポケットに入るべきものが入らぬようにされたりするのは、次の四つの場合である。第一に、徴収にあたっておおぜいの役人を要し、その俸給が租税収入の大部分を食ってしまい、またその役得が国民にさらに余分の税を課した形になることがありうる。第二に、租税が、国民の勤労意欲を妨げ、国民が、たくさんの人々に生計と仕事とを与えられるはずの特定事業部門に従事するのに水をさすことがありうる。租税は、一方で国民に支払を義務づけておきながら、他方では、さもなければもっとらくに支払えるはずの財源のいくらかを、こういうやり方で減少させ、あるいは、おそらくだめにしてしまうことがありうる。第三に、租税は、その税を免れようと企てて失敗する不幸な人々に、没収その他の罰を加えることによって、しばしばかれらを没落させ、こうして、社会がかれらの資本の運用から得られたはずの便益を絶ってし
312 まうことがありうる。無分別に税をかけると、密輸を強く誘うことになる。ところが、密輸の刑罰は、この誘惑の強さに比例して重くなるにちがいない。この法律は、あらゆる正義の常則に反して、まず誘惑の種をまいておき、それから誘惑に負けた人たちを罰するの

である。そのうえ、この法律は、当然罰を軽くしてやるべき、まさにその事情、すなわち罪を犯す誘惑の強さに比例して、罰のほうをも重くするのが普通である。[1] 第四に、徴税人が頻繁に臨検に来たり、不愉快な検査をしたりするから、国民は、租税のためにおおいに無用の手数、迷惑、そして圧制をこうむることがある。迷惑は、厳密に言えば費用とは言えないけれども、だれもが、それから免れるためなら、よろこんでこのくらいは出そうというその費用と、明らかに価値が等しい。租税がしばしば、主権者を利する以上に、国民にとって、はるかに重い負担となることがあるのは、これら四つの場合のいずれかである。

以上の四原則は、明らかに正義にかない有用であるから、どの国民も、多かれ少なかれそれに注意をはらってきた。どの国民も、最善の判断を尽し、できるだけ工夫して、租税が公平になり、確定的になり、納税の時期も方法も納税者に便利になり、また国庫にはいる収入と比べて国民の負担が重くならぬように、努力してきた。しかし、各時代、各国で行なわれたおもな租税のいくつかにかんする以下の短評を見れば、すべての国民のこうした努力も、右の諸点について、ひとしく成功したわけではないことがわかるであろう。

（1） Sketches of the History of Man〔『人類史素描』1774, by Henry Home, Lord Kames, vol. i.〕p.474 以下を参照。〔本書の著者ケイムズ卿は、スミスが指示した引用個所で課税にかんする六つの「一般原則」を掲げている。

一、「密輸の機会がある時には、税を適度のものにすべきである」
二、「徴収の経費がかさむような税は避けるべきである」
三、「恣意的な税は避けるべきである」
四、「できるだけ貧民には軽く、富者には重く税をかけることによって」富の不平等を「ただすべきである」
五、「国民を貧乏にする傾向のある税は、怒りをこめて拒否すべきである」
六、「納税者の宣誓を要求する税は避けるべきである」

なおこれより早く、ウィリアム・ペティ（William Petty, 1623-87）の『租税貢納論』*Treatise of Taxes and Contributions*, 1662 は、その第三章で、整備不十分ながら、実質的内容においては、完全にスミスの四原則を包含した定式化を行なっている。ただ、スミスの場合には、これ以下に続く古今、各国、各種の租税にたいする評価が、みずからの立てた四原則の観点で見事に一貫されていることに注目されたい」

第一項　賃料（レント）にかける税

〔1〕土地の地代にかける税〔1〕

> 地代にかける税は、不変の基準に従っても、地代、耕作状態の変化におうじても課しうる

土地の地代にかける税は、各地区を一定額の地代という形で評価し、この評価を後になっても変えないという一定の基準で課することもできるし、あるいは、土地の現実の地代が変るたびに税額を変え、また土地の耕作が改良されれば高くし、衰退すれば安くするというやり方でも課することができる。

> 不変の評価によって地代にかける税は、時がたつと不公平となるから、永続的な制度としては適当でない

313 大ブリテンの地租（ランド・タクス）のように、各地区ごとに一定不変の基準に従って割り当てられる地租は、最初に定められたときには公平でも、時がたつにつれ、その国のそれぞれの地域の耕作において、改良したりなおざりにしたりする程度が違ってくるのにおうじて、かなら

ず不公平なものになる。イングランドの場合には、この評価は、最初に定められたとき、つまりウィリアム＝メアリの治世〔一六八九～一七〇二〕第四年の条例で、それぞれの州と教区に地租を割り当てたときでさえ、はなはだ不公平であった。だから、この税はその点で、上記の四原則の第一に反する。だが、ほかの三原則には完全に合致している。それはまったく確定的である。税を支払う時期は、地代が支払われる時期と同じであるから、納税者にとっては、いちばん便利である。終局の納税者は、いずれの場合にも地主なのだが、この税は普通、借地人が前払し、地主は地代が支払われるときに、その分を差し引いてやらねばならないことになっている。この税は、ほぼ同じ収入をあげる他のどの税に比べても、ずっとわずかな数の役人で徴収されている。各地区に割り当てられる税額は、地代が上れば引き上げるというのではないから、主権者は地主の行なう改良から生じる利得の分け前にあずからない。そうした改良は、なるほど、ときには、その同じ地区のほかの地主たちが負担を免れるのに貢献することがある。しかし、このために、ときには、ある特定の領地の地代が重くなるといっても、それはつねにほんのわずかだから、この税がそうした改良を妨げるほどのことも、また、土地の生産物を、さもなければ達するはずのところより低く抑えておくこともありえない。この税は、生産物の量を減らす傾向をもたないのだから、その価格を高める傾向ももちえない。これは人々の勤労を妨げない。また税を納めるという、避けるわけにいかない不便以外には、地主になんの不便もかけないのである。

そうはいうものの、大ブリテンのすべての土地に地租をかける場合のこの評価が一定不変であるために地主が得た利益は、主として、この税の性格とはまったく無関係な諸事情によるものであった。

この利益は、部分的には、全国どの地方もおおいに繁栄して、この評価が最初に定められたとき以来、大ブリテンのほとんどすべての領地の地代がたえず上ってきており、下ったものはめったになかったことによるものであった。そこで地主は、ほとんどだれもが、

314 その領地の現在の地代に従えば支払うはずの税と、昔の評価に従って現実に支払っている税との差額を儲けてきた。もし、この国の情勢がこれと異なって、耕作が衰退した結果、地代がだんだんと低くなってきたのだとすれば、地主は、ほとんどだれもがこの差額を損しただろう。あの革命〔一六八八年の名誉革命〕以来、たまたま生じた情勢のもとでは、評価が不変であることは、地主に有利で主権者に不利であった。情勢が違っていれば、主権者に有利で、地主に不利となっていたのかもしれないのである。

この税は金納であるから、土地の評価も貨幣で表示される。この評価が定められて以来、銀の価値はほぼ一定であったし、鋳貨の標準は、量目についても品位についても変更されることがなかった。もし、アメリカの銀鉱発見にさきだつ二世紀の過程でそうだったと思われるように、銀の価値がいちじるしく上ったとすれば、評価が不変であることは、地主にとって、はなはだ酷なものとわかったであろう。もし、銀鉱発見後、少なくとも約一世

紀のあいだ確かにそうだったように、銀の価値がいちじるしく下ったとすれば、評価が不変だということの同じことが、主権者の収入のこの部門をおおいに減少させたであろう。同量の銀を、もっと低い名目に引き下げるか高い名目に引き上げるかして、貨幣の標準にかなりの変化が加えられたとすれば、たとえば、銀一オンスが、〔現在のように〕五シリング二ペンスの鋳貨に鋳造されるのではなしに、二シリング七ペンスといった低い名目をもつ貨幣片に鋳造されるか、あるいは一〇シリング四ペンスといった高い名目をもつ貨幣片に鋳造されるかしたとすれば、前の場合には土地所有者の収入を、後の場合には主権者の収入を減らしたであろう。

こういうわけだから、じっさいに起ったのとはなにほどか違った事情のもとでは、この評価が不変であることが、納税者か国家か、いずれかにとって非常に都合の悪いことになったかもしれないのである。しかしながら、時代の経過とともに、こういう事情もいずれは起ってくるにちがいない。ところで、帝国というものは、その他いっさいの人間の事業と同じく、これまでのところ、そのすべてが滅びる運命とわかったけれども、しかもなお、どの帝国も不滅を求めてやまない。それゆえに、帝国それ自身とひとしく永続させるつもりの制度はすべて、ただある特定の事情のもとでだけではなく、どんな事情のもとでも都合のよいものでなければならない。つまり、過渡的な、そのときどきの、あるいは偶然の事情に適応するのではなしに、必然的で、したがって、いつも同一の事情に適応すべきなのである。

地代にかける税を地代や耕作状態におうじて変えるのは、欠点もあるが、これは適当な行政制度で補える

　地代が変動するたびに変動する、つまり耕作が改良されるのにおうじて上り、なおざり
315 にされるのにおうじて下る地代税は、エコノミストと自称するフランスの文筆家の一派[2]によって、あらゆる租税のうちで、もっとも公正なものとして推奨されている。かれらの主張によれば、いかなる租税も、終局的には地代にかかるのだから、したがって、終局的に租税を支払うはずのこの収入源にたいして、公平に課税すべきだというのである。およそ租税が、終局的に租税を支払うはずの収入源にたいして、できるだけ公平に課税さるべきだというのは、確かに真理である。しかし、かれらのひどく独創的な理論を支えている形而上学的な論証について、あまり愉快でない議論に立ち入るまでもなく、終局的に地代にかかる税がどれであり、その他の収入源に終局的にかかる税がどれであるかは、以下の論評によって十分明らかになるであろう。

　ヴェニス領では、農業者に賃貸される耕地はすべて、その地代の一〇分の一の税がかかる。[1] その借地契約は、各州、各地区の収税官が保管する公けの登記簿に記録される。土地所有者が自分の土地を耕作する場合には、公正な見積りに従って評価され、また税の五分の一の控除を許されるから、こうした土地については、推定された地代の一〇パーセント

ではなしに八パーセントを払うだけである。

この種の地租は、確かにイングランドの地租よりも公平である。だが、おそらくそれは、イングランドのものほど十分確定的ではなかろうし、税を賦課するのに、地主に、イングランドのものよりもずっと大きな手数をかけることがしばしば起るだろう。そのうえ、徴収の経費もずっと多くかかるかもしれない。

しかし、この不確定さをできるだけなくすとともに、その徴収経費を大幅に減らすような行政制度を工夫することは、おそらく可能であろう。

たとえば、地主と借地人が連名で、その借地契約を公けの登記簿に記録する義務を負わせることもできよう。契約条件のどれかを隠したり、偽って書いたりすることにたいしては、適当な罰金を定めることができようし、またもしも、この罰金の一部を、両当事者のいずれかで、他方が隠したり偽って書いたことを告発し証言した者に与えることにすれば、公共の収入をごまかすために、かれらが結託するのを効果的に防ぐことができよう。借地条件のいっさいは、こうした記録で十分に知ることができるであろう。

地主によっては、地代を引き上げる代りに、借地契約の更新にたいする一時金を取るものがある。この慣行は、たいていの場合、浪費者の方便であって、かれはいくばくかの現金と引換えに、それよりずっと大きな価値の将来見込まれる収入の権利を現在売ってしま
316 うのである。だから、それは、たいていの場合、地主にとって有害である。借地人にとっ

てもしばしば有害であり、そして、社会にとってはつねに有害である。それはしばしば、借地人からその資本の大きな部分を奪い去り、そのため、土地耕作の能力をいちじるしく減らすので、借地人は、わずかの地代を払うのに、そうでない場合に多額の地代を払うよりも、かえって困難を感ずる。借地人の耕作能力を減らすものはなんであれ、かならずや社会の収入のもっとも重要な部分を、さもなければ達したはずの水準より低く抑えることになる。こうした一時金にかける税を、普通の地代にかける税より思いきって重くすれば、この有害な慣行に水をさすことができ、各当事者すべて、つまり地主、借地人、主権者、そして社会全体に少なからぬ利益をもたらすであろう。

借地契約によっては、借地人に一定の耕作方法をおしつけたり、契約が続いているあいだじゅう、一定の順番で輪作をするようにおしつけるものもある。この条件は、通例、自分のほうが農業についてよく知っているという地主のうぬぼれ（このうぬぼれは、たいてい、はなはだ根拠薄弱なのだが）の結果であり、つねに一種の追加地代、すなわち、貨幣地代に代る労役地代とみなされるべきものである。総じて愚にもつかぬ、こんな慣行を抑えるには、この種の地代は、むしろ高く評価し、したがって税も、普通の貨幣地代よりいくらか高くすればよいだろう。

地主によっては、貨幣地代の代りに、穀物、家畜、家禽、葡萄酒、油などの物納地代を要求するものがあるし、また他の地主のうちには、労役地代を要求するものもある。こういう地代は、つねに地主の得になる以上に、借地人には損になる。それは、地主のポケットにはいる以上のものを、借地人のポケットから取り去るか、あるいは借地人のポケットにはいるものも、はいらぬようにしてしまう。こういう地代が取り立てられている国ではどこでも、借地人は貧乏で乞食のようであるが、その程度は、この地代が取り立てられている程度に、かなりよく比例している。一定の耕作方法を強制する、この前の場合と同様なやり方で、こういう地代をむしろ高く評価し、したがって税も、普通の貨幣地代よりいくらか高くすれば、社会全体にとって有害なこの慣行を、おそらく十分に防げるであろう。

地主が、自分の土地の一部を自作しようと思う場合、その〔推定〕地代は近隣の農業者や地主たちの公正な裁定に従って評価できようし、また、ヴェニス領におけると同じように、適宜、減税を認めてもよかろう。ただし、地主の自作する土地の地代が一定額を超えない程度の広さにとどまることが条件である。地主が、自分の土地の一部を耕作するように奨励するのは、重要なことである。地主の資本は一般に借地人の資本より大きいから、技術は劣っていても、しばしばより大きな生産をあげることがある。地主には、いろいろな実験を試みるゆとりがあるし、また、一般にそれをやりたがるものである。実験に失敗
317 したところで、地主にとっては損もたかが知れている。実験に成功すれば、全国の改良と耕作の向上に役だつ。しかし、この減税が、一定の広さまでしか地主の自作を奨励しないようにすることが、たいせつであろう。もしも地主の大部分に、自分たちの土地全体を経

営したいという気を起させると、農村は（みずからの利害にしばられてその資本と技術が許すかぎりよく耕作せざるをえない、まじめで勤勉な借地人の代りに）、怠け者でふしだらな管理人だらけになってしまうであろう。そして、かれらのしまりのない経営のため、まもなく耕作は衰退し、土地の年々の生産は低下して、ついには、かれらの主人の収入だけでなしに、社会全体の収入のうち、もっとも重要な部分を減らしてしまうようになる。

以上のような行政制度はたぶん、この種の税から、納税者に圧迫を加え不便をかけがちな税の不確定性をすべて解消すると同時に、農村の全般的な改良と優れた耕作におおいに寄与するような計画や方針を、日常の土地経営に導入するのに役だつであろう。

地代が変動するたびに変動するような地租の徴収費が、つねに固定した評価に従って課税される地租の徴収費より、いくらか高くなることは間違いない。農村の各地区ごとが適当だろうが、各所に登記所を設け、また土地所有者が自作したいと思う土地については随時評価を行なうから、どうしても、いくらか余分の経費がかかるだろう。そうはいうもの の、こうした経費は全部合せても、ごくわずかなものであって、この種の税からたやすくあがるはずの収入に比べれば、問題にならないくらいわずかの収入しかもたらさない他の多くの税の徴収費より、はるかに少額のものであろう。

この種の税は、かならずしも改良を妨げない。これは、不変の評価によって地代にかける税よりも、はるかに適当であるこの種の一定でない地租は土地の改良を妨げるというのが、こういう地租にたいして向けることのできる、もっとも有力な反論であるように思われる。確かに、土地改良の経費を一文も出さない主権者が、改良から生じる利益の分け前にあずかるのであれば、地主の改良の意欲はそがれもしよう。しかし、こういう反論でさえも、地主が改良にとりかかるまえに、近隣の地主と農業者の双方から同数ずつ選ばれた一定数の人々の公正な裁定に従い、その土地の実際の価値を、収税官とも共同で確定することを地主に許し、またさらに、改良の経費が完全に補償されるのに十分足りるほどの年数のあいだは、この評価のままで課税することにすれば、おそらくしりぞけることができよう。主権者が自分の収入をふやそうという関心から、土地の改良に注意を向けるようになることは、この種の地租がねらう、おもな利点のひとつである。だから、地主の補償のために許される期間は、この目的にとって必要な期間よりも、あまり長すぎてはいけない。改良から得られる利益がずっと先の話で、主権者の注意がすっかり弱められるのではまずいからである。それにしても、ともかくも短すぎるよりは、いくらか長すぎるほうが、まだいいだろう。主権者の注意をいくらかき立てても、地主の注意が少しでも弱められれば、けっして埋合せはつかないのである。主権者の注意というものは、せいぜいのところ、その大部分の領土の耕作を向上させるのに役だちそうなことについて、ごく一般的な漠然とした配慮をめぐらすことでしかありえない。地主の注意は、その領地の地面の寸土についても、どうしたらいちばん有利に使えそうか、という個別的で緻密な考慮なのである。主権者の注意はおもに、かれにできるあらゆる手段をつくして、地主と農業者双方の注意をかき立てることに向けられるべきである。すなわち、その手段とは、双方とも、かれら自身のやり方で、かれら自身の判断に従って、みずからの利益を追求させてやること、双方に自分の勤労の報酬を十分享受させるという、もっとも完全な保障を与えること、また、その領土内の各地を通じ、水陸の、もっとも便利安全な交通と諸外国の領土へのできるだけ無制限な輸出の自由を確立することによって、双方に、かれらの生産物のすべてにたいする、もっとも広大な市場をきり拓いてやることである。

もし、このような行政制度によって、この種の税が、土地の改良を少しも阻害しないばかりか、反対にいくらかでも奨励するように運用されうるとすれば、税を納めねばならないという、いずれ避けるわけにはいかない不便を別にして、それ以外には、地主になんの不便もかけそうにない。

社会状態がどんなに変っても、農業が進歩しようと衰退しようと、銀の価値がどんなに変動し鋳貨の標準がどんなに変動しても、この種の税はひとりでに、政府がなにも注意しなくとも、ものごとの現実の状態にやすやすと適応していくだろうし、そうしたさまざまな変化のすべてを貫いてつねに正当であり、また公平であるだろう。それゆえに、この種の税は、永久不変の規定として、あるいは、いわゆる国家の基本法として定めるのに、いつもある一定の評価に従って徴収されるどんな税よりも、はるかに適当であろう。

国によっては、借地契約を登記させるという簡単明瞭（めいりょう）な方式の代りに、一国の土地全体を実地に測量し評価するという、骨が折れて経費もかさむ方式に頼ってきた。おそらく、
319 そういう国は、貸手と借手が結託して公共の収入をごまかそうと、賃貸契約の実際の条件を隠すかもしれない、と疑ったのであろう。〔イングランドの〕土地台帳[3]は、このたぐいのきわめて精密な測量の結果だったらしい。

プロシャ国王が昔から支配していた領土では、地租は実地の測量と評価にもとづいて課せられ、評価は、ときどき再検討のうえ改訂されている。[2] この評価額によれば、俗人の土地所有者は、その収入の二〇ないし二五パーセントを納める。聖職者は四〇ないし四五パーセントを納める。シュレジアの測量と評価は、いまの国王〔フリードリッヒ二世。いわゆるフリードリッヒ大王。一七一二～八六。オーストリアと争って、二度のシュレジエン戦争により、この土地を奪取した〕の命令で行なわれたもので、たいへん正確に実施されたという。ブレスラウの司教が持っている土地は、この評価にもとづいて、その地代の二五パーセントを課税されている。両宗派の聖職者の地代以外の収入にたいしては、五〇パーセントである。チュートン騎士団領とマルタ騎士団領では四〇パーセント、貴族的保有権にもとづいて保有されている土地は三八パーセント三分の一、隷農的保有権にもとづいて保有されている土地は三五パーセント三分の一である。

ボヘミアの測量と評価は、一〇〇年以上もかかった事業だったといわれている。それは

一七四八年の講和後に、いまの女帝〔マリア・テレジア。一七一七～八〇。オーストリア、ハンガリーの女帝でもあった〕の命によって、やっと完成した。[3] ミラノ公国の測量は、カルル六世〔一六八五～一七四〇。神聖ローマ（ドイツ）皇帝。在位一七一一～四〇〕の時代に始まったものだが、一七六〇年をすぎてようやく完成した。これは、それまでに行なわれた測量のうち、もっとも正確なものの一つだと認められている。サヴォアやピエモンテの測量は、サルディニアの先王の命令で実施されたものであった。[4]

プロシャ国王の領土では、教会の収入のほうが、俗人の土地所有者の収入より、はるかに高い税を課せられている。教会の収入というものは、その大部分が、地代にかかる負担である。しかも、その一部分ですら、土地の改良に向けられることは、つまり国民大衆の収入をふやすのに、なにかの点で役だつようなぐあいに使われることは、めったにない。この理由から、たぶんプロシャ皇帝は、国家の差し迫った必要をまかなうために、一般よりもずっと多く貢献するのが妥当である、と考えたのであろう。国によっては、教会の土地はいっさいの税金を免除されているが、また他の国々では、他の土地よりも軽い税を課せられている。ミラノ公国では、一五七五年以前から教会が持っていた土地は、その価値の三分の一にだけ税をかけている。

320 シュレジアでは、貴族的保有権にもとづいて保有されている土地は、隷農的保有権にもとづいて保有されている土地よりも三パーセント高く課税されている。これは、前者には各種の名誉や特権が付随しているのだから、少しばかり税を重くしても、その所有者は十分償われようし、他方同時に、後者が屈辱的に劣等なことは、前者よりいくぶん軽く税をかけることによって、ある程度緩和されるだろう、と、おそらくこのようにプロシャ皇帝は考えたのであろう。その他の国々では、課税制度が、この不公平を緩和するどころか、いっそうひどくしている。サルディニア国王の領土や、フランス諸州のうち、いわゆる不動産タイユ、つまり土地タイユが課せられているところでは、税はすべて隷農的保有権にもとづいて保有されている土地にかけられている。つまり、貴族的保有権にもとづいて保有されている土地は、免税されているのである〔本章第二項「農業利潤にかける……」の小見出しおよび訳注〔2〕参照〕。

全国的な測量と評価に従ってかけられる地租は、初めはどんなに公平であっても、ほんのしばらくの期間を経過するうちに、どうしても不公平になってしまう。そうならないようにするには、その国のありとあらゆる農地の状態と生産物のいっさいの変化にたいして、政府は、不断の、しかも骨の折れる注意を払う必要があろう。プロシャ、ボヘミア、サルディニア、ミラノ公国の各政府は、実際にこの種の注意を払ってはいる。だが、こういう注意は、およそ政府というものの本性になじまないものだから、長続きしそうもないし、たとえ長続きしても、たぶん、結局のところは、納税者を楽にしてやれるよりもずっと大きな面倒や苦痛をもたらすだろう。

一六六六年に、〔フランスの〕モントーバンの徴税区は、きわめて精密な測量と評価だといわれるものにもとづいて不動産タイユ、つまり土地タイユを課せられた。(5)ところが一七二七年までに、この査定はまったく不公平なものになってしまっていた。この不都合をただすには、この徴税区全体に一二万リーヴルの付加税をかけるのが最良の方策だと、政府は思った。この付加税は、旧査定に従ってタイユがかけられている各地区すべてに割り当てられはした。ただ、すべてとは言っても、それは、旧査定のままだと、実際には、過小課税になっている地区からだけ徴収され、同じ旧査定では過大課税になっている地区の負担を軽減するために使われるのである。たとえば、実情からすると、一方は九〇〇リーヴル、他方は一一〇〇リーヴル課税されてしかるべき二つの地区が、旧査定だと、両方とも一〇〇〇リーヴル課税されているとしよう。さて、両地区とも、こんどは付加税がついて、それぞれ一一〇〇リーヴル割り当てられるとする。しかし、この付加税は、過小課税になっている地区からだけ徴収され、その全額を過大課税になっている地区の負担軽減に使う
321 のだから、結局のところ、この地区は九〇〇リーヴルしか納めなくてよいわけである。政府はといえば、この付加税で損も得もしないのであって、それを、旧査定から生ずる不公平をただすために、全額使ってしまうのである。付加税をどう使うかは、徴税区の知事の裁量で大筋が決められるから、はなはだしく恣意的なものにならざるをえない。

（1）Memoires concernant les Droits〔tom. i.〕p. 240, 241.

（2）Memoires concernant les Droits, & c. tome i. p. 114, 115, 116, & c.

（3）Id.〔同書〕p. 83, 84.
（4）Id.〔同書〕p. 280, & c. また p. 287, & c. to 316.
（5）Id. tome ii. p. 139, & c.

〔1〕ここに、賃料とは、古くはreditus（redditus）つまり「土地の地代」から派生した言葉であったが、後にはより広く、不動産一般の占有者からその所有者にたいして定期的に支払われる対価、すなわち賃料の意味にも用いられるようになった。原著では、この第一項の表題は、「賃料にかける税。土地の地代にかける税」と続けられているが、内容的にも、形式的にも、本訳書の形にするのがより妥当と判断した。〔1〕という数字も原著にはないが、読者の便宜のために補ったもの。以下、本項中の小項表題につけた〔2〕〔3〕も訳者の補足である。

〔2〕第四篇第九章で批判の対象となっている、ケネーをはじめとする重農主義の経済学者を指している。フィジオクラート（重農主義者、重農派）というのは、第三者がつけた呼び名で、かれら自身は、みずからをエコノミストと称していた。第四篇第九章訳注〔5〕参照。

〔3〕Doomsday（Domesday）Book　征服王ウィリアムが一〇八五年に命令し、翌八六年、イングランド全域を対象に行なわれた土地実態調査で、一〇四二年、一〇六六年、一〇八六年の三時点における所有者、評価、面積、人口と家畜数等が、委員会による公開審問を通じて調査された。その目的は、第一には王領地の生産物、王にたいする地

主の貢納（geld あるいは geldum）、各種の賦課金など王の財政権の確認と記録、第二には国土と資源の把握であった。なお、ドゥームズデイとは、「最後の審判」のことで、調査が峻厳を極めたことから、こう呼ばれたと言われている。

〔2〕地代にでなく土地の生産物に比例する税

土地の生産物に比例する税は、不公平であるばかりでなく、土地の改良と耕作を阻害する

土地の生産物にかける税は、実は地代にかかる税である。これは、たとえ初めは農業者が前払するかもしれないが、終局的には地主が払うのである。というのは、生産物のある一定部分が税として取り去られてしまう場合には、農業者は、この部分の価値が年々の平均でいくらくらいになりそうかを、できるだけよく計算し、そのうえで、地主に支払うことを同意する地代から、これに見合う分を差し引くからである。この種の地租に他ならぬ教会の一〇分の一税が、年々の平均でどのくらいになりそうかを、前もって計算しておかないような農業者など一人もいない。

322 一〇分の一税や、その他この種の地租はいずれも、見たところはまったく公平のようだが、ほんとうはひどく不公平な税なのである。なぜなら、生産物のある一定部分というも

のは、事情が違えば、地代と比べた場合、そのいちじるしく大きな部分に見合うこともあれば、ごくわずかな部分に見合うこともあるからである。たいへんに肥沃な土地のうちには、その生産物が非常に多いので、その半分でもって、農業者が耕作に投じた資本をその近辺の農業資本の普通なみの利潤ともども回収するのに十分なところもある。すると農業者は、残りの半分、あるいは同じことになるが、残り半分の価値を、もし一〇分の一税がなければ地代として地主に支払うことができよう。けれども、もしも生産物の一〇分の一が、一〇分の一税としてかれの手から取り上げられてしまえば、かれは自分が払う地代を五分の一だけまけてもらうよう要求しないわけにはゆかない。そうでなければ、自分の資本を通常の利潤をともなって回収することができないからである。この場合には、地主の地代は、全生産物の半分、すなわち一〇分の五にはならずに一〇分の四にしかなるまい。これにたいして、もっとやせた土地では、生産物が時にはごくわずかで、しかも耕作の費用は非常に多くかかるため、農業者が自分の資本を通常の利潤ともども回収するには、全生産物の五分の四を必要とすることもある。この場合には、一〇分の一税がなくても、地主の地代が全生産物の五分の一、すなわち一〇分の二を超えることはありえまい。しかし、もしも農業者が生産物の一〇分の一を一〇分の一税として納めるとすれば、かれはその同じ額だけ地主の地代をまけてもらうよう要求しないわけにはゆかず、こうして地代は全生産物のたった一〇分の一に減ってしまうだろう。一〇分の一税は、肥沃な土地の地代にかかった場合には、その五分の一、つまり一ポンドにつき四シリングの税にしかならないこともあろうが、もっとやせた土地の地代にかかった場合には、地代の半分、つまり一ポンドにつき一〇シリングの税になってしまうこともありうるのである。

一〇分の一税は、地代にたいする非常に不公平な税となることがしばしばあるが、また、地主がやる改良と農業者の耕作の両方を、はなはだしく阻害するのは毎度のことである。その経費の一部すら出さない教会が、利潤の分け前には大幅にあずかることになっている場合、地主は、もっとも大切ではあるが概してもっとも経費のかかる改良にはあえて踏み切れないし、また農業者も、もっとも金にはなるが、これまた概してもっとも経費のかかる作物の栽培に踏み切る勇気が出ない。茜〔アカネ属の多年生つる草。その根から赤色の染料がとれる〕の作付は、一〇分の一税のおかげで、長いあいだオランダ連合諸州だけに限られていた。それというのも、諸州は長老教会派の国々だから、そのために、この破壊的な税を免れ、この有用な染料にかんしては、ヨーロッパのその他の諸国にたいする一種の独占権を握っていたからである。この植物の栽培をイングランドへ導入しようとした近年の企ては、茜にかける一〇分の一税をすべてやめ、これにかえて、一エイカー当り五シリングを取り立てるべきことを定めた条例[1]ができた結果、やっと実行されたのである。

この種の税はアジア諸国のおもな収入になっているが、ヨーロッパのように、教会を支えるためではないので、弊害は少ないヨーロッパのたいていのところで教会がそうであるように、アジアの多くの国々では、国家は、地代にではなく土地の生産物に比例する地租によって、主として維持されている。シナでは、帝国のすべての土地から穫（と）れる生産物の一〇分の一が、主権者の主たる収入をなしている。ところが、この一〇分の一というのが、ごく控えめに見積られているものだから、多くの州では、通例の生産物の三〇分の一を超えないほどだといわれている。ベンガルがイングランド東インド会社の手中に帰するまで、この国のマホメット政府に引きつづき支払われていた地租、あるいは地代は、生産物の約五分の一になったという。古代エジプトの地租も、これと同じく五分の一になったそうである。

アジアにおいては、この種の地租があるために、主権者が土地の改良と耕作に関心をもつのだ、と言われている。シナの主権者、マホメット政府の統治下に置かれていたあいだのベンガルの主権者や古代エジプトの主権者は、地租あるがために、土地の生産物すべてに自分の領土が提供できるかぎりもっとも広い市場を与えてやって、その量も価値も最大限にふやすために立派な道路や運河を建設し、維持するのにおおいに注意を払った、という。教会の一〇分の一税では、あまりに小分けされてしまうから、それをもらう僧侶（そうりょ）はだれ一人、こういうたぐいの利害関心をもちようがない。一教区の牧師が、自分の特定の教
323 区の生産物にたいする市場を拡げるために、その国の遠く離れた地方まで通じる道路や運河をつくっていたのでは、とても割に合うはずがないのである。こうした租税でも、国家

の維持に充てることになっていれば、まだしもその不都合を相殺するのにいくらかは役にたつ利点も若干ある。しかし、教会の維持に充てることになっていたのでは、不都合ばかりがつきものである。

――この種の税には物納と金納の二つがある――

土地の生産物にかける税は、現物でも、あるいは一定の評価にもとづいて貨幣でも、徴収しうる。

教区の牧師とか、自分の領地で暮しを立てている資産の少ない郷紳（ジェントルマン）であれば、前者はその一〇分の一税を、後者はその地代を、現物で受け取るほうがいくらか得だと思うことも、時にはたぶんあるだろう。集める量も、集める地域もごく小さいから、牧師も郷紳（ジェントルマン）も、かれらの手に入るべきものは何から何まで、その徴収と処分とを自分の眼で監視できるからである。しかし、首府で暮している財産家の郷紳（ジェントルマン）だと、もし遠く離れた地方にある領地の地代が、このように現物で支払われることになろうものなら、かれの差配や代理人の怠慢によって大損をし、ごまかしによってまた一段と大損をする危険にさらされることになろう。まして徴税人の不正や横領による主権者の損失は、かならずや、これよりはるかにはなはだしいものになるであろう。どんなに不注意な私人につかえる使用人でも、もっとも注意深い君主の使用人に比べれば、おそらく自分の主人から、よりきびしい監督を受けていよう。そこで、公共の収入が、現物で納められるとなれば、徴税人の不手際のためにこうむる損失は非常に大きいから、人民から徴収されたもののほんの一部にしか国庫に届かないほどになろう。それでも、シナの国家収入の若干部分はこのやり方で納められる、と言われている。シナの官吏やその他の徴税人が、いかなる形の金納よりも、はるかに悪いことをやりやすいこの支払慣行を続けるほうが自分たちには得だ、と心得ていることは疑いを容れない。

土地の生産物にたいする税のうち貨幣で徴収されるものは、市場価格が変るたびに変えるような評価にもとづいても、あるいは固定的な評価にもとづいても、たとえば一ブッシエルの小麦は、市況の如何にかかわらず、いつもまったく同一の貨幣価格で評価する、というやり方でも課税しうる。前の方法で徴収される税の収入は、耕作の改良または閑却に対応する土地の実際の生産物の変動におうじて変るだけである。後の方法で徴収される税の収入は、土地の生産物の変動におうじてだけでなしに、また貴金属の価値が変り、同じ名目の鋳貨でも、それぞれの時代に、そのなかにふくまれている貴金属の量が変れば、その両方におうじても変るであろう。前者の税収は、土地の実際の生産物の価値にたいして、
324 いつでも同じ割合を保つであろう。後者の税収は、この価値にたいし、時代が違えば、はなはだしく異なった割合になりうるだろう。

土地の生産物の一定部分、または、その一定部分の価格の代りに一定額の貨幣を支払うべきものとし、その代り、いっさいの税や一〇分の一税は支払わなくてよいことにすれば、

この税は、この場合、イングランドの地租とまったく同じ性質のものになる。それは、土地の地代とともに騰落することはない。改良を促しもしなければ、阻害もしない。他に一〇分の一税は全然支払わない代りに、いわゆる一〇分の一税代金納(モードゥス)〔2〕を採用している教区の大部分における一〇分の一税は、この種の税である。ベンガルをマホメット政府が治めていたあいだは、生産物の五分の一を物納する代りに、代金納、それもごく軽いといわれるものが、その国の大部分の地区、つまり徴税区(ゼミンダリー)〔3〕に設けられていた。東インド会社の使用人のなかには、公共の収入を、そのあるべき価値にひき戻すという口実のもとに、いくつかの州において、この代金納を物納に変えてしまった。かれらの管理のもとでのこうした変更は、耕作を妨げるとともに、公共の収入の徴収に当って不正をはたらく新たな機会を与えることになりがちであって、この公共の収入は、初めてこの会社の管理下に置かれた時に得られたといわれる額より、はるかに減ってしまっている。同社の使用人は、たぶん、この変更で利益を得たのだろうが、それは大方、かれらの主人と国との両方の損失においてであったろう。

〔1〕ジョージ二世治世第三十一年の条例第十二号のことで、ジョージ三世治世第五年の条例第十八号で継続になった。

〔2〕modus　一〇分の一税代金納、特殊一〇分の一税などと訳されている modus decimandi の略称。教会収入となる一〇分の一税は、元来、定期生産物の一〇分の一の現物納が原則であったが、次第に現物納以外に、慣習によって認められたその他の支払方式が現われた。それらの総称がモードゥスである。例えば現物を貨幣換算する方式、一エイカーにつき二ペンスの代金納方式、労務提供の方式などがそれである。なお一八三六年以後は、一〇分の一税金納法 Tithes Commutation Act によって金納が義務づけられている。

〔3〕 **zemindary** ムガール帝国統治下のインド、ベンガル地方における徴税区のこと。各区の請負徴税官がゼミンダールである。この地位は次第に世襲されるようになり、ゼミンダールは特権階級化していった。ただし、ゼミンダールが、ベンガルの土地貴族、ゼミンダリーがその領地の代名詞になるのは、一七八九年から始まった、ベンガル総督コーンウォリス（Charles Cornwallis, 1738-1805）の行・財政改革以後のことである。

〔3〕 家屋の賃貸料（レント）にかける税

――家屋の賃貸料（レント）は、建物料と敷地地代とに分けられる――

家屋の賃貸料〔家賃〕は、二つの部分に区別することができよう。一つは建物料（ビルディング・レント）とよぶのがまことに適切であろうし、もう一つは、普通、敷地地代（グラウンド・レント）とよばれている。

　建物料というのは、その家屋を建てるのに費やされた資本の利子あるいは利潤である。建築業者〔注文を受けて家を建てる大工や、いわゆる建築業者でなしに、建貸し、建売りを事業として行なう資本家的企業家のこと〕の事業が、他の事業と同じ条件に立つためには、この賃貸料〔建物料〕が、第一に、もし、かれが自分の資本を確実な担保をとって貸し付ければ手に入るはずのと同額の利子をかれにもたらすに足り、さらに第二に、その家屋をたえず修理しておくのに、または同じことになるが、ある年限のうちに、それを建てるのに投じた資本を回収するに足りることが必要である。このゆえに、建物料、つまり建物からあがる通常の利潤は、どこでも通常の金利によって規制される。市場利子率が四パーセントのところでは、敷地地代を支払ったあとに、建築費総額の六ないし六・
325 五パーセントが残るような家賃なら、おそらく建築業者にとって十分な利潤をもたらすことができよう。市場利子率が五パーセントのところでなら、家賃はおそらく七ないし七・五パーセントでなければなるまい。金利との比例関係があるから、もしも建築業者という職業が、右にあげた例よりはるかに大きな利潤をもたらす時にはいつでも、この職業はすぐに他の職業から多くの資本を引きつけるから、その利潤は適当な水準まで下るであろう。もしも、その職業が、これよりもはるかに少ない利潤しかもたらさない時は、いつでも、他の職業がすぐに多くの資本をここから引き抜いてゆくのだから、その利潤は再び上昇するであろう。

家屋の賃貸料総額のうち、この妥当な利潤をもたらすに足る分を超過する部分はすべて、自然に敷地地代になる。そこで、敷地の所有者と建物の所有者とがべつべつの人物であれば、たいていの場合、すべて前者に支払われる。この超過賃貸料は、その家屋の居住者が、そこの場所がもっている現実的あるいは想像上のなんらかの長所にたいして支払う価格である。大都会から遠く離れ、よりどりできるほど土地が豊富な田舎の家屋だと、敷地地代は、ほとんど取るに足りないか、そうでないにしても、その家屋の建っている土地を、もし農業に使ったとしたら支払われるはずの額を超えることはない。どこかの大都会に近い田舎の別荘だと、敷地地代は、これよりだいぶ高い時もあるし、またその場所が格別に便利だとか、美しいところだとかいうことにたいして、大都会に近いこういう場所では、しばしば非常に高く支払われる。敷地地代は、一般に首府がもっとも高く、とりわけ首府のなかでも、たまたま家屋にたいする需要がもっとも大きい特別の地区が最高であって、この場合、商売や事務のためのものか、歓楽と社交のためのものか、それとも単に見栄と流行のためのものなのか、といったその需要の理由などは、どうでもよいのである。

家賃税は、家屋の居住者と敷地所有者に、事情によりさまざまの配分割合でかかる。これは富者に重くかかるが、不合理とはいえない

借家人払で、各家屋の賃貸料総額に比例する家賃税は、少なくとも、かなりの期間にわ

たって、建物料に食い込むようなことはありえまい。もし建築業者が、〔そのために〕妥当な利潤をあげられなければ、かれはこの職業をやめるほかはないだろうし、そうなれば、建築物にたいする需要は高まって、まもなくかれの利潤は、他の職業の利潤と見合う適当な水準にひき戻されるだろうからである。また、こういう税が、全部敷地地代にかかってくることもないであろう。そうではなしに、この税は、一部は家屋の居住者に、一部は敷地の所有者にかかる、というぐあいに分れることになろう。

たとえば、ある特定の人が、自分なら年に六〇ポンドを家賃として支出できると判断するものと仮定し、また、一ポンドにつき四シリング、すなわち五分の一に当る居住者払の税が、家賃にかかるものと仮定しよう。家賃六〇ポンドの家屋は、この場合だと、かれにとって年に七二ポンドかかるだろうし、それは、かれが払えると思ったものより一二ポンド高すぎる。そこでかれは、それよりも悪い家で、つまり家賃五〇ポンドの家で、がまん
326 するだろう。この家賃なら、税として納めなければならない足し前の一〇ポンドを合せて、かれが払えると判断した費用の年額六〇ポンドになる。こうしてかれは、この税を納めるがために、家賃が年にもう一〇ポンド高い家でなら享けられたはずの追加的な便宜の一部をあきらめることになろう。この追加的な便宜の一部をあきらめることになろう、と私が言うのは、その全部をあきらめさせられることはまずないからであって、むしろかれは、この税のおかげで、もし税がないとすれば借りられたはずの家よりももっとよい家を、年

五〇ポンドで借りることができようからである。なぜなら、この種の税は、この特定の競争者を脱落させることによって、家賃六〇ポンドの家をめぐる競争を低めるに決まっているのと同様に、家賃五〇ポンドの家をめぐる競争をも、さらには同じようなぐあいに、その他すべての家賃の家をめぐる競争をも、低めるに決まっている。ただし、最低の家賃の家だけは例外で、税は、これをめぐる競争を、しばらくのあいだ高めるであろう。けれども、競争の低められたあらゆる等級の家屋の賃貸料は、かならず多少とも下るだろう。そうは言っても、この引下げのたとえ一部でも、少なくともかなりの期間にわたって建物料にかぶせることはできまいから、その全部が、長いあいだには、かならず敷地地代にかかってこざるをえない。したがって、この税の終局的支払は、一部は、自分の税負担分を払うために自分の便宜の一部をあきらめさせられる家屋の居住者に、そして一部は、自分の税負担分を払うために自分の収入の一部を投げ出さざるをえない敷地の所有者に、かかってくるであろう。この終局的な支払が、どんな割振りで両者のあいだに分割されるかを確かめるのは、おそらくそう容易なことではあるまい。この分割は、事情が違えば、おそらく大きく変ってこようし、それにこの種の税は、そうしたさまざまの事情におうじて、家屋の居住者と敷地の所有者双方にたいし、いちじるしく不公平な影響の仕方をするであろう。

この種の税がさまざまな敷地地代の受取主にかかってくる場合の不公平は、まったくこの分割の偶然的な不公平から生ずるものであろう。ところが、それがさまざまな家屋の居住者にかかってくる場合の不公平は、この原因からだけでなしに、もう一つ別の原因からも生じるであろう。生計費全体にたいする家賃支出の割合は、財産の程度におうじて異なるものである。おそらく、この割合は、財産の程度がもっとも高い場合に最大であり、程度が下ってゆくのに従ってだんだんと小さくなり、こうして、財産の程度がもっとも低い場合に、一般に最小となる。生活必需品は、貧乏人にとっては大きな出費の種である。かれらは、食物を手に入れるのに困難を感ずるのであり、かれらのわずかな収入の大半は、そのために投じられる。ところが、富者にとって主たる出費の種になるのは、生活上の贅(ぜい)沢(たく)品と虚飾のための品であって、壮大な邸宅は、かれらが持っているその他の贅沢品や虚飾のための品々を飾り立て、引き立たせるのに、これくらい都合のよいものはない。だか
327 ら、家賃税は、一般に富者にもっとも重くかかるだろうが、こういうたぐいの不公平なら、おそらく非常に不合理なことはなにもあるまい。富んだ人が、その収入に比例して、というだけでなく、いくらかそれ以上に公共の経費に寄与したらよい、というのは、いちじるしく不合理なことではないからである。

家賃税は消費税と似た性格を持ち、納税者の支出に比例し、また、多くの税収をあげることができる

家屋の賃貸料(レント)は、いくつかの点で土地の地代(レント)に似ているが、一つの点で、地代と本質的

に違っている。地代は、生産的物件を利用することにたいして支払われる。地代を支払う土地が、地代を生産するのである。家賃は、不生産的物件を利用することにたいして支払われる。その家も家が建っている敷地も、なに一つ生産しはしない。だから、家賃を払う人は、この物件とは別個で無関係ななにか他の収入源から、それを引き出してくるほかはない。そこで、家賃にたいする税のほうも、それが居住者にかかるかぎりでは、家賃そのものと同じ源泉から引き出されるほかないのであって、労働の賃銀か、資本の利潤か、土地の地代か、そのどれに由来するにせよ、ともかく居住者の収入から支払われなければならない。家賃税が居住者にかかってくるかぎり、それはただ一つの収入源にではなしに、あの三つの異なった収入源のすべてに無差別にかかる税の一つなのだから、あらゆる点で、その他すべての種類の消費財にたいする税と同じ性格のものなのである。一般に、ある人の支出全体が、気前がいいか、つましいかを判断するのに、支出あるいは消費のどれか一つの項目によるとすれば、その人の家賃以上に適当なものはおそらくあるまい。こういう特殊な支出項目に比例税をかければ、ヨーロッパのどこの国であれ、この項目からこれまでに取り立ててきた収入よりも、おそらく、もっとたくさんの収入を生み出すことができよう。もっとも、この税がひどく高すぎたりすれば、大部分の人々は、もっと小さな家で我慢したり、その支出の大半を、なにかほかの方面に向けたりすることによって、できるだけその税を免れようと努めるだろう。

〔課税対象としての〕家賃は、普通の地代を確定するのに必要とされるのと同種のやり方で、十分正確に、たやすく確定できるだろう。人の住んでいない家屋には、納税の義務はない。こういう空家(あきや)にかけた税は、全額その所有者にかぶさってこようし、そうなれば、かれは、便宜も収入ももたらさない物件に税を課せられることになってしまうであろう。所有者が自分で住んでいる家屋は、それを建てるのにかかったと思われる費用に従ってではなしに、それを借家人に貸せば払ってもらえそうだ、と〔公けの〕公正な裁定が判断する家賃に従って評価されるべきである。もしも、その建築にかかったと思われる費用に従って評価が行なわれるとするなら、建築費一ポンドにつき三ないし四シリングの税は、その他の諸税といっしょになって、この国のみならず、私の信ずるところでは、他のあらゆる文明国の富裕な名家を、ほとんどみな破滅させてしまうであろう。この国きっての富裕な名家の何軒かをとって、かれらが都会や田舎に持っているさまざまの家屋を注意して調べてみれば、かれらの家賃は、もとの建築費のわずか六・五パーセントとか七パーセントとかいう割で評価しても、その所領の純地代総額にほぼ等しくなってしまうことに、だれでも気づくだろう。もとの建築費というものは、引きつづく数世代にわたって積み重ねられた出費であって、支出された対象たるや、なるほどまことに美しく壮大ではあるけれども、その費用の割には交換価値のごく小さいものなのである。(1)

敷地地代は、建物料よりも、また普通の地代よりも、適当な課税対象である

敷地地代は、家賃〔建物料のこと〕よりも、さらにいっそう適切な課税対象である。敷地地代に税をかけても、家賃が高くなることはないであろう。それは、全額敷地地代の受取主――かれは、いつも一個の独占者として振舞い、自分の敷地を使わせる代りに取れるかぎりの高い地代を取り立てるものだ――にかかるだろう。敷地を使わせる代りに取れるものが多いか少ないかは、競争者たちがたまたま富んでいるか貧しいか、つまり、かれらが、ある特定の地面にたいする、気まぐれな好みを満足させるために出せる費用が大きいか小さいか、によるのである。どこの国でも、金持の競争者の最大多数は首都に住んでおり、そこはつねに敷地地代の最高を示している。敷地地代に税がかかるからといって、どう考えても、これらの競争者の富がふえるわけはないのだから、かれらが、敷地を使うためにもっと支払おうという気になることは、おそらくあるまい。この税が居住者によって前払されるべきか、敷地の所有者によって前払されるべきかは、たいして重要な問題ではなかろう。居住者が支払わざるをえないこの税が多ければ多いほど、かれは敷地にたいしては、それだけ少ししか支払おうとしないのであり、そこで、この税の終局的な支払は、すべて敷地地代の受取主の負担になるだろうからである。人の住んでいない家屋の敷地地代については、納税を義務づけるべきでない。

敷地地代も普通の地代も、たいていの場合、その所有者が、自分ではなにも配慮や注意をしないでも、懐に入ってくるたぐいの収入である。だから、この収入の一部が、国家の経費をまかなうためにかれから取り上げられるとしても、そのために、いかなる種類の勤労も妨げられることにはなるまい。その社会の土地と労働の年々の生産物、すなわち国民大衆の真の富と収入は、この課税のあとでも、以前とまったく同じであろう。このゆえに、敷地地代、および普通の地代は、おそらく、特別の税をかけられても、もっともよく耐えられる種類の収入なのである。

329 この点にかんしては、敷地地代のほうが、普通の地代に比べてさえ、特別な課税物件としていっそう適切だと思われる。普通の地代であれば、多くの場合、少なくとも一部分は地主の注意と適当な管理のおかげである。はなはだしい重税は、こういう注意や適当な管理にひどく水をかけることになるかもしれない。ところが敷地地代だと、普通の地代を上回るかぎり、その分は、まったく主権者の善政のおかげなのであって、この善政によって、全国民なり、どこか特定の場所の住民なりの産業が保護されるからこそ、かれらは、自分の家屋が建っている敷地にたいして、その真の価値を超えて、そんなにも多く払うことができるのである。言いかえれば、敷地をこういうふうに他人に使わせているために、その所有者がこうむると思われる損失を補償する以上に、かくも多くを支払うことができるわけである。国の善政のおかげで初めて存在しうるような財源に、特別の税がかけられること、つまり、そういう統治を支えるために、他の大部分の財源よりもいくらかよけいに貢納すること、このくらい筋の通った話はまたとない。

ヨーロッパの多くの国々でも、家賃にたいして課税を行なってきたが、敷地地代が独立した課税物件と見なされているような国があるとは聞いていない。おそらく租税の立案者は、家賃のうち、どれだけを敷地地代と見なし、どれだけを建物料と見なすべきかをはっきり決めるのは、なかなかむずかしいと考えたのだろう。けれども、家賃のうちのこれら両部分をたがいに区別するのは、そんなにむずかしいこととは思えない。

――家屋税には、国により時代により、さまざまの形態がある――

大ブリテンでは、家賃は、いわゆる年々の地租(ランド・タクス)によって、地代と同じ割合で課税されるものと考えられている。各教区、各地区のそれぞれに地租を割り当てる場合の基準となる評価額は、いつも同じである。それはもともと極端に不公平だったし、いまだになおそうである。わが王国の大部分にわたり、この税は、土地の地代にかかるよりも家賃にかかってくるほうが依然として軽いのである。初めに高く評価され、その後になって家賃がかなり下ったわずかの地区に限っては、一ポンドにつき三ないし四シリングの地租であれば、実際の家賃にたいして、ようやく公平な割合になる、という。借家人の入ってない家屋も、法律のうえでは課税されることになってはいるが、ほとんどの地区では、課税査定官の好意で免税になっており、そこで、その地区全体としての課税率はいつも同じなのに、この免税のせいで、個々の家屋の課税率には、ときどきわずかながら変動を生ずる。新築、修繕などによって家賃がふえれば、その地区の負担軽減になるが、これによって、個々の家屋の課税率は、さらに一段の変動を生ずることになる。

330 ホラント州[2]では、すべての家屋が、その価値の二・五パーセントの税をかけられており、実際にいくらの家賃が支払われているか、借家人が入っているか否かといった事情は全然考慮されない。借家人のいない家屋で、所有者がなんの収入も得られないのに、税を、それもとりわけこんな重税を納めさせるというのは、苛酷であるように思われる。市場利子率が三パーセントを超えないホラントでは、家屋の価値全体にたいする二・五パーセントは、ほとんどの場合、建物料の三分の一以上、いやおそらく家賃全体の三分の一以上に達するに相違ない。もっとも家屋に課税する時の基準になる評価額は、たいへん不公平ではあるものの、いつもその実際の価値よりは低いといわれている。なお家屋が改築、修繕または増築される場合には、新たに評価し直し、税もそれに従ってかけられることになっている。

　イングランドで、さまざまの時代に家屋にかけられてきた何種類かの税を立案した人たちは、各家屋の実際の家賃がいくらなのかをある程度正確に確定するには、かなり大きな困難があると思ったらしい。そこでかれらは、なにかもっとはっきりした事情、つまり、たいていの場合には、家賃とある決まった比例関係を保つだろう、とかれらが考えたと思われる事情にもとづいて税額を決めたのである。

この種の最初の税は、炉税、つまり炉各一個につき二シリングかける税であった。その家に炉がいくつあるかを確かめるには、徴税人がその家の各部屋に立ち入る必要があった。この不愉快な訪問が、炉税を不愉快な税にした。だから、〔名誉〕革命後まもなく、この税は隷従のしるしだとして廃止されたのである。

次に現われたこの種の税は、現に人が住んでいるすべての住宅にかける二シリングの税であった。窓が一〇ある家屋は、さらに四シリング納めねばならなかった。窓が二〇以上ある家屋は八シリング納めねばならなかった。この税はその後変更され、二〇以上三〇未満の窓のついた家屋は一〇シリング、三〇以上の家屋は二〇シリング納めるように規定された。ほとんどの場合、窓の数は、外側から数えられるし、どんな場合にも、その家のどの部屋にも入らずに数えることができる。そこで徴税人の訪問も、この税の場合には、炉税ほど気に障りはしなかったのである。

その後、この税は廃止され、その代りとして、窓税が制定されたが、これまた何度も変更されたり増額されたりした。現行（一七七五年一月）の窓税は、イングランドで各家屋
331 につき三シリング、スコットランドで各家屋につき一シリングの税に加えて、すべての窓にも税をかけるのであって、それはイングランドだと、窓が七つ以下の家屋にたいしては、窓一つにつき最低率の二ペンスからだんだんふえて、窓が二五以上の家屋にたいしては、

窓一つにつき最高率の二シリングに及んだ。

すべてこういった税に向けられる反論の主たるものは、それが不公平、しかも、もっともたちの悪い不公平なものだということであって、それというのも、こういう税は、しばしば富者よりも貧者にずっと重くかからざるをえないからである。地方の都会にある家賃一〇ポンドの家屋のほうが、ロンドンにある家賃五〇〇ポンドの家屋よりも、窓がたくさんついていることも時にはありえよう。そして、前の家の住人のほうが、後の家の住人よりもはるかに貧乏人だろうと思えるのに、しかも、かれの納税額が窓税によって定められているかぎりは、国家を支えるために、かれのほうが、たくさん納めねばならないのである。それゆえ、こういう税は、前述した四原則のうちの第一の原則にまっこうから反している。ただし、他の三つの原則のどれにも、いちじるしく背くものとは思われない。

窓税もその他すべての家屋税も、家賃を引き下げるという自然の傾向を持っている。人は、税に払う分が多ければ多いほど、家賃に払う余裕が少なくなるのは自明である。けれども、窓税が課せられるようになってからこのかた、私がよく知っている大ブリテンの、ほとんどどこの町や村でも、全体として家賃は大なり小なり上ってきている。ほとんどいたるところで、家屋にたいする需要が増したので、これが、窓税のために家賃が下る以上に家賃を引き上げたわけである。このことは、この国がおおいに繁栄し、また、その住民の収入がふえつつあることを示す、たくさんの証拠の一つである。もしこの税がなかったら、家賃はもっと高くなっていたであろう。

（1）本書が公刊されたあとになって、だいたい上記の原理にのっとった税が課せられるようになった。〔この原著書の注は、一七八四年の第三版からつけられた。キャナンによると、問題の税は、ジョージ三世治世第十八年条例第二十六号で、建築費を基準に査定するのではなく、家賃にもとづいて査定された。税率は、年間家賃が五〜五〇ポンドの家屋は、一ポンド当り六ペンス、それ以上は一ポンド当り一シリングであった。なお、翌年の条例第五十九号で税率の手直しが行なわれている〕

（2）Memoires concernant les Droits, & c. p. 223.

第二項　利潤、すなわち資本（ストック）から生じる収入にかける税

資本から生じる収入のうち、利潤には課税すべきでなく、利子も直接の課税対象としては適当でない

資本（ストック）から生じる収入すなわち利潤は、おのずから二つの部分に分れる。一つは、利子の支払に充てられ、その資本（ストック）の所有者のものになる部分、いま一つは、利子の支払に必要な分を超える余剰部分である。

利潤のうち、あとの部分は、明らかに直接の課税対象にはできない。それは、資本(ストック)の使用にともなう危険と労苦にたいする報償であり、しかもたいていの場合、ごく穏当な報償でしかない。資本(ストック)を使用する者は、どうしてもこの報償を得なくてはならないのであって、そうでなければ、かれはみずからの利益に反することなしには、資本(ストック)を用いつづけることができない。したがって、もしかれの利潤全額に比例して直接に課税すれば、かれはその
332
利潤率を引き上げるか、または、その税を利子に負わせるか、つまり利子を少ししか払わないか、せざるをえないであろう。もし、かれが税に比例してその利潤率を引き上げるとすれば、税の全額は、かれが前払することにはなろうが、終局的には、かれが管理する資本(ストック)の用い方の違いにおうじて、次の二組の人々のどちらかが支払うことになろう。もし、かれがそれを農業資本(ストック)として土地の耕作に用いるとすれば、かれが利潤率を引き上げるには、土地の生産物のうち、以前よりも多くの部分を、あるいは同じことになるが、この多くの部分の価格を、自分の手許におさえておくほかはあるまい。しかも、これは地代を減らすことによってしかできないのだから、この税を終局において支払うのは、地主だということになるであろう。もしこの資本(ストック)を、商業または製造業の資本(ストック)として使用するとすれば、かれが利潤率を引き上げるには、その商品価格を引き上げるほかあるまい。その場合には、この税を終局においてすべて支払うのは、これらの商品の消費者だということになるであろう。もし、かれが利潤率を引き上げないとすれば、かれはこの税全部を、利潤の

うち利子に充てられる部分に負わせざるをえないであろう。かれはどういう資本(ストック)を借りてこようと、前よりも少しの利子しか出せないし、したがって、この場合には、税の重みはすべて、終局的には利子にかかることになろう。かれが一方のやり方でこの税を免れられぬとなれば、もう一方のやり方で免れるほかないであろう。

利子は、一見、土地の地代と同じように直接に課税できる物件であるようにみえる。地代と同様、利子は、資本(ストック)の使用にともなういっさいの危険と労苦を完全に補償した後に残る純生産物である。地代税が地代を引き上げることができないのは、農業者の資本(ストック)を、妥当な利潤ともども回収してしまった後に残る純生産物は、課税前より課税後に大きくなるわけなどないからであるが、それと同じ理由で、利子に税をかけても利子率を引き上げることはできまい。というのも、一国の資本や貨幣の量は、土地の広さと同じく、課税の前でも後でも、いぜんとして同じ大きさだと考えられるからである。第一篇で明らかにしたとおり〔第九章〕、通常の利潤率は、どこにおいても、投下されるべき資本(ストック)の量と、資本(ストック)を用いて営まれるべき仕事つまり事業の量との比によって決まる。ところが、資本(ストック)を用いて営まれるべき仕事つまり事業の量は、利子にどう税をかけてみても、ふえも減りもしないであろう。それゆえ、投下されるべき資本(ストック)の量が、この税をかけてもふえも減りもしないとすれば、通常の利潤率は、当然同じままであろう。ところが、この利潤のうち、資本(ストック)を用いた者の危険と労苦の報償として必要な部分も、同様に同じままであろう。なにしろこの

333 危険と労苦は、いかなる点でも変化がないからである。したがって、残余、すなわち、資本（ストック）の所有者のものとなり、利子の支払に充てられた部分も、これまた当然に同じままであろう。こういうわけで、一見したところ、利子は地代と同じように直接に課税するのに適当な物件であるようにみえるのである。

ところが、二つの事情があるために、利子は、直接の課税物件として、地代よりもはるかに不適当なものとなる。

第一に、土地の広さと価値とは、だれが所有していても、とうてい秘密にしておくことはできないものであって、つねに、きわめて正確に確かめられる。しかし、人が所有している資本（ストック）の総額は、ほとんどつねに秘密であって、一応の正確さで確かめることさえまずできはしない。そのうえ、この総額はたえず変動しがちである。一年はおろか、しばしば、ひと月、ときには、たったの一日でさえ、この総額が多少とも増減しないで過ぎ去ることなど、めったにあるものではない。各人の私的な事情にわたる取調べ、それもこういう私的な事情におうじて税を割り当てようというねらいで、人の財産の変動をすみからすみまで監視しているような取調べは、だれもとても我慢できないような、たえまのない無限の悩みの種であろう。

第二に、土地は動かすわけにゆかないものだが、資本（ストック）ならそれがたやすくできる。土地の所有者は、当然に、かれの所有地があるその特定国の市民である。ところが、資本（ストック）の所有者は、まさしく世界市民なのであって、かならずしも、ある特定の一国にしがみついてはいない。かれは、背負いきれないような重税をかけられるためにやっかいな取調べにさらされる国を捨てて、ほかへ行こうと思いがちであり、もっと気楽に事業を営むなり財産を享受するなりできるような、どこかほかの国へ資本（ストック）を移動させるだろう。かれが資本（ストック）を移せば、かれが去った国で、それまでかれの資本（ストック）が維持してきた産業は、すべて停止してしまうだろう。土地を耕すのは資本（ストック）であり、労働を雇うのも資本（ストック）である。一国から資本（ストック）を追い出してしまう傾向のある税は、主権者にとっても社会にとってもいっさいの収入の源泉であるものを、それだけ枯渇させる傾向をもつものである。資本（ストック）の利潤ばかりか、土地の地代も労働の賃銀も、資本（ストック）が移れば多かれ少なかれ必然的に減少するだろうからである。

資本から生じる収入にたいしては低率かつルーズに課税せざるをえなかった

そこで、資本（ストック）から生じる収入に税をかけようと企てた国では、この種の厳しい取調べの代りに、きわめてルーズな、したがって多少とも恣意的な推定でもって満足するしかなかった。こういう仕方でかけられる税は、きわめて不公平、不確定であって、この点は、ただ税をきわめて軽くすることによってしか償うことができない。そうすれば、だれでも自
334 分の実際の収入よりずっと軽く課税されていることがわかっているものだから、隣人が自分よりいくらか安く課税されたからといって、べつに腹を立てることもない。

イングランドで、地租（ランド・タクス）とよばれている税は、資本（ストック）に、土地と同じ割合で税をかけようとしたものであった。土地にかける税が、一ポンドあたり四シリング、つまり、推定地代の五分の一であったときには、資本（ストック）にも推定利子の五分の一をかけようとしたのである。現在の年々の地租が初めてかけられたとき、法定利子率は六パーセントであった。したがって資本（ストック）一〇〇ポンドごとに二四シリング、すなわち六ポンドの五分の一に当る税がかかるものとされた。法定利子率が五パーセントに下げられてからは、資本（ストック）一〇〇ポンドごとにわずか二〇シリングの税がかかるものとされている。いわゆる地租によって徴収されるべき金額は、地方と主要都市に振り分けられた。地租の大部分は地方に割り当てられ、また都市に割り当てられた額の大部分は、家屋に課税された。都市の資本（ストック）なり営業なりに課税すべきものとして残った分（土地に投下された資本（ストック）に課税するつもりはなかったから）は、その資本（ストック）なり営業なりの実際の価値に見合うものより非常に低かった。だから、最初の課税割当がどんなに不公平であったにせよ、べつにたいした不満も出なかった。各教区、各地区どこでも、土地、家屋、資本（ストック）は、いまなお、ひきつづき最初の課税割当に従って税がかかるのであるが、この国のほとんど全面的な繁栄は、たいていのところで、これらすべての価値をいちじるしく引き上げたため、例の割当の不公平は、こんにちでは、いよいよ問題にならなくなってしまった。各地区に割り当てられる税額もずっと同じであるから、この税の不確定さも、なんぴとにせよ、個人の資本（ストック）にかけられる限りでは、まったく小さなものにもなったし、また、以前ほど重大なことでもなくなったのである。イングランドの土地の大部分は、その現実の価値の半分しか地租をかけられていないようだが、そうなれば、イングランドの資本（ストック）の大部分は、おそらく、その現実の価値の五〇分の一で課税されるかされないかくらいのものになろう。都市のなかには、ウェストミンスターにおけるように、地租の全部を家屋にかけるところもあり、そこでは資本（ストック）や営業には税がかからない。しかし、ロンドンではそうではない。

どこの国でも、私人の事情を厳しく取り調べるようなことは、注意ぶかく避けてきた。ハムブルク[1]では、住民のすべてが、その全財産の四分の一パーセントを国に納める義務がある。そしてハムブルクの人々の富は、主として資本（ストック）であるから、この税は資本（ストック）にかけ
335
る税と考えてよかろう。各人は自分で自分の税額を査定し、行政長官のいる前で、ある額の貨幣を年々公けの金庫に入れ、それが、かれの全財産の四分の一パーセントだと神に誓って宣言する。しかし、その額がいくらであるかは宣言しないし、また、この件にかんして検査を受けねばならぬということにはなっていない。この税は、たいへん誠実に支払われていると一般に考えられている。小さな共和国で、国民が行政長官たちに絶大の信頼をよせており、国を維持してゆくのに税が必要なことを納得しており、また、税が忠実にこの目的に充てられると確信しているようなところでは、こうした良心的で自発的な支払も、ときとして期待されるのであり、これは、かならずしもハムブルクの人々にだけ独特なも

のではない。

スイスのウンテルヴァルデン州は、しばしば暴風や洪水の被害を受け、そのために臨時の支出をやむなくされてきた。そういう場合、人々は集会を開いて、ひとりびとり自分がいくら持っているかを正直に残らず申告し、それにしたがって課税を受けたという。チューリヒの法律は、緊急の場合には、各人がその収入に比例して課税されるべきことを命じており、各人は収入の額を神に誓って言明しなければならない。かれらは、仲間の市民のだれかが自分たちをあざむくかもしれぬ、などとはつゆほども疑わないという。バーゼルでは、国家のおもな収入は、輸出品にかける低い関税からあがる。全市民は、法によって賦課されるいっさいの税を、三ヶ月ごとに支払うことを神に誓う。すべての商人、すべての宿屋の主人さえも、領土の内外で売った商品の勘定を自分で記帳することをまかされている。三ヶ月の終りごとに、その一番下のところに自分で計算した税額を書きこんで、この計算書を会計官に送るのである。そう信頼していたのでは国の収入に損がいくだろう、などと疑う者はひとりもいない。[2]

全市民に、その財産額を神に誓ってみなの前で宣言する義務を負わせることは、それらスイスの諸州では、難儀なことのうちに入るはずがないと思われる。ハムブルクでは、これは非常に難儀なことだととられるであろう。商取引という危険な事業にたずさわる商人たちは、自分たちの経理の実態をいつでもさらけ出さねばならないなどとは、思っただけ

336 でも身震いがする。信用の破滅、事業の失敗が、その結果としてあまりにもしばしば起るものだ、ということをかれらは知っているからである。こうした事業になんの関係もない、まじめで倹約を重んずる人々は、そんな隠しだてをする必要を少しも感じない。

オランダでは、故オランイェ公〔一五三三～八四。沈黙公ウィレム。オレンジ公はイングランド読み〕が総督の職についた直後、すべての市民の全資産にたいして二パーセントの税、すなわち、いわゆる五〇分の一税がかけられた。各市民は、自分で自分の税額を査定し、ハムブルクと同じやり方でその税を支払った。そして、この税は、たいへん誠実に支払われた、と一般に考えられた。人々はその当時、かれらの新政府[1]に非常な愛着をもっていた。かれらは全面的な反乱によって、その新政府をちょうど打ち樹(た)てたばかりだったのである。この税は、ただ一度だけ、非常時に際して国家を救うために納めることになっていた。また実際のところ、長く続けるにはあまりにも重すぎた。市場利子率がめったに三パーセントを超えない国で、二パーセントの税といえば、通常、資本(ストック)からあがる最高の純収入一ポンドについて一三シリング四ペンスに達する。これでは、多少とも資本に食い込むことなしに納められる人は、まずいないであろう。非常時に際しては、人々は愛国の激情に燃えて、国を救うために、おおいに努力を傾け、また自分の資本の一部さえ投げ出すこともある。だからといって、人々が、かなり長いあいだそうしつづけることは不可能である。また、もしできたとしたところで、そういう税は、たちまち人々を完全に破滅させ、そのあげく、人々が国家を支えることもまったくできなくしてしまうだろう。

　イングランドの地租法案によって資本（ストック）にかけられる税は、資本額に比例しているけれども、資本を少しでも減らそうとか、取り上げてしまおうとかというつもりはない。それが意図するところは、単に地代税と同率の利子税にしようということであって、要するに、地代税が一ポンドにつき四シリングなら、利子税も一ポンドにつき四シリングだというのである。ハムブルクの税や、ウンテルヴァルデンとチューリヒのもっと軽い税は、これと同様、資本にではなしに、利子または資本（ストック）の純収入にかける税にしようというつもりなのである。ただし、オランダの税は、はじめから資本にかけるつもりだったのである。

（1）Memoires concernant les Droits, tome i. p. 74.

（2）Id.〔同書〕p. 163, 166, 171.

〔1〕スペインの植民地であったネーデルラント諸州は、十六世紀中葉、オランイェ公（オレンジ公）の指導のもとに新教徒を糾合して、スペインのフェリペ（フィリップ）二世のカトリック絶対主義にたいして独立革命を起した。一五七九年には、北部七州がユトレヒト同盟を結び、一五八一年にはスペインからの独立を宣言し、オランイェ公が初代総督に就任した。新政府とは、オランイェ公の樹立したこの政府のことを指している。

特定の営業の利潤にかける税

一 特定の資本利潤にたいする課税は、結局、消費者の負担になる 一

国によっては、資本の利潤に特別の税をかけている。すなわち、資本を、時には商業の特定部門で用いる場合に、また時には農業で用いる場合に、特別の税をかけるのである。

前の種類のものとしては、イングランドだと、呼売商人や行商人にかける税、貸馬車や
337 貸椅子轎にかける税、それにエールや蒸溜酒の小売免許にたいして居酒屋の主人が払う税がある。最近の戦争中には、いま一つ、同じ種類の税を店舗にかけようという提案が出された。この戦争は、この国の商業を防衛するために企てられたのだから、そのおかげで儲かっているはずの商人は、戦費を支えるために納税するのが当然だ、というのであった。[1]

しかしながら、ある特定の商業部門で用いられている資本の利潤にかける税が、終局的にその商人たちにかかることは、けっしてありえない（かれらは普通の場合、つねに、妥当な利潤をあげなくてはならないものだし、さればと言って、競争の自由なところでは、それ以上の利潤をあげることもまずできない）。そうではなしに、その税はつねに消費者にかかってくるのであって、消費者は、商人が前払した税を、商品の価格にこめて、しかも、たいていいくらか余計に支払わざるをえないのである。

この種の税は、商人の商売〔の規模〕に比例しているなら、終局的には消費者によって支払われるわけで、商人になんの圧迫も加えない。しかし、そうではなくて、同じ額がすべての商人にかけられるとなると、この場合でも、終局的には消費者によって支払われるとはいえ、それでもこの税は、大商人を優遇し、小商人をなにほどか圧迫することになる。貸馬車一台につき週五シリングの税、また貸椅子轎一台につき年一〇シリングの税は、そうした馬車や椅子轎の所有者が単に前払しているかぎりは、それぞれの商売の大きさに十分正確に比例する。この税は大商人を優遇もしなければ、小商人を圧迫しもしない。エールの販売免許にたいする年二〇シリングの税、蒸溜酒の販売免許にたいする四〇シリングの税、それに加えて葡萄酒の販売免許にたいする四〇シリングの税は、すべての小売商にたいして同額だから、どうしても大商人をなにほどか有利にし、小商人にはなにほどかの圧迫を加えることにならざるをえない。つまり大商人は、小商人より容易に、販売する商品価格のうちから、この税の分を取り返せると思うにちがいない。しかしこの税は、あまり重いものではないから、この不公平もそれほど重大なことにはならないし、小さな居酒屋がふえるのに少々水をかけたからといって、多くの人は不当だとも思うまい。前述の店舗にかける税というのは、すべての店にたいして均一であるようにと意図したものだった。もっとも、それよりほかに仕様もなかったのである。というのも、自由な国家だったらとても我慢ならないような取調べでもやらぬかぎり、店舗にかける税を、そこで営まれている取引の大きさに、ある程度にせよ正確に比例させることは不可能だったろうからである。もしこの税が相当重いものだったなら、小商人を圧迫し、小売業のほとんどすべては大商人の手中に落ちてしまったであろう。そうなれば、小商人の競争がなくなるから、大商人はこの商業の独占権を享受し、しかも、ほかのあらゆる独占者と同じく、やがて結託して、
338
この税を納めるのに必要な分をはるかに超えて、その利潤を引き上げたであろう。こうして、この税の終局的な負担は、商店主にはかからずに消費者にかかってしまい、そのうえ消費者は、商店主の利潤になってしまう相当の足し前まで払わされたであろう。こうした理由から、店舗にかける税の提案はしりぞけられたのであり、その代りとして一七五九年の臨時税（サブシディ）が採用されたのであった。

――農業利潤にかけるフランスの動産タイユは悪税である――

フランスで動産タイユ[2]とよばれているものは、農業で用いられる資本（ストック）の利潤にかける税として、ヨーロッパのどこで課しているものよりも、おそらくもっとも重要なものである。

封建政治が広く行なわれていたあいだのヨーロッパの混乱状態のもとでは、主権者は、納税を拒むだけの力がない人たちから税を取ることで満足しているほかはなかった。大領主はというと、特別の非常事態に当っては進んで主権者を助けはしたけれども、恒常的な税金にしばられることはいっさい拒否したし、主権者も、それをかれらに押しつけるほどの力はなかった。全ヨーロッパを通じて、土地を占有している者の大多数は、もともと農

奴であった。ヨーロッパの大部分を通じて、かれらはだんだんに解放されていった。そのうちのある者は、土地の所有権を手に入れ、ある場合には国王のもとで、またある場合にはほかの大領主のもとで、一種の隷農的(ベース)あるいは不名誉な(イグノーブル)保有条件[3]にもとづいて土地を保有するようになったのであって、それは、ちょうど昔のイングランドの謄本保有権者(コピー・ホールダー)[4]によく似ていた。また他の者たちは、土地所有権を獲得しはしなかったが、かれらの領主のもとで〔かつては農奴として〕占有していた土地について、何年かにわたる定期賃借権を手に入れたから、そこで、以前のように領主に従属しないですむようになった。大領主は、こういう下層階級の連中が、こうしてある程度の繁栄と独立を享受するようになってきたのを、悪意と軽蔑(けいべつ)をこめて腹立たしく思っていたらしく、主権者がかれらに税をかけることには、進んで同意した。若干の国々では、この税は、不名誉な(イグノーブル)保有条件によって財産として保有されている土地だけに課せられたのであって、この場合のタイユは不動産タイユとよばれた。サルディニアの先王が制定した地租や、フランスのラングドック、プロヴァンス、ドーフィネ、ブルターニュの諸州のタイユ、さらにモントーバンの徴税区(ジェネラリテ)やアジャンとコンドンの徴税分区(エレクション)、およびフランスのその他いくつかの地方におけるタイユは、〔前述した〕隷農的保有条件によって財産として保有されている土地にかかる税なのである。そのほかの国々では、それが貴族の土地か平民の土地かにはかかわりなく、ともかく他人の所有する土地を、借地として、すなわち賃借契約によって保有しているすべての人々の推定利潤にたいして税をかけたが、この場合のタイユは、動産タイユとよばれた。フランス諸州のうちで徴税分区地方（ペイ・デレクション）と称されている州の大部分では、タイユはこの種のものに属している。不動産タイユは、その国の土地の一部分だけにかかるものだから、必然
339 的に不公平ではあるが、かならずしも恣意的な税ではない。ただし場合によっては、そうなることもないではない。ところが、動産タイユのほうは、一定の階層の人々の、憶測することしかできぬ利潤に比例させることを狙ったものであるから、どうしても恣意的にもなり、不公平にもなってしまうのである。

フランスでは、現在（一七七五年）、徴税分区地方とよばれている二〇の徴税区にたいして年に賦課される動産タイユは、四〇一〇万七二三九リーヴル一六スウに達している。(1) これだけの金額をそれぞれの州に振り当てる割合は、収穫のよしあし、ならびに、各州それぞれの担税力を増減させうるその他の諸事情について、枢密院に提出される報告にもとづき、年ごとに変化する。各徴税区は、いくつかの徴税分区に分けられ、一つの徴税区全体に賦課された金額を、それぞれの徴税分区に振り分けてゆく割合も、各徴税分区の担税力について枢密院に提出される報告にもとづいて、同様年ごとに変化する。枢密院が、たとえいかに誠意をもっていても、これら両方の割当のどちらをも、課税を受けるそれぞれの州なり地区なりのほんとうの担税力に、ある程度にせよ正確に比例させるのは、とても不可能に思える。というのは、いかに公正な枢密院でも、実情にうとかったり間違った情

報を与えられるとかで、多少とも判断を誤らせられるようなことは、つねにつきまとうにちがいないからである。一つの徴税分区全体に割り当てられた額のどれだけを各教区が負担すべきかの割合、および、各個人が自分の教区に割り当てられた額のどれだけを負担すべきかの割合もまた、事情やむをえずと考えられるのにおうじて、同様年ごとに手直しされる。こうした事情を判断するのは、前の場合には徴税分区の役人であり、後の場合には教区の役人であるが、この前後いずれの場合にも、多かれ少なかれ知事（アンタンダン）の指揮と影響を受けるのである。実情にうといとか、間違った情報を与えられるとかばかりでなく、友情や党派的反感や個人的な恨みも、しばしばこれらの査定官を誤らせるのだ、という。こんな税をかけられるのでは、だれでも、お前の払うべき税額はこれこれだと割り当てられるまでは、自分の税額を確かめるわけにいかないことは明らかである。それどころか、税額が割り当てられた後でさえ、まだ確かというわけにはゆかないのである。というのは、もし、ほんとうなら免税されるべきだった人が課税されていた場合、あるいは負担割合以上に課税された人があった場合、両者ともその場は一応支払わねばならぬにせよ、もしかれらが苦情を申し立て、その苦情を立証した時には、教区全体が、かれらに弁償するために、その翌年再課税されるのである。またもし、納税者のうちのだれかが破産したり支払不能になったりすると、収税吏はその人の分の税金を立て替えなければならず、そして教区全体が、収税吏に弁償するために、その翌年再課税される。万が一、収税吏本人が破産する

340 ようなことにでもなると、かれを選任しておいたその教区が、その徴税分区の収税長官にたいして、かれの行為の責任を負わなくてはならない。けれども、収税長官にしてみれば、教区全体を相手どって責任を果すように要求するなどというのは面倒だからなのであろう、かれはもっとも金持の納税者のうちから五、六人を好き勝手に選んで、収税吏の支払不能によって生じた欠損を埋め合せる義務を負わせるのである。その教区は、あとから、この五、六人の人々に弁償するために再課税される。こうした再課税は、いつでも、再課税を実施するその年のタイユに上積みしてかけられるのである。

商業のある特定部門の資本（ストック）の利潤に税をかけると、すべての商人は、前払した税金分を償うに十分な価格で売れるだけの分量を超えては財貨を市場に持ち込まないように気を配る。かれらのなかには、その商売から資本（ストック）の一部を引き上げてしまう者も出てきて、市場への供給は、前よりも乏しくなる。財貨の価格は上り、その税の終局的な負担は、消費者にかかってくる。ところが、農業で用いられている資本（ストック）の利潤に税がかかる場合には、この使い途（みち）から一部分にせよ自分の資本（ストック）を引き上げるのは、農業者にとっては利益にならないのである。つまり、それぞれの農業者は、みなある広さの土地を占めており、それにたいして地代を納めている。その土地をきちんと耕作してゆくには、ある一定量の資本（ストック）がいるのだから、この必要量の一部分にせよ資本（ストック）を引き上げれば、その農業者は、地代なり税金なりを負担する能力を減らしこそすれ、ふやすことなどはありえない。税金を支払うためには、自分の生産物の量を減らすことも、またしたがって、市場への供給を前より乏しくすることも、けっして農業者の利益になりえないのである。だから、この税があるからといって、農業者は、税の終局的な負担を消費者におしかぶせて、自分の負担を埋め合せるというふうに、自分の生産物の価格を引き上げることはけっしてできない。そうはいっても、農業者も、他のすべての商人と同じように、正当な利潤を得なければならないのであって、そうでなければ、かれはこの仕事をやめてしまうほかはない。そこで、この種の税をいったんかけられてしまえば、地主に支払う地代を減らすことによってしか、この正当な利潤を手に入れることができないのである。税金として納めなければならない分が多いほど、地代として支払える分は少なくなる、というわけである。この種の税が、ある借地契約の継続期間中にかけられると、これは間違いなしに農業者を苦しめ、あるいは零落させてしまう。しかし、この借地契約の更新に当っては、この税はつねに地主におおいかぶさってくるに決まっている。

動産タイユが行なわれている国々では、農業者は、かれがはた目にはどのくらいの資本を耕作に投じているように見えるか、それに比例して査定されるのが普通である。このことがあるために、農業者はしばしば、〔荷車や犂（すき）を引かせる〕牛馬の立派な一組をそろえておくことをためらい、できるだけみすぼらしいおんぼろの農具を使って耕作しようと努める。査定官が公正に振舞うなどとはとても信用できないから、農業者は、貧乏なふりをし

341

たり、過重に払わされるのを恐れるあまり、ほとんどなにも支払うことができないかのように見せかけたがるくらいである。こんなみじめな手管（てくだ）を用いても、おそらく、かれがもっとも上手なやり方で自分の利益をはかったことには必ずしもならないのであって、それというのも、税金を軽くして失わずにすんだ分以上のものを、たぶん生産物の減少によって失うからである。こういうひどい耕作の結果、市場への農作物の供給がいくらか減るのは間違いないけれども、だからといって、そのために生ずると思われるわずかばかりの値上りでは、農業者の生産物が減ったのを償うのさえ怪しいのだから、まして地主にもっとたくさんの地代を払えるようになる見込はさらに少ない。社会も、農業者も、地主も、みなこの退化した農耕によって、多かれ少なかれ損をする。動産タイユが、実にさまざまな仕方で耕作を阻害し、またしたがって、どんな大国でも、その富のおもな源泉を涸（か）らしてしまう傾向があるという点は、すでに本書の第三篇〔第二章「イングランド以外……」の小見出し参照〕で述べたところである。

特定の資本利潤にかける税とこれに類する税には、そのほか人頭税、僕婢税などがある

北アメリカの南部諸州や西インド諸島で人頭税（ポール・タクス）とよばれている税、つまり、すべての黒人にかける一人当りいくらという年々の租税は、その実は、黒人を使う形の農業に投じられた資本の利潤にたいする税である。植民地の農場主（プランター）は、その大多数が農業者であるとと

もに地主でもあるから、この税の終局的な負担は、まるまる、地主としての資格におけるかれらにかぶってくるのである。

耕作に使われる農奴にかける一人当りいくらという税は、昔はヨーロッパのどこでも普通に行なわれていたらしい。今でも、この種の税は、ロシア帝国に残っている。人頭税はどんな種類のものでも、奴隷状態のしるしだとされることがよくあるのは、たぶんこのためであろう。しかしながら、あらゆる税というものは、それを納める人にとっては、奴隷のしるしではなくて、むしろ自由のしるしなのである。たしかに税というものは、その人が統治に服していることを示すにはちがいないが、またなにがしかの財産を持っているのだから、かれ自身が自分以外のある主人の財産であるはずがない、ということも示すものである。奴隷にかける人頭税は、自由人にかける人頭税とは全然別のものである。後者は、税をかけられた当人が納めるのだが、前者は、それとは違う部類の人々が納めるのである。自由人にかける人頭税は、まったく恣意的であるか、まったく不公平であるかのどちらかで、たいていの場合はその両方である。しかし奴隷にかける人頭税は、奴隷が違えば価値も違うわけだから、そういう点では不公平だけれども、どこから見ても恣意的ということはない。自分の奴隷の数を心得ている主人はだれでも、自分がいくら納めねばならないかを正確に心得ているからである。それなのに、これら異なった税に、同じ名前がつけられたがために、性質も同じであるかのように考えられてきたのである。

331　第二章

342
〔5〕オランダで男女の召使にかけられている税は、資本にではなしに支出にかける税であって、その限りで消費税に似ている。最近大ブリテンで課せられることになった男の召使一人当り一ギニーという税〔ジョージ三世治世第十七年条例第三十九号〕も、同種のものである。これは中流の階級にもっとも重くかかる。年収二〇〇ポンドあれば、男の召使を一人置けるだろう。だからといって、年収一万ポンドの人でも、五〇人置こうとはしない。この税は、貧乏人には影響がない。

ある特定の職業で用いられる資本の利潤にかける税は、けっして貨幣利子に影響することはない。税のかかる職業をやっている人々には、税のかからない職業をやっている人々よりも利子を安くして自分の金を貸してやろう、などという人はいまい。これにたいして、あらゆる職業で用いられている資本から生ずる収入にかける税は、政府がある程度正確に取り立てようと企てるところでは、多くの場合、貨幣利子にかかってくるだろう。フランスのヴァンティエムすなわち二〇分の一税はイングランドで地租といわれているものと同種の税であって、同じように土地、家屋および資本から生ずる収入に賦課される。資本にかかってくる限りでは、この税が非常に厳格に賦課されるというわけではないが、それでも、イングランドの地租のうちで、これと同じ税源つまり資本にかけられる部分に比べると、はるかに正確に賦課されている。多くの場合、この税はすべて貨幣利子にかかってくる。フランスでは、いわゆる年金契約に投資する例が多い。これは、債務者のほうは初めに前借りした金額を返せばいつでも償還できるが、債権者のほうは特別の場合を除いて償還を請求できないような永久年金のことである。ヴァンティエムは、これら年金全部から正確に取り立てられるけれども、その年金の利率を引き上げはしなかったようである。

（1）Memoires concernant les Droits, & c. tome ii. p. 17.

〔1〕七年戦争の最中の一七五九年に、当時のピット（William Pitt, 1708-78）内閣の大蔵大臣であったレッグ（Henry Bilson Legge, 1708-64）が提案したもの。Stephen Dowell, *History of Taxation and Taxes in England*, 1884, vol. ii., p. 136. ダウエル『イングランドにおける課税と租税の歴史』を見よ。キャナン注のp. 137は誤り。

この提案は、このあとの本文にある通りの事情で陽の目を見ることができず、代わりに砂糖税の増税が企てられたが、これまた砂糖大尽の反撃で成功せず、ついに、臨時税（サブシディ）一つ（ポンド当り一シリング、つまり五パーセント）に落ち着いたのである（本章第四項〔2〕訳注〔3〕参照）。当意即妙の雄弁できこえたピットにふさわしく開口一番、「砂糖です、議長」と論戦の中心点に切り込んで議場をシーンとさせた、という有名なエピソードがあるのは、この時のことである。

〔2〕タイユ taille は、古くは、封建領主が、貴族と僧侶を除く領民から取り立てた封建的直接税あるいは貢納であって、フランスを中心とする大陸諸国で行なわれていた。フランスの場合、王権の強化とともに、その徴収権は国王の手に集中してゆき、十五

世紀、シャルル七世のころには、完全に国税としての性格を持つにいたった。この当時では、年間収入としては一二〇万リーヴル程度にとどまったが、十七世紀末には三〇〇〇万を超え、十八世紀初頭には四〇〇〇万と著増して、フランス絶対王政を支える最大の直接税収入となった。さて、タイユには、財産税（おもに土地財産税つまり地租）の性格をもつ不動産（物的）タイユ taille réelle、納税者の能力を査定してかける動産（人的）タイユ taille personelle および、スミスは直接説明していないが、基本的には地租でありながら担税力の査定をともなう混合タイユ taille mixte があり、これが本文にも一部述べられている徴税機構（および地方自治制度）の歴史的な、また地域的なあり方と結びついていた。すなわちスミスのころになると、不動産タイユは、自治地方 pays d'Etat（一応の自治組織としての「地方三部会」を持ち、これが中央からの割当を受けて課税・徴収・国庫上納を行なう権限を持つ地方で、自治権のわりに強かったラングドックおよび王領への併合がおくれた辺境をふくむが、国土の小部分にすぎない）で、動産タイユと混合タイユは、徴税分区地方（かつて徴税分区裁判所を持ち、特別の国税徴収官 élu が置かれていたが、のちに知事を介して国王の直接徴収となった地方で、パリをはじめ大部分の州が入る）、および、直接課税地方 pays d'imposition（十七世紀以降、フランス領となったアルザス、ロレーヌ等からなる小地域で、初めから知事が直轄した地方）で、それぞれおもに行なわれていた。タイユはフランス民衆の不満の種であり、その廃止は大革命のおもな旗印の一つであった。

〔3〕イングランドの封建制度のもとでは、ノルマン征服によって国土の全部が封土 fief 化された。つまり法理論としては、土地はすべて国王が所有するのであって、臣民は、領主であれば直接、その家臣であれば間接に、一定の奉仕（サービス）義務を果す条件で国王から土地を授与され、それをただ保有しているにすぎないのである（したがってこれは、ローマ法的な絶対の所有権者ではなく、不動産保有者 tenant であり、この者の権利の範囲が不動産権 estate である）。この保有条件または保有態様をテニュア tenure という。概括的にいうと、領主、貴族、家臣の土地では、騎士奉仕（ナイト・サービス）に典型的に示される軍役義務（および後見料、相続上納金、譲渡許可料等一定金額をケースにおうじて支払う付帯義務がつく）によって土地を保有する名誉あるテニュア noble tenure が行なわれ、隷農に分与された土地については、王領地または領主直営地での農奴としての農役義務、道路の維持などの労役義務（および付帯条件としての貢納）によって土地を保有する隷農的で賤（いや）しいテニュア base tenure あるいは不名誉なテニュア ignoble tenure が行なわれた。base tenure は、奉仕の内容、範囲が不確定で、領主の恣意によるところが大きいものをいうが、ignoble tenure は、鋤奉仕 socage に見るように、仕事は農役であるが、内容、範囲が確定的なものをもふくむ概念である。

〔4〕copy-holder　封建的農奴の解放の過程で生じた慣習的（カストマリー）な土地保有態様の一種で、領主の荘園内の土地を、初めは領主の意志で、さらには荘園の慣習にもとづいて保有する

権利を持った隷農をいう。初期には、保有の諸条件つまり権利が荘園裁判所記録に記載されており、その謄本を所持することで保有権が立証されたため、この名がある。

〔5〕召使にかける税にかんするこの一パラグラフは、初版にはない。

第一項と第二項への付録

土地、家屋および資財の資本価値にかける税

財産の移転にかける税は、その資本価値に食い込むことがある。
そのうち相続と不動産の移転は直接に課税できる

財産が引きつづき同じ人に所有されているあいだは、どんなに永続的な税をそれにかけようとも、この税の狙いは、けっして財産の資本価値の一部にもせよ減らしたり取り上げたりすることにあるのではなしに、ただそれから生ずる収入の一部だけを取り上げようとするにすぎない。ところが、財産の持主が変る場合、つまり死んだ人から生きている人へ、あるいは生きている人から生きている人へと財産が移る場合には、その資本価値の一部をかならず取り上げることになるような税が、しばしばかけられてきた。

343

死んだ人から生きている人へのあらゆる種類の財産の移転と、生きている人から生きている人への不動産、つまり土地や家屋の移転とは、その性質からして、おおっぴらに知れ渡ってしまうか、あるいはいつまでも隠してはおけないような法的行為である。そこで、こういう法的行為には直接に課税できる。ところが、貨幣の貸付による、生きている人から生きている人への資財（ストック）なり動産なりの移転となると、秘密の法的行為であることがよくあるし、また、やろうと思えばいつでも秘密にできる。だから、こういうものに直接に課税するのは容易なことではない。そこで、次のような二つの異なった方法で間接的に課税されてきたのである。第一は、返済義務を記載する証書は、あらかじめ一定の印紙税を納めた用紙または羊皮紙に書くべきことを要求し、そうでないものは無効とする。第二は、前と同様に無効の罰則を設けたうえで、公開あるいは秘密の登記簿にこの取引を登記すべきことを要求し、この登記に一定の税をかけるのである。印紙税と登記税とは、死んだ人から生きている人へのあらゆる種類の財産移転の証書にも、また、生きている人から生きている人への不動産の移転の証書にも、同様にしばしば課せられてきたけれども、これらの法的行為は、その気になれば、容易に直接課税できるものなのである。

古代ローマ人にアウグストゥス帝が課した二〇分の一相続税（ヴィケシマ・ヘレディタートゥム）、すなわち相続財産にたいする二〇分の一税は、死んだ人から生きている人への財産の移転にかける税であった。この税についてもっとも明確な記述を残した著者であるディオン・カシウス[1]は、次のようにいう、この税は、死亡の場合には、あらゆる遺産相続、遺贈および贈与にかけられたが、最近親者と貧乏人に渡ったものだけは除かれた、と。

これと同じ種類のものとしては、オランダの相続税がある。[2] 傍系の相続には、相続財産の価値総額にたいし、親等におうじて五パーセントから三〇パーセントまでの税がかかる。傍系親族への遺言による贈与、つまり遺贈も同様の税がかかる。夫から妻へ、または妻から夫への遺贈には、五〇分の一[1]の税がかかる。いたましき相続、つまり、子の遺産を親が継ぐという悲しい相続には、わずか二〇分の一の税しかかからない。直系相続、すなわち直系の卑属が直系尊属の遺産を継ぐのには税がかからない。というのは、父が死んだとき、その子供のうち父といっしょの家に住んでいる者にとっては、いくらかでも収入の増加になることはまずないからである。むしろ、父の働きや官職を失い、あるいは父が持っていたかもしれぬ、なにかの生涯財産権[2]を失ったりして、収入がひどく減ってしまうことのほうがしばしばなのである。相続財産の一部にせよ、そういう子供たちから取り上げて、かれらの損失をもう一段重くするような税は、むごい税、苛酷な税ということになろう。もっとも、ローマ法の用語でいうと親離れした子供たち、スコットランド法の用語なら分家した子供たち、つまり自分の相続分をもらって、自分の家族を持ち、父のそれとは別の一本立ちの資金によって暮しを立てている子供たちにとっては、〔右の税は〕時として、むごくもひどくもない場合もあろう。父の遺産のうち、こうした子供たちに渡る分がどのくらいになるにせよ、それはすべて、かれらの資産につけ加わるほんとうの足し前であろうし、またしたがって、おそらくこの種の税なら、どれにもついて回る不都合以上の不都合をもたらすことなしに、若干の税をかけることができよう。

封建法の臨時上納金（カジュアルティー）というのは、土地〔所有権〕の移転にかける税で、死んだ人から生きている人へ、生きている人から生きている人へのいずれも、その対象となった。古い時代には、この税が、ヨーロッパのどこへ行っても、国王の収入の主要部門の一つになっていた。

すなわち、国王に直属するあらゆる臣下の相続人は、領地をもらうに当って、一定の税、普通はその領地の一年分の地代を納めた。もしこの相続人が未成年者であれば、成年に達するまでは、その領地の地代はすべて主君のものになったのであって、そのさい主君は、この未成年者を養ってやり、また、たまたまその土地にかんして継承権を持つ未亡人がいる場合には、その寡婦産[3]を支払う以外はなにも負担しなかった。この未成年者が成年に達すると、さらに相続許可料（リリーフ）とよばれる別の税を主君に納めることになっており、普通、この税も同じく一年分の地代に相当するものであった。今日では、未成年の期間が長ければ、大領地はそれまで引きずってきたいっさいの債務抵当を振い落し、その家族は昔の栄光を取り戻すということもしばしばあるけれども、当時としては、とうていそんなうまい工合にはいかなかった。むしろ、領地が引きずってきた債務抵当を振い落すのではなしに、その荒廃をもたらすというのが、長い未成年期間のごくありふれた結果だった。

　封建法によると、臣下は主君の同意がないかぎり〔自分の領地を〕譲渡することができず、主君は同意を与える代りに負担金（ファイン）または和解料（コンポジション）をせびり取るのが通例であった。この負担金は、初めは不定だったが、後には多くの国で、土地の売価の一定割合と定められるようになった。いくつかの国では、これ以外の封建的慣行の大部分がすたれてしまっているのに、土地の譲渡にかけるこの税だけは、今なお主権者の収入のたいへんに重要な部門を成している。たとえば、ベルン州では、この税は非常に高く、すべての貴族封土の価格の六分の一、そしてすべての平民封土の価格の一〇分の一にもなるくらいである。[3] ルツェルン州では、土地の売却にかける税は、州全域に行なわれているわけではなしに、ある限られた地区で施行されているにすぎない。しかし、もしその地区から引越すために、自分の土地を売るという人があれば、その人は売却価格全体の一〇パーセントを払うことにな
345 っている。[4] あらゆる土地の売却、または一定の保有関係のもとにある土地の売却のいずれかにかける同じような種類の税は、この他にも多くの国々で行なわれており、多かれ少なかれ、主権者の収入のたいせつな部門になっている。

印紙税や登記税によれば、財産の移転にたいして間接的に課税することもできる

　右のような取引は、印紙税か登記税によれば、間接的に課税することもできる。そして

これらの税は、移転される物件の価値に比例させることもできるし、させないこともできる。

大ブリテンでは、印紙税は移転される財産の価値に従って、というよりは（いくら大きな金額の契約証書でも一八ペンスないし半クラウン〔二シリング六ペンス〕の印紙で足りるのだから）、むしろ証書の性質に従って高くも安くもなる。その最高のものでも、用紙あるいは羊皮紙一枚について六ポンドを超えないし、しかもこんな高い税がかかるのは、主として国王からの免許とか、一定の法律手続とかにたいしてだけであり、その物件の価値とは全然関係がない。大ブリテンでは、登記簿を扱う役人の手数料を別にすれば、証書や文書類の登記には税がかからず、それにこの手数料というのも、まず役人の労働にたいする妥当な報酬を超えるものではない。だから、国王がこの手数料から収入を引き出すといったようなこともないのである。

オランダには、(5)印紙税も登記税もあって、移転される財産の価値に比例する場合と比例しない場合とがある。遺言状はかならず印紙を貼った用紙に書かねばならず、この用紙の値段は処分財産に比例するので、印紙には、一枚三ペンス、すなわち三スタイヴェルのものから、わが国の貨幣で約二七ポンド一〇シリングに当る三〇〇フローリンのものまである。もし遺言をする人が、本来用いなくてはならないものよりも安い値段の印紙を貼ったりすると、その相続財産は没収される。この税は、相続にかかるその他いっさいの税とは別に、それらに加えてかかるものである。為替手形その他いくつかの商業手形を除いて、これ以外のいっさいの証書、借用証書および契約書には印紙税がかかる。ただしこの税は、物件の価値に比例して高くなるわけではない。すべて土地や家屋を売ったり、抵当に入れたりする場合は、かならず登記をしなければならず、登記に際しては、売却価格なり抵当額なりの総額にたいする二・五パーセントの税を国に納めなければならない。この税は、二トン積み以上のすべての船舶の売却にまで拡げられており、その船が甲板を備えているかどうかは無関係であった。船というのは、水に浮ぶ家屋の一種だとみなされているらしい。動産の売却も、裁判所の命令による場合には、同様二・五パーセントの税がかかる。

フランスには、印紙税も登記税もある。印紙税のほうは、エードつまり内国消費税の一部門と考えられており、そこでこの税が施行されている州では、内国消費税係の役人によって徴収される。登記税は、国王の御料地収入の一部門と考えられており、そこで、前とは別な一群の役人によって徴収されている。

印紙税と登記税によるこうした課税方法は、ごく近代の発明である。それなのに、わずか一世紀たつかたたないうちに、印紙税はヨーロッパではほとんどあまねく行なわれるようになったし、登記税もきわめてありふれたものになった。人民のポケットから金を吐き出させる術ほど、政府がほかの政府から素早く学びとるものはない、というわけである。

死んだ人から生きている人への財産の移転にかける税は、直接に、またそのまま終局的に、財産を譲られた人にかかってくる。土地の売買にかける税は、そっくり売手にかかってくる。売手というものは、たいていいつでも必要に迫られて売るわけだから、相手の言い値に飛びつかざるをえない。買手のほうはといえば、必要に迫られて買うということはめったにないから、自分が気に入った値段をつけるだけのことである。買手が考えるのは、その土地を買ったら、税と価格とを合せていくらになるか、ということである。税金として納めなくてはならない分が多ければ多いほど、価格として支払う分は値切りたくなる。それゆえ、こうした税は、ほとんどいつでも金に困った人にかかってくるから、そこで往々にして、たいへん無慈悲で圧制的なものにならざるをえない。新築家屋の売却にかける税は、土地つきでなく建物だけが売られる場合には、一般に買手にかかってくる。なぜなら、建築業者も、通例、自分の利潤を手に入れなくてはならないのであって、さもなければ商売をやめるしかないからである。そこで、もしかれが税金を前払したのならば、買手は普通その分をかれに払い戻さなければならない。ところが、古い家屋の売却にかかる税は、土地の売却にかかる税と同じ理由で、一般には売手のほうにかかってくる。売手は、たいていの場合、自分の都合なり必要なりでどのみち、売らぬわけにはゆかなくなっているからである。年々市場に出る新築家屋の数は、多かれ少なかれ需要によって規制される。つまり、建築業者がいっさいの費用を支払ったうえ、なお利潤が残る、というほどの需要がないかぎり、かれはそれ以上家を建てようとはしないのである。ところが、たまたまある時に市場に出てくる古い家屋の数は、ほとんどその需要とはなんの関係もない、偶然の出来事によって左右される。早い話が、商業都市で大きな破産が二つ三つあれば、たくさんの家が売りに出されようし、それは買手のつけ放題の値段で売り払われるしかないのである。敷地地代〔を生ずる敷地〕の売却にかかる税は、そっくり売手にかかってくるのであって、これは土地の売却にかかる税と同じ理由による。印紙税や、借金の借用証書や契約書の登記にかかる税は、そっくり借手にかかってくるものであり、また事実、払っているのはいつでも借手のほうである。訴訟手続にかかるこれと同種の税は、訴訟当事者双方の負担になる。この税は、双方にとって、係争中の物件の資本価値を減らすことになる。
347 どんな財産であれ、それを手に入れるための費用がかかればかかるだけ、つかんでみれば正味の価値は小さくなっているに相違ないのである。

各種の財産の移転にかかるいっさいの税は、財産の資本価値を減らすかぎりにおいて、生産的労働を維持することになっている基金を減らしてしまう傾向がある。こういう税はすべて、生産的労働者しか養うことのない国民の資本を犠牲にして、不生産的労働者のほかはめったに養うことのない主権者の収入をふやす、多かれ少なかれ不経済な税である。

こうした税は、移転される財産の価値に比例している場合でも、やはり不公平である。等しい価値の財産でも、移転の回数はかならずしも等しくないからである。さらに、この税が財産の価値に比例していない場合には——印紙税と登記税の大半はそうなのだが——

輪をかけて不公平なものになる。ただし、この税はどこから見ても恣意的ではなく、むしろあらゆる場合に、まったく明白で確定的であるか、または、そうありうるものである。この税は、時には担税力のあまりない人にかかってくることもあるけれども、納める時期のほうは、たいていの場合、十分にその人の便宜にかなう。納期が来るころには、たいていの場合、納める金を持っているはずだからである。この税を徴収するには、ほんのわずかな費用ですむし、そのうえ、普通は納税者に、税を納めるという、こればかりは避けるわけにゆかない不便のほかは、なんの不便もかけない。

フランスでは、印紙税にたいする不平はあまり聞かれない。しかし、フランスでコントロールとよばれている登記税のほうには不平が多い。その主張するところは、税そのものが非常に恣意的で不確定であるため、この税の徴収に当る徴税請負人が使っている役人にひどい誅求（ちゅうきゅう）をやる機会を与えている、というにある。フランスの現行財政制度に反対して書かれたパンフレット類の大部分のなかでは、この登記税（コントロール）の弊害というのがそのおもな題目になっている。けれども、不確定だということは、こうした税の性格上かならずつきまとうものとも思われない。民衆の不平に立派な根拠があるとすれば、この弊害は、本税の性格から生ずるというよりは、むしろこの税の賦課を定めた勅令なり法律なりの用語が厳密さと明確さを欠いたことに由来するにちがいない。

抵当権の登記や、また一般に不動産にかんするあらゆる権利の登記は、債権者にも不動産の買手にも大きな保証を与えることになるので、社会にとって非常に役にたつものである。それ以外の種類の証書の登記となると、その大半は社会にとってなんの利益にもならないのに、個々人にとっては不都合であり、危険にすらなることがしばしばある。およそ348 秘密にしておかなければいけないようないっさいの登記簿は、まちがっても存在させてはならない、ということは、広く認められているところである。各個人の信用は、公共の収入を扱う下級官吏の正直さとか誠意とかいった、はなはだあやふやな保証にまかせておくべきものでないことは確かである。それはそうなのだが、登記の手数料が主権者の一収入源になっているようなところでは、登記されなくてはいけない証書も、そうする必要のない証書も、みな登記させてしまうので、そのための登記所が、一般にきりもなくふえてきた。フランスには、いくつかの異なる種類の秘密登記簿がある。こうした弊害は、こんな税をかければ、かならずやそうなるというのではおそらくないにしても、そうなるのがごく当り前だということは、認めざるをえまい。

　イングランドで、トランプや骰子（さいころ）、新聞や定期刊行物などにかけられているような印紙税は、実は消費税であって、それの終局的な支払は、こうした商品を使う、つまり消費する人々にかかってくる。エールや葡萄酒や蒸溜酒の小売免許状にかけられているような印紙税は、たぶん小売業者の利潤にかけるつもりだったのだろうが、これまた終局的には、それら飲料の消費者によって支払われる。こうした税は、先に述べた財産の移転にかける印紙税と同じ名前でよばれ、同じ役人が同じ方法で徴収しはするけれども、全然違った性質のものであり、また全然別の税源にかかってくるのである。

（1）Lib.〔カシウス『ローマ史』〕55〔25〕. また Burman de Vectigalibus Pop. Rom.〔ブルマン『ローマ租税論』〕cap. xi. および Bouchaud de l'impôt du vingtieme sur les successions〔ブショー『ローマにおける相続税および取引税』〕をも参照せよ。〔カシウス（Dion Cassius Cocceianus, 150–235）はローマの執政（コンスル）で歴史家。主著『ローマ史』*Romaika* 八〇巻は、共和国末期から帝国初期にかんするもっとも権威ある史書といわれる。

（2）Memoires concernant les Droits, & c. tome i. p. 225 を参照。

（3）Id.〔同書〕p. 154.

（4）Id.〔同書〕p. 157.

（5）Id.〔同書〕p. 223, 224, 225.

〔1〕原文は各版とも「五〇分の一」であるが、キャナンは、スミスが用いている *Mémoires* には「一五分の一」とあり、また次の文には「わずか二〇分の一の税しかからない」と書いているところから見て、スミスは「一五分の一」と書くつもりだったと判定している。

〔2〕life-rent estate（または estate for life）自分が生きているあいだ、あるいは他の関

係者が生きているかぎり保有できる財産権。とくに土地、家屋などの不動産権をいう。

〔3〕 dower　死んだ夫の保有していた土地のうち、未亡人が生涯権として、つまり未亡人が生きているあいだだけ享有できる遺留産で、その土地の三分の一であった。このため「やもめの三分の一」＝三分の一寡婦産 widow's third or tierce とよばれた。王侯貴族の未亡人にたいする称号 dowager も、この dower から来ている。残された妻や子の扶養を考慮した制度だったが、一八三三年に改訂制限され、一九二六年以降廃止された。

第三項　労働の賃銀にかける税

労働の賃銀にかける税は、税額の割合以上に賃銀を高め、結局消費者か地主が支払う

下層の職人階級の賃銀は、第一篇で努めて明らかにしたように、どこでも必然的に次の二つの事情、すなわち労働にたいする需要と、食料品の普通または平均の価格によって規定される。労働にたいする需要がたまたま増加しているか、停滞しているか、それとも減少しているかにおうじて、つまり、それが人口の増加、停滞、減少のどれを求めているかにおうじて、労働者の生活状態を規制し、それがゆとりのあるものか、中ぐらいか、乏しいかというその程度を決定する。他方、食料品の普通または平均の価格は、職人をして、年々の平均で、このゆとりのある中ぐらいの、あるいは乏しい生活資料を購入できるようにするために職人に支払われるべき貨幣量を決定する。それだから、労働にたいする需要と食料品価格が変らぬままであるかぎりは、労働の賃銀にかける直接税は、その税額よりいくらか高い分だけ賃銀を引き上げる結果をもたらすのみである。たとえば、あるところで、労働にたいする需要と食料品価格が、一週一〇シリングを普通の労働賃銀とするような条件にあり、かつまた五分の一、つまり一ポンドにつき四シリングの税が賃銀にかけら 349 れるものと仮定しよう。もし、労働にたいする需要と食料品価格が変らぬままであるとすれば、労働者は、その場所で一週一〇シリング出さぬかぎりは買えないような生活資料をかせぐこと、つまりは税を支払った後も、一週一〇シリングの自由に使える賃銀が手もとに残ることが、あいかわらず必要であろう。ところが、そういう税を支払った後も、一週一〇シリングの自由に使える賃銀を残すためには、労働の価格はその場所ではたちまち上昇し、一週一二シリングになるのみでなく、一二シリング六ペンスにならざるをえない。というのも、かれが五分の一の税を支払えるようにするには、賃銀は、すぐに、その五分の一だけではなく四分の一だけ、かならず上らざるをえないからである。賃銀にたいする税の比率がどれほどであろうと、労働の賃銀はいつの場合にも、税の比率だけでなしに、それ以上の比率で上らざるをえないのである。たとえば、税が一〇分の一なら、労働の賃銀は、たちまち、その一〇分の一だけではなく、八分の一[1]だけ、かならず上らざるをえない。

したがって、労働の賃銀にかかる直接税は、あるいは労働者が自分のふところから支払うことがあるとしても、もし、少なくとも労働にたいする需要と食料品の平均価格とが、課税後にもそれ以前と変らないままであれば、労働者が前払するとさえ、実は言えないであろう。すべてこうした場合には、この税だけでなしに、いくらかそれ以上の分が、労働者を直接に使う人によって、じっさいには前払されるであろう。終局的にだれが支払をするかは、その場合におうじて、いろいろな人々にかかってくるであろう。こういう税のために製造業の労働の賃銀に生じた騰貴分は、親方製造業者によって前払されるであろう。そしてかれが、その分を利潤ともども、かれの商品価格にかぶせるのは、正当でもあるし、やむをえぬことでもあろう。したがって、この賃銀の上った分を、親方製造業者の追加利潤といっしょに、終局的に支払うことは、消費者にかかってくるだろう。こういう税のために農村の労働の賃銀に生じた騰貴分は、農業者によって前払されるであろう。かれは、以前と同じ数の労働者を維持するためには、より多額の資本を投下せざるをえないであろう。このより多額の投下資本を、資本（ストック）の普通の利潤ともども回収するためには、土地の生産物のより大きな部分を、あるいは同じことになるが、より大きな部分の価格を手もとにとどめておき、したがって地主には、より少ない地代を支払うことが必要となろう。だか

350

らこの場合には、賃銀の上った分を終局的に支払うことは、それを前払した農業者の追加利潤ともども、地主にかかってくるだろう。どんな場合にも、労働の賃銀にかける直接税は、長い目でみれば、その税からあがる収入に等しい額を、一部は地代に、一部は消費財に適切に課税した場合にくらべると、より大幅な地代の引下げと、また、より大幅な製造品価格の引上げをもたらすにちがいない。

もし労働の賃銀にかける直接税が、かならずしも賃銀に同じ割合での騰貴をひき起さなかったとすれば、それはたいていの場合、この税が、労働にたいする需要をかなり減少させたがためである。産業の衰退、貧民の仕事口の減少、その国の土地と労働の年々の生産物の減少、これが一般にこうした税の結果であった。そうだとしても、この税の結果、労働の価格は、もしこの税がなければ実際の需要の状況から決まってくるはずの価格よりも、つねに高いにちがいない。そして、この価格のつり上げられた分は、これを前払した人たちの利潤といっしょに、いつも終局的には地主と消費者とが支払わざるをえないのである。

農村の労働の賃銀にかける税は、土地の原生産物の価格を税に比例して引き上げることはない。それは、農業者の利潤にかける税が、その比率ではその価格を引き上げないのと同じ理由による。

この税は悪税なのに、なお大ブリテン以外の多くの国々で行なわれているこうした税は、不合理で有害なのに、多くの国々で実施されている。フランスにおいては、タイユのうち、農村の職人や日雇労働者の労働に課せられている部分は、ほんとうはこの種の税なのである。その賃銀は、かれらの住んでいる地域の通常の率で計算され、また、なるべく過重な負担にならないように、かれらの年間のかせぎは、年に二〇〇日以上は就労しないものとして評価されている。[1] 各個人の税は、年々いろいろ事情におうじて変えられるのだが、その事情を判定するのは、徴税官、または、それを補佐するために知事が任命する委員である。ボヘミアにおいては、一七四八年から始まった財政制度の変更の結果、はなはだしい重税が、工匠の労働にかけられている。工匠たちは四つの階級に分けられる。最高の階級は年に一〇〇フローリンを支払う。これは一フローリンを二二ペンス半とすると九ポンド七シリング六ペンスになる。第二の階級は七〇フローリン、第三の階級は五〇フローリン、そして第四の階級は、農村の工匠と、都市の工匠の最低階級をふくみ、二五フローリンが課せられる。[2]

すぐれた技術者や自由職業にたずさわる人々の報酬は、第一篇〔第十章第一節〕で明らかにしようとしたとおり、それより下級の職業の収入にたいして、かならず一定の割合を保っている。したがって、この報酬にかける税は、税額に比例するよりもいくぶん余計に、その報酬を引き上げる結果とならざるをえないであろう。もし報酬が、こういうぐあいに上らないとすると、すぐれた技術や自由職業は、もはやほかの職業との釣合いがとれなくなるから、すっかり見限られてしまい、そのため、やがてまた釣合いのとれる水準へ戻るであろう。

351 官職の報酬は、普通の職業や専門職業の報酬のように、市場の自由競争によって規制されるものではないし、またしたがって、その仕事の性質上必要とされるところに、いつも正しく比例するとはかぎらない。おそらく、たいていの国では、仕事の性質上必要とされるところより高いのであって、それは政府の行政に当る者が、自分にも直属の部下にも、むしろ十分以上の報酬をえてして出したがるからである。だから、官職の報酬はたいていの場合、課税されても、よくこれに耐えられる。そのうえ、公職、とりわけみいりのよい公職についている人々は、どこの国でも一般の羨望（せんぼう）の的であって、そういう人々の報酬にかける税は、たとえ、ほかのどんなたぐいの収入にかける税よりいくぶん高くても、つねにたいへん受けのよい税なのである。たとえばイングランドでは、その他すべての種類の収入には、地租（ランド・タクス）で名目的にだけ一ポンドにつき四シリングの割で課税していたときに、年一〇〇ポンドを超える官職の俸給にたいしては、一ポンドにつき五シリング六ペンスの[2]正味の税をかけたところ、非常に受けがよかったのである。ただし、王室の比較的新しく立てられた分家の年金、陸海軍将校の給与、それに比較的嫉（ねた）まれかたの少ない、その他わずかのものは除かれていた。イングランドには、これ以外には、労働の賃銀にかかる直接税はないのである。

（1）Memoires concernant les Droits, & c. tom. ii. p. 108.

（2）Id.〔同書〕tom. iii.〔正しくは i.〕p. 87.

〔1〕スミスの思い違いで、「八分の一」ではなしに「九分の一」が正しい。

〔2〕ジョージ二世第三十一年条例第二十二号を指すものであろうが、これは年一〇〇ポンドを超える官職の俸給に、一ポンドにつき一シリングの新税を課したもので、地租による四シリングに新税の一シリングを加え、「五シリング」が正しい。なお、初版と第二版は「五シリング」となっている。

第四項　各種の収入に無差別にかけることを意図する税

あらゆる種類の収入に、無差別にかけることを意図する税には、人頭税と消費財にかける税とがある。これらの税は、納税者がどんな収入を得ようと、無差別にその収入から、すなわち土地の地代からでも、資本（ストック）の利潤からでも、あるいは労働の賃銀からでも、支払われざるをえない。

〔1〕人頭税

人頭税は徴収費こそ安いが、財産や収入に比例させれば恣意的で不確定、身分に対応させれば不公平になる

人頭税（キャピテイション・タスク）は、もしそれを各納税者の財産なり収入なりに比例させようとすれば、ま
352 ったく恣意的なものとなる。人の資産状態というものは、日に日に変るもので、どんな税金よりも我慢ならない検査をやり、少なくとも毎年一度は調査のやり直しをしないかぎり、憶測するしかない。だから、税額の査定は、たいていの場合、査定官のご機嫌がいいか悪いかによらざるをえないし、またしたがって、まったく恣意的で不確定たらざるをえない。

人頭税は、もしそれを各納税者の推定財産にではなしに、その身分に比例させると、こんどはまったく不公平になる。身分が同じでも、財産の大きさが違うのはよくあることだからである。

したがって、このような税は、公平にしようとすれば、まったく恣意的で不確定なものになり、また確定的で恣意的でないものにしようとすれば、まったく不公平なものになってしまう。この税は、軽かろうと重かろうと、つねに最大の不満の種は、それが不確定だ、ということである。一方、かなりの程度の不公平でも、税が軽ければなんとか我慢できる。

しかし、重ければ、まったく堪えがたいものになる。

ウィリアム三世の治世中にイングランドで行なわれたさまざまの人頭税（ポール・タクス）では、納税者は、その大多数が、公爵（デューク）、侯爵（マーキス）、伯爵（アール）、子爵（ヴァイカウント）、男爵（バロン）、郷士（エスクワイア）、郷紳（ジェントルマン）〔1〕、貴族の長子や末子などといった身分の程度に従って賦課された。三〇〇ポンド以上の財産があるすべての商店主や商人、すなわちかれらのなかの上層の者は、その資産にいくら大きな開きがあっても、同額の課税を受けた。かれらの身分のほうが、財産より重く見られたということである。最初に制定された人頭税（ポール・タクス）では、推定財産におうじて査定されていた人々の一部も、後には、その身分に従って査定されるようになった。たとえば、上級法廷弁護士、事務弁護士、代訴人は、最初の人頭税（ポール・タクス）では、推定所得一ポンドについて三シリングの割で査定されていたが、後には、郷紳（ジェントルマン）の身分として査定されるようになった。たいして重くない税の場合には、たとえわずかな程度にせよ不確定なのに比べれば、かなりの不公平があっても、そのほうがまだ我慢しやすいものだということがわかったのである。

フランスで、今世紀の初めから一度も途切れることなしに賦課されてきた人頭税（カピタシオン）では、
353 最上位の階級の人々は、その身分におうじ、不変の税率で課税されるが、それより下位の階級の人々は、財産はこのくらいだろうと推定された額に従い、年々査定をやり直して課税されている。宮廷の諸官、上級裁判所の裁判官とその他の官吏、それに軍の士官などは、第一の方式で課税される。諸州のもっと低い身分の人々は、第二の方式で課税される。フ

ランスでは、お偉方は、自分たちにしてみればたいして重くもない税であるかぎり、かなりの程度の不公平でもすんなり受け入れるが、知事の恣意的な査定は我慢できなかったのである。それより低い身分の人々になると、この国では、上に立つ人が、このくらいがちょうどよかろうと考えて与えてくれる待遇を、じっと辛抱するより仕方がないのである。

イングランドにはさまざまの人頭税があったが、そのどれも、期待しただけの税額、つまり、もしも厳格に徴収したならばあげられたろうと思われる税額には、かつて達したことがなかった。フランスだと、人頭税は、いつでも期待どおりの税額をあげている。イングランドのおっとりした政府は、さまざまの身分の人々に人頭税を課した場合に、この課税によって、たまたま集まった額で満足し、この税を払えなかった人々、あるいは払おうとしない人々（というのは、そういう人がたくさんいたから）、さらには、法律の施行が手ぬるいために、払うことを強制されなかった人々のいずれかのために、国家が受ける損害にたいしてなんの補償も要求しなかった。ところが、もっと厳しいフランスの政府は、各徴税区にある一定額を割り当てるのであって、知事は、できるだけのことをして、それだけ集めなくてはならない。もしある州が割当が高過ぎるとして不平を訴えると、その州は、翌年の割当に際して、前の年の超過課税分におうじた税の減額をしてもらえることもある。それにしても、この州は、とりあえず当初の割当額を納めておかなくてはいけない。知事は、自分の徴税区へ割り当てられた額をまちがいなく集めるために、右の割当額以上を賦課してよいという権限を与えられていたのであって、そうすれば、納税者のだれかが破産したり払えなくなったりしても、それ以外の者の超過負担で埋め合せられるからである。そして、一七六五年までは、この超過課税額の決定は、すべて知事の裁量にゆだねられていた。一七六五年というのは、枢密院がこの権限を取り上げて、みずから掌握してしまった年なのである。『フランスにおける課税にかんする覚書』〔第五篇第二章第一節の原注（1）と補注を参照〕のよく事情に精通した著者が述べているところでは、各州の人頭税（カピタシオン）においては、貴族およびタイユを免除される特権を持つ人々にかかる割合はもっとも軽い、という。最大の割合は、タイユを課せられる人々にかかるのであって、かれらは、タイユとして納める額、一ポンドにつきいくらという人頭税（カピタシオン）を賦課されるのである。

人頭税（キャピテイション・タスク）は、下層階級に課せられる限りでは、労働の賃銀にかかる直接税であって、こうした税の不都合な点を全部備えている。

354 ただし、この税は、徴収するのにほとんど経費がかからない。そのうえ、厳格に取り立てられるところでは、国家にきわめて確実な収入を与える。このことがあるために、下層階級の人々の安楽、慰安や安全にほとんど考慮が払われない国々では、人頭税（キャピテイション・タスク）がたいへん広く行なわれているのである。けれども、大帝国で、こうした税からこれまで得てきた国家収入は、一般にその一小部分でしかないし、また、かつてこの税が提供した最大の金額でも、国民にとってはこれよりもはるかに都合のよい他の方法で、いつでも調達することができたであろう。

〔1〕身分としてのジェントルマンは、広義にはヨウマン以上の社会階層すべてをいい、したがって貴族（勲爵士以上）をもふくむが、普通には、一つ前に掲げられているエスクワイアより下位の者を表わす。ジェントルマンの要件としては、独立の財産があること、職業を持たないこと、由緒ある家系を示すものとして紋章を持つ特権を与えられること、である。なお身分としてのエスクワイアは、男爵以上の貴族の次男以下、およびそれらの者の長子と、ナイトの長子、およびその長子をいう。なお、第一篇第六章訳注〔4〕参照。

〔2〕消費財にかける税

収入におうじて直接に課税するのは困難なので、必需品または贅沢品からなる消費財への支出におうじて間接に課税するようになった

どんな人頭税でも、国民それぞれの収入に比例して課税することは不可能なものだから、そこで消費財にかける税が考え出されることになったものと思われる。つまり国家が、そ

の臣民の収入に、直接、かつそれに比例して課税するすべを知らない場合には、その支出に課税することによって間接的に収入に課税しようと努めるわけで、支出はたいていの場合、収入にほぼ比例すると考えられている。その支出に課税するには、支出が投じられる、その消費財に税をかければよい。

消費財とは、必需品か贅沢品かのどちらかである。

私が必需品という場合、それは、生活を維持するために必要不可欠の財貨だけではなく、その国の習慣からして、たとえ最下層の人々でも、それがなければまともな人間としては見苦しいようなものすべてをふくむ。たとえば、亜麻布のシャツは、厳密にいうなら生活必需品ではない。ギリシャ人やローマ人は、亜麻布を知らなかったけれども、思うに、はなはだ快適な生活をしていただろう。ところがこんにちでは、ヨーロッパの大部分を通じて、日雇労働者にせよ、まともな人なら、亜麻布のシャツをつけずに人前に出るのは恥ずかしいと思うであろう。それもないということは、だれでもよっぽど悪いことでもしないかぎりとても陥るはずはない、と勘ぐられても仕方ないような、みっともないほどの貧乏のしるしだと思われよう。同じように、イングランドでは、習慣上、革靴が生活必需品になっている。どんなに貧しい男でも女でも、まともな人なら、革靴をはかずに人前に出るのは恥ずかしいと思うだろう。だがスコットランドでは、習慣上、革靴が最下層の男子の生活必需品になりはしたが、同じ階層の女子にとってはそうなっていない。彼女たちは、

355 裸足(はだし)で歩きまわってもかまわないのであって、それでべつに評判を悪くすることはない。フランスだと革靴は、男についても女についても必需品ではない。最下層階級の者は、男でも女でも、ときには木靴をはいて、ときには裸足で、おおっぴらに人前に出てくるが、べつにそれで評判を悪くすることはない。それだから、必需品という場合、私は自然が最下層階級の人々にとって必要たらしめているものだけではなしに、体裁をととのえるうえでの決まった生活習慣が必要だとしているものをもふくめて考える。それ以外のすべてのものを私は贅沢品とよぶ。もっとも、贅沢品とよんだからといって、それを控えめに用いることまで非難するつもりは少しもない。たとえば、大ブリテンでは、ビールやエールを、葡萄酒のできる国においてさえ葡萄酒を、私は贅沢品とよぶ。[1] それはどんな階層の人であれ、そうした飲みものをたしなむのをまったく控えたからといって、べつに非難されることはあるまいからである。生命を維持するのに、こうした飲みものが生理的に必要なわけではないし、また、それなしで暮すのは習慣的に体裁が悪いなどという場所はどこにもない。

必需品課税は貨幣賃銀を引き上げ、貧民が労働需要に応える能力を減ずるばかりでなく、中流・上流階級の利益にも反するが、贅沢品への課税は、こうした悪影響を持たない

どこでも、労働の賃銀は、一方で、労働にたいする需要、他方で、生活資料の必需品目の平均価格によって決まるから、この平均価格を引き上げるものは、なににせよ、かならず賃銀を引き上げる。また、それだからこそ、労働者は、労働にたいする需要が、増加、停滞、減少のいずれであろうと、その需要状態に見合って、かれが入手すべきある量の必需品目を相変らず購入できるのである。[1] こういう品目にかかる税は、かならずや、その価格を税額よりいくらか高めに引き上げる。なぜなら、この税を前払する商人は、通常、利潤ともどもその分を取り戻さざるをえないからである。それゆえに、こうした税は、この価格の値上りに比例した賃銀の値上りをひき起さずにはいないのである。

　こういうぐあいに、生活の必需品にかかる税は、労働の賃銀にたいする直接税と正確に同様の作用をする。労働者は、自分の財布からこの税を納めるにせよ、少なくともかなりの期間をとってみれば、正しくは、前払しているとさえ言えないのである。その税は、長い目でみれば、つねに、賃銀率の引上げという形で、労働者の直接の雇主がかれに前払せざるをえないからである。もし、その雇主が製造業者ならば、この賃銀の引上げ分を、引上げ分にたいする利潤ともどもかれの製品価格にかぶせてしまうだろう。そこで、この税を右の上載(うわのせ)分と合せて終局的に支払うのは、消費者になる。もし、その雇主が農業者なら、同様の上載分と合せて、その終局的な支払は、地主の地代にかかるであろう。

　しかし、私のいわゆる贅沢品にかかる税にかんしては、たとえそれが貧民の消費する贅沢品にかかるものであってさえ、事情が異なる。税をかけられた商品の価格が上っても、

356

かならずしも労働の賃銀がいくらか上るということにはならないであろう。たとえば、煙草（タバコ）は金持にとっても貧乏人にとっても贅沢品だが、煙草税は労働の賃銀を引き上げないだろう。煙草は、イングランドでは原価の三倍、フランスではその一五倍もの税をかけられているものの、こんな重い税でも、労働の賃銀にはなんの影響もないように思われる。同じことは、茶や砂糖にかかる税についても言えるのであって、これらは、イングランドやオランダでは最下層の人々の贅沢品になってしまっている。さらに、スペインで同様の贅沢品になってしまったというチョコレートにかかる税についても、同じことが言える。大ブリテンでは、現世紀を通じて、いろいろな税金が蒸溜酒にかけられてきたが、労働の賃銀になんらかの影響があったとは考えられない。強いビール一樽につき三シリングの付加税がかけられた〔ジョージ三世治世第一年条例第七号〕おかげで、黒ビール（ポーター）の価格は上ったけれども、そのためにロンドンの普通の労働（コモン・レーバー）の賃銀が上ることはなかった。この賃銀は、課税前には一日当りだいたい一八ペンスから二〇ペンスであったが、いまでもそれ以上にはなっていない。

　こうした商品の価格が高いからといって、かならずしも下層階級の人々の家族を養ってゆく能力が切り下げられることにはならない。まじめで勤勉な貧民にとっては、こうした商品にかかる税は贅沢禁止法のはたらきをするから、かれらはもはや手軽には手に入らなくなった余計な物を使うのを手控えるか、あるいは、全然やめてしまう気になる。そこでかれらが家族を養ってゆく能力は、この強いられた倹約の結果、税のために切り下げられるどころか、おそらく、かえって高められることもしばしばである。一般にもっともおおぜいの家族を育て上げ、有用な労働にたいする需要に主として応えるのは、まじめで勤勉な貧民たちなのである。なるほど、貧民はだれもがまじめで勤勉だというわけにはゆかないから、放縦でだらしのない連中は、こうした商品の価格が上った後も、相変らず以前と同様に、その使用にふけり、この道楽が自分の家族にもたらす災難など気にもかけないこともあろう。けれども、そんなだらしのない連中が、おおぜいの家族を育て上げることはめったにない。かれらの子供たちは、なおざりにされ、見当違いの世話をされ、また食物が足りなかったり不衛生だったりして、たいていは死んでしまうからである。たとえ、子供たちの身体が丈夫だったおかげで、両親の悪い行ないのためにぶつからなければならなかった辛苦をくぐり抜けて生きのびたとしても、普通は両親の悪い行ないを見習って堕落してしまい、そのあげく、勤労によって社会に役だつ人間になるどころか、その悪徳と無軌道によって社会の厄介者になってしまう。こういうわけだから、貧民の消費する贅沢品の価格騰貴は、このようなだらしのない家族の苦しみをいくらか増し、ひいては、かれらの子供を養ってゆく能力をいくらか減らすことにはなろうが、一国の有用な人口を大幅に減らすようなことはまずないであろう。

必需品の平均価格がいくらかでも上ると、これと同じ割合で労働の賃銀が上って埋合せがされないかぎり、貧民がおおぜいの家族を養ってゆく能力、そして結局は有用な労働にたいする需要に応える能力は、多かれ少なかれ、かならず切り下げられざるをえないのであって、この点は、労働にたいする需要の状況が増大しつつあろうが、停滞していようが、
357 減少しつつあろうが、つまり人口の増加、停滞または減少のいずれを必要としていようが、変ることがない。

贅沢品にかける税は、税をかけられた商品の価格を除いて、その他の商品の価格を高める傾向をまったくもっていない。ところが、必需品にかける税は、労働の賃銀を高めるから、かならずいっさいの製造品の価格を高め、結局はその販売と消費の規模を縮める傾向をもつ。贅沢品にかかる税は、税をかけられた商品の消費者によって最終的に、なんの代償もなしに支払われる。したがって、こういう税は、差別なしにすべての種類の収入、つまり労働の賃銀、資本（ストック）の利潤、土地の地代にかかってくることになる。必需品にかける税のほうは、労働貧民に影響するかぎり、終局的には、一部は地代が減るという形で地主が、また一部は製造品価格が上るという形で、地主だろうとその他の人々だろうと、ともかく金持の消費者が支払うのであって、それも、つねに相当の超過負担をともなう。たとえば、粗製毛織物といったほんとうの生活必需品で、しかも貧民の消費向けの製造品価格が上れば、その賃銀はもっとそれ以上に上る、という形で、貧民に埋合せが行なわれるほかはない。中流階級、上流階級の人々は、もし自分自身の利害を心得ているのなら、労働の賃銀にかけるいっさいの直接税はもちろん、生活必需品にかけるいっさいの税にも、つねに反

対すべきなのである。これらの税の両方とも、その終局的な支払は、すべてかれら自身に、しかもいつでも相当の超過負担をともないながら、かかってくるからである。これらの税は、もっとも重く地主にかかってくるのであって、地主はいつでも二重の資格で納める、つまり、地主としての資格では地代が下るという形で、金持の消費者としての資格では出費がかさむという形で、これを納めるのである。サー・マシュウ・デッカーは、ある種の税は、ある種の商品の価格のなかに、時には四、五回もくり返して、また〔複利計算のように〕累積加重されて現われる、と述べているが、これは生活必需品にかかる税にかんしては、まったく正しい。たとえば、鞣皮（なめしがわ）の価格においては、あなたは自分がはいている靴の鞣皮にかかる税ばかりでなく、靴屋や皮鞣職人がはいている靴の鞣皮にかかっている税金の一部をも支払わねばならない。そのうえ、あなたは、こういう職人たちがあなたの分の仕事に就いているあいだに消費した塩や石鹼（せっけん）や蠟燭（ろうそく）にかかる税を払わねばならず、さらに靴屋や皮鞣職人の分の仕事をしているあいだに、製塩職人、石鹼職人および蠟燭職人が消費した鞣皮にかかる税までも支払わねばならないのである。

大ブリテンの必需品課税は、塩、鞣皮、石鹼、蠟燭、沿岸輸送の石炭等に限られるが、他の諸国には高率のパン税、肉税さえある

大ブリテンでは、生活必需品にかかるおもな税は、いま述べた四つの商品、すなわち、塩、鞣皮、石鹼、および蠟燭にかかるものである。

塩はたいへん古くからの、またごく普通の課税物件である。それは、ローマ人のあいだでも課税されていたし、現在も、私の信ずるところでは、ヨーロッパのいたるところで課税されている。だれにせよ、個人が年々に消費する分量はごくわずかだし、少しずつ買うこともできるので、かなり重い塩税でさえ、だれもがそんなに厳しくは感じまい、と考えられてきたらしい。イングランドの塩税は、一ブッシェルにつき三シリング四ペンスで、これは原価のほぼ三倍である。他の若干の国では、塩税はもっと高い。鞣皮は、文字通りの生活必需品である。亜麻布が使われるようになってからは、石鹸もそうである。冬の夜が長い国々では、蠟燭はなくてはならぬ職業用具である。鞣皮と石鹸は、大ブリテンでは、重さ一封度（ポンド）について一ペニー半、蠟燭は同じく一ペニーの割で税がかかり、この税額は、鞣皮の原価にたいしては約八ないし一〇パーセント、石鹸はその約二〇ないし二五パーセント、そして蠟燭はその約一四ないし一五パーセントになろう。これらの税は、塩税に比べれば軽いけれども、なおたいへんな重税である。以上四種の商品は、どれもほんとうの生活必需品だから、それにこんな重税をかければ、まじめで勤勉な貧民の支出をなにほどか増加させずにおかないし、ひいては、かれらの賃銀を多少とも引き上げずにはおかないのである。

大ブリテンのように冬が寒い国では、燃料は、食物を調理するためだけでなく、屋内で働く種々さまざまな職人の快適な暮しのためにも、この季節のあいだ、まったく言葉通りの生活必需品である。そして石炭は、あらゆる燃料のうちで一番安い。燃料の価格は労働の価格にきわめて重大な影響をもつもので、大ブリテン全体を通じて、製造業は主として産炭地方に限られてきたほどである。わが国のその他の地方だと、この不可欠の品物が高いため、産炭地方ほど安い仕事ができないのである。そのうえ石炭は、ある種の製造業では、営業上不可欠の材料になっているのであって、ガラス、鉄、その他いっさいの金属の製造業ではそうである。もしも奨励金にも合理的たりうる場合があるとしたら、わが国で石炭が豊富な地域から、不足している地域への石炭輸送に与えるものが、おそらくこれに当るであろう。ところが立法府は、奨励金どころか、沿岸輸送の石炭にトン当り三シリング三ペンスの税金をかけたという始末である〔アン治世第八年条例第四号、同第九年条例第六号〕。これは、たいていの種類の石炭について、山元（やまもと）原価の六〇パーセント以上に当る。一方、陸路あるいは内陸航路によって運ばれる石炭は税を払わなくてよい。石炭が、おのずから安からざるをえないところでは使っても無税、おのずから高からざるをえないところでは重税を負う、というわけである。

こういう税は、生活資料の価格を高め、結局は労働の賃銀をも高めはするが、それでも政府に莫大な収入をもたらすのであって、それは、他のどんなやり方でも容易には達せられそうにないくらいのものである。したがって、こういう税を存続させるには、それだけの理由があるともいえよう。ところが、穀物の輸出奨励金となると、耕作の現状では、この必需品目の価格を高める傾向にあり、そのかぎり、右の税と同様の弊害を残らず生み出すのであって、しかも政府にはなんの収入ももたらさないどころか、巨大な出費を招くこともよくある。外国産の穀物の輸入にかける高率の関税――これは、国内がちょっと豊作の年には輸入禁止と同じことになる――と、生きた家畜や塩づけ食品の絶対的な輸入禁止――これは、法律の建前から、ふだんはそのまま実施されているのだが、昨今は品不足のため、アイルランドと大ブリテン領植民地にかんしては一時停止されている〔第三篇第四章「ヨーロッパ諸国の……」の小見出し参照〕――とは、生活必需品課税の弊害を残らず備えているうえに、政府にはなんの収入ももたらさない。こうした規制を廃止するのには、規制を生み出した制度そのものが無益だということを、社会一般に納得させさえすればよいように思われる。

　生活必需品にかける税は、大ブリテンよりも、他の多くの国々のほうがはるかに高い。水車場で碾く際に課する小麦粉と碾割とにかける税、窯で焼く際に課するパンにかける税は、多くの国々で行なわれている。オランダでは、都会で消費されるパンの貨幣価格は、こうした税金のために二倍になる、と推定されている。農村に住んでいる人々は、これらの税金の一部分を払わぬ代りに、かれらが食べていると推定されるパンの種類におうじて、年々一人当りいくら、という税金を納める。たとえば、小麦粉のパンを食う人なら三グルデン二五スタイヴェル、すなわち約六シリング九ペンス半を納めるのである。この税と、その他いくつかの同種の税は、労働の価格を高めることによって、オランダの製造業の大

部分を破滅させてしまったといわれている。(2) これほどひどく重くはないが、よく似た税が、
ミラノ公国で、ジェノアの諸州で、モデナ公領で、パルマ、プラセンチアおよびグワスタ
ラの各公領で、また法王領でも行なわれている。多少人に知られたフランスの一著者(3)は、
その国の財政を改革しようというので、他の税の大部分をやめて、その代りに、すべての
360 税のうちでももっとも破壊的なこの税で置きかえるよう提案したものである。キケロがい
うとおり、どんな馬鹿げたことでも、かつて哲学者のだれかによって主張されなかったよ
うなことはない。

肉にかける税は、パンにかける税より、さらに広く行なわれている。もっとも、肉がどこでも生活必需品かどうかは、疑問であろう。穀類とその他の野菜が、ミルク、チーズ、バターあるいはバターが手に入らぬところでは油を補えば、肉などなくても、もっとも豊かな、もっとも健康的な、もっとも栄養のある、またもっとも元気の出る食物になりうることは、経験上よく知られている。体面上、ほとんどの場所では、だれもが亜麻布のシャツを着たり、革靴をはいたりする必要があるが、これと同じ調子で、体面上だれもが肉を食べる必要がある、などというところはどこにもない。

消費税の取立てには、㈠消費者に定期的に納税させる　㈡商人に一回限り納税させる　の二方法があり、㈠は耐久商品の場合に最適。この点、デッカーの提案には問題がある

消費に充てられる商品は、必需品であれ贅沢品であれ、二つの違った方法で課税できる。すなわち、ある種の品物を使用している、あるいは消費するという理由で、年々ある金額を消費者に納めさせることもできるし、また、品物がまだ商人の手許に置かれていて、消費者に引き渡される前に、税をかけることもできる。消費に充てられる品物のうち、消費され切ってしまうまでにかなりの時間がかかるものには、第一の方法で税をかけるのが、もっとも適切である。即座に消費されるか、またはわりに速やかに消費されてしまうものは、もう一方の方法がもっとも適切である。四輪馬車(コーチ)税や金・銀食器税は、前の課税方法の例であり、その他諸税の大部分を占める内国消費税や関税は、後者の例である。

四輪馬車は、管理さえよければ、一〇年や一二年はもつだろう。これには、馬車製造人の手を離れる前に、一回限りの税をかけることもできよう。しかし、買手にしてみれば、四輪馬車を持つという特権にたいして年に四ポンドずつ支払うほうが、その製造人に四〇ポンドなり四八ポンドなりの追加価格を、つまり、この馬車を使っている期間中に納めさせられそうな税額に見合った金額を、そっくり一度に納めるよりも、ずっと都合がよいことは確かである。これと同様、金・銀食器の一式は、一世紀以上ももつだろう。消費者に

してみれば、金・銀食器一〇〇オンスごとに五シリング、価値に直すと一パーセント近くを年々支払っているほうが、こんなにも長期の年賦金を、その価格を少なくとも二五ないし三〇パーセントは高めることになるとしても、二五年分ないし三〇年分まとめて支払って償還してしまうよりも楽なことは確かである。家屋にかかるさまざまの税も、無理のない額の年賦払のほうが、家を新築または売却した当初の、同じ価値に当る重税の一回払よりも、はるかに支払に便利なのは確かである。

サー・マシュウ・デッカーの有名な提案というのは、およそあらゆる商品は、それが即
361 座に、あるいはごく速やかに消費されるものであってさえ、次のような方法で税を課すべきだ、というものであった。すなわち、商人はいっさい〔税を〕前払しないで、消費者だけが、一定の品物の消費許可証と引換えに年々一定の金額を納める、というのである。[2]かれの計画の狙いは、外国貿易のすべての部門、とりわけ仲継貿易を盛んにするために、輸出入にかかるいっさいの税を取り払い、それによって貿易商人が自分の資本と信用のほんの一部分でも税金の前払に振り向けることなしに、この両者をそっくり財貨の仕入と船舶の運賃に充てることができるようにするにあった。けれども、こういう方法で、即座に、また速やかに消費されてしまう品物に税をかけるというもくろみは、次の四つのきわめて重大な反論を免れまい。第一に、この税は、いまより、もっと不公平なものになろう。つまり、普通に行なわれている課税方法に比べて、さまざまな納税者の支出や消費にそれほ

どよく比例しないであろう。エール、葡萄酒および蒸溜酒にかかる税は、商人が前払しはするけれども、結局のところ、それぞれの消費者が各自消費するのに正確に比例して払うのである。ところが、もしもこうした酒類を飲むための許可証を買う、という形で税を納めよ、ということになると、あまり酒を飲まぬ消費者は、その酒量の割には、大酒飲みの消費者よりもはるかに重い税をかぶることになろう。盛大に宴を張る一家は、少しの客しかもてなさない一家よりもはるかに税が軽くてすむ、ということになるだろう。第二に、一定の品物の消費許可証にたいして、一年ごと、半年ごとあるいは四半期ごとに納めるという、この課税方式だと、速やかに消費されてしまう財貨にかける税が持っているおもな便宜の一つ、つまり、その時々小出しに払えるという便宜を、おおいに減ずるだろう。現在、黒ビール(ポーター)の大ジョッキを一杯飲むと三ペンス半取られるが、この価格のうちで、麦芽やホップやビールにかかるさまざまな税金は、醸造家がこれらの税を前払した代りにかけてくる追加の利潤を加えると、おそらく約一ペニー半に達するであろう。もしも、ある職人が、うまいことこの一ペニー半を捻出できるなら、黒ビールの大ジョッキを一杯飲む。もしそれができなければ、一パイント〔〇・五七リットル、三合強〕の小ジョッキで我慢し、諺(ことわざ)にあるとおり、一ペニー残すは一ペニーの得というわけで、かれは自分の節制で、一ファージング〔四分の一ペニー。最小単位の鋳貨〕儲けるのである。かれは税金を、支払える分だけ、支払える時に小出しに納めるのであり、税を納めるという行為は、すべてまったく自発的で、もしその気になればやらずにすむ行為なのである。第三に、こうした税は、贅沢禁止法としての作用もより小さいであろう。ひとたび許可証を買ってしまえば買った人が大酒を飲もうが、ほとんど飲まなかろうが、かれにかかる税額は同じだろうからである。第四に、ある職人が、一年、半年あるいは四半期といった期間に飲んだ黒ビールの大ジョッキ小ジョッキすべてにかかる税を、現在かれはほとんど、または全然不便を感じもせずに納めているわけだが、もし
362
もそれと等しい税額にせよ、それらの期間ごとにまとめてそっくり払え、と言われれば、その額はかれをひどく当惑させることもしばしばであろう。したがって、この課税方式では、極端にきつい抑圧でも加えれば別だが、現行の方式で、なんの抑圧もともなわずにあげているのとほぼ等しい収入を生みだすのは絶対に不可能だということは明らかだと思われる。それにもかかわらず、即座に、あるいは、ごく速やかに消費されてしまう商品に、このやり方で課税している国は少なくない。オランダでは、茶を飲むための許可証に一人当りいくらという税を納める。私はすでに、パンにかかる税のことを述べておいたが、パンが農家や農村で消費されるかぎり、ここでは右と同じやり方で課税されるのである。

内国消費税（エクサイズ）は、おもに国内消費向けの国産品にかけられる。これは、もっとも一般的に用いられているわずかの種類の財貨にだけかけられている。これらの税がかかる品目にかんしても、各種の品目にかかる個々の税にかんしても、疑問が起るような余地はまったくない。この税は、ほとんどみな、私が贅沢品とよんでいるものにかかってくるのであるが、

ただし、すでに述べた四つの税、すなわち塩、石鹼、鞣皮および蠟燭にかかる税は、つねにその例外をなし、またおそらくは、青色ガラス〔当時もっとも普通に作られたガラスで、おもに各種のビンに用いられた〕にかかる税も例外となろう。

関税は元来、商人の利潤にかける税と考えられ、輸出、輸入を問わず、すべての財貨に課せられたが、重商主義の流行とともに輸出税は廃止された

関税(カスタム)は、内国消費税よりもはるか昔からのものである。これが慣行(カスタム)とよばれてきたことも、いつごろか、わからないくらいの昔から行なわれてきた慣行的な支払のしるしだと言ってよかろう。関税は、もともとは商人の利潤にたいする税だと考えられていたらしい。封建的な無政府状態の野蛮時代のあいだ、商人は、自治都市のほかの住民すべてと同じく、解放された農奴に毛が生えたものくらいにしか思われず、その人格は軽蔑され、その儲けは嫉まれていた。大貴族は、自分自身の小作人たちが得た利得に国王が小作税(タリッジ)〔第三篇第二章「イングランド以外……」の小見出しの割注参照〕をかけることに同意していたくらいだから、ましてや保護することに利害関心を持つことのはるかにうすい一階級の人たちの利潤に、国王が同じく小作税をかけるのに気が進まぬわけがなかった。こうした無知の時代には、商人の利潤が、直接には課税できない物件だということ、つまり、そういう税金の終局的な支払は、相当の超過負担をともなって、消費者におおいかぶさってくるほかはない、ということがわからなかったのである。

外国商人の儲けは、イングランド商人の儲けよりも冷たい眼で見られた。そこで、前者の儲けのほうが、後者のそれより重い税をかけられたのも当然であった。外国人にかける税と、イングランド商人にかける税とのこの差別は、無知から始まったものではあったが、独占の精神ゆえに、つまり、わが国の商人を、国内市場と外国市場との両方で、有利な立場に立たせるために、引きつづき行なわれてきたのであった。

こういう差別をともないながらも、昔の関税は、あらゆる種類の財貨に、贅沢品はむろんのこと必需品にも、輸入品はむろんのこと輸出品にも、平等にかけられたのである。だがその後、なぜある種の財貨を売る者は、他の財貨を売る者よりも優遇されなくてはいけないのか、また、なぜ輸出商は輸入商より優遇されなくてはいけないのか、というふうに考えるようになってきたらしい。

昔の関税は、三つの部門に分けられていた。第一の、そして三つの税のうちでは、たぶんもっとも古いものは、羊毛と鞣皮にかける税であった。これはおもに、あるいはまったく、輸出税だったらしい。毛織物製造業がイングランドにも根づくにいたった時、国王は、毛織物の形で輸出すれば、それだけ羊毛〔の輸出〕にかける関税の税収が減ることを知って、その一部でも失うことのないようにと、同じような税を毛織物にもかけたのである。ほかの二つの部門の第一は、葡萄酒にかける税で、これは、トン当りいくらというふうにかけたため、トン税とよばれ、またその第二は、他のいっさいの財貨にかける税で、こちらは財貨の推定価値一ポンド当りいくらというようにかけたので、ポンド税とよばれた。エドワード三世治世の第四十七年には、輸出輸入を問わずいっさいの財貨に、一ポンドにつき六ペンスの税がかけられたが、羊毛、羊皮、鞣皮および葡萄酒は例外で、これらには特別の税がかけられた。リチャード二世治世の第十四年には、この税は、一ポンドにつき一シリングに引き上げられたが、三年後には、再び六ペンスに引き下げられた。ところがこの税は、ヘンリー四世治世の第二年には八ペンスに引き上げられ、さらに同王治世の第四年には、一シリングに引き上げられた。この時からウィリアム三世治世の第九年まで、この税はずっと一シリングのままであった。トン税とポンド税は、一般に議会が一つの同じ条例にもとづいて、国王に供与するものであったために、「トン税およびポンド税という臨時税（サブシディ）」とよばれたのである。ポンド税という臨時税は、一ポンド当り一シリング、つまり五パーセントの時代が非常に長いあいだ続いたので、臨時税という言葉は、関税用語としてはこの種の五パーセントの普通関税を指すようになった。この臨時税は、いまでは旧臨時税とよばれていて、チャールズ二世治世の第十二年に制定された関税率表にもとづいて、いまでも引きつづき徴収されている。この税をかける財貨の価値を、関税率表にもとづいて査定するという方法は、ジェイムズ一世の時代よりもっと古くからのものだといわれている。新臨時税というのは、ウィリアム三世治世の第九‐十年〔条例第二十三号〕に課せられたもので、これは大部分の財貨にかかる五パーセントの付加税であった。さらに、三分の一臨時税〔アン治世第二―三年条例第九号〕と三分の二臨時税〔アン治世第三―四年条例第五号〕とが合わさって、もう一つの
364 五パーセント税になり、そのそれぞれが五パーセント税にたいして三分の一、三分の二に当っていた。〔3〕一七四七年の臨時税〔ジョージ二世治世第二十一年条例第二号〕は、大部分の財貨にかかる四番めの五パーセント税となり、一七五九年の臨時税は、いくつかの特定種類の財貨に〔4〕かかる五番めの五パーセント税となった。以上五つの臨時税（サブシディ）以外にも、特定種類の財貨にたいして、別の多種多様な税金が折々かけられてきたのであって、それは、時には国家の危急を救うためであり、また時には重商主義の原理にもとづいて、この国の貿易を規制するためであった。

重商主義は、いよいよ流行り（はや）出してきた。旧臨時税は、輸出にも輸入にも無差別にかけられていた。ところが、それにつづいた四つの臨時税も、その後折々特定種類の財貨にかけたその他の税も、わずかの例外はあるものの、すべて輸入にだけかけられたのである。国内産の農産物と製造品の輸出にかけられていた古くからの関税の大部分は、あるいは軽減され、あるいは廃止された。しかもたいていの場合には、まったく廃止されてしまったのである。そのうえ、これら財貨のあるものの輸出には奨励金まで与えられるようになった。さらには、外国の財貨を輸入する際にいったん納めた関税も、時にはその全部、そして多くの場合その一部が、再輸出の折に戻税（もどしぜい）として払い戻された。旧臨時税として輸入に

かけられた税は、輸出に当って、わずか半額しか払い戻されないが、その後の臨時税とその他の輸入税として課せられた税は、大部分の財貨の場合、その全額が右と同じようにして払い戻されるのである〔第四篇第四章「重商主義の輸出……」の小見出し参照〕。こうして輸出をますます優遇し、輸入を抑えたので、主としていくつかの製造業の原料にかかわる、ごくわずかの例外が認められていただけであった。これらの原料を、わが国の商人や製造業は、できるだけ安く自分たちの手に入れ、他の国の自分たちの商売敵や競争相手には、できるだけ高く入手させようとするのである。また、この理由から、外国産原料でも、時としては無税で輸入することを許されることもある。たとえば、スペインの羊毛、亜麻や原料亜麻糸はそうである。さらに、国内産の原料や、わが植民地の特産物になっている原料の輸出は、時には禁止され、時には特別に高い税をかけられてきた。イングランド産羊毛の輸出も、禁止されてきた〔第四篇第八章「羊毛の輸出……」の小見出し参照〕。海狸の皮と海狸の毛、それにセネガル・ゴムの輸出には特別に
365 高い税がかけられてきたが〔第四篇第八章「その他漂布土……」の小見出し参照〕、これは、大ブリテンがカナダとセネガルを征服することによって、これらの商品をほとんど独占してしまったからなのである。

重商主義は国民の収入にたいして不利にはたらいたが、国家収入においても、関税にかんするかぎり、おおいに不利であった

重商主義が、国民大衆の収入にとって、つまり、その国の土地と労働の年々の生産物にとって、おおいに有利だなどと言えるものではなかったことは、本書の第四篇で、私が努

めて明らかにしようとしたところであった。他方、主権者の収入にとっても、少なくともそれが関税に依存しているかぎりでは、国民の収入の場合より有利というわけにはゆかなかったように思われる。

この重商主義のゆえに、幾種類もの財貨の輸入は、まったく禁止されてしまった。この禁止によって、ある場合には、それらの商品の輸入は完全に止まってしまったし、また他の場合には、その輸入がひどく減ってしまい、こうして輸入業者は、やむなく密輸に走らざるをえなくなった。禁止によって、外国産毛織物の輸入は完全に止まり、外国産の絹織物とビロードの輸入はいちじるしく減ってしまった。そして、どちらの場合にも、禁止によって、そうした輸入からさもなければ取り立てられたはずの関税収入は、全部ふいになってしまったのである。

種々さまざまな外国品の輸入にかけた高い税は、大ブリテンでそれらが消費されるのを抑えようとするものだったが、多くの場合、密輸を奨励するのに役だっただけで、しかもすべての場合、関税収入を、もっと軽い税でも得られたはずの額以下に減らしてしまった。スウィフト博士[5]は、関税の算術では、二足す二が四にならずに、時には一にしかならぬこともある、と言っているが、それは、こんな重税にかんしては、まったくその通りであって、もし重商主義が、多くの場合に、収入の手段としてではなしに、独占の手段として税を使うことをわれわれに教え込まなかったなら、こんな重税はとても課されることはありえなかったものである。

国内産の農産物や製造品の輸出に時として与えられる奨励金と、大部分の外国品の再輸
出に支払われる戻税とは、多くの詐欺をひき起したうえに、公共の収入にとっては、他の
366 何よりもはるかに有害な一種の密輸をもひき起した。すなわち、奨励金なり戻税なり欲し
さに、財貨を船積して一度出航はするが、すぐそのあとで、この国のどこか別の場所へひ
そかに再陸揚げされることが時々あるのは、よく人の知るところである。奨励金と戻税の
ために生じた関税収入の不当欠損には莫大なものがあるが、その奨励金と戻税の大部分は、
ごまかしで得られたものである。一七五五年一月五日をもって終る会計年度における関税
の総収入は、五〇六万八〇〇〇ポンドにのぼった。この収入のうちから支出された奨励金
の額は、この年には穀物輸出奨励金はなかったにもかかわらず、一六万七八〇〇ポンドに
達した。戻税証明書や輸出認可証にもとづいて交付された戻税は、二一五万六八〇〇ポン
ドに達した。奨励金と戻税を合せて、二三二万四六〇〇ポンドである。これを差し引くと、
関税収入は、二七四万三四〇〇ポンドにしかならず、ここからさらに、俸給やその他付随
した仕事の管理費として二八万七九〇〇ポンドを差し引くと、この会計年度の関税純収入
は、二四五万五五〇〇ポンドということになる。このように、管理費は、関税総収入の五
パーセントないし六パーセントになり、奨励金と戻税として交付した分を差し引いた残り
の収入にたいしては、一〇パーセントをいくらか上回るほどになるのである。

重い税が、ほとんどすべての輸入品にかかるため、わが輸入商は、密輸入はできるかぎりふやし、申告はできるだけ減らそうとする。これとは逆に、わが輸出商は、輸出額を水増しして申告する。それは、時には見栄から、つまり、無税貨物を扱う大商人として押し通したいから、ということもあれば、時には、奨励金や戻税がほしいから、ということもある。わが国の輸出は、こういったさまざまのごまかしの結果、税関の帳簿のうえでは、大幅に輸入を超過しているかのように見える。またこれが、いわゆる貿易差額なるもので国の繁栄を測る政治家にしてみれば、えもいわれぬ慰めなのである。

関税はいっさいの輸入品にかかるから対象品目はすこぶる多様だが、少数品目に限れば収入を減らすことなく簡素化が可能であり、わが国商工業は多大の利益を得よう

いっさいの輸入品は、とくに除外されないかぎり、かならずいくらかの関税を払わなければならないのだが、こうして除外されるものはあまりたくさんはない。もしも、関税率表に載っていないような品物が輸入される場合には、輸入業者の宣誓をもとにして、その価値二〇シリングごとに四シリング九ペンス二〇分の九、すなわち、ほぼ臨時税（サブシディ）五つぶり〔本章第四項〔2〕訳注〔3〕参照〕、つまりポンド税の五倍の割で課税される。関税率表というのは、きわめて包括的で、はなはだ種々さまざまの品目を列挙しているものだから、品目の多くはめったに使われないものだし、したがって、よく知られてもいない。そのために、ある特定の種類の品物を、どの品目に分類すべきか、またしたがって、いくらの税金を納めたらよいのか、はっきりしないことがよくある。この点で間違いを起すと、時には税関吏の首がとぶこともあるし、また輸入業者にとっては、たいへんな手間と出費と迷惑の種になることがしばしばである。こういうわけで、あいまいなところがあるか、正確か、また区別しや367すいかという点からみて、関税は、内国消費税よりはるかに劣っている。

どんな社会にせよ、その成員の大多数が、それぞれの支出におうじて公共の収入に貢献すべきだといっても、そういう支出の対象になる品目の一つ一つすべてに課税しなければならない、という必要はないように思われる。現に、内国消費税によって徴収される収入は、関税によって徴収される収入と同じくらい公平に納税者に負担されていると考えられるけれども、内国消費税は、もっとも広く用いられ、消費されるわずかの品目にしかかけられていない。適当なやり方をすれば、関税でも同じように、わずかの品目だけに限っても、公共の収入には損をかけないで、しかも外国貿易にはおおいに利益をもたらすようにできるはずだ、とは、多くの人々の意見になってきている。〔6〕

大ブリテンでもっとも広く用いられ、消費されている外国品といえば、いまのところ外国産の葡萄酒とブランディであり、また砂糖、ラム酒、煙草、ココ椰子の実などのようなアメリカおよび西インドのいくつかの物産、茶、コーヒー、陶器、各種の香辛料、数種の織物などのような東インドのいくつかの物産がおもなものであると思われる。現在、関税収入の大部分は、おそらくこれらの諸品目からあげられている。現在にいたるまで、外国の製造品にかけられている税は、いま数えあげたなかに含まれている、わずかの品目にかかる税を別にすると、その大部分は、収入ではなしに独占を目的にして、つまりわが国の商人に国内市場での有利な地位を与えようとして、課せられてきたものである。そうだとすれば、いっさいの禁止を解いてしまっても、また、あらゆる外国の製造品にたいして、各品目ごとに、公共社会に最大の収入をもたらすものと経験上わかっている適度な税をかけても、なおわが国の職人は国内市場での十分に有利な地位を保ってゆけるだろうし、また多くの品目は――そのなかには、いまのところ政府になんの収入ももたらさないものもあり、他のものもまったく取るに足りない収入しかもたらさないのだが――、かえって莫大な収入をあげることであろう。

重い税は、時には税のかかった商品の消費を減らすこともあり、また、時には密輸を奨励することになってしまう場合もあるので、もっと適度な税にしておけば得られるよりも少ない収入しか政府の手に入らないことがよくある。

収入の減少が消費の減少の結果である場合には、その対策はただ一つしかありえない。すなわち、税を軽くすることである。

収入の減少が密輸を助長した結果である場合には、おそらく次の二つの方法でこれを
368 矯正（きょうせい）することができよう。すなわち、密輸への誘惑を少なくするか、あるいは密輸の困

難さを増すかである。密輸への誘惑を少なくするには、税を軽くするしかないし、また密輸の困難さを増すには、それを防ぐのにもっとも適切な行政制度を設けるしかない。

内国消費税法が、関税法よりも、はるかに有効に密輸業者の活動を妨げ、また悩ませていることは、経験からして明らかだと信ずる。関税についても、両方の相異なる税の性質が許すかぎり、内国消費税にかんする行政機構に似せた行政機構を導入するなら、密輸の困難を、はなはだしく増すこともできよう。こういう改正なら、ごく容易に実行できそうだ、と多くの人々は考えてきた。

つまり、それはこういう話である。すなわち、なんらかの関税がかかる商品の輸入業者は、それらの商品を自分の私設の倉庫に運び込んでおくもよし、あるいは、自費か公費かで建てられ、ただし税関吏がその鍵を預かっていて、税関吏の立会いがないかぎり開けられないような倉庫におさめるもよし、そのどちらでも自由に選べることにする。もし商人が、それらの商品を自分の私設倉庫に運び込む場合には、税金をその場で納めさせ、あとからの払戻は絶対にしないことにし、しかもその倉庫には、いつなんどきでも税関吏の立入検査を行なえることにして、在庫数量が、あらかじめ税金を払ってある数量と、どこまで合っているかを確かめられるようにするのである。また、もし商人が商品を公設の倉庫に運び込む場合には、国内での消費向けであれば、倉出しの時までは税を払わなくてもよい。輸出向けに倉出しするというのなら、無税とするが、ただし、その商品が間違いなく輸出されるという適当な保証がかならず出されなくてはいけない。そして、これら特定の商品を売る商人は、卸売にせよ小売にせよ、いつなんどきでも税関吏の立入検査を受けねばならぬことにし、自分の店なり倉庫なりにある商品の全量にたいして税金を納めてあることを、適当な証明書で立証しなければならないようにしたらよい、というのである。事実、いわゆる輸入ラム酒内国消費税は、現在、このやり方で徴収されており、これと同じ行政機構は、おそらく輸入品にかける関税全体におし拡げることができよう。ただし、こうした税は、内国消費税のように、ごく広く使われ消費されている、わずかの種類の品物に限定しておくことが、つねにその条件となる。というのは、もし、これらの税が、現在そうであるように、ほとんどあらゆる種類の品物におし拡げられることになると、それにたいする十分な大きさの公設の倉庫をつくるのは容易なことではないし、また、こわれやすい性質の品物とか、保存上たいへんな世話や注意のいる品物とかは、商人のほうでも、自分の倉庫以外どんな倉庫にせよ、安心して預けるわけにはゆかないだろうからである。

　もし、こういう行政機構によって、かなり高い関税のもとでさえ、相当のところまで密
369 輸を防ぐことができるなら、またもし、国家に最大の収入をもたらせそうな方策が引上げ、
引下げのどちらであるかにおうじて、どの個々の関税をも随時上げ下げするならば、課税は、つねに収入の手段でこそあれ、独占の手段として使われることはまったくなくなろう。そうすれば、現在の関税の純収入と少なくとも同じくらいの収入を、もっとも広く使用さ

れ、消費されているほんのわずかな種類の品物の輸入にかける関税からあげること、またこのようにして、関税を内国消費税と同じ程度まで、単純で確実で正確なものにすること、この両者は、ともにできない相談でもないように思われる。外国品の再輸出といつわって、実はその後再陸揚げして国内で消費するにもかかわらず、戻税を払ってやるために現在国家収入のうえで損失になっている分は、この仕組のもとでは、そっくり浮いてくるだろう。これで浮く分だけでも相当なものであろうが、もしそれに加えて、国内生産物の輸出に与えるすべての奨励金をやめてしまえば、もっとも奨励金とはいうものの、実際にはそれ以前に前払されていた、なんらかの内国消費税の戻税はやめるわけにゆかないが、それ以外のすべての場合についての奨励金をやめてしまえば、関税の純収入が、この種の改正をしたあとでも、それ以前の純収入に十分匹敵することは、まず疑いを容れぬところであろう。

もしも、このように制度を変えても、公共の収入が少しも損失をこうむらないのなら、この国の貿易と製造業が非常に大きな利益を受けることは確かであろう。無税の商品が圧倒的に多くなるわけだが、そういう商品を扱う貿易は完全に自由になろうし、また、世界のいたるところへの、世界のいたるところからの貿易が、可能なかぎりの利益をあげつつ営まれるようになろう。こうした商品には、あらゆる生活必需品と製造業のあらゆる原料とがふくまれよう。生活必需品の自由な輸入で、国内市場における必需品の平均貨幣価格が下ると、そのかぎりでは、労働の貨幣価格も下るだろうが、しかし、労働の実質上の報酬は少しも下ることはあるまい。貨幣の価値というものは、それで買える生活必需品の量に比例する。一方、生活必需品の価値は、それと引換えに得られる貨幣量とはまったく無関係だからである。労働の貨幣価格が下れば、かならず、それにともなって、あらゆる国内の製造品の貨幣価格が比例して下るから、このために、国内の製造品はすべての外国市場でいくらか有利になるだろう。とくに、いくつかの製造品の価格は、原料の自由な輸入のおかげで、もっと大きな割合で下るであろう。もし、生糸がシナやインドから無税で輸入できるようになれば、イングランドの絹織物製造業者は、フランスとイタリーどちらの製造業者よりもずっと安く売りに出せるようになろう。そうなれば、外国製の絹織物やビロードの輸入を禁止する必要など少しもなくなってしまうであろう。わが国の職人のつくる品物が安いということは、かれらが国内市場を確保するだけでなく、外国市場を広範に支配することをも保証するであろう。税のかかる商品を扱う貿易でさえも、現在よりもはるかに有利にやってゆくことができよう。もしも、そういう商品を、外国向けに輸出するために公設の倉庫から出しても、この場合には税金がいっさい免除になるわけだから、そういう商品を扱う貿易も完全に自由になるだろうからである。仲継貿易は、どんな種類の品物を扱うものもみな、この仕組のもとでは、最大限の利益を享けるであろう。もしも、税のかかる商品を、国内消費向けに運び出しても、その輸入業者は、自分の財貨を商人なり消費者なりに売り渡す時がくるまで、税金を前払しなくてもよいわけだから、輸入したとたんに税金を前払しなくてはいけない場合に比べれば、つねに安く売るだけの余裕があろうからである。そこで、同額の税がかかるとしても、国内消費向けの外国貿易は、たとえ課税を受ける商品にかんしてさえ、こういうふうにして、今より、はるかに有利にやってゆけるであろう。

サー・ロバート・ウォールポウル[7]の有名な内国消費税案の狙いは、葡萄酒と煙草について、以上に提案されたものと大差のない制度をつくるにあった。当時、議会に提出された法案には、右の二つの商品しかふくまれていなかったのだが、法案は、同じたぐいのものっと広範な計画の前ぶれを意味するものと、広く受け取られた。密輸商人の利害と結びついた党派が、はなはだ不当ではあるが猛烈をきわめた法案反対の騒ぎを起したので、この大臣も法案を撤回したほうがいいと考えたほどであった。そして、かれの後継者たちも、同じような騒ぎを起すのではたまらないというので、だれ一人、この計画をあえてもう一度取り上げようとはしなかった。

下層階級にかかる消費税は、上層階級にかかるものより、はるかに大きな収入をあげうるが、下層階級の必要支出にはこれを課すべきでない

国内消費向けに輸入される外国産の贅沢品にかける税は、場合によっては貧民の負担になることもあるが、おもに中流あるいは中流以上の財産を持つ人々の負担になる。たとえ

ば、外国産葡萄酒、コーヒー、チョコレート、茶、砂糖などにかかる税がそれである。

国内消費向けの、国産のもっと安い贅沢品にたいする税は、すべての階級の人たちに、各人それぞれの支出に比例してかなり平等にかかってくる。貧乏人は、麦芽、ホップ、ビール、エールにかかる税を、自分自身の消費にたいして納めるし、金持は、自分自身の消費と使用人の消費との両方にたいして納めるのである。

下層の諸階級、つまり中流階級以下の人々の消費全体は、どこの国でも、中流階級とそれより上位の階級の消費全体より、量においてはむろんのこと、価値においてもはるかに大きいということは、注意すべきである。下層の諸階級の支出総額は、上層の諸階級のそれよりもはるかに大きい。第一に、あらゆる国の資本のほとんど全部は、生産的労働の賃
371
銀として、年々下層の諸階級の人々のあいだに分配される。第二に、土地の地代と資本（ストック）の利潤の両方から生ずる収入の大きな部分は、召使その他の不生産的労働者の賃銀や生活維持費として、年々この同じ階級のあいだに分配される。第三に、資本（ストック）の利潤のうちいくらかの部分は、この同じ階級の人々がその小資本を運用することによって生ずる収入として、この階級のものになる。小商店主、小商人、あらゆる種類の小売業者が年々生み出す利潤の総額は、どこでも相当なもので、年々の生産物のかなり大きな部分を占めている。第四に、そして最後に、土地の地代ですら、そのうちいくらかの部分は、この同じ階級のものになる。地代のかなりの部分が、中流階級よりやや下の人々のものに、そして小部分は、

なんと最下層階級のものにもなるのである。下級の労働者でも、時には一エイカーや二エイカーの土地は財産として持っていることがあるからである。こういうわけで、これら下層の諸階級の人々の支出は、ひとりひとりとって見れば、ほんの小さなものでしかないが、それらをひとまとめにした全体の額は、いつでも社会の支出総額のうち、ずば抜けた最大の部分になってしまう。残った分、つまりは一国の土地と労働の年々の生産物のうち、上層の諸階級の消費のために残った分は、その量はむろんのこと、価値においても、いつでもはるかにこれより少ないのである。したがって、支出にかける税のうちでおもに上層の諸階級の支出、つまり、年々の生産物中の小さいほうの部分にかかってくる税というものは、すべての階級の支出に無差別にかかるものに比べて、あるいは、おもに下層の諸階級の支出にかかるものに比べてさえ、つまり、年々の生産物全体に無差別にかかるものより、あるいは、おもにその大きいほうの部分にかかるものより、はるかにその税収が少ないということになりがちである。国産の醱酵酒と蒸溜酒の原料や製品にかける内国消費税が、支出にかけるさまざまの税金すべてのうちで、飛び抜けた最高の税収をあげているのはここに由来するのであって、それというのも、内国消費税のこの部門は、庶民の支出に非常に多くかかる、むしろ、おそらく、主としてかかる、と言ってよいからである。一七七五年七月五日で終った会計年度中に、内国消費税のこの部門があげた総収入は、三三四万一八三七ポンド九シリング九ペンスに及んだのである。

しかし、つねに忘れてならぬことは、いやしくも税をかけるべきは、下層の諸階級の贅沢な支出にであって、必要な支出にではない。かれらの必要な支出にかかるいかなる税金も、その終局的な支払は、そっくり上層の諸階級に、言いかえると、年々の生産物のうち大きいほうの部分にではなく、小さいほうの部分に、かかってしまうであろう。こういう税は、どんな場合にも、労働の賃銀を引き上げるか、さもなければ、労働にたいする需要を減らすかするに決まっている。こういう税のために労働の賃銀が上る場合には、かならずその税の終局的な支払は、上層の諸階級におおいかぶさってくるしかない。また、その
372
ために労働にたいする需要が減る場合には、かならず一国の土地と労働の年々の生産物、すなわち、あらゆる租税が終局的にはそこから支払われねばならぬ基金も減るしかないのである。この種の税のために労働の需要が減った状態というのがどのようなものであれ、ある状態のもとでは、税は、つねに、それがかからない場合の水準以上に賃銀を引き上げずにはおかない。そして、この賃銀の上った分の終局的な支払も、あらゆる場合に、上層の諸階級におおいかぶさってくるに相違ないのである。

麦芽、ビール、エールにかかる現行の税をやめ、もっと軽い統一的な麦芽税を設ければ、より多くの収入があげられよう

売りに出すためでなしに、自家用に醸造されたり造られたりする醱酵酒と蒸溜酒は、大ブリテンでは、内国消費税がまったくかからない。こういう免除をしたのは、個人の家族

が収税吏のいやな立入り検査にさらされないように、という狙いだったが、そのために、これらの税の負担は、貧乏人より金持のほうがはるかに軽い、ということがよくある。確かに、蒸溜酒を自家用に造るというのは、それほどありふれたことではないが、ないわけではない。ところが、ビールなら、農村にいけば、中流家庭の多く、富んだ名家ならほとんど全部の家庭で、自家用に醸造している。そこで、かれらの強い(ストロング)ビールは、一般の醸造業者のものより一樽当り八シリング安くつく。〔そのわけは〕一般の醸造業者は、かれが投下したいっさいの経費分についてはもちろん、税金分についても利潤を得なければならないからである。そこで、右のような家族は、自家製ビールを、庶民が飲んでいる同じくらいの品質のどのビールよりも、一樽当り少なくとも九ないし一〇シリングは安く飲んでいるにちがいない。他面、庶民のほうは、どこであろうと、自分の飲むビールは、醸造業者なり居酒屋なりから少しずつ買うほうが便利なのである。麦芽も、個人が自家用に造るのであれば、右と同じく、収税吏の立入り検査を受けなくてもよいのだが、この場合には、その家族一人につき七シリング六ペンスを税金代りに納めなければならない。七シリング六ペンスというと、麦芽一〇ブッシェルにかかる内国消費税に等しく、そして、一〇ブッシェルという分量は、あまり酒を飲まない一家族のさまざまの成員、つまり男も女も子供もみな平均して消費すると思われる分量に十分見合ったものである。しかし、富んだ名家では、田舎ふうのもてなしが盛んに行なわれるから、その家族の人たちが消費する麦芽酒は、その家の消費量全体のなかでは、ほんの一小部分にしかならない。けれども、そういう代納金（コンポジション）があるせいなのか、それとも別の理由があるせいなのか、自家用に麦芽を造るのは、自家用にビールを造るほど、ひろく行なわれてはいない。自家用に醸造するとか、蒸溜するとかしている人たちが、なぜ麦芽と同種の代納金を納めなくてもいいのか、そのための筋の通った理由を思いつくのはむずかしい。

麦芽、ビールおよびエールにかけているいっさいの重税から、現在徴収されているよりもっとたくさんの収入が、麦芽にかけるはるかに軽い税ひとつで徴収できよう、とよく言われてきた。それというのも、所得をごまかす機会は、麦芽製造所より醸造所のほうがずっと多いし、そのうえ、自家用に醸造する人たちは、いっさいの税金なり、税金に代る代納金なりを免除されているのに、自家用に麦芽を造る人たちは、そうではないからだ、というのである。

ロンドンの黒ビール（ポーター）醸造所では、麦芽一クォーターから、普通は二樽半以上、時として
373 三樽の黒ビールを醸造している。麦芽にかかるいろいろの税は、一クォーター当り六シリングになり、強い（ストロング）ビールやエールにかかる税は一樽当り八シリングになる。だから、黒ビール醸造所では、麦芽、ビールおよびエールにかかるいろいろな税は、麦芽一クォーターからの生産物にたいして、二六シリングないし三〇シリングになるわけである。通常の地方販売をやっている地方の醸造所では、麦芽一クォーターから、強い（ストロング）ビール二樽と弱い（スモール）ビ

ール一樽以下しか醸造できない、ということはまずないし、強い（ストロング）ビールにして二樽半も醸造されることもしばしばである。弱い（スモール）ビールにかかるいろいろな税金は、一樽当り一シリング四ペンスになる。だから、地方の醸造所では、麦芽、ビールおよびエールにかかるいろいろな税が、麦芽一クォーターからの生産物にたいして二三シリング四ペンスにも達しない、ということはまずなく、二六シリングになることもしばしばである。したがって、王国全体の平均をとると、麦芽、ビールおよびエールにかかる税金の総額が、麦芽一クォーターからの生産物にたいして、二四ないし二五シリング以下と見積られることはありえない。ところが、ビールとエールにかけているいろいろな税をすべて撤廃すると同時に、麦芽税を三倍にする、つまり麦芽一クォーター当り六シリングから一八シリングに引き上げれば、このひとつの税だけで、これより重い諸税すべてから現在上げているよりも大きな収入を徴収できるだろう、と言われている。

		ポンド	シリング	ペンス
一七七二年	旧麦芽税	七二二、〇二三	一一	一一
	付加税	三五六、七七六	七	九¾
一七七三年	旧麦芽税	五六一、六二七	三	七½
	付加税	二七八、六五〇	一五	三¾
一七七四年	旧麦芽税	六二四、六一四	一七	五¾

年	項目	ポンド	シリング	ペンス
一七七五年	付加税	三一〇、七四五	二	八½
	旧麦芽税	六五七、三五七	—	八¼
	付加税	三二三、七八五	一二	六¼
	〔合計〕	三、八三五、五八〇	一二	—¾
	以上四ヶ年の平均	九五八、八九五	三	—3/16
一七七二年	地方内国消費税	一、二四三、一二八	五	三
	ロンドン醸造所納税額	四〇八、二六〇	七	二¾
一七七三年	地方内国消費税	一、二四五、八〇八	三	三
	ロンドン醸造所納税額	四〇五、四〇六	一七	一〇½
一七七四年	地方内国消費税	一、二四六、三七三	一四	五½
	ロンドン醸造所納税額	三二〇、六〇一	一八	—¼
一七七五年	地方内国消費税	一、二一四、五八三	六	一
	ロンドン醸造所納税額	四六三、六七〇	七	—¼

〔合計〕	六、五四七、八三二	一九	二 1/4
以上四ヶ年の平均	一、六三六、九五八	四	九 1/2
先の麦芽税の平均	九五八、八九五	三	—— 3/16
以上諸税の総額	二、五九五、八五三	七	九 11/16
しかし麦芽税を三倍にする、つまり麦芽一クォーター当り六シリングを一八シリングに引き上げると、この一つの税だけの見込収入は、	二、八七六、六八五	九	—— 9/16
前出の額にたいする超過増収額	二八〇、八三二	一	二 14/16

374 実は、右の旧麦芽税のなかには、りんご酒（サイダー）〔りんご汁を醗酵させてつくる酒。飲料にするほか食用酢の原料にもなる〕の大樽当り四シリングの税と、マム酒〔アルコール分も甘味も強いビールの一種〕一樽当り一〇シリングというもう一つの税とがふくまれている。しかし、一七七四年に、りんご酒にたいする税は、たった三〇八三ポ

ンド六シリング八ペンスの収入をあげただけだった。これは、おそらくその例年の収入額よりいくぶん少なめであろう。この年には、りんご酒にかけるいろいろな税が、どれもふだんの年より少なかったからである。マム酒にたいする税は、これよりずっと重い代りに、この飲物の消費がより少ないせいで、収入はさらに少ない。しかし、これら二つの税の通常の収入額がどんなに変動しても、年々あまり不均等にならないように、いわゆる地方内国消費税のなかに、つぎの諸税がふくめてある。すなわち、第一に、りんご酒の大樽当り六シリング八ペンスの旧内国消費税、第二に、酸味果汁（ヴァージュース）〔りんごや葡萄の未熟果から取り、おもに料理用に使われた〕の大樽当り六シリング八ペンスの右と似た税、第三に、食用酢の大樽当り八シリング九ペンスのもう一つの税、そして最後に、ミードまたはミセグリンとよばれている蜂蜜酒（はちみつ）一ガロン当り一一ペンスの第四の税である。以上、いろいろの税からあがる収入は、いわゆる「りんご酒とマム酒に課する年々の麦芽税」からの収入を、たぶん埋め合せてなお、おおいに余りがあろう。

　麦芽は、ビールやエールの醸造所で消費されるだけでなしに、弱い、まがいの葡萄酒や蒸溜酒（スピリッツ）を造るのにも用いられる。もしも、麦芽税が一クォーターについて一八シリングに引き上げられれば、ともかくも麦芽を原料の一部に使う特定種類の、弱い、まがいの葡萄酒や蒸溜酒にかけているいろいろの内国消費税を、いくらか軽くする必要があろう。いわゆる強麦芽酒（モウルト・スピリッツ）だと、麦芽は、普通その原料の三分の一を占めるだけで、残りの三分の二は、生（なま）の大麦か、あるいは三分の一が大麦、三分の一が小麦かのどちらかである。強麦芽酒の蒸溜所では、密造の機会も誘惑も、醸造所や麦芽製造所のどちらよりもずっと多い。その機会が多いのは、この商品の嵩（かさ）が、比較的小さいわりには価値が高いからであり、また誘惑が多いのは、蒸溜酒一ガロン当り三シリング一〇ペンス三分の二[4]にも及ぶほど、税金がひどく高いからである。そこで、麦芽にかける税を増し、蒸溜所にかける税を減らせば、密造の機会も誘惑もともに少なくなって、この面からも税収はさらに一段とふえることになるだろう。

しばらく前から、蒸溜酒には、庶民の健康を損い道徳を腐敗させる傾向があると考えられたところから、大ブリテンは、その消費を抑える政策をとってきた。この政策をとる以
375
上、蒸溜所にかける税を軽くするといっても、そのために、こうした飲物の価格が少しでも下るほど大幅であってはいけないのである。蒸溜酒は、これまでどおり高いままにしておいてよいが、一方、同時に、健康によくて元気の出るビールやエールのような飲物は、その価格を思い切って引き下げたらよかろう。こうすれば、人々は、現在もっとも不平を訴えている負担の一つから、いくらか免れると同時に、しかも国の収入のほうも、かなりふえることになろう。

現行の内国消費税制を改正することにたいしては、ダヴェナント博士の反対があるが、根拠薄弱である

現行の内国消費税制度をこのように改正することにたいしては、ダヴェナント博士の反対論があるが、それは根拠が薄いと思う。その反対論というのは次のとおりである。すなわち、この税は現在のところ、かなり公平に麦芽製造業者、醸造業者、小売商のそれぞれの利潤に振り分けられているのに、改正されれば、利潤に影響するかぎりでは、全部が麦芽製造業者の利潤にかかってくるだろう、と。また、麦芽製造業者が自分の麦芽の値段を引き上げることで税金を取り返そうとしても、醸造業者や小売商がかれらの売る酒の値段を上げて取り返すようには、簡単にゆかないだろうし、麦芽にこれほどの重税をかければ、大麦をつくる土地の地代と利潤とを減らしてしまうだろう、というのである。〔8〕

だが、どんな税であろうと、相当長期にわたって、ある特定の事業の利潤率を引き下げておくということはできないのであって、それというのも、この事業は、その近くにある他の事業といつでも同じ〔利潤率の〕水準を保たねばならぬものだからである。麦芽、ビールおよびエールにかかる現行の税は、これらの商品を売る商人の利潤に影響を及ぼしてはいないのであって、かれらはみな、自分たちの財貨の価格を高めて、税の分にたいする追加利潤ともども、この税金分を回収するのである。確かに税金というものは、それがかけられている財貨の消費が減退してしまうほどその財貨の価格を吊り上げることもないわけではない。しかし、麦芽の消費は、麦芽から造った酒という形で行なわれるのだから、麦芽一クォーター当り一八シリングの税をかけたとしても、現に、二四ないし二五シリン

376

グにもなるいろいろの税が、これらの飲物の価格を高くしているよりも、もっと高くなるなどということは、まずありえまい。むしろ逆に、これらの飲物はもっと安くなろうし、その消費も、減るというよりはふえることになりそうである。

麦芽製造業者が自分の麦芽の価格を引き上げることによって一八シリングを取り返すほうが、現にいま、醸造業者が、かれの造った酒の価格を引き上げることによって二四ないし二五シリング、時には三〇シリングを取り返しているのより、もっとむずかしいというのはなぜなのか、どうも理解に苦しむ。なるほど、麦芽製造業者は、麦芽一クォーターごとに、六シリングの税のかわりに、一八シリングの税を前払しなくてはなるまい。そうはいうものの、醸造業者は、現にいま、自分が醸造する麦芽一クォーターごとに二四ないし二五シリング、時には三〇シリングもの税を前払させられているのである。麦芽製造業者が軽い税を前払するほうが、現にいま、醸造業者が重い税を前払しているのよりも不都合だ、というはずはなかろう。また、麦芽製造業者が、その穀倉に入れておく麦芽の在庫品は、醸造業者がよく自分の酒蔵に入れておくビールやエールの在庫品よりも、売りさばくのにどうしても長い時間かかるともかぎらない。したがって、前者は後者と同じくらいの早さで、自分の金を回収できることがしばしばである。とはいうものの、麦芽製造業者が、これまでより重い税を前払させられるために生ずる不都合がどれほどのものであろうと、現在普通に醸造業者に与えられているよりも数ヶ月長い税金の延納を認めてやれば、容易に救ってやることができよう。

大麦にたいする需要を減らさないものは、なんであろうと、大麦をつくる土地の地代も利潤も、けっして減らすことはできない。ところが、制度を変えて、ビールやエールに醸造する麦芽一クォーター当りの税金を、二四ないし二五シリングから一八シリングに減らせば、大麦の需要は、減るどころかむしろ増すであろう。しかも、大麦をつくる土地の地代と利潤とは、その土地と同じくらい肥え、同じくらいよく耕された他の土地の地代と利潤に、いつもだいたい等しいにちがいない。もし、その土地の地代と利潤が低ければ、大麦をつくる土地の一部は、まもなくなにか別の目的に転換されてしまうだろうし、また、もしそれらが高ければ、もっと多くの土地が、まもなく大麦の栽培に向けられるだろうからである。もっとも、土地のなにか特定の生産物の通例の価格が独占価格とよんで差支えない水準にある場合には、それに税をかければ、それを産出する土地の地代と利潤をかならず引き下げる。たとえば、とくに優れた葡萄園があって、そこでできる葡萄酒が有効需要にはるかに足りないために、その価格が、この葡萄園と同じくらい肥え、同じくらいよく耕された他の土地の生産物の価格にたいする自然の割合をいつも上回っているとすると、そういう葡萄園の生産物に税をかければ、その地代と利潤はかならず下るであろう。ここの葡萄酒の価格は、市場にふだん送られている量とひきかえに手に入れられるものとしてはすでに最高の価格であるわけだから、その量を減らす以外にこの価格をもっと引き上げ

377 ることはできまいし、といって、量を減らせばさらに大きな損は避けられまい。なぜならば、この土地ばかりは、なにか別の、同じくらい価値のある生産物に転換することができないだろうからである。そこで、税の重みは、すべてこの葡萄園の地代と利潤に、正確に言うと、地代だけにかかってくるだろう。砂糖になにか新しい税をかけようという提案が出た時、わが砂糖農場主（プランター）たちは、そういう税の重みはすべて、消費者にではなく生産者にかかってくる、と言ってよく不平を鳴らしたものであった。要するに、かれらは、課税されたからといって、砂糖の価格を前より高くすることは、けっしてできなかったからである。そうだとすると、その価格は、課税以前には独占価格だったと見える。こうして、砂糖は課税物件としては不適当である、ということを示そうとしてもち出してきたこの議論が、かえって、それが好適な課税物件だということを宣伝してしまうことになったらしい。独占業者の儲けというものは、うまく見つけることさえできれば、確かにこれ以上好適な課税物件はほかにないからである。ところが、大麦の普通価格は、これまで一度も独占価格だったことはなかったし、また大麦をつくっている土地の地代と利潤が、同じくらい豊かで、同じくらいよく耕されている、ほかの土地の地代や利潤にたいする自然の割合を上回ったことも一度もなかった。麦芽、ビール、エールにかけられてきたさまざまの税が、大麦の価格を低めたこともなければ、大麦をつくっている土地の地代と利潤を引き下げたこともなかった。麦芽の価格は、醸造業者にとってみれば、麦芽に税がかけられるのに比例して上り続けてきたのだし、この税は、ビールやエールにかかるさまざまの税といっしょになって、消費者にとってみれば、つねにこれらの品物の価格を高めるか、または同じことになるが、その品質を低下させてきたのである。これらの税の終局的な支払は、いつも消費者にかかってきたのであり、生産者にはかからなかったのである。

ここで提案されているような制度の改正によって損害を受けそうなのは、自家用に醸造している人たちだけである。しかし、現在この上層階級の人々が重税を免れているということは、その重い税を貧しい労働者や工匠が納めている以上、なんとしても、もっとも不正かつ不公平であって、たとえこの改正が結局実現しないとしても、当然廃止されるべきものである。だが、間違いなく公共の収入を増すとともに人々のためになるはずの制度改正を、今日まで阻んできたのは、おそらくこの上層階級の人々の利害であったろう。

関税と内国消費税のほかに、不公平で、また間接に財貨の価格に影響する税がある

さて、上に述べた関税と内国消費税のような税のほか、財貨の価格にたいして、もっと不公平に、またもっと間接的に影響するいくつかの税がある。この種のものとしては、フランス語で通行税（ピアージュ）とよばれている税があり、これは昔のサクソン時代のいわゆる通行料（パッセイジ）で、それを設けたもともとの目的は、わが国の有料道路の通行税、あるいは道路や内陸航路を維持するためにわが国の運河や可航河川にかける通行税と同じだったと思われる。こ

378

れらの税がこうした目的に充てられる場合には、財貨の嵩なり重さなりにもとづいて課税するのが、もっとも適当である。これらの税は、元来が地方や州のいろいろな目的に充てるための地方税であり、州税であったから、この税の管理は、ほとんどの場合、それを取り立てた特定の都市、教区、あるいは領主の所領にまかされていた。これらの共同体は、なんらかの形で、税の使い方にたいし責任を負っているものと考えられていたからである。ところが、その後、責任など全然負っていない主権者が、多くの国々でこれらの税の管理を横取りしてしまい、しかもほとんどの場合に、この税をひどく吊り上げはしたものの、税の使い方はまったくなおざりにしてしまった。もし万一、大ブリテンの有料道路の通行税が、政府の財源の一つに繰り入れられでもしようものなら、おそらくどんな結末にたちいたるか、他の多くの国民の先例に鑑みて、およその見当がつこう〔本篇第一章第三節第一項「通行税を国の……」の小見出し参照〕。こうした通行税を、終局的には消費者が支払うことは間違いないが、消費者が自分の消費するものの価値におうじてではなく、その嵩なり重さなりにおうじて支払う場合には、課税は支出に比例しないことになる。逆にこうした税が、財貨の嵩なり重さなりにおうじてではなく、その推定価値におうじて課せられる場合には、この税は正しくは、内国関税または内国消費税の一種になるのであって、これは一国の全商業部門のうち、もっとも重要な国内商業をはなはだしく妨げるものなのである。

いくつかの小国では、これらの通行税に似た税を、自国の領土を横切り、陸路または水路のいずれかで、ある外国から別の外国へ運ばれる財貨に課している。こうした税を、国によっては、通過税と称している。ポー川とそれへ注ぐ支流に臨んでいるイタリーの小国の若干のものは、この種の税からなにがしかの収入をあげており、これはその全部を外国人が納めるものであり、また、一国が、自分の国の工業なり商業なりを少しも妨げることなしに他国の臣民にかけることのできる、おそらく唯一の税であろう。世界じゅうでもっとも重要な通過税は、デンマーク王がサウンド海峡[9]を通過するあらゆる商船に課しているものである。

関税と内国消費税の大部分は、租税の四原則のうち、初めの三原則にはよくかなう

関税や内国消費税の大部分のように贅沢品にかかる税は、そのすべてが各種の収入に無差別にかかり、また終局的には、あるいはなんの割引もなしに、その金額を、税のかかっている商品を消費する人々すべてが支払うことになるけれども、かならずしも各個人の収入にたいして公平に、つまり収入に比例してかかるというものではない。それぞれの人間の気質が、その人の消費の程度を左右するのだし、各人は、その収入に比例して、というよりは、むしろ、その気質におうじて税を納めるわけだから、収入にたいする妥当な割合からいうと、浪費家はたくさん、倹約家は少し納めることになる。大財産家でも、未成年のあいだは、国家の保護があればこそ一大収入をあげておきながら、消費を通じてその国

379

家を支えるために貢献することはほとんどしないのが通例である。また、外国に移り住んでいる人々は、自分の収入の源泉がある本国の政府を支えるために、消費を通じてはなんら貢献することがない。もし、その本国では、現にアイルランドがそうであるように、地租もなく、動産であれ不動産であれ、移転してもたいした税はかからないというのであれば、こうした在外居住者は、ただの一シリングといえども、それを支えるために納税もしないその政府の保護を受けて、大収入をあげることができるわけである。この不公平は、その政府がどこか別の国の政府になんらかの点で従属し依存しているような国で、もっともはなはだしくなるものらしい。従属国に広大な土地財産を持っている人々は、こういう場合には、普通、その支配国のほうに居住地を選ぶであろう。アイルランドは、まさしくこういう立場に置かれており、したがって、在外居住者に課税するという提案が、その国では非常に人気があるのも驚くには当らない。もっとも、どういう種類の、またはどの程度の不在なら、その人間を在外居住者として課税するか、あるいは課税の始期と終期とを正確にはいつにすべきか、を確定するには、たぶん、いくらかむずかしい点もあるかもしれない。しかし、このごく特殊な場合を別とすれば、関税や内国消費税のためにいくら各個人の納税額に不公平が生じうるとしても、それは、ほかならぬ不公平をひき起す当の事情によって、つまり税のかかっている商品を消費するもしないも、まったく各人の一存で決められ、だれの納税も完全にその当人の自由意志にもとづいているという事情によって、十二分に償われている。そこで、こういう税が、適正に賦課され、しかも適当な商品にだけかけられているところでは、他のどんな税よりも、納税に当ってあまり不平が聞かれない。商人や製造業者が、この税を前払している場合には、結局はこの税を負担する消費者は、まもなく商品の価格と税とを混同するようになり、なにやら税を納めていることも、ほとんど忘れてしまう。

　こういう税はまったく確定的であり、またそうでなくとも確定的なものにすることができる。すなわち、いくら納めるべきか、またいつ納めるべきかといった納税の額と納期にかんしては、一点の疑いも残さずに賦課することができる。大ブリテンの関税なり、他の国々の同じ種類の税なりに、時としてどんな不明確なところがあるとしても、それは、これらの税自体の性質からきたものであるはずはなく、その税の賦課を定めた法律の表現の仕方が不正確か、それとも不手際なことからきたものである。

　贅沢品にかかる税は、その都度小分けにして、つまり、納税者が税のかかっている品物を買うたびにそれに比例して納めるのが普通だし、また、つねにそうさせることもできる。納税の時期も方法も、この税は、すべての税のうちで一番便利であり、また便利なものにできる。したがって、全体から見るとこういう税は、租税にかんする四つの一般原則
380 〔本章第二節「租税には四原則……」の小見出しを参照〕のうち、はじめの三つの原則に合致する点で、おそらく他のどんな税にも劣ることはあるまい。ただし、どこから見ても、第四番めの原則には反してい

る。

関税と消費税は、その収入額に比して多大の徴収費を要する点で、租税の四原則のうち第四のものにはまったく反する

この種の税は、それが国庫にもたらす額との割合で見ると、国民のポケットから取り立てたり、ポケットに入らぬようにしてしまったりする額が、他のほとんどどの税よりもつねに多い。そういうことが起るについては、考えうる四つのやり方が原因となるが、現在はその四つとも、行なわれているように思われる。

第一に、こういう税を徴収するには、どんなに賢明なやり方で税をかけたとしても、おおぜいの税関吏や内国消費税吏が必要になるが、この人たちの俸給や役得は、国民にしてみれば実質は税金であるのに、この税金は国庫にいささかの収入ももたらさない。しかしこの経費が、大ブリテンでは他のたいていの国より大きすぎはしない、という点は認めねばならない。一七七五年七月五日に終る会計年度中に、イングランドの内国消費税監督官の所管になっている各種の税の総収入は、五五〇万七三〇八ポンド一八シリング八ペンス四分の一にのぼったが、その徴収経費は、五パーセント半をわずかに超えただけであった。ただし、この総収入からは、内国消費税のかかる財貨を輸出に向けた場合に交付する、輸出奨励金および戻税として払い出された分を差し引かねばならないので、そうなると、純収入は五〇〇万ポンド以下に減るだろう。(5) 同じ内国消費税ではあるが、所管が違う塩税の

徴収には、これよりずっと経費がかかる。また、関税の純収入は、総計二五〇万ポンドにもならないが、それは役人の俸給やその他の付帯経費に一〇パーセント以上もかけて徴収されている。ところが、税関吏の役得となると、どこでもかれらの俸給よりはるかに多く、若干の港では俸給の二倍、三倍を超えている。[10] したがって、もし役人の俸給やその他の付帯経費が、関税の純収入の一〇パーセント以上にも及ぶとすれば、この関税収入を徴収する経費の総額は、俸給や役得をいっしょにすると、二割から三割以上にも及ぶであろう。一方、内国消費税吏には役得がないか、あるいはなきに等しい。この収入部門の行政は、関税よりも近年になって制度化されたために、一般に関税行政よりは腐敗の度が少ない。関税行政のほうは、長い年月のあいだにさまざまの弊害が持ち込まれ、しかもそれが当り前のこととして通っている。麦芽と麦芽酒にかける各種の税によって現在徴収している収入の全額を麦芽だけにかぶせると、内国消費税の年々の徴収経費を、五ポンド以上も節約できるのではなかろうか。さらに、関税をわずかな種類の品目に限り、しかも、それらの
381 税を内国消費税法にもとづいて徴収するようにすれば、関税の年々の徴収経費を、たぶん、これよりもずっと多く節約できるであろう。

第二に、こういう税は、かならずある産業部門をなにほどか妨げたり、あるいは、それを抑えたりすることになる。これらの税は、税のかかった商品の価格をつねに高めるから、それだけその消費を阻害し、ひいてはその生産を阻害する。もしそれが国内で産出したか、

または加工された商品であれば、それを産出したり加工したりするのに、より少ない労働しか用いられなくなる。もし、それが外国商品で、その税のために同じように価格が上ったとすれば、国内でつくられる同じ種類の商品は、そのおかげで、いかにも国内市場でなにほどか有利な立場に立ち、そのため、もっと多くの国内の産業活動が、その商品をつくるために振り向けられはしよう。しかし、外国商品のこの値上りは、国内産業をある特定部門では奨励するとしても、他のほとんどすべての部門で、国内産業をかならず阻害してしまう。バーミンガムの製造業者が、飲料にする外国産葡萄酒を高く買えば買うだけ、かれは自分のつくる金物のうち、葡萄酒を買うために充てる分を、言いかえればその分の価格を、どうしてもそれだけ安くして売るのと同じことになる。そうなれば、かれにとっては、かれの金物のうち、その分の価値は少なくなるわけだから、それだけ、その仕事に打ち込む刺激も減ることになる。ある国の消費者が、他の国の余剰生産物にたいして払う価格が高ければ高いだけ、かれらは自分の国の余剰生産物のうち、他国の余剰生産物を買うために充てる分を、言いかえればその分の価格を、どうしてもそれだけ安くして売るのと同じことになる。かれらにとっては、自分の国の余剰生産物のその部分の価値が少なくなるわけだから、それだけ余剰生産物の量をふやそうという刺激も減ることになる。こうして、消費財にかかるいっさいの税は、その税がかかった消費財が国産商品の場合には、それを生産するための、また外国商品の場合には、それを買うのに充てる国産商品を生産するための生産的労働の量を、税がない時の水準以下に減らす傾向がある。それにこういう税は、つねに一国産業の自然の方向を多少とも変えて、それがおのずと赴いたはずの進路とはいつも違った、しかもたいてい、いっそう不利な進路へ、それをそらしてしまうのである。

第三に、こういう税は、密輸によって税を免れたいという望みを人々に抱かせ、この望みは結局、しばしば財産の没収その他の刑罰をよび起し、これがために、密輸業者はまったく破滅してしまう。こういう人物は、自国の国法を犯すという点では、確かに重く咎められて然るべきではあるが、どう考えても自然的正義の法を犯したことにはならない、という場合も少なくない。つまり、もしその国の法律が、自然の理法がけっして罪にしようとはしないことをあえて罰するようなことさえなければ、その人物にしても、どこからみても立派な市民でいられたはずなのである。政府が腐敗していて、要りもしない多額の支出や公共の収入の目に余る濫用をやっている、と少なくとも一般に疑いを持たれているよ
382 うなところでは、公共の収入を守るための法律は、ほとんど尊重されることがない。偽証罪にもひっかからずに簡単で安全な密輸の機会が見つかるというのに、密輸は遠慮しておこうという人間はあまりいない。そして、密輸品を買うのもなにか良心に咎めるといったふりをするのは——密輸品を買うことは、財政法規にたいする違反や、それにほとんどいつもついてまわる偽証罪を、大っぴらに奨励することにはちがいないが——、たいていの

国では、知ったかぶりした偽善のあらわれだとみなされるだろうし、ひとから信用されるどころか、いい気になってやりつけていると、たいていのまわりの人間よりはよほどの大物の悪党ではあるまいか、という疑いをかけられるのに役だつぐらいが落ちである。このように公衆が寛大なおかげで、密輸業者はしばしば勢いづけられ、右のように、それはたいした罪と考えなくてもよいと教え込まれてきたその商売を続ける。その挙句、税法の厳しい罰が、まさにかれの上に振り下ろされようとすると、自分のまっとうな財産だと思いつけてきたものを守ろうと、暴力を振いたがることもしばしばである。おそらく初めは罪を犯すというより、むしろ無分別のゆえだったのに、ついにかれは社会の法律を、もっとも大胆にかつ断乎として破る仲間の一人になってしまうことがあまりにも多い。[11]こうして密輸業者が破滅すれば、それまでは生産的労働を働かせるために用いられていたかれの資本は、国家の収入のなかか、あるいは税務官の収入のなかに吸い上げられて、不生産的労働を養うのに用いられ、社会の総資本と、さもなければ、この資本が働かせることができたはずの有用な勤労とを、ともに減少させる結果になる。

第四に、こういう税があれば、少なくとも税のかかっている商品を扱う商人は、収税吏のたび重なる立入りや、不愉快な検査を受けなくてはならないから、時としてはある程度の圧制をこうむることは疑いないし、たいへんな手数と迷惑をこうむるのは毎度のことである。そして迷惑は、すでに述べたように〔本章第二節「租税には四原則……」の小見出し参照〕、厳密に言えば費用とは言えないけれども、だれもが、それから免れるためならよろこんでこのくらいは出そうというその費用と、明らかに価値が等しい。内国消費税法は、それを制した目的のためには関税法よりもっと有効ではあるが、迷惑の点にかんしては、よりわずらわしい。ある商人が、なんらかの関税のかかる品物を輸入する場合、この税を納めて品物を自分の倉庫に運んでしまえば、たいていは、それ以上に税関吏から面倒や迷惑をかけられることはない。だが、内国消費税のかかる財貨となると、話は違う。それを扱う商人は、内国消費税の収税吏がのべつ立入り検査に来るから、一息入れるひまもない。このために、内国消費税は関税よりもきらわれるし、その収税吏についても同じことが言える。ところで、以下のような主張をする者がある。内国消費税の収税吏も、おそらくはみな税関吏同様十分にその義務を果しているのだろうが、この義務そのものの性質上、かれらはその隣人のある者に
383 たいしては、非常な強面で臨まざるをえないことがよくあるため、税関吏にはあまり見かけない、ある種の厳しい性格が、普通身についてしまうのだ、と。しかしこんなことを言うのは、まずたいていのところ、この税吏が精を出すと自分の密輪が妨げられるか摘発されるかしてしまう、不正な商人の単なる嫌味にすぎまい。

――消費税につきものの不都合は、大ブリテンにおけるよりも、他のヨーロッパ諸国で、はなはだしい――

しかしながら、ある程度までは消費税におそらくつきものの不都合が大ブリテンの国民

を苦しめているその度合は、だいたい同じくらい経費のかかる政府をいただく他のどの国の国民に比しても、けっして重いわけではない。わが国の状況は完璧(かんぺき)ではないし、改善の余地はあろうが、大部分の近隣諸国の状況に比して、優りこそすれ劣ることはない。

消費税というものは商人の利潤にかける税なのだ、という見解がもとになって、国によっては、財貨がひとの手から手へとつぎつぎに売り渡されるたびに、この税をくり返し課してきた。もしも輸入商や製造業者の利潤に税がかかるのなら、公平の観点からすると、この両者のいずれかと消費者とのあいだに介在する中間の商人たちの利潤にもすべて課税されるべきだ、と考えられたのである。スペインの有名なアルカーヴァラは、この考え方にもとづいて設けられたものと思われる。これは、動産であろうと不動産であろうと、あらゆる種類の財産の販売にたいして、初めは一〇パーセント、後には一四パーセント、そして現在ではわずか六パーセントを課税するものではあるが、財産が売られるそのたびごとにくり返しかかるのである。(6)この税を取り立てるには、品物をある州から別の州へ送る場合だけでなしに、ある店から別の店へ送る場合にも見張っていなくてはならないから、十分見張るにはたいへんな数の税務官が要る。この税のために、ある種の財貨の販売者だけでなしに、あらゆる種類の財貨の販売者、農業者、製造業者、すべての商人から商店主までが、ことごとく収税吏の絶え間ない立入りや検査をこうむっている。この種の税が定められている国では、ほとんどどこへ行っても、遠隔地販売向けのものはなにも生産できない。そういう国ではどの地域の生産も、その近隣の消費だけに限られざるをえない。このゆえに、ウスターリスは、スペインの製造業の破滅をアルカーヴァラのせいにしている。〔12〕
384 同様にかれは、農業が衰微したこともこの税のせいにできたはずで、なぜならこの税は、製造品ばかりか土地の原生産物にもかけられていたからである。

ナポリ王国にも、これとよく似た税があって、すべての契約金額にたいして、したがってまた、すべての売買契約の金額にたいして、その三パーセントを課している。この税は、スペインの税よりも軽く、また町と教区の大部分は、この税の代りに、代納金（コンポジション）を支払えばよいことになっている。町と教区が、この代納金をどういう方法で徴収するかは任意だが、概して、その地域の国内商業にたいしてなんの妨げにもならないような方法で徴収している。そこで、ナポリのこの税は、スペインの税のようには破滅的なものになっていない。

大ブリテン連合王国ではそのすみずみまで、たいして重要でないわずかの例外はあるものの、統一的な税制がしかれており、そのおかげで、この国の国内商業、すなわち内陸と沿岸の商業は、ほとんどまったく自由である。内陸商業はほぼ完全に自由で、たいていの品物なら王国の端から端まで送るのに、許可証や通行証も要らなければ、税務官から尋問や臨検、あるいは検査を受けることもない。これにはわずかの例外があるけれども、それも、この国の内陸商業の重要な部門のどれかに支障を来たすようなものでは少しもない。もっとも、沿岸輸送される品物は、証明書つまり沿岸輸送許可証が要る。しかし、石炭を除いては、その他のものはほとんどみな無税である。この国内商業の自由は税制統一の成果であって、おそらく大ブリテン繁栄のおもな原因の一つである。なぜなら、すべて大国は、自国産業の生産物の大部分にとって、必然的に最善で最大の市場だからである。もし同じ税制統一の結果、同じ自由をアイルランドや植民地にもおしひろめることができるなら、わが国家の勢威も、帝国の各地の繁栄も、ともに、いまより一段と偉大なものになるであろう。

　フランスでは、州が違えば租税法規も違うので、ある種の財貨の輸入を阻んだり、なん
らかの税を納めさせたりするために、王国の国境はいうまでもなく、ほとんどすべての州
の境界をも取り囲むのに、たいへんな数の収税吏が必要となり、これが、この国の国内商
業にとって少なからぬ妨げになっている。ある州ではガベル、すなわち塩税の代りに、代
納金を払ってすませることが認められている。他の州では、この税はまったく免除されて
いる。ある州では、徴税請負人が王国の大部分の地方で握っている煙草の専売権が免除さ
385 れている。わが国の内国消費税にあたるエードは、州によっていちじるしくさまざまなも
のがある。ある州はそれを免除され、代りに代納金か、あるいはそれに相当する物を納め
る。エードが施行されており、しかも徴税が請負制になっている州では、特定の都会なり
地区なりのなかだけに適用されるたくさんの地方税がある。また、わが国の関税にあたる
トレートは、この王国を大きく三つに分けている。その第一は、一六六四年関税の適用を

受ける諸州、いわゆる五大徴税請負州であって、ピカルディー、ノルマンディーおよび王国の諸州のうち国境に接していない州の大部分がこれにふくまれる。第二は、一六六七年関税の適用を受ける諸州、いわゆる外国とみなされる州であって、国境諸州の大半がこれにふくまれる。そして第三は、外国扱い州といわれている諸州、つまり外国との自由な貿易を許されているために、フランスの他の諸州との通商では、他の諸外国と同じ税を納めなくてはならない州である。これに入るのは、アルザスと、メッツ、トゥール、ヴェルダンの三つの司教管区、それにダンケルク、バイヨンヌおよびマルセイユの三つの都市である。五大徴税請負州（こうよばれるのは、昔は関税が五大部門に分れ、初めはその各々が、それぞれ別々の徴税請負の対象になっていたからである。ただし、いまはみな一つにまとめられている）においても、いわゆる外国とみなされる諸州においても、特定の都会なり地区なりのなかだけに適用される地方税が、たくさんある。それどころか、いわゆる外国扱い諸州のうちにも、こうした地方税が若干あり、とくにマルセイユがそうである。この国の国内商業にかかる制約がどんなに増すか、同時に、これほどまちまちな租税制度に従わねばならぬさまざまの州や地区の境界を見張るために、税務官の数をどれほどふやさねばならないかは、言うまでもないだろう。

　このように錯雑した租税法規の仕組から生ずる一般的制約に加えて、たぶん、フランスで穀物についで最重要の生産物である葡萄酒の取引は、大部分の州で、さらに特殊な制約を課せられている。それは、自分の州や地区の葡萄園を、よその州や地区の葡萄園よりとくに優遇してきたことから生じたものであった。葡萄酒で最高の名声を得ている諸州は、この商品の取引に課せられる、この種の制約がもっとも少ない州だということがわかるはずだ、と私は思う。こうした州は、広大な市場にあずかることができるから、それが刺激になって、葡萄園を耕作するうえでも、また、そのあと葡萄酒に仕上げてゆくうえでも、すぐれた管理が行なわれるようになるのである。

こうした、多種多様でまた複雑な租税法規は、フランスだけに特有なものではない。小さなミラノ公国は六つの州に分れ、その各州が数種類の消費財について、それぞれ違った税制をとっている。もっと小さなパルマ公領も三つか四つの州に分れ、その各州が同様に州独自の税制を持っている。こんな馬鹿げたやり方をしていたのでは、土地が非常に肥えていて気候に恵まれてでもいないことには、こうした国が、やがて貧困と野蛮の最低の状態に逆戻りするのを食い止めることは、とてもできないであろう。

国が直接消費税を取り立てる方法に比して、徴税請負制ははるかに弊害が大きい

消費税を取り立てるのには、二つの方法がある。その一つは、国の行政機関が徴収する方法で、そこの役人は政府が任命し、役人は政府にたいして直接の責任を負う。この場合だと、税収がその時々変動するのにつれて、国の収入も年々変動せざるをえない。いま一

つは、国は一定額の請負料金を受け取って税の取立てを請負に出すという方法[13]で、この場合には、徴税請負人は、自分だけのための税吏を任命してよいことになっているので、税吏は、法律に定めてある方法で税の徴収を行なうことを義務づけられてはいるものの、徴税請負人の直接の監督下に置かれ、また直接には、かれにたいして責任を負うのである。だが、最善で、もっとも経費のかからない徴税方法は、けっして請負制ではありえない。約定された請負料金、税吏の俸給、管理の全経費を支払うのに必要な分のほかに、少なくともこの徴税請負人は、自分が投じた前払、自分が冒す危険、自分がかける手間、そしてこういう複雑をきわめた業務をこなしてゆくのに必要な知識と熟練に比例した一定の利潤を、税収のうちから、つねに差し引かなければならないからである。そこで、もし政府が、徴税請負人が設けているのと同種の管理組織を、政府みずからの直接監督のもとに設けることにすれば、ほとんどいつでも法外な大きさになるこの利潤だけは、少なくとも節約できよう。公共の収入のうち、どれか相当重要な部門の徴収を請け負うには、大きな資本か大きな信用かが要るのであって、この事情だけでも、こうした事業にたいする競争を、ごく少数の人たちのあいだに制限してしまうだろう。そのうえ、この資本なり信用なりを持っている少数の人たちのうちでも、必要な知識か経験を持っている人はもっと少ないわけで、これが、その競争をいま一段制限してしまうもう一つの事情である。競争者になれる条件にあるそのきわめて少数の人たちは、たがいに団結し、競争者になるどころか協力者

387

になって、請負が競売にかけられる場合、請負料金が実際の税収の価値よりよほど低い時以外は、入札もしないほうがずっと自分たちの利益になる、と考える。公共の収入を徴税請負制にしている国々では、徴税請負人は一般にもっとも裕福な人と決まっている。かれらの富だけでも民衆の怒りをかき立てるというのに、こうした成り上りの財産家にえてしてつきものの虚栄、すなわち、連中がその富を見せびらかす時によくやる愚劣な見栄は、その怒りをいやがうえにもかき立てるのである。

公共の収入の徴税請負人は、税の支払を回避しようとする企ては一切合財処罰してしまうような法律を見ても、苛酷すぎるとは全然思わない。かれらは、自分の臣民でもない納税者にいささかの慈悲をかけることもなく、たとえ納税者がすべて破産したとしても、それが請負期限の切れた次の日に起りさえすれば、かれらの利害にはたいしたかかわりもなかろう。国家が最大の危局に直面した時というのは、国家収入がとどこおりなく納められているかどうかという主権者の心配も、かならずその極に達する時なのだが、そういう場合になると徴税請負人たちは、まず間違いなく不平を鳴らして、現行法よりもっと厳格な法律がないことには、自分たちとしてはとてもこれまでどおりの請負料金さえ払えそうにない、と言い出すのである。こういう困難の最中では、かれらの要求をはねつけるわけにもゆかない。そこで租税法規は、次第にますます厳しいものになってゆく。もっとも残忍な租税法規をそなえているのは、つねに、公共の収入の大半を請負制にしている国々である。そして、もっとも寛容な租税法規をそなえているのは、主権者の直接の監督のもとでその徴収が行なわれている国々である。いかに悪しき主権者でも、自分の臣民には結構憐れみを感ずるものであって、それは、主権者の収入の取立請負人には、とても期待しかねることである。こんな主権者でも、自分の家族の永遠の栄光が、自分の臣民の繁栄に依存しているくらいのことは心得ており、自分一個の一時的な利害のために、臣民の繁栄を意識的に台無しにしてしまうようなことは、けっしてしないであろう。だが、かれの収入の取立請負人となると、そうはゆかない。かれの栄光は国民の破滅の結果であり、その繁栄の結果ではない、ということもしばしばありうるからである。

租税は、一定の請負料金を取ってその取立てを請け負わせる場合があるだけでなしに、往々、この徴税請負人が税のかかる商品の独占権を合せ持つこともある。フランスでは、煙草と塩にかける税は、このやり方で徴収されている。こういう場合には、徴税請負人は、一つではなしに二つの法外な利潤を、つまり請負人としての利潤と、それよりもっと法外な独占者の利潤とを、国民から取り立てることになる。煙草は贅沢品だから、だれでも、買おうが買うまいが各人の選択に委されている。ところが、塩は必需品だから、だれもがある一定量は徴税請負人から買わぬわけにはゆかない。なぜなら、もしそれだけの量を徴税請負人から買わなければ、その人は、どこかの密輸業者から買うものと推測されてしまうからである。これら両方の商品にかける税は法外に高い。それだけに、密輸への誘惑は多くの人々にとって抗しがたいものになるのに、同時に一方では、法律は厳しく、徴税請負人の雇っている税吏は鵜(う)の目鷹(たか)の目だから、この誘惑に負けた者は、まず間違いなしに身を亡(ほろ)ぼすことになる。塩と煙草の密輸でガレー船送り〔14〕になる人々は、毎年数百人に達し、そのほか絞首台にのぼる者も相当な人数になった。このようなやり方で取り立てられるこれらの税は、政府に相当巨額の収入をもたらす。一七六七年には、煙草の徴税請負料金は、388 年額二二五四万一二七八リーヴルであった。塩のほうは、三六四九万二四〇四リーヴルであった。この請負制は、両方とも一七六八年に始まり、向う六ヶ年継続するものとされた。国民の膏血(こうけつ)も君主の収入にくらべれば一顧の価値もない、と思う者でなくては、おそらく、こういう徴税方法を認めることはできまい。塩と煙草にたいするこれに似た租税と独占は、その他多くの国々でも実施されてきたが、とりわけオーストリアとプロシャにおいて、またイタリーの諸邦の大半において、そうである。

――フランスの財政は抜本的な改革を必要とする――

フランスにおいては、国王の現在の収入の大部分は、次の八つの違った源泉から生じている。すなわちタイユ、人頭税(カピタシオン)、二つの〔一七四九年および一七五六年に定められた〕二〇分の一税(ヴァンティエム)、塩税(ガベル)、消費税(エード)、関税(トレート)、直領地および煙草の徴税請負料金である。そのうち、後の五つは、大部分の州で請負制になっている。初めの三つは、全国どこでも、政府直接の指揮監督のもとに行政機関によって徴収されている。そして、だれもが認めるところであるが、人民のポケットから取り立てた分との割合でいうと、この三税は、経営にはるかに無駄が多く金のかかる他の五税よりも、たくさんの収入を君主の金庫にもたらすのである。

フランスの財政は、その現状において、三つのごく明白な改革の余地があるように思われる。第一には、タイユと人頭税（カピタシオン）を廃止し、その代り二〇分の一税（ヴァンティエム）の数をふやして、先の二税からの税収額に等しい追加収入を生み出すようにすることである。こうすれば、国王の収入は減らさずに、徴税費はおおいに圧縮されようし、タイユと人頭税のために下層階級の人々がこうむっている苦痛はまったく防止できようし、さらに上流の諸階級も、その大多数にかんしては、いまより負担が重くなることはなかろう。二〇分の一税というのは、イングランドで地租とよばれているものとほとんど同じ種類の税だ、ということを前に述べておいた〔本章「特定の資本利潤……」の小見出し参照〕。タイユの負担が結局は土地の所有者にかかってくるものだとは、広く認められているところであり、また人頭税（カピタシオン）の大部分も、タイユを納めさせられている人々にたいして、タイユ一ポンドにつきいくらというふうに割り当てられるから、その大半の終局的支払も、同様に同じ階級の人々にかかってこざるをえない。したがって、二〇分の一税の数をふやして、先の二つの税収額に等しい追加収入を生み出せるようにしても、上流階級の人々の負担がいまより重くなることはあるまい。もっとも、個々人として見れば、多くの人の負担が重くなるのは動かぬところであろうが、それは、タイユを各

389 個人の所有地や借地人に割り当てる際に、どこでもひどい不公平があるためである。こうした優遇を受けている臣民の利害と反対とが、おそらく、この改革、あるいは似たような他の改革を阻むと思われる、最大の障害なのである。第二には、塩税、消費税、関税、煙草の税などいっさいの関税と内国消費税とを、この王国のすみずみまで統一的なものにすれば、これらの税は、ずっとわずかな費用で徴収できるようになり、加えて、この王国の国内商業も、イングランドのそれと同じくらい自由になるだろう。最後に第三として、これらあらゆる税を、政府の直接的な指揮監督のもとで行政機関に扱わせれば、徴税請負人の法外な利潤は、国家の収入につけ加えることができよう。〔ただし〕個々人の私的な利害から生ずる反対は、第一にあげた改革案と同じように、あとの二つの改革案をも効果的に阻みそうである。

フランスの租税制度は、あらゆる点で大ブリテンよりも劣っているように思われる。大ブリテンでは、年々イングランド正貨一〇〇〇万ポンドの税が八〇〇万人足らずの国民にかけられている[15]けれども、ある特定の階級が抑圧を受けているとは言えない。エクスピイ師の集めた資料[16]や、『穀物立法と穀物取引にかんする一論』の著者が言う[17]ところでは、ロレーヌ州とバール州をふくめたフランスには、ほぼ二三〇〇万から二四〇〇万人の国民がいることは確かのようであるが、これはおそらく大ブリテン人口の三倍である。フランスの地味と気候は、大ブリテンより優っている。この国は、大ブリテンと比べると、土地の改良と耕作が行なわれるようになってからの期間がはるかに長く、またそのために、大都会とか、都市にも農村にも見られる便利で立派なつくりの家屋とかいったような、それをつくり出すにも積み上げるにも長い年月の要るあらゆるものが、わが国以上によく整っている。これらの有利な条件があるのだから、大ブリテンが一〇〇〇万ポンドの収入をたいした不都合もなしに徴収しているのと同様、フランスでも、国を維持してゆくために三〇〇〇万ポンドの収入を徴収できるものと期待してよさそうである。ところが、一七六五年と一七六六年に、フランスの国庫に納入された全収入は、私見によればはなはだ不完全だが、私の入手しえたかぎりでの最善の報告によると、通例三億八〇〇〇万から三億二五〇〇万リーヴルのあいだくらいで、これでは、イングランド正貨一五〇〇万ポンドにもならない。つまり、もしもフランスの国民がその人口におうじ、大ブリテン国民と同じ割合で納税するとすれば期待できる額の半分にも達しないのである。それにもかかわらず、フランス国民が、大ブリテンの国民よりも、租税のためにははるかにひどく押しひしがれていることは、一般に認められているところである。だがしかし、フランスが、大ブリテン帝国についで、もっとも穏和でもっとも寛大な統治を享けているヨーロッパの大帝国であることも、また確かなのである。

オランダは、その叡知と倹約にもかかわらず、重税に苦しんでいる

オランダでは、生活必需品にかかる重税が、この国のおもな製造業をつぶしてしまったといわれており、さらに、だんだんと漁業や造船業さえも阻害しそうである。生活必需品にかかる税は、大ブリテンではあまり重くないし、これまでのところ、そのためにつぶれたという製造業は一つもない。大ブリテンの税で、製造業をもっともひどく痛めつけているものといえば、原料輸入にかかるいくつかの税、とりわけ生糸の輸入にかかる税である。しかし、オランダ連合議会と各都市の収入は、総額でイングランド正貨五二五万ポンドを超えるといわれており、しかも、連合諸州の住民数が大ブリテン住民の三分の一以上になるとはとても考えられないから、かれらはその人口との割合からいって、大ブリテンの住民よりずっと重税を課せられているに相違ない。

適当な課税物件は残らず使い尽してしまったあとも、もしなお国家の危急が新しい税を必要としてやまないとすれば、新税は、不適当な課税対象にかけるほかはない。だから、生活必需品に税をかけたからといって、この共和国の叡知を非難するには当るまい。この国は、おおいに節約を重んじてきたにもかかわらず、独立をかちとり、また守りつづけてゆくために、巨額の債務を負わざるをえないほど経費のかかる戦争にまき込まれてきたからである。それに、ホラントとゼーラントは特殊な州で、州そのものの存在を保つのにさ

	純収入計	地租その他直接税	内国消費税	関税
1688—1700	3,684	1,411	928	859
1701—1710	5,130	1,890	1,582	1,379
1711—1720	5,815	1,668	2,100	1,563
1721—1730	6,075	1,433	2,694	1,606
1731—1740	5,763	1,061	2,884	1,522
1741—1750	6,762	2,122	3,076	1,319
1751—1760	7,548	1,789	3,607	1,779
1761—1770	10,277	2,139	4,849	2,385
1771—1780	11,173	2,099	5,272	2,595
1781—1790	15,062	2,778	6,600	3,541
1791—1799	21,366	3,588	9,652	4,314

単位は1000ポンド

え、つまり、国土が海に呑み込まれてしまうのを防ぐためにも、相当の費用が要るのであって、これが、これら両州の租税負担をかなり重くする作用をしてきたことは間違いない。ところで、オランダの現在の栄光を主柱として支えてきたものと思われる。大資本の所有者たち、つまり大商人の家族は、一般にその政府の行政にある程度直接関与するか、そうでなくても、ある程度間接に影響を及ぼすかしている。かれらは、この地位にあるために尊敬もされ、権威も持っているからこそ、ヨーロッパの他のどこと比べても、かれらの資本を、もしみずから運用すればよりわずかの利潤しかもたらさず、もし他人に

貸し付ければよりわずかの利子しか取れない国、そして、かれらの資本から得られるごく
391 穏当な収入では、生活必需品や便益品をより少なくしか買えない国でも、喜んで住んでいるのである。これほど富んだ人々が住んでいれば、他にいろいろと不利益もあろうけれども、おのずから、その国のうちに、ある程度の産業を活動させておくことになる。しかし、万が一にも共和政体が破壊され、全行政機構が貴族と軍人の手中にゆだねられ、これらの富裕な商人たちの社会的に重要な地位が根こそぎにされてしまうような、なんらかの国難が起れば、かれらは、もはや、たいして尊敬されそうにもなくなった国で暮すのを、やがて不快に思うであろう。かれらは、自分たちの住居も資本も、どこか他の国へ移してしまうであろうし、そうすれば、オランダの産業も商業も、まもなく、それらを支えてきた資本のあとを追うことになろう。

（1）第一篇第八章を参照せよ。

（2）Memoires concernant les Droits, & c. p. 210, 211.〔本章「オランダは、その……」の小見出しをも参照〕

（3）Le Reformateur.〔『改革者』〕Amsterdam, 1756. スミス理論のフランスにおける紹介者、ガルニエ（Germain Garnier, 1754-1821）は、『国富論』フランス語訳のこの箇所の注で、右の書の著者は一七六六〜九〇年に、フランスの商工大臣をしていたクリ

コ・ドゥ・ブレルヴァーシュ〔Clicquot de Blervache だと書いているが、キャナンによると、その後の文献は、ガルニエ説を疑ったり、否定したりしている、という〕

（4）標準強度の蒸溜酒にたいして直接かかる税金はガロン当り二シリング六ペンスにしかならないが、その蒸溜酒の原料になる弱い葡萄酒にかかる税金にこれを加えると、三シリング一〇ペンス三分の二になるわけである。弱い葡萄酒も標準強度の蒸溜酒も、脱税を防ぐために、いまでは醱酵中の麦芽汁で測った分量にもとづいて課税の査定を行なっている。〔この注は第三版からつけられた。なお、初版では本文のなかの「三シリング一〇ペンス三分の二」は「二シリング六ペンス」となっている〕

（5）いっさいの経費と給与諸掛を差し引いたその年の純収入は、四九七万五六五二ポンド一九シリング六ペンスになった。〔この注は第二版からついた〕

（6）Memoires concernant les Droits, & c. tom. i. p. 455.

〔1〕本書初版では、第四篇第二章（第四篇第二章「第二に、国産商品が……」の小見出し参照）で、生活必需品にたいする課税に関連して必需品を列挙したなかに、「麦芽、ビール」がふくまれていた。また『グラスゴウ大学講義』（高島・水田訳、三四七ページ）には、「人間は心配性の動物で、何か精神を興奮させるものによってその心配をおい払わなければならない、云々」とあり、スミスは当初、ビールをむしろ生活必需品と考えていたらしい。ホガース（William Hogarth, 1697-1764, 諷刺的な風俗画家、版画家）の有名な版画「ビール街」の健康な繁栄と「ジン横丁」の堕落した悲惨な貧

困との対照は、当時の識者間での一つの常識でもあって、スミスもこの考え方を分ち合っていたように思われる。

〔2〕Matthew Decker, *An Essay on the Causes of the Decline of the Foreign Trade*,『外国貿易衰退の諸原因にかんする試論』2nd ed., 1750, pp. 78-163.

〔3〕サブシディ subsidy とは、議会が可決承認した時に限り国王に供与される臨時の税をいい、もともとは、一〇分の一および一五分の一税が不足した折に、これを補う趣旨で議会が供与したものであったが、十六世紀に入ってからは恒常的なものになった。王政復古直後の一六六〇年、後世「大法令」Great Statute（of Customs）とよばれた「トン税ポンド税供与条例」が制定され、それまでの諸関税が整理統合されたが、これが文中にある旧臨時税である。ついで名誉革命後の一六九八年に新たな関税供与条例が追加制定され、以降これは新臨時税とよばれた。

さて本文にも述べられているように、かなり早くから臨時税というのは、五パーセントの普通関税のことになっていただけでなく、ちょうど一〇分の一および一五分の一税が、実は年三万ポンドの王室収入の財政慣習的表現に他ならなかったように、「臨時税一つ」といえば、初期には年に一〇万ポンド、エリザベスの末年で約八万ポンド、新臨時税では要するに七万ポンドの慣習的表現でしかなくなってしまった。そこで、アン女王治世最初の新税（一七〇三年）が「三分の一臨時税」といわれたのは、右の新臨時税レートの三分の一の付加税だったからであり、要するに七万ポンドの三分の一ということであった。「三分の二臨時税」（一七〇四年）も、後出の「臨時税五つぶり」といった表現もここから理解されよう。第三篇第二章訳注〔10〕をも参照。

〔4〕ジョージ二世治世第三十二年の条例第十号で、課税対象は、煙草、亜麻布、砂糖その他の食料品（料理用の干ぶどうを除く）、東インド産品（コーヒーと生糸を除く）、ブランディその他の強い酒類（植民地産ラム酒を除く）、および紙であった。本章第二節第二項「特定の営業の利潤にかける税」訳注〔1〕を参照。

〔5〕Jonathan Swift, 1667–1745 は、『ガリヴァー旅行記』で有名なアイルランド生れの諷刺作家。キャナンによると、スウィフトは、この話をある関税監督官の言ったことにしている。「ひとつ内輪話をお聞かせしよう。それは私が何年も前にロンドンの関税監督官たちから聞いたことだが、かれらが言うには、ある商品が適度な税率を超えて課税されていると思われるような時には、その部門の収入は半減する結果になる、と。そしてこれら紳士方の一人は面白そうにこう私に話してくれた。こういう場合に議会がやらかす間違いは、二足す二は四というふうに誤った計算をするところから来る。ところが、課税の実務では、二足す二は決して一より大きくならなかった。そんなことになってしまうのも、少なくともこの王国では、輸入を減らし、高い税金を納めなければならない財貨を密輸する強い誘惑があるためである、と」。'Answer to a Paper Called a Memorial of the Poor Inhabitants, Tradesmen and Labourers of the Kingdom of Ireland'「『アイルランド王国の貧しき住民、商工業者および労働者にか

んする覚書』なる一文書に答う」（in Swift's *Works*, ed. Scott, 2nd ed., 1883, vol. vii., pp. 165-166）。この話は、スウィフトから、ヒュームがその『貿易差額についての試論』*Essay on the Balance of Trade* に、また、ケイムズ卿がその『人類史素描』1774, vol. i., p. 474 に引用している。

〔6〕『国富論』の思想が、その後の大ブリテンの実際の経済政策に及ぼした影響はきわめて大きく、『国富論』刊行後の最初の予算にさえ影響を与えたといわれるくらいであるが、ここに述べられた関税の簡素化もその顕著な一例である。小ピット（William Pitt, 1759-1806. 本章第二項訳注〔1〕に出ているピットの次男で、二三歳で大蔵大臣、二四歳で首相となり、八〇年代の改革の時代、九〇年代の対仏戦争の時代の難局に当った）は、スミスの自由貿易思想の信奉者をもって自任していたが、かれの手によって公共収入の徴収と管理の合理化、アイルランド貿易制限の緩和、フランスとの自由通商条約の締結等の改革が行なわれ、さらに一七八七年には統合法案 Consolidation Bill を提案した。これは、スミスの関税簡素化構想を実現しようとしたもので、一八二三年の大改革を予告したものであり、その全条項を仕上げるには、二五三七件にも及ぶ別々の決議が要る、というほどの大事業であった。この決議案が議会に提案されたのは一七八七年の三月七日で、スミスは、ちょうどその数週間後に医師の診察を受けるためロンドンを訪れた。ピットを始めとする名士との会合で、スミスは最後にやって来た。すると、全員が起立してかれを迎える。坐（すわ）ってくれと頼むスミスにたいし

てピットが、「いえ、先生がお坐りになるまで私どもは立っています。私どもはみな、先生の弟子ですから」と言った、という話は、この時のことである。

〔7〕Robert Walpole, 1676-1745. 一七二一年から二一年間、首相をつとめた。

〔8〕Charles Davenant, *Political and Commercial Works,* （チャールズ・ダヴェナント『政治と経済にかんする著作集』）ed. Sir Charles Whitworth, 1771, vol. i., pp. 222, 223. スミスが引いているのは、右の著作集に収められた *Discourses on the Public Revenues, and on the Trade of England,* 1698（『イングランドの公収入および貿易論』）からである。

〔9〕エラスンド Öresund またはスンド Sund 海峡のこと。北海とバルト海をつなぐ海峡で、西南はデンマーク、北東にスウェーデンが位置する。デンマークの首都コペンハーゲンは、この海峡に面している。その幅は平均二七キロ、最狭部は四キロしかなく、通過税を課するにはまさに適当である。

〔10〕一七七八年の初めころに、スミスは、スコットランドの関税監督官、さらに塩税監督官に任命された。二つの官職からの年俸は六〇〇ポンド（当時スコットランドで最高の官職の一つである高等民事裁判所判事が七〇〇ポンド、大学教授の最高でも三〇〇ポンド以下）に及んだ。これは、多くの友人の引きによるものでもあったが、レーは、当時の首相兼蔵相のノース卿（Lord Frederick North, 1732-92）が、アメリカ植民地との戦費捻出に腐心していた一七七七年、七八年に、『国富論』から示唆を受けたり、スミスにすすめられたりして、いくつかの新税を起したことへの直接の返礼だと

考えている。これより先、ジョンソン博士（Samuel Johnson, 1709–84）は、その『英語辞典』（一七五五年）「内国消費税」の項で、「諸商品にかかるいまいましい税、普通の財産査定官によってではなしに、内国消費税を懐（ふところ）に入れる、その当人たちが雇ったごろつきどもによって査定される税」と書いて、文書誹毀（ひき）罪に問われかけた、という周知の事件があるだけに、この任命以降、『国富論』の叙述とスミスの地位との矛盾をつく発言や文書が少なからず出てきたらしい。塩税監督官は、イングランドでは内国消費税局の管轄に入る。スコットランドではそうではないのだが、攻撃する側は、そんなことはお構いなしであった。ともあれ、スミスは、この監督官としての、大部分きまりきった簡単な行政事務を、異常なほどの勤勉さでつとめ上げたのであった。

〔11〕スミスがここで、たくさんの事例とともに、スコットランドにとって、世紀前半での最大の社会的事件の一つだったポーティアス暴動を念頭においていたであろうことは疑いない。スコットランドの場合、密輸問題は、イングランド以上に矛盾した形で現われていた。一七〇七年の合邦まで、スコットランドにとって、フランス、オランダはじめ大陸との貿易は、まったく合法的であるだけでなく、最大の貿易であった。それが、一夜にして違法とされ、スミスをして「血をもって書かれた」と言わしめたイングランド重商主義の厳しい処罰の対象となったのである。さて、暴動の発端は、まさに本文でスミスが書いたとおりの経過だった。罪の意識もなしに小さな密輸をやって罰金を取られた二人の若者が、夜になってその金を取り返しに行く。これは公金

強奪で死刑である。一七三六年四月、エディンバラで絞首が行なわれた時、激昂して騒ぎ出した群衆に向って、市の警備隊長ジョン・ポーティアスは発砲を命じ、六人を殺し一一人を負傷させる。ポーティアスは、スコットランドの裁判にかけられ死刑を宣せられるが、イングランドの政府は執行延期を命ずる。最初に執行を予定されていた九月七日の前夜、暴動が起ってエディンバラ監獄を占拠、ポーティアスを引き出して絞首してしまうのである。この事件をふまえて書かれたのが、ウォルター・スコットの歴史小説『ミッドロージアンの心臓』（エディンバラ監獄のこと。ミッドロージアンは、エディンバラをふくむ州の名。スコットは、同時に「スコットランドの心」という意味をも含ませているのであろう）であった。こういう状況のなかで、スミスは関税監督官に任命され、そのエディンバラに住んだのだったが、あいにくなことに、かれの故郷のカコーディは、大陸と向い合った絶好の位置と長い海岸線のおかげで、もっとも密輸のさかんに行なわれたところであった。『国富論』で表明した意見と、密輸取締りをその大切な一任務とする関税監督官の仕事は、スミスにとって一つのディレンマだったかもしれない。最近、名古屋大学は、スミス在任当時のスコットランド関税局の公文書綴を入手したが、そこにはスミスの署名した文書もかなりふくまれている。これの分析が進めば、あるいは興味ある問題が出てくるのではなかろうか。

〔12〕 Gerónimo de Uztáriz, *Theory and Practice of Commerce and Maritime Affairs*,（『商業および海事の理論と実際』、マドリッド、一七二四年）trans. by John Kippax, 1751, chap. 96, ad. init., vol. ii., p. 236. かれの意見は、ケイムズ卿の『人類史素描』vol. i., p. 516 にも引用されている。ウスターリスまたはウスタリッツ（一六七〇～一七三二）は、スペインの重商主義者。

〔13〕イングランドで内国消費税が創設されたのは一六四三年で、この時には国の直接管理だったが、まもなく地方でのビール、エールにかかる消費税徴収が、入札方式による請負制に移行し、一六五〇年には法的な裏付を得て制度化された。王政復古（一六六〇年）とともに、いったんは請負制が廃止されたが、早くも二年後に各種品目についての請負制が復活し、一六八三年の完全廃止まで続いた。なお関税の請負は、すでに、エリザベスのころから行なわれ、何度も直接徴収への復帰をはさみながら、一六七二年、最終的に廃止された。

　請負制が採用された理由には、中央の徴税機構の不備、とくに品目の多い内国消費税の場合には、経費が収入を上回ることさえあったといわれる非能率、それに請け負う側に約束される莫大な利潤への魅力等々があったが、最大の理由は、国家財政の窮迫であった。緊急に資金が必要な場合、たとえ議会が新税を協賛したとしても、国庫が豊かになるのはずっと先である。銀行制度も公信用の諸制度もない当時には、請負が有力な資金調達の手段となったのである。つまり、見込税収額を一応の基準にして、談合または入札により請負料金（レント）が、国と請負人のあいだで約定されると、たとえば一六六二年の場合だと、二一日以内にその四分の一の額を請負人が国に前納（アドヴァンス）する。請負人は、そのあとゆっくりと税の取立てを行なうわけである。前納の対象には、当年度だけでなく、次年度の、さらに将来にわたっての請負料金まで含みえたから、請負制の持つ金融市場としての比重はきわめて高かったのである。

〔14〕ガレー船は、帆と数十のオールをそなえた大型船で、中世以降、おもに地中海で用いられた。スペイン、フランス等では、刑罰の一形態（漕役刑）として、奴隷や罪人に漕がせた。

〔15〕大ブリテン財政の規模と、各時代における地租（その他直接税をふくむ）、内国消費税、関税という三大財源の比重の変化を見るために本章「オランダは、その……」の小見出し以下に表を掲げる。数字は一年間の平均である。この表は、隅田哲司『イギリス財政史研究』（一九七一年）に拠る。

〔16〕Jean Joseph Expilly, 1719–93は、フランスの地理学者。キャナンによると、エクスピイはその著、*Dictionnaire géographique, historique et politique des Gaules et de la France*, 1768, tom. v.（『ゴールおよびフランスの地理・歴史・政治辞典』）中の「人口」の項で、フランスの人口を二二〇一万四三五七人と推計している。

〔17〕この著者は、パリの銀行家でありテュルゴーの後を継いで財政総監（大蔵大臣）になったネッケル（Jacques Necker, 1732–1804）である。スミスは、フランス滞在中、ネッケルと懇意にしてはいたが、あまり高く評価せず、その名声は実際にかれの知力がためされたとたん、地に落ちる、と予言していた。レーは、スミスの予言は一般に

あまり当らなかったが、この予言だけはよく当った、と書いている。ネッケルは、本文中の著書 *Sur la législation et le commerce des grains*, 1775, ch. viii（『穀物立法と穀物取引にかんする一論』）で、年間の死亡者数を三一倍する方法で現存人口を二四一八万一三三三人と推計している。

第三章　公債について

商工業の未発達な時代には、高価な贅沢品が知られていなかったので、国民も主権者も余分の収入は財宝の形で貯えるのを常とした

商業の拡大と製造業の改善に先立つ社会の未開状態は、商業と製造業だけが導入することのできる高価な贅沢品（ぜいたくひん）がまったく知られていない時代だったから、大きな収入を得ていた者は、本書の第三篇〔第四章「商工業のない国の……」の小見出し参照〕で、私が努めて明らかにしようとしたとおり、その収入でできるだけ大勢の人を養う以外、その使い途（みち）も楽しみ方もまったく見つけることができなかった。大きな収入というのは、いつの時代でも多量の生活必需品にたいする支配力のことだ、と言ってよかろう。そういう未開状態のもとでは、普通この収入は、大量の必需品という形で、すなわち質素な食物や粗末な着物の材料、穀物と家畜、羊毛や生皮という形で入ってくる。そこで、その持主には、自分自身の消費に余るこれら大部分の物資と交換できるものを、商業なり製造業なりがなにも提供してくれない場合、この余っ

た分で食わせたり着せたりできるかぎりのたくさんの人間に、食べさせ着せてしまう以外には、この剰余の使い途がない。贅沢にわたらぬもてなしと、見栄を張らぬ気前のよさとが、こういう事態のもとでは、富貴の人々のおもだった支出をなしていた。しかし、こういう支出は、同じ第三篇〔第四章「外国貿易と製造業……」の小見出し参照〕で、これまた明らかにしようと努めたところだが、そのために、えてして人々が身を亡ぼしがちだというほどの支出ではない。ところが、利己的な快楽となると、どんなに下らぬものでも、それを追い求めたばかりに、往々分別のある人さえその身を亡ぼすことがある。闘鶏熱で身を亡ぼした人はたくさんいる。しかし私が思うに、この種のもてなしや気前のよさがもとで身を亡ぼした人の例はそんなに多くはない。もっとも、贅沢なもてなしや見栄を張った気前のよさのために破滅していった人はたくさんいる。封建時代のわれわれの祖先のあいだでは、長年にわたって同
393 じ家族が同じ領地を引きつづき所有するのが常であったが、このことは、人々がその所得の範囲内で暮してゆくという一般の傾向を十分に示すものである。大きな土地所有者たちがたえずやっていた田舎ふうのもてなしは、現代のわれわれには、堅実な家政と分ちがたく結びついたものと考えがちな規律というものと、そぐわないように見えるかもしれないが、かれらが少なくともその所得全部を使い切ってしまわぬ程度には節約家だったことは、確かに認めぬわけにゆかない。総じてかれらには、自分たちの羊毛や生皮の一部を売って貨幣に換える機会はあった。この貨幣のある部分を、おそらくかれらは、その時代の状況

のもとで手に入れられるわずかばかりの虚飾と贅沢の対象を買い込むのに使ったであろうが、しかしその一部分は、通例貯蔵していたものと思われる。実際のところ、かれらが節約して余した貨幣がどのくらいあろうと、貯蔵しておくほかには、どうしようもなかったのである。商売をするのは紳士の体面にかかわるし、利子をとって金（かね）を貸すのは、その当時高利貸とみなされて法律で禁じられていたから、なおのことそうであったろう。そのうえ、暴力と無秩序のこの時代には、手許（てもと）に貨幣の貯（たくわ）えを持っていることは好都合だったのであって、それさえあれば、たとえ家郷を追われるようなことになっても、天下に通用する価値あるものを、どこなりと安全な場所までたずさえていけたのである。暴力が横行すれば、貨幣を貯蔵しておかないと都合が悪いのだが、同様にこの貯蔵したものを隠しておかないと、これまた都合が悪かった。発掘財産、つまり持主のわからない財宝がよく見つかるということは、この時代には貯蔵も貯蔵物の隠匿（いんとく）も、いかにしばしば行なわれたかを十分に物語っている。その当時、発掘された財宝は、主権者の収入の重要な一部門とまで考えられていた。だが、現今においては、わが王国の発掘財宝全部をもってしても、かなりの土地財産のある紳士ひとりの収入の重要部門とするにもおそらく覚束（おぼつか）ないであろう。

節約しては貯えるというこの同じ性向は、臣民はもとより、主権者のあいだにもひろまっていた。商業と製造業がほとんど知られていない国民のあいだでは、主権者は、これもすでに第四篇〔第一章「軍隊維持のため……」の小見出し参照〕で述べたところだが、おのずと蓄積のために不可欠な節約に関心を向けざるをえないような状況におかれる。その状況のもとでは、主権者ですら、その経費は、宮廷のきらびやかな華美をよろこぶ虚栄によって左右されることはなかった。つまり、この無知の時代には、ほんのわずかのつまらぬ装飾品しかなく、宮廷のきらびやかな華美といっても、その程度のものでしかなかったのである。そのころには常備軍の必要もなかったから、たとえ主権者の経費とはいっても大領主の誰彼（だれかれ）の経費と同じことで、自分のところの借地人に下賜品をやったり、従臣をもてなしたりする以外には、まず使い途がない。しかし、下賜品やもてなしなら濫費に堕してゆくことはめったにない。もっとも、虚栄はほとんどいつでもそうなるが。こういうわけで、ヨーロッパの昔の主権者はみな財宝を持っていたのであって、この点は前にも述べたとおりである。ただし現代でも、タタールの族長は、すべての財宝を持つという。

贅沢品のみちあふれた文明国では、平時でも主権者の経費が収入を超えがちで蓄財の余地がなく、戦時には借入金に頼らざるをえなくなる

あらゆる種類の高価な贅沢品がみちあふれた商業国では、主権者は、自国領内のほとんどすべての大土地所有者と同様に、おのずから、その収入の大部分をそうした贅沢品を買い込むのに使ってしまう。自分の国も近隣の国々も、ありとあらゆる金のかかる装飾品をたっぷりと主権者に供給し、かれはそれで自分の宮廷を華麗に、しかし無意味に飾り立て

る。かれの貴族たちは、これを小ぶりに真似た虚飾のために、自分たちの従者に暇を出し、借地人を独立させ、こうして次第に、この国の領土内の富裕な市民の大多数と同じ程度の社会的な重みしか持たぬ人間になりさがってゆく。かれらの行動を左右するその同じ馬鹿げた情熱が、主権者の行動をも左右する。富者でありながら、領土内で主権者ただひとりが、いかにしてこの種の快楽に無感覚でありえようか。たとえ主権者が、その一番やりそうなこと、つまり、収入の大部分をこうした快楽につぎ込んで、国家の防衛力をはなはだしく弱めてしまうことまではやらないとしても、その防衛力を維持するのに必要な分を超えて余った収入は、そっくりこうした快楽につぎ込まないという保証はどこにもない。かれの経常の経費は、その経常の収入と等しくなり、もし経費が頻繁に収入を超えさえしなければ上出来だということになる。もはや財宝の蓄積などは期待すべくもなく、いったん、緊急の非常事態が生じて臨時の経費が必要になれば、かれは必然的に自分の臣民に臨時の資金援助を頼まざるをえない。一六一〇年にフランスのアンリ四世が死んでからこのかた、ヨーロッパの大国の君主でかなりの財産を蓄積したと思われるのは、プロシャの現国王〔フリードリッヒ二世。在位一七四〇～八六〕と先王〔フリードリッヒ・ヴィルヘルム一世。在位一七一三～四〇〕だけである。蓄積につながる節約は、いまや共和制の国でも、君主制の国とほとんど同様に稀になってしまった。イタリーの諸共和国も、オランダの連合諸州も、みな債務を負っている。ベルン州は、かなりの財宝を蓄積しているヨーロッパでただ一つの共和国である。ベルン州以外のスイスの諸共和国は、財宝を蓄積してはいない。ある種の美観、少なくとも壮麗な建物その他の公共の装飾物にたいする趣味となると、最大の国王の贅を尽した宮廷と同様、小さな共和国の一見地味な元老院にまでひろまっている。

　平時に節約しておかないから、戦時には借金に頼らざるをえなくなる。いざ戦争となっ
395 ても、国庫のなかには、平時編成の経常経費をまかなってゆくのに必要な貨幣しか入って
いない。戦争になれば、国家防衛のために、この三、四倍も経費のかかる戦時編成が必要になり、結局は平時の収入の三、四倍の収入が必要になってくる。主権者が、経費の膨脹に合せて収入も増大させる直接の手段を持っていることはめったにないのだが、もしあったと仮定しても、この増収分をもたらすべき税収が国庫に入り始めるのは、おそらく税をかけてから一〇ヶ月か一二ヶ月先の話になろう。ところが、戦争の始まったその瞬間に、いやむしろ始まりそうだと思った瞬間に、軍隊は増員しておかねばならず、艦隊は艤装しておかねばならず、守備隊を置いてある都市は防衛態勢をしかねばならない。この軍隊にも、艦隊にも、守備隊を置いた都市にも、武器、弾薬、食糧を支給しなければならない。要するに、焦眉の危険がさし迫ったその瞬間、待ったなしの巨額の出費を招くことにならざるをえないのだから、新税からの収入が少しずつゆっくり入ってくるのを待ってはいられないのである。こういう緊急事態に際しては、政府にとって、借入金以外に財源はありえない。

政府をして借入を必要たらしめた商工業の発達という同じ原因が、同時に貸付の能力と意志を持った商人や製造業者を生み出す

商業の発達した社会条件のもとでは、社会的な諸原因が作用して、このように政府は借入を余儀なくされるのだが、その同じ社会的条件が、臣民のなかに貸付の能力と貸付の意志の両方を生み出す。つまり、商業の発達につれて借入の必要が生ずるとすれば、同じくそれにつれて借入も容易になるのである。

商人や製造業者が大勢いる国には、かならず次のような一群の人々もまた大勢いる。すなわち、その一群の人々の手を通って、商人や製造業者自身の資本ばかりか、かれらに貨幣を貸し付けたり商品を委託するすべての人々の資本も、流れてゆく。これらの資本が一群の人々の手を通る回数は、商売もせず自分の仕事も持たずに自分の所得で暮している私人の収入がかれらの手を通る回数と同じか、むしろそれより頻繁である。こういう私人の収入がかれらの手を通るのは、普通は年にただ一度だけである。ところが、代金の回収が非常に速い取引をやっている商人の資本や信用だと、その全額が、時には、年に二回、三回、さらには四回もかれらの手を通ることがある。したがって、商人や製造業者が大勢いる国にはまた、もし自分がそうしようと決めさえすれば、巨額の貨幣を政府に貸し付ける力をいつでも具えた一群の人々が大勢いる。このゆえに、商業国の臣民は貸付能力を持っ

396

ているのである。

商業や製造業というものは、正規の司法行政が行なわれず、国民が自分の財産の所有について不安を感じ、契約の信義が法律によって保障されず、国家の権威が、支払能力のあるすべての人々に、債務の支払を強制するよう、いつも正しく行使されるものと考えられていない国家では、久しく栄えることはとうていありえない。要するに、商業や製造業は、いかなる国にあっても、政府の正義にたいしてある程度の信頼がなくては、とうてい繁栄できないのである。平常の時期に、大商人や大製造業者に、自分の財産を特定の政府の保護下に安んじてゆだねようという気を起させる信頼があればこそ、非常の時期に際しても、あの政府になら自分の財産の使用をまかせようという気にもなるわけである。しかも、政府に金を貸したからといって、かれらはただの一瞬たりとも、自分たちの商業や製造業を営んでゆく能力を減らすわけではない。話は逆で、通例かれらはその能力を増すのである。国家が必要に迫られているものだから、政府は、まずたいていの場合には、貸手にとって極端に有利な条件でも、すすんで借りようとする。政府が最初の債権者に渡す債務証書は、他の債権者のだれにでも譲渡できることになっており、そのうえ、国家の正義にたいしてはあまねく信頼が寄せられているから、普通この証書は、初めの払込額よりも高く市場で売れる。こうして、商人なり金持なりは、政府に金を貸しては金儲けをし、その営業資本を減らすどころかふやしてゆく。だから、もしも行政府が、新規の起債の第一次募集にあたって、お前も参加してよいと言ってくれれば、普通、かれはこれを恩典と受け取るのである。このゆえに、商業国家の臣民は、すすんで起債に応ずる傾向あるいは意欲を持つのである。

こういう国家の政府は、非常時には自分たちの貨幣を貸してくれる臣民のこの能力や意欲に、はなはだしく頼りがちなのである。政府は、借金が容易にできることを見越してしまい、そのために貯蓄する義務をみずから放棄してしまうようになる。

社会の未開状態においては、大きな商業資本あるいは製造業資本といったものは存在しない。個々人は、節約できる貨幣はみな退蔵し、さらにそれを隠匿してしまうのだが、どうしてそんなことをするかといえば、それは政府の正義にたいする不信からであり、また、もし自分たちが金をためていることやそれをどこに隠したかが明るみに出れば、すぐにも略奪されそうだという怖れからである。こういう状況のもとでは、非常時だからといって、政府に貨幣を貸し付ける能力のある人はごく少なかろうし、ましてや喜んで貸そうなどという者はひとりもいまい。そこで主権者のほうでも、貯蓄をして、こうした緊急非常の事態に備えなくてはなるまいと感ずる。なにしろ主権者は、借金は絶対に不可能だと予想しているからである。そして、こう予想するものだから、貯蓄しようとするかれの自然の傾向はなおのこと強まるのである。

どの国も、初めは特定の財源を引当てにすることなしに借金を始めるが、後には、財源引当てで借り入れざるをえなくなる。大ブリテンの一時借入金は前の方法によったものである

いまや、ヨーロッパのすべての大国にのしかかり、そしてついには、おそらく諸国を破滅させてしまうものと思われる莫大な負債の累積してゆく過程は、だいたい似たようなものであった。当初、国家は、一私人がやるのと同様、債務の支払のために何か特定の基金を引当てにしたり抵当に入れたりすることなく、たいてい、いわば対人信用とでもいうべ
397
きもので借金を始めた。そして、この方策が行きづまった時、初めて特定の基金を引当てにしたり抵当に入れたりして借金するようになったのである。

大ブリテンのいわゆる流動債（アンファンデッド・デッド）、つまり一時借入金は、これら二方法のうち、前の方法で起債するものである。これは、一部はもともと無利子または無利子でよいと考えられる種類の債務で、ちょうど一私人が貸借勘定の借方につけておくという債務に似ており、また一部は利付の債務で、ちょうど一私人が自分の手形または約束手形を振り出して借りた債務に似ている。臨時の勤務をさせたために国が支払うべき債務、あるいは、あらかじめ財政上の手当をしておかずにやらせた勤務、仕事が終ってもすぐに支払をしなかった勤務にたいして支払うべき債務、たとえば陸軍、海軍および軍需品部の特別手当の一部、外

国の君主にたいする補助金〔外国を味方につけておくために随時支出される費目で、イングランドは十七世紀以降、フランスと戦わせるため、ドイツ諸邦を中心に相当の額をばらまいた〕の未払残金、海員給料の遅配などが、通例、この種の債務をなす。時には、こうした債務の一部を支払うために発行され、また時には、その他の目的のために発行される海軍手形や国庫証券は、第二の種類の債務をなし、国庫証券は発行のその日から利子がつくが、海軍手形のほうは、発行後六ヶ月たってから利子がつき始める。イングランド銀行は、自発的にこれらの手形を時価で割り引いたり、あるいは政府と協定を結んで、一定の手数料を取って国庫証券を流通させる。つまり額面価額で引き取るとともに、ちょうど満期になっている分の利子を支払うことによって、その価値を維持し、流通を円滑にし、ひいては政府がこの種の巨額の負債をしばしば起すことができるようにするのである。ところが、銀行のないフランスでは、国債[1]（billets d'état）が、場合によっては六割から七割引で売られた。国王ウィリアム当時の大改鋳〔一六九六年〕のあいだ、イングランド銀行が通常の取引業務を一時停止するのが適当だと考えた時には、国庫証券や割符（タリー）[1]は二割五分から六割引で売られたという。[2]これは疑いもなく、一つには、革命〔一六八八年の名誉革命のこと〕によって樹立された新政府が不安定なのではないかと思われていたためであるが、また一つには、イングランド銀行の支えがなかったためでもあった。

特定の税収を引当てにする場合、短期の先借によるものと永久公債への借換えによるものとの二方法があるが、第一の方法でも、期間の延長が行なわれた

この方策が行きづまっているのに、さらに資金を調達しようとして、公共収入の、ある特定の部門を、債務支払の引当てにするか抵当にするかせざるをえなくなった時に、政府はいろいろの場合におうじて、二つの相異なる方法を採った。すなわち、時として政府は、
398
この引当てなり抵当なりの期間を、たとえば一年とか数年とかいう短期間に限り、また時としては無期限にしたのである。短期間の場合には、基金としての特定の税収は、定められた期間内に借入金の元金も利子も完済するのに十分だという想定であった。無期限の場合には、その基金は利子だけを、つまり利子額相当の永久年金だけを払うに足りるという想定であった。ただし、借り入れた元金を払い戻してこの年金を償還するのは、いつなんどきでも政府の自由であった。前の方法で資金を調達する場合には、先借（アンティシペイション）による調達といわれ、後の場合には、永久公債への借換えによる、あるいは、もっと簡単に公債借換え（ファンディング）による調達といわれた。

大ブリテンにおいては、年々の地租と麦芽税とは、これらの税を賦課する法律にかならず挿入される借入条項によって、毎年規則正しく先借されている。イングランド銀行は、これらの税が引当てにされているその金額を、通例、利子——革命以後八パーセントから

三パーセントに下ってきた――を取って前貸し、その後、これらの税からの収入が徐々に入ってくるにつれて返済を受けるのである。毎度のことだが、もし欠損が生ずれば、その次の年度の国費のなかから支出される。このようにして、公共の収入のうち、まだ抵当にされずに残っている最後の重要部門も、税が国庫に納まる前に規則的に使われてしまうのである。必要に迫られて、自分の収入が規則的に入ってくるのも待ち切れない不用意な浪費家よろしく、この国も自分自身の代理商や代理人から借金し、しかも、自分の金を使うのに利息を払うという常習から脱け出せないでいる。

永久公債への借換えという慣例に、いまほど慣れてしまう以前のウィリアム王治世と、アン女王治世の大部分のあいだは、新税の大半は、ごく短期間（四、五、六または七年間だけ）を限って賦課されるのみで、毎年の支出予算額の大部分は、これらの租税収入の先借による借入金からなっていた。けれども、その租税収入では、定められた期間内に借入金の元利を完済するのにしばしば不十分であったから、そこに欠損が生じ、これを埋め合せるには、その期限を延長する必要が出てきた。

そこで、一六九七年、ウィリアム三世治世第八年の条例第二十号によって、いくつかの租税の欠損分を、その当時のいわゆる第一総抵当（ジェネラル・モーギッジ）または基金（ファンド）に負担させることにしたのである。これは、もっと短期間のうちに期限がくるはずになっていた何種類かの税の課税期間を、一七〇六年八月一日まで延長し、同時に、これらの租税収入をとりまとめて一個の共同基金としたものであった。この期限を延長した租税に負担させた欠損額は、五一六万四五九ポンド一四シリング九ペンス四分の一に達した。

一七〇一年、これらの税は、その他いくつかの税を合せて、同様の目的のためにさらに
399 一七一〇年八月一日まで延期され、これは第二総抵当または基金とよばれた。これに負担させた欠損額は、二〇五万五九九九ポンド七シリング一一ペンス二分の一に達した。

一七〇七年、これらの税は、新規の借入金に引き当てるための基金として、さらに一七一二年八月一日まで延期され、これは第三総抵当または基金とよばれた。これにもとづいて借り入れた金額は、九八万三二五四ポンド一一シリング九ペンス四分の一であった。

一七〇八年、これらの税はすべて（ただし、半分だけがこの基金の一部に繰り入れられたトン税およびポンド税という旧臨時税（サブシディ）と、合邦〔一七〇七年のイングランドとスコットランドの合邦〕の諸条項にもとづいて撤廃されたスコットランド産亜麻布にかける輸入税とを除いて）、新規の借入金に引き当てるための基金として、さらに一七一四年八月一日まで継続されることになり、これは第四総抵当または基金とよばれた。これにもとづいて借り入れた金額は、九二万五一七六ポンド九シリング二ペンス四分の一であった。

一七〇九年、これらの税はすべて（ただし、こんどは、この基金からまったく除外されたトン税およびポンド税という旧臨時税を除いて）、同じく新規借入の目的のため、さらに一七一六年八月一日まで継続されることになり、これは第五総抵当または基金とよばれ

った。

一七一〇年、これらの税は、またも一七二〇年八月一日まで延長されることになり、これは第六総抵当または基金とよばれた。これにもとづいて借り入れた金額は、一二九万六五五二ポンド九シリング一一ペンス四分の三であった。

一七一一年、同じこれらの税は（すでにこの時には、このようにして四つのべつべつの先借に引き当てられていた）、その他いくつかの租税といっしょに永久に継続することになり、南海会社の資本の利払いに充てる基金にされた。というのは、南海会社は、この年、政府に総額九一七万七九六七ポンド一五シリング四ペンスを貸し付けたのであって、国はこれで債務を支払い、欠損を埋め合せようとしたのである。それは、当時としては空前の貸付金であった。

この時期以前には、債務の利子を払うために永久的に賦課した、重要な、そして私が知りえたかぎり唯一の税は、イングランド銀行と東インド会社が政府に貸し付けた資金、および計画中だった土地銀行[3]からの、期待されたものの実らなかった政府貸付金の利払いに充てるためのものであった。この当時、イングランド銀行からの資金は、総計三三七万五〇二七ポンド一七シリング一〇ペンス二分の一に及び、これにたいして二〇万六五〇一ポンド一三シリング五ペンスの年金つまりは利子が支払われた。東インド会社からの資金は、総計三二〇万ポンドに及び、これにたいして一六万ポンドの年金つまりは利子が支払われた。イングランド銀行からの資金の利率は六パーセント、[4]東インド会社からの資金の利率は五パーセントだったのである。

一七一五年には、ジョージ一世治世第一年の条例第十二号によって、イングランド銀行への年金つまり利子を支払うため抵当に入っていた諸税は、この条例により、同じく永久化されたその他若干の税といっしょに、とりまとめられて総合基金（アグリゲイト・ファンド）とよばれた一つの共同基金にされた。この基金は、イングランド銀行への年金支払だけでなしに、その他いくつかの各種の年金や負担金をも引き受けることになった。そしてこの基金は、のちにジョージ一世治世第三年の条例第八号と、ジョージ一世治世第五年の条例第三号によって増額され、同時に、この時追加された諸税も同じく永久化されたのである。

一七一七年、ジョージ一世治世第三年の条例第七号[5]によって、その他いくつかの税が永久化され、総額七二万四八四九ポンド六シリング一〇ペンス二分の一に及ぶ一定の年金の支払のために、とりまとめて一般基金（ジェネラル・ファンド）とよばれた、もう一つの共同基金が設けられた。

これらさまざまの条例ができた結果、従来は、わずか数年の短期間を限って先借されていた租税の大部分が、いまや永久化されてしまったのであり、しかもそれは、さまざまの継続的な先借によって、これらの税を引当てに借りた資金の元金ではなしに、利子だけしか払えない基金なのである。

もしも、借金は先借によるほかはしないというのであれば、何年かたつうちに、公共の収入は負債から解放されたであろう。その場合、政府として注意すべきことは、ただ、限られた期間内に払える以上の債務を背負わせて、基金が負担過重にならぬようにすること、また、最初の先借の期間が満了しないうちに二度めの先借をやらないこと、だけである。しかし、たいていのヨーロッパの政府は、たったこれだけの注意も払うことができなかった。すなわち、各政府は、早くも最初の先借の時から、基金を負担過重にしたことがよくあったし、たまたま、それはやらない場合でも、概して最初の先借の期限がこないうちに、第二、第三の先借を重ねることによって、いわば基金を負担過重にするような注意の払い方をしてしまったのである。このようにして、基金は、それを引当てにした借入金を元利ともども償還するには、まったく不十分なものになってしまったから、基金にはどうしても利子または利子相当の永久年金だけを負担させるほかなくなり、ついに、こういう見通しのない先借は、永久公債への借換えという、いっそう破滅的な慣行を必然的に生み出すにいたった。ところがこの慣行のおかげで、公共収入の債務からの解放は、これまでのある決まった時期から、あまりあやふやで、とうてい来そうもないくらい不確定な先の時期へ必然的に繰り延べられてしまうが、それでも、この新しい慣行によるほうが、先借という古い慣行によるより、いつの場合にも、いっそう多額の借金ができるものだから、新しいやり方は、いったんだれもが慣れてしまうと、国家の非常時に際しては、どこでも古い

401 やり方よりも重用された。国の政治に直接たずさわる者の主たる関心の的は、いつでも当面の急場を救うことである。いつの日か、公共の収入を債務から解放するという事業は、後代の人々よ、よろしく頼む、というわけである。

十八世紀に入って、市場利子率が下り、利払いが節約されたので、これをもとにして減債基金が設けられ、いっそう借金がしやすくなった

アン女王の治世のあいだに、市場利子率は六パーセントから五パーセントに下り、同女王の治世第十二年には、五パーセントというのが、個人信用にもとづく貸付金にたいして合法的に取り立てられる最高の率だと布告された。大ブリテンで期限を切って課せられた税の大半が、利払いだけの基金として永久化され、それが総合基金、南海基金[6]および一般基金に振り分けられると間もなく、国にたいする債権者も、個人の債権者同様、その貸付金の利子として五パーセントを受け取るようにさせられてしまった。そのために、こうした永久公債に借り換えられた債務の大部分の元金に即して言えば一パーセントが、上記の三大基金から支払われる年金の大部分に即して言えば六分の一が、節約されることになった。この節約によって、とりまとめられてこれらの基金になった諸税からの収入は、いまや、これらの基金の負担となったさまざまの年金の支払に必要な分を超えて、相当多額の剰余が出るようになり、これ以後、減債基金とよばれるにいたったものの土台をつくった。

一七一七年には、この剰余分は総額三二万三四三四ポンド七シリング七ペンス二分の一にもなった。一七二七年には、大部分の公債の利子は、さらに四パーセントに引き下げられた。また一七五三年[7]には三・五パーセント、一七五七年には三パーセントとなり、この引下げで、減債基金は、また一段と大きくなったのである。

減債基金というのは、旧債償還を目的として設けられたものではあったが、新規の起債をはなはだ容易にする。それは国家非常の時にあたって、なにか他の、あまり確かでない財源にもとづいて資金の調達をはかろうという際には、それの支えとして、いつでも即座に抵当になれる補助的基金である。大ブリテンの減債基金が、右の二つの目的のうち、どちらによりしばしば充てられてきたかは、おいおい十分に明らかとなろう。

先借と永久公債への借換えのほか、有期年金による借入と終身年金による借入の二方法がある

先借と永久公債への借換えとによる、これら二つの借入方法のほかに、いわば両者の中間に位置する他の二方法もある。すなわち、有期年金による借入と終身年金による借入とである。

402

ウィリアム王とアン女王の治世のあいだに、しばしば有期年金にもとづいて莫大な金額が借り入れられたが、その期限は長短さまざまであった。一六九三年に、一〇〇万ポンドを一四パーセントの年金、つまり年に一四万ポンドの年金によって、向う一六年間借り入

れる条例が通った。一六九一年には、一〇〇万ポンドを、終身年金によって、つまり、現在だったらすこぶる有利だと思われるような条件で借り入れる条例が通った。それでも、その応募は満額にいたらなかった。そこで、その翌年に、一四パーセントの終身年金、つまり、七年と少しで払込元本を取り戻してしまえる終身年金による借入をして、不足を埋め合せた。一六九五年に、この終身年金を買っていた者は、額面一〇〇ポンドにつき、さらに六三ポンドを国庫に払い込めば、期限九六年の他の年金に乗り換えてもよいことになった。言いかえれば、死ぬまでの一四パーセントと、九六年間の一四パーセントとの差を、六三ポンド、つまり年金額にして四年半分で売ろうというわけである。これほどいい条件でも、あまり買手がつかないほどに、当時の政府は世間から危いと思われていたのである。アン女王の治世のあいだには、いろいろな機会に、終身年金と、三二年、八九年、九八年および九九年という有期年金とによって借入が行なわれた。一七一九年には、三二年の有期年金の所有者は、これに換えて、年金にして一一年半分に相当する額の南海会社の株式を引き受けさせられたうえに、たまたま、その時までに支払期限が来ていた年金の未払分も、それに相当する額の株式で受け取らされたのである。一七二〇年には、その他大部分の長期と短期の年金を、同じ南海基金に繰り入れてしまった。その時点での長期年金は、年額にして六六万六八二一ポンド八シリング三ペンス二分の一に達していた。ところが、一七七五年一月五日には、そのうちの残額、つまり、この時までにまだ南海基金に繰り入

403

れられずにいた分は、一三万六四五三ポンド一二シリング八ペンスしかなかった。

一七三九年と一七五五年に始まった二つの戦争〔オーストリア継承戦争と七年戦争のこと〕の期間中に、有期年金か終身年金かによって借り入れられた金額は、ごくわずかであった。しかし、九八年とか九九年とかいう有期年金ならば、永久年金と大差ない価値があり、したがってまた、それをもとにして永久年金の場合と大差ない借入ができるはずではないか、と考える者があるかもしれない。ところが、家族に財産を残そうとして、また遠い将来に備えようとして公債を買い込む人たちは、その価値が絶えず減ってゆくようなものを買おうとしたりはしないものなのだが、こういう人たちが、公債を持っている人や買う人のかなり大きな部分を占めているのである。このために、長期の年金は、その内在的な価値は永久年金とほとんど同じかもしれないが、それとほぼ同じ数の買手は見つからぬものである。新規の公債の応募者も、たいていは、自分の応募分を右から左へ売ろうというつもりでおり、額面だけは同じでも、途中償還のない長期年金よりも、議会の決議があれば償還される永久年金のほうを、はるかに好む。それに、永久年金の価値はつねに同じか、あるいは、ほとんどまったく同じと考えてよく、そこで公債としては、長期年金より便利で換金しやすいものになっているわけである。

前に述べた二つの戦争の時期のあいだ、有期年金にせよ終身年金にせよ、新規公債の応募者にたいする割増金（プレミアム）としてのほかは、つまり、この人たちが応募の目当てにした貸付金にたいする償還年金、すなわち利子を超える分としてのほかは、めったに与えられることはなかったのである。要するに、これらの年金は、借入に当って当然支払うべきものと予定された利子としてではなしに、貸主にたいする追加的な奨励金として与えられたのであった。

終身年金は、時により、二つの違ったやり方で与えられてきた。すなわち、個々の人の生命を対象にするか、あるいは一群の人々の生命を対象にするかのどちらかで、この後者を、フランスでは発案者の名前をとってトンチン[8]といっている。年金が個々の人の生命を対象として与えられる場合には、個々の年金受領者が死ねば、公共の収入はその年金額の分だけ負担が軽くなる。これにたいして、トンチン年金の場合には、公共の収入が負担から解放されるのは、ある一群に属する年金受領者が全部死に絶えてからになる。なぜなら、この一群は二〇人、三〇人の人々からなることもあろうが、そのなかの生存者が、自分たちより先に死んでゆくすべての人々の年金を受け継ぐのであり、最後まで生き残った人は、その一群全部の年金を受け継ぐことになっているからである。その代り、同じ額の収入を基礎にしても、トンチン年金なら、個別の終身年金よりも、つねにより多くの資金を調達できるのである。こうした生残権つきの年金は、同額の個別終身年金より実際上大きな値打があるし、そのうえ、だれもが自分自身の幸運について自然に抱いている自信、すなわち、あらゆる富籤(とみくじ)の成功が基礎を置いているその原理からして、普通、こうした年金は、そのほんとうの値打よりもいくらか高く売れるのである。政府が年金を与えることによって資金を調達することが慣行になっている国々では、右の理由から、一般に、トンチン年金のほうが個別の終身年金よりも好んで採用される。もっともたくさんの金（かね）をつくれる手段のほうが、もっとも速やかに公共の収入を負担から解放しそうな手段よりも、ほとんどいつも好んで採用されるものだ、というわけである。

フランスでは、イングランドに比べて、公債のなかに占める終身年金の割合がずっと大きい。一七六四年に、ボルドーの高等法院から国王に提出された報告によれば、フランスの公債は全部で二四億リーヴルと見積られており、そのうち、終身年金が与えられている分の元金は三億リーヴル、すなわち、公債全体の八分の一になると推定されている。年金

404

自体は年に三〇〇〇万、すなわち、公債全体の推定利子一億二〇〇〇万の四分の一になると計算されている。これらの見積りが正確ではないということは、私もよく承知しているが、ああいう、おおいに尊敬すべき団体がほぼ実情を映したものとして提出したのだから、そういうものとして受け取ってよかろうと思う。フランスとイングランドそれぞれの政府の借入のやり方にこうした違いが生じてくるのは、公共の収入を負担から解放しようという熱心さの程度に差があるためではない。この違いは、専ら貸主の考え方や利害の差から生ずるのである。

イングランドでは、政府の所在地が世界最大の商業都市だから、政府に資金を貸し付け

る者は、たいてい大きな商人である。かれらは、貸付をやることによって自分たちの商業上の資本を減らすつもりはなく、逆にふやすつもりなのであって、新規の公債に応ずるというのも、自分たちが引き受けた分をなにがしかの利鞘(りざや)をとって売れる見込みがあるからで、そうでないかぎりは、けっして応募もしないであろう。それなのに、もし貸付をやっても、永久年金ではなく終身年金しかもらえないようになっているとすれば、その終身年金が自分のものであろうと他人のものであろうと、商人たちは、かならずしも、そう手際(てぎわ)よく利鞘をとってその公債を売ることができるとはかぎらない。かれら自身の生命を対象にした終身年金では、売ればかならず損をするであろう。なぜなら、年齢や健康状態が自分自身とだいたい同じ他人の生命を対象にした年金に、自分自身の生命を対象にした年金につけるのと同じ値段をつける者は、だれもいないからである。もっとも、第三者の生命を対象にした年金であれば、これは、間違いなく売手にとっても買手にとっても価値は同じだけれども、しかし、その実質価値となると、年金が給付されたその瞬間から減り始めて、その存続するかぎり、ますます減り続ける。だから、こういう年金は、実質価値がいつも同じか、またはほとんどまったく同じと考えてよい永久年金のようには、便利で換金しやすい資産には絶対になりえないのである。

一方、フランスでは、政府の所在地が大商業都市ではないから、政府に資金を貸し付ける人々のうちで、大きな商人は、それほど多くはない。財政に関与している人々、すなわち、徴税請負人、請負制を採っていない租税の収納官、宮廷の銀行家などが、国家非常の時にはいつでも、自分の金を貸し付ける人々の大半を成している。こういう人たちは、普通、生れは賤しいが非常な富を擁し、しかもおそろしく尊大である。かれらは、自分たちと同じ身分の者と結婚するには気位が高すぎ、さればと言って、高貴の女性は、かれらとの結婚をいさぎよしとしない。そこで、かれらは、しばしば独身で通そうと心に決めるのであって、自分の家族もなければ、親戚の家族などたいして気にもかけず、また、かなら
405
ずしも親戚と認めたがらない場合もあるから、自分だけの一生を派手に暮そうと希うのみで、その財産が自分一代限りで終ろうとも、いといはしない。そのうえに、結婚を嫌ったり、一身上の都合で結婚は工合が悪いとか、不便だとかいう金持の数も、イングランドよりフランスのほうが、はるかに多い。子孫のためをほとんど思わない、あるいは、全然思わないこういう人々にとって、その資本を、ちょうど自分たちが望むあいだだけ続き、しかも、それ以上は続かないようにできている収入と交換することくらい、都合のよい話はない。

公債とくに永久公債への借換えの制度ができると、国民は戦争の負担に鈍感になり、政府も、減債基金を濫用して臨時費まで公債でまかなおうとする

近代にあっては、大半の国の政府の平時の経常費はその経常収入に等しいか、あるいは

ほぼ等しいから、戦争が始まると、政府は経費の増加におうじて収入を増加させることをいやがるし、またできもしない。いやがるというのは、国民の感情を害するのがこわいからで、国民は税金が大幅に、それも突然に高くなるから、すぐにも戦争がいやになってしまう。また、できもしないというのは、政府は、どういう租税なら必要なだけの収入をあげられるかが、よくわからないからである。ところが、借入ならたやすくできるものだから、政府は、さもなければ右のような怖れがあるため、またできもしないために陥ったはずの困りごとから救われる。つまり、借入をやれば、政府は、ほんの少し増税するだけで戦争を続けてゆくのに十分な資金を年々調達できるし、さらに永久公債への借換えという慣行によるなら、最小限の増税で最大限の資金を毎年調達できるわけである。大帝国においては、首府に住んでいる人々、実際の戦場から遠くへだたった地方に住む人々の多くは、戦争からくる不便などめったに感ずることもなしに、気楽な顔で、わが陸海軍の戦果を新聞で読んでは悦に入っている。この人々にしてみれば、平時に納めつけてきた税金より、戦争のために納める税金のほうが少々高くても、こういう楽しみがあるから、もとがとれているのである。だから、かれらは平和の回復には不満なのが普通である。つまり、そうなるとこの楽しみがおしまいになり、また、戦争がもっと長引けば満たされたかもしれない征服と国家的栄光という、限りない夢のような希望もおしまいになるからである。

実際には、平和が回復したからといって、戦時中にかけられた税金の大部分の負担が国

民の肩から取り除かれることは稀である。これらの税は、戦争遂行のため起された公債の
利払いのための抵当に入っている。もし、従来からの収入と新税とを合せれば、この公債
の利子を支払い、政府の経常費をまかなったうえ若干の剰余収入を生ずるような場合には、
たぶん、これは公債を償還するための減債基金に繰り入れられるであろう。けれども、第
一に、この減債基金は、いっさい他の目的には流用されないものと仮定してさえ、平和が
406 続くと予想するのが妥当だと思われる期間内に、戦時中に発行した公債全部を償還しきっ
てしまうには、たいていはまったく不十分であり、そして第二に、この基金は、実際には、
ほとんどいつでも他の目的に流用されてしまうのである。

もともと、新税は、それにもとづいて借り入れた資金の利子だけを払う目的で課したものである。そこで、かりに利子分以上の税収が生じたとしても、それは普通、初めからそのつもりもなければ予期もしていなかったものであり、したがって、そう多額であろうはずはない。減債基金はもともと、その税に負担させた利子、つまり年金の支払に要する分を超えた税収の剰余から生れたというよりも、むしろ一般には、その後の利子引下げから生れてきたのである。一六五五年のオランダの減債基金も、一六八五年の法王領のそれも、ともに、こういうふうにしてできたものであった。こうした基金が通例不十分なのは、ここから来ている。

もっとも天下泰平のあいだでさえ、臨時費が必要となるような、いろいろの出来事には

こと欠かない。ところが政府は、新税を課するよりも、減債基金を流用してこの経費をまかなっておくほうがいつも都合がよいと心得ている。つまり、新税はすべて、すぐさま国民を多少とも刺激する。いつでも、ある程度は不満の種になるし、また、ある程度の反対に出あう。税の種類をふやせばふやすほど、また、各種各様の課税物件にたいする税率を上げれば上げるほど、あらゆる新税にたいして、国民はますます声高に不平を鳴らすから、新しい課税物件を見つけるのも、従来の課税物件にかけてある旧税の税率を引き上げるのも、ともにいよいよむずかしくなる。けれども、公債の償還を一時停止しても、すぐには国民を刺激することにはならないから、不満の種にもならず不平を鳴らされることもない。減債基金から借り入れるのは、目前の困難を切り抜けるためには、いつでも、簡明で安易な応急策になる。公債が累積すればするほど、そして、それを減らしてゆくための工夫がいよいよ必要になればなるほど、さらに、その一部にせよ減債基金を流用することがますます危険で破滅的なものになればなるほど、公債をかなり思いきって減らす見込はますます少なくなり、反対に、平時に生じるすべての臨時費をまかなうために減債基金が流用される見込は、ますます強くなる、いや、ますます確実になるのである。すでに国民が重すぎる税を背負っている時に、新たな戦争の必要に迫られているのならいざ知らず、すなわち、国民だれもが復讐の敵意に燃えているとか、国家の安全が脅かされているとかいうのならいざ知らず、そうでないかぎりは、国民が相当我慢強く新税に甘んずるよう仕向けるなどということは、とうていできるものではない。減債基金がいつも濫用されるのは、ここから来ている。

大ブリテンでは、十七世紀末以来、戦争のたびごとに公債が累積し、国の経常収入の節約分で公債が完全に償還されるとは期待しえない

407 大ブリテンにおいては、最初に永久公債への借換えという破滅的な手段に訴えてからこのかた、平時における公債の縮減額は、戦時におけるその累積の大きさに比べると、まったく釣合いのとれないくらい、わずかなものであった。大ブリテンで現在の莫大な公債の基礎が初めて置かれたのは、一六八八年に始まり一六九七年にリズウィック条約[9]で終った戦争においてであった。

一六九七年一二月三一日に、大ブリテンの公債は、永久公債も一時借入金も合せて、二一五一万五七四二ポンド一三シリング八ペンス二分の一であった。これらの公債の大部分は、短期の先借にもとづいて起債されたものであり、終身年金にもとづくものは小部分であったから、四年とたたぬ一七〇一年一二月三一日までに、一部は償還してしまい、一部は国庫に復帰し、その総額は五一二万一〇四一ポンド一二シリング四分の三ペニーに達したのであって、以後今日まで、これほど短期間のうちに、これ以上多額の公債が縮減されたことはない。そこで、残る公債は、総額わずか一六三九万四七〇一ポンド一シリング七

ペンス四分の一になってしまった。

一七〇二年に始まり、ユトレヒト条約で終った戦争〔いわゆるスペイン継承戦争で、これを終結させたユトレヒト条約が結ばれたのは、一七一三年〕で、公債はいちだんと累積された。一七一四年一二月三一日に、公債総額は五三六八万一〇七六ポンド五シリング六ペンス一二分の一に達していた。短期と長期の年金を募集して、それを南海基金に繰り入れたため公債の元金はさらに増加し、一七二二年一二月三一日には、総額五五二八万二九七八ポンド一シリング三ペンス六分の五になった。公債が減り始めたのは一七二三年からであったが、非常にゆっくりとしか減らなかったので、一七三九年一二月三一日現在の、つまり完全な平和が続いた一七年間の償還総額は、八三二万八三五四ポンド一七シリング一一ペンス一二分の三を出ず、この時点での公債元金は、なお四六九五万四六二三ポンド三シリング四ペンス一二分の七も残っていた。

一七三九年に始まったスペイン戦争と、すぐそれに続いたフランス戦争〔オーストリア継承戦争のこと〕とは、さらに公債をふやすことになり、エクス・ラ・シャペル条約でこの戦争が終ったあとの一七四八年一二月三一日、その総額は七八二九万三三一三ポンド一シリング一〇ペンス四分の三になっていた。右にも述べたとおり、一七年間も完全な平和が続いたのに、減らすことのできた公債総額は八三二万八三五四ポンド一七シリング一一ペンス一二分の三でしかなかった。ところが、九年と続かなかった戦争は、それに三一三三万八六八九ポンド一八シリング六ペンス六分の一をつけ加えたわけである。(2)

ペラム氏[10]の施政期間中に、公債利子は四パーセントから三パーセントに下げられるか、あるいは、少なくとも下げるための措置がとられた〔本章「十八世紀に入って……」の小見出し参照〕のであって、このため減債基金は増加し、また、公債の一部が償還された。その結果、最近の戦争〔七年戦争のこと〕が起る直前の一七五五年には、大ブリテンの永久公債は総額七二二八万九六七三ポ408ンドに減っていた。しかし、一七六三年一月五日に講和条約が結ばれた時、永久公債は一億二二六〇万三三三六ポンド八シリング二ペンス四分の一に達した。そして一時借入金は、一三九二万七五八九ポンド二シリング二ペンスだといわれた。だが、この戦争がもとで生ずる経費は、講和条約を結んだからといって終るものではなかったから、一七六四年一月五日には、永久公債は、（一部は新規借入金、一部は一時借入金の一部分を永久公債に借り換えることによって）一億二九五八万六七八九ポンド一〇シリング一ペンス四分の三[11]まで増加したものの、それでもなお一時借入金が残っていて、（『大ブリテンの貿易と財政にかんする諸考察』の非常に博識な著者[12]によれば）その額は、この年と翌一七六五年の計算では九九七万五〇一七ポンド一二シリング二ペンス四四分の一五になった。したがって、一七六四年には、永久公債と一時借入金とを合せた大ブリテンの公債は、この著者によれば、総額一億三九五六万一八〇七ポンド二シリング四ペンスに及んだのである。そのほかにも、一七五七年に新規公債の応募者に割増金（プレミアム）として与えた終身年金は、その年金額の一四年分が元金と見積れば、四七万二五〇〇ポンドと評価され、さらに一七六一年と一七六二年に、同様割増金として与えた長期年金は、その年金額の二七年半分を元金と見積れば、六八二万六八七五ポンドと評価された。ほぼ七年間続いた平和のあいだに、ペラム氏の慎重で、まことに愛国的な施政をもってしても、償還できた旧債は六〇〇万ポンドにならなかったわけである。ところが、ほぼ同じ期間続いた戦争のあいだに起債された新規の公債は、七五〇〇万ポンドを超えたのであった。

一七七五年一月五日に、大ブリテンの永久公債は総額一億二四九九万六〇八六ポンド一シリング六ペンス四分の一であった。一時借入金は、王室費の巨額の負債を別にしても、総額四一五万二三六ポンド三シリング一一ペンス八分の七であった。両方の合計は、一億二九一四万六三二二ポンド五シリング六ペンスになる。この計画によれば、一一年間の完全な平和の期間に償還された公債は、総額一〇四一万五四七四ポンド一六シリング九ペンス八分の七にすぎない。しかも、このわずかな公債の縮減でさえ、その全部が国の経常収入の節約分で行なわれたわけではない。この経常収入とは全然無関係な異質の金（かね）が、いく口か加わったことが、この縮減に役だったのである。なかんずく、そのなかには、向う三
409
ヶ年間一ポンドにつき一シリングという地租付加税、東インド会社からその領土獲得にたいする賠償として受け取った二〇〇万ポンド、イングランド銀行から、同銀行の特許状[13]を更新してやる代りに受け取った一一万ポンドがふくまれている。ここには、なおいくつかの金額を追加しなければならない。それらは最近の戦争によって生じたものだから、おそ

らく、その戦費からの控除と見て然るべきものである。そのおもなものは次のとおりである。

	ポンド	シリング	ペンス
フランスからの戦利品益金……	六九〇、四四九	一八	九
フランス人捕虜賠償金……	六七〇、〇〇〇	〇	〇
割譲諸島〔第四篇第七章第二節「条例で定められている……」の小見出しの割注参照〕売渡代金受入れ……	九五、五〇〇	〇	〇
合　計	一、四五五、九四九	一八	九

もし、この金額に、チャタム伯〔大ピットのこと。本篇第二章「特定の営業の利潤にかける税」訳注〔1〕参照〕とカルクラフト氏の軍事費会計〔14〕の残高や、これ以外の同種の軍事費の節約分を加え、さらに前述したイングランド銀行と東インド会社から受取った金（かね）、および一ポンドについて一シリングの地租付加税をも足せば、その総額は五〇〇〇万ポンドをはるかに上回るにちがいない。したがって、和平が結ばれてからこのかた、国家の経常収入からの節約によって償還された公債は、平均すると年五〇万ポンドにも達しなかった。確かに、減債基金は、和平が結ばれて以来かなりの増加をみたが、それは、償還された公債があったこと、償還債の利子を四パーセントから三パーセントに下げたこと、満期になった終身年金があったことによるものであって、

もしも平和が続いていたとすれば、おそらく今日では年々一〇〇万ポンドを公債償還のために充てることもできたかもしれない。現に昨年〔一七七五年〕中には、さらに一〇〇万ポンドが償還されたのも、このためであった。ただし、同時に巨額の王室費の債務は未払のままであり、しかもわれわれは、いままた新たな戦争にまき込まれており、この戦争は、その進展につれて、これまでわが国が戦ったどの戦争にも劣らず金のかかるものだということが明らかになるだろう。[3] 次の会戦が終るまでのうちに、たぶん起債されると思われる新規の公債は、国家の経常収入からの節約分によって、これまでに償還してきた旧債の全額に、おそらく、ほぼ等しいものになろう。こういうわけだから、経常収入がいまのような状態にある以上、それから節約できそうな分くらいで公債が完全に償還されるなどと期待するのは、まったくの妄想であろう。

公債は追加的な資本だという説は誤りで、公債は一国の生産的労働の維持と資本の蓄積を租税よりも阻害し、かつ戦争を長びかせ、気まぐれに戦争を企てさせる

ある著者の述べたところによると、ヨーロッパの諸債務国の公債、とくにイングランド
の公債は、その国の他の資本にさらに上積みされた一大資本の蓄積であって、そのおかげ
410 で、他の資本だけではとてもできないくらい大幅にその国の商業は拡大し、製造業は増加
し、またその土地は耕作され改良されている、と。[15] だがこの著者は、公共社会にたいする

最初の債権者が政府に貸し付けた資本というのは、貸し付けられたその瞬間から、資本としての機能を果すものから収入としての機能を果すものへ、言いかえれば、生産的労働者を養うものから不生産的労働者を養うものへと振り替えられてしまった年々の生産物の一定部分であって、しかもたいていは、将来、再生産される一縷の望みもないままその年のうちに使い尽され、浪費されてしまうことになっている部分だ、ということを考慮していない。なるほど、かれらは貸し付けた資本と引換えに、たいていの場合、それ以上の価値の公債という形で年金を手に入れた。この年金で、かれらはその資本を回収したし、また、これまで同様、あるいはたぶんそれ以上に、手広く自分の商売や事業を営むことができたことは疑いない。すなわち、かれらは、政府に貸し付けたのと等しいか、または、それ以上の新しい資本を、他人からこの年金の信用にもとづいて借りることもできたし、さもなければ、年金を売って、他人から自分のものとして手に入れることもできた。しかしながら、かれらが、こういうふうにして他の人々から買うなり借りるなりしたこの新資本というのも、その国内に以前からあったものに相違ないし、また、およそすべての資本がそうであるように、生産的労働を養うために充てられていたに相違ない。この新資本が自分の金を政府に貸し付けた人々の手に入ったとき、それは、かれらにとってみれば、ある意味で新しい資本であったにせよ、その国にとってみれば、別に新しい資本ではなく、ある用途から引き上げられて他の用途に振り向けられた資本であるにすぎなかった。新資本は、かれらにたいしては政府に貸し付けた分を回収してくれるものだったけれども、その国にたいして回収してくれるわけではなかったのである。もしかれらが、この資本を政府に貸し付けなかったとしたら、この国には一つでなしに二つの資本、つまり年々の生産物の二つの部分が、生産的労働を養うために充てられたことであろう。

政府の経費をまかなうために、その年度内に、自由に使える税、つまり抵当に入っていない税の収納分から収入を調達するという場合であれば、個人所得の一定部分が、ある種の不生産的労働を養うことから、他の種類の不生産的労働を養うことへ振り替えられるだけのことである。かれらが税金として納めるものの若干の部分は、確かに蓄積されて資本となり、またしたがって、生産的労働を養うのに充てられることもありえたであろうが、しかし、その大部分は、おそらく使い尽され、またしたがって、不生産的労働を養うのに
411
充てられたであろう。けれども、公共の経費は、このやり方でまかなわれるのであれば、疑いもなく新たな資本のいっそうの蓄積を多少とも妨げはするものの、かならずしも、すでに現存する資本を、その一部分にせよ食いつぶす原因になるとはかぎらない。

これにたいして、公共の経費が永久公債への借換えによってまかなわれる場合には、公共の経費は、すでに前からこの国にあった若干の資本を年々食いつぶすことによって、すなわち、前には生産的労働を養うことになっていた年々の生産物の若干の部分を、不生産的労働を養うために濫用することによって、まかなわれることになる。その代り、この場

合には、同じだけの経費をまかなうに足る収入を年度内に取り立てるという場合よりも税金は軽いから、各人の個人所得にかかる負担はかならず小さくなり、したがって、かれらがその所得のある部分を節約し蓄積して資本にする、その能力も、ずっとわずかしか害われることがない。たとえ永久公債への借換えによる方法が、公共の経費を年度内に取り立てる収入によってまかなう方法よりもいっそう多くの既存資本を食いつぶすとしても、同時に、新資本の蓄積なり獲得なりを妨げる度合は、より少ないわけである。そこで、公債借換制度のもとでは、個人の節約と勤勉は、政府のやる無駄遣いや濫費が、社会の総資本のうえに時おりこしらえる破れ目を、よりたやすく繕うことができるのである。

　しかし、公債借換制度が他の制度に比べてこういう長所を持つのは、戦争が続いているあいだだけのことである。もし、戦争の経費は、つねにその年度内の収入でまかなうということになっていれば、この臨時収入をあげてきた租税が、戦争も終ったのになお続くようなことはないであろう。そこで、個々人の資本蓄積能力は、公債借換制度の場合よりも、戦時中は小さくなるにしても、平時には大きくなるであろう。戦争だからといって、かならずしも旧資本をすべて食いつぶすわけでもなかろうし、平和になれば、食いつぶした分より多くの新資本の蓄積をひき起すであろう。総じて、戦争はもっと早く終り、また、特段の理由もなく戦争に訴えることも少なくなろう。国民は、戦争が続いているあいだはその負担を余すところなく身に受けるわけだから、ほどなく戦争に飽きてくるだろうし、また、政府のほうも、国民の機嫌をとるために、必要以上に戦争が長引かぬようにせざるをえないであろう。戦争の負担が重く、また、避けるわけにゆかぬものだということがあらかじめわかっていれば、国民も、戦うべき真の、つまり実質的な利益がなにもないのに、いたずらに戦争を望むようなことはしなくなるであろう。そうすれば、個人の資本蓄積能力が、ある程度害われる時期は、もっと稀にしかやってこなくなるし、また、もっと短いあいだしか続かなくなるだろう。反対に、この能力が最高に発揮される時期は、公債借換制度のもとで可能であるよりも、はるかに長続きするであろう。

公債がある程度に達すると、それにともなう租税負担が重くなり、公私すべての収入の源泉が衰え、土地はなおざりにされ、資本は濫費されるか外国へ逃避する

412 そのうえ、永久公債への借換えがあるところまで進んでしまうと、それにともなって租税も増加するから、平時においてさえ、時には、戦時下における、年度内の税でまかなう制度と同じくらい個人の蓄積能力を害うこともある。大ブリテンの平時の収入は、現在、年に一〇〇〇万ポンドを超える。もし、この収入が自由に使えて抵当に入っていないのなら、その運用よろしきを得れば、新規の公債など一シリングも発行せずに、どんな激しい戦争でも遂行するのに十分であろう。ところが、現在、大ブリテン住民の個人所得が平時でも負担を負わされている程度、住民の蓄積能力が害われている程度は、永久公債への借換えという有害な制度を全然採らなかった場合の、もっとも金のかかる戦争の時と同じなのである。

公債利子の支払というものは、右手が左手に払うようなものだ、と言われてきた。[16] 貨幣は、その国から出てゆくわけではない。住民のうちのある一群の人々の収入の一部が、他の一群の人々に振り替わるだけのことで、国民は前より一ファージングたりとも貧乏になることはないのだ、と。しかし、こういう弁解は、まったく重商主義の詭弁にもとづいたものであって、すでにこの重商主義に加えた長い検討のあとでは、それについてさらに述べる必要はおそらくあるまいと思う。それればかりか、この弁解は、すべて公債は自国の住民から借りるものと想定しているが、それは正しくないこともある。オランダ人や、その他数ヶ国の外国人が、わが国の公債のうち、きわめて大きな部分を持っているからである。だが、たとえ公債は全部自国の住民から借りたとしたところで、そのために公債の害が減るというものではなかろう。

土地と資本とは、公私双方のすべての収入がそこから生れてくる、二つの源泉である。農工商のいずれに雇用されるかを問わず、生産的労働の賃銀を支払うのは資本である。すべての収入がそこから生れてくるこれら二つの源泉の管理は、相異なる二群の人々、すなわち、土地の所有者と資本の所有者または使用者とに属している。

土地所有者というものは、自分自身の収入をあげるために、その小作人の家を建築修理

413 し、必要な排水溝や囲い、その他、本来地主がやるべき、いっさいの金のかかる改良を行なったり維持したりすることによって、自分の所有地をできるだけ良好な状態にしておくことに関心をもつ。ところが、いろいろの地租のために、地主の収入はひどく減ってしまうし、また、生活必需品や便益品にかかるさまざまの税のために、この少なくなった収入の実質的な価値は、はなはだ小さなものになってしまうから、かれは、こうした金のかかる改良を行なったり維持したりすることはとうていできないことがわかるであろう。しかし、地主が自分の果すべき務めを放棄してしまったのに、小作人だけが、自分の務めを引きつづき果してゆくなどということは、まったく不可能である。地主の苦難が深まるにつれて、その国の農業も、かならず衰退せざるをえないのである。

資本ストックの所有者や使用者が、その資本からどれだけの収入を得ているにせよ、生活の必需品や便益品にいろいろと税がかかるために、同じだけの収入で、他の国なら、たいていどこででも買えるのと同量の生活必需品や便益品が、ある特定の国では買えないことに気がつけば、かれらは、どこか別の国に移りたくなるであろう。そのうえ、それらの税を取り立てるために、商人や製造業者の全部あるいは大部分、つまり、大きな資本を使用している者の全部あるいは大部分が、収税吏の、癪にさわるわずらわしい臨検を絶えず受けることになれば、別の国に移りたいというこの気持は、やがて実際に移ってしまうところまで進んでゆくだろう。その国の産業活動は、それを支えていた資本が移ってゆくとともに、かならずや衰えるであろうし、商業と製造業の破滅が農業の衰退に続くであろう。

土地と資本という収入の二大源泉の所有者から、すなわち、土地のどの一片でも良く整備し、資本のどの一部分でもうまく管理しておくことに直接関心をもっている人々から、他の一群の人々（こういう特別の関心をもたない国家の債権者）へと、これら両源泉のどちらかから生ずる収入の大半を移してしまえば、長いあいだには、土地はなおざりにされ、資本は浪費されるか、外国へ逃避する結果を生ずるであろう。むろん、国家の債権者が、その国の農業、製造業、商業の繁栄に一般的な関心をもち、ひいてはまた、その国の土地が良く整備され、資本がうまく管理されることにも関心をもっているのは確かである。万一にも、これらのどれかの部門で全面的な失敗なり衰退なりが起れば、各種の租税収入は、かれらがもらえるはずの年金つまり利子を支払うのに、足りなくなってしまうかもしれないからである。ところが、かれらは、単に国家の債権者という立場だけからすると、どこか特定の土地の一片を良く整備するとか、ある特定の部分の資本ストックをうまく管理することには、なんの関心ももたない。国家の債権者の一人としては、かれは、こういう特定の部分についてはなんの知識ももってはいない。監督するわけでもなければ、面倒をみることもできはしない。それが破綻（はたん）してしまったとしても、知らずにいることもあるだろうし、また、そのことが、かれに直接影響するはずもないのである。

永久公債への借換制度を採用した国は、すべて疲弊していったのだから、大ブリテンの税制が優れているにしても、どんな大きな負担にも耐えうるとは言えない

414

永久公債への借換えという慣行は、それを採用したすべての国を次第に弱らせた。これを始めたのは、イタリーの諸共和国だったらしい。ジェノアとヴェニスは、そのうち、いまでも独立国だと言えるただ二つの国だが、ともに、このために弱くなってしまった。スペインは、この慣行をイタリーの諸共和国から学んだもののようだが、（スペインの税制は、イタリーの諸共和国の税制よりも、たぶん思慮に欠けているため）スペインは、その本来の国力の割には、イタリーよりもっと弱まった。スペインの公債の起源は、たいへんに古い。この国は十六世紀の末より前に、つまり、イングランドがまだ一シリングの借金も負っていなかった時よりほぼ一〇〇年も前に、すでに借金で首が回らなくなっていた。フランスは、その豊かな自然の資源にもかかわらず、これと同じたぐいの重い負担にあえいでいる。オランダの連合共和国は、ジェノアあるいはヴェニスと同じくらい、公債のために弱っている。ほかの国ではどこでも疲弊か荒廃をもたらした慣行が、ひとり大ブリテンでは、まったく無害だなどということがありえようか。

これらの諸国で実施されている租税制度が、イングランドのものより劣っているのだ、と人は言うかもしれない。私も、確かにそうだと思う。ただ、ここで想起すべきは、どん

なに賢明な政府でも、適当な課税物件を残らず使い果してしまえば、緊急の必要に迫られた場合には、不適当な課税物件に頼らざるをえないということである〔本篇第二章第二節「オランダは、その……」の小見出し参照〕。あの賢明なオランダ共和国でも、時には、スペインの租税の大部分のものと同様に不都合な税に頼らざるをえなかった。国家収入にかかっている負担がまだ大幅に軽減されないうちに次の戦争が始まり、その進展とともに、先ごろの戦争〔七年戦争のこと〕と同じように、金のかかるものになろうものなら、大ブリテンの租税制度も、必要やむをえず、オランダはおろか、スペインの租税制度と同じくらい苛酷なものになるかもしれない。なるほど、わが国の現行の租税制度にとって名誉なことには、これまでのところ、租税制度のために産業が迷惑をこうむることがほとんどなかったので、非常な経費のかかる諸戦争のあいだですら、倹約家でまじめな行状の個々人が、その貯蓄と資本蓄積によって、政府がその無駄遣いと浪費のために社会の総資本にこしらえた破れ目を、すべて繕うことができたように思われるほどである。大ブリテンが、これまでに戦ったうちでもっとも金のかかった最近の戦争が終った時、その農業は栄え、製造業の数は多く、しかも完全に操業しており、商業も手広く営まれ、いずれも従前と変るところはなかった。したがって、これら各部門の産業を支えていた資本も、従前と同額であったに相違ない。平和になってからこのかた、農業はさらに一段と改良されたし、家賃はこの国のどこの町でも村でも騰ったので
415 あって、これは、国民の富と収入が増進しつつある証拠である。さらに、以前からある税

の大半、とりわけ、内国消費税と関税のおもな部門の年々の収入額は一貫して増加してきており、これも、消費が拡大しつつあることの、ひいては、それだけがこうした消費を支えることのできる生産も増大しつつあることの、等しく明白な証拠である。大ブリテンは、半世紀前であったらだれも背負いきれるとは信じなかった負担を、今日、やすやすと支えているようにみえる。しかし、さればと言って、大ブリテンなら、どんな負担でも支えられると速断するのはやめよう。それどころか、すでにわが国が背負っているものより、もう少し重いくらいの負担なら、たいした苦痛もなしに支えきれるなどという、過剰な自信をもつのもやめようではないか。

公債の累積した国が、それを完全に償還したためしはない。公債で国家財政がゆきづまった場合、多くの国は、公然たる国家の破産宣言をせずに鋳貨名称の引上げや悪鋳という詐欺行為を採用した

国債が、いったん、ある程度まで累積してしまった場合、公正かつ完全に償還が行なわれたためしは、まずただの一度もない、と私は信じている。国家収入を公債の負担から解放するということは、たとえ、それが実現したことがあるとしても、それはつねに破産によってであった。つまり、時としては、公然と破産を宣言する場合もないではなかったが、多くの場合、償還をよそおってはいるものの、つねに実質的な破産によって達成されたものであった。

鋳貨の名称の引上げは、実質的な国家破産を、いつわりの償還という見せかけでごまかしてしまう、もっとも月並みな便法であった。たとえば、議会の条例によるなり勅令によるなりして、六ペンス銀貨をイングランド正貨一シリングの名称に引き上げ、また六ペンス銀貨二〇個を正貨一ポンドの名称に引き上げれば、前の名称で二〇シリングつまり銀約四オンスを借りた人は、新しい名称でなら六ペンス銀貨二〇個つまり銀二オンス弱を返せばよいことになろう。一億二八〇〇万ポンドほどの国債といえば、大ブリテンの永久公債と一時借入金の元金に近いものだが、それも、こんなやり方をすれば、われわれの現在の貨幣約六四〇〇万ポンドで償還できるであろう。だが、これは、まったくいつわりの償還でしかなく、国家の債権者は、当然払ってもらえるはずの金額一ポンドにつき一〇シリングを、実際だまし取られることになる。そのうえ、この災難は国家の債権者だけにとどまらず、さらに拡がってゆくだろうし、あらゆる私人の債権者も、それ相応の損失をこうむるであろう。しかも、このことは、国家の債権者に少しも利益にならぬどころか、かえって、たいていの場合、大きな損失を加重することになろう。もっとも、国家の債権者が総じて他の人々に多くの債務を負っているものだというのなら、かれらは、国家が払ってよこしたその同じ鋳貨で、自分の債権者に支払って、自分の損失をある程度償うこともできよう。ところが、たいていの国では、国家の債権者というものは、大多数が金持で、ほか

416 の同胞市民にたいしては、債務者というよりも、むしろ債権者という関係に立っている。こういうわけで、この種の見せかけの償還は、たいていの場合、国家の債権者の損失を軽くするどころか、むしろ加重し、公共社会になんの利益ももたらすことなく、ほかの多くの罪もない人々に災難を押し拡げる。それは、個々人の財産〔の均衡〕を全面的に、かつ、もっとも有害なやり方で覆す。つまり、それは、ほとんどの場合に、勤勉で倹約家の債権者を犠牲にして、怠惰で浪費的な債務者を富ませ、また、国民の資本の一大部分を、それをふやしたり改良したりしそうな人の手から、それを浪費したり破壊したりしそうな人の手に移してしまうからである。国家が、みずからの破産を宣言せざるをえないところまで追い込まれたような時には、個人がそうせざるをえなくなった時と同様、策を弄せず、正直に公然とその破産を宣言してしまうほうが、債務者にとって名誉に傷がつくのがつねにもっとも少なく、また、債権者にとっても害を受けるのがもっとも少ない手段なのである。現実に破産したという不名誉を蔽い隠すために、見えすいた、しかも同時にはなはだしく有害なこの種の手品めいた策略に訴えるようなら、国家の栄誉も、まったくかたなしというほかはない。

　それにもかかわらず、近代はいうまでもなく古代においても、ほとんどすべての国家は、こうした必要に迫られると、往々にして、このはなはだ手品めいた策略を用いてきたのである。ローマ人は、第一次ポエニ戦争が終った時、ローマ人が他のいっさいの鋳貨価値を算定していた鋳貨、または、その名称であるアスを、含有銅量一二オンスから、たった二オンスにしてしまった。つまり、かれらは、銅二オンスを、それ以前にはいつも一二オンスの価値を表示していた名称に、引き上げたのである。ローマ共和国は、このようにして、契約した巨額の債務を、実際に借りた金額の六分の一で償還することができた。こんなにも急激で大規模の破産が行なわれれば、きわめて激しい大衆的な騒動が起ったにちがいない、と現代のわれわれは想像しがちである。だが、そんなことは全然なかったらしい。このことを決めた法律は、鋳貨にかんするその他すべての法律と同じく、民会に護民官から提出され、そこで成立したもので、思うに、たいへん評判のいい法律であった。ローマでは、他のすべての古代の共和国と同じく、貧民は絶えず金持の勢力家から借金しており、一方、勢力家のほうは、毎年の選挙の際に貧民の票を確保しようとして、法外な高利で、かれらに金を貸し付けるのがつねであった。こんな高い利子は、とても払えるものでなかったから、たちまち積もり積もって、債務者にとっても、またなんぴとにせよ代って支払をしようとする者にとっても、払いきれないくらいの巨額になった。債務者は、うんと厳しく取り立てられるのを怖れて、それ以上なんの報酬をもらわなくても、債権者が推薦した候補者に投票しないわけにはゆかなかったのである。選挙にからむ贈賄や買収を取り締る、あらゆる法律にもかかわらず、候補者からの祝儀は、元老院の命令によって行なわれ

417 た時折の穀物の配給とともに、ローマ共和国末期を通じて、比較的貧しい市民たちがそれ

によって暮しを立てていた、おもな生活の源泉であった。このような債権者にたいする服従から脱け出すために、比較的貧しい市民たちは、債務を一文残さず棒引きにするか、さもなければ、かれらのいわゆる徳政令、すなわち、かれらの積もり積もった借金の一定部分を返済しさえすれば、それを完済したものとする権利をかれらに与える法律を要求してやまなかった。さて、いっさいの名称の鋳貨を以前の価値の六分の一に引き下げる、という法律は、そのおかげで、かれらは実際に借りていた金額の六分の一で借金が返せるということだから、もっとも有利な徳政令に等しいものであった。人民を満足させるために、金持の勢力家たちは、いろいろの機会に、債務を棒引きにする法律にも徳政令を施す法律にも同意せざるをえなかった。かれらがこの法律に同意する気になったのは、おそらく、一つには人民を満足させるためであったが、いま一つには、公共の収入を借金の重荷から解放することによって、かれら自身が牛耳っている政府に活力をよみがえらせることができるかもしれぬ、と思ったからであった。この種の操作をやれば、一億二八〇〇万ポンドの国債も、たちまち二一三三万三三三三ポンド六シリング八ペンスに減ってしまうであろう。第二次ポエニ戦争のあいだに、アスはさらに引き下げられ、初めには銅二オンスから一オンスへ、次には一オンスから半オンスへ、つまり、本来の価値の二四分の一に引き下げられてしまった。ローマが行なった、以上三回の操作をまとめれば、現在のわが国の貨幣で一億二八〇〇万ポンドの国債も、こういうふうにして、たちまちのうちに、五三三万三三三三三ポンド六シリング八ペンスに減らしてしまえるわけである。大ブリテンのあの膨大な公債ですら、こんなやり方をするなら、まもなく償還してしまえるであろう。

私の信ずるところでは、こうした手段によって、すべての国民の鋳貨は、次第にその本来の価値以下に引き下げられ、その名目額は同じでも含有銀量のほうは、ますます少なくなってきたのである。

諸国民は、これと同じ狙いで、往々その鋳貨の標準品位を貶(おと)した。要するに、より多量の卑金属を混ぜこんだのである。たとえば、もしも、わが国の銀貨一封度(ポンド)〔金銀等をはかるトロイ封度で、一二オンスにあたる〕の重さの中に、現行の標準品位にもとづく一八ペニー・ウェイト〔一ペニー・ウェイトは二〇分の一オンス〕の代りに、八オンスの卑金属が混ぜこまれているとすれば、そういう鋳貨でのイン
418
グランド正貨一ポンド、つまり二〇シリングは、現在のわが貨幣の六シリング八ペンス強の値打しかないことになろう。いまのわが国の貨幣六シリング八ペンスにふくまれている銀の量が、こうして、ほとんど正貨一ポンドという呼称にまで引き上げられることになろう。標準品位を貶すことは、フランス人のいわゆる通貨の水増し(オグマンタシオン)、すなわち、鋳貨の呼称そのものを直接引き上げるのと、まさに同じ効果を持つ。

通貨の水増し、つまり鋳貨の呼称を直接引き上げることは、つねに公然と宣言して行なわれる操作であり、その性質からして、そうしないわけにゆかないことである。このやり方によると、重さも嵩(かさ)も小さな鋳貨が、それまでは重さも嵩もより大きな鋳貨についてい

たものと同じ呼び名で、呼ばれることになる。これと反対に、標準品位を貶すことは、たいてい秘密の操作であった。このやり方によると、造幣局は、それまではるかに大きな価値を持って通用していた鋳貨と、呼び名も同じままで、しかも工夫をこらして重さも嵩も見た眼も同じようにした貨幣を、発行したのである。かつてフランス王ジャン[4]〔ジャン二世。在位一三五〇〜六四〕が、自分の負債を支払うためにその鋳貨の品位を貶した際には、造幣局の役人全員に秘密を守ることを誓わせた。以上、どちらの操作も不正である。だが、単純な通貨の水増しがおおっぴらに乱暴をはたらくような不正であるのにたいして、標準品位を貶すのは、背信的な詐欺という不正である。だから、後者の操作は、いつまでも隠しておけるはずのものでもないので、ことがいったん露顕するや否や、つねに前の操作よりもずっと激しい憤激を買った。ひとたび鋳貨を相当の程度まで水増ししてしまってから、また、もとの重量の貨幣に戻したという例はごく稀であるが、もっともはなはだしく標準品位を貶したあとでも、ほとんどいつも、もとの純度に引き戻された。けだし、国民が烈火のごとく怒ってしまうために、それ以外の方法では、まずどうにも鎮めようがなかったのである。

ヘンリー八世の治世の末ごろとエドワード六世の治世の初めに、イングランドの鋳貨は、その呼称を引き上げられたばかりか、その標準品位も貶された。同じような詐欺は、ジェイムズ六世が未成年だったあいだのスコットランドでも行なわれた。こうしたことは、他のたいていの国でも、時おりやられてきたことなのである。

大ブリテンの公債を償還し、負担を軽減するには、収入の著増が必要である。それには税制改革だけではなく、現行税制を帝国全域に拡充して合邦を行なうのがよい

大ブリテンの収入の剰余、つまり平時編成での年々の経費をまかなったうえになお余る分が、まことにわずかなものでしかない以上、国家収入をいつかは債務から解放できると期待することはおろか、解放に向っていつかは大きく前進できると期待するのも、まった419く無駄だと思う。この解放は、公共の収入がいちじるしく増加するか、さもなければ、公共の経費が同じくらいにいちじるしく減少するかしないかぎり、絶対に実現できないことは明らかである。

地租をもっと公平なものにし、家賃税をもっと公平なものにし、さらに関税や内国消費税の現行制度に、前章で述べたような改革を加えれば、おそらく、大多数の国民の負担を増すこともなく、ただその負担の重みを全国民にもっと平等に配分するだけで、相当に収入をふやすことができよう。しかしながら、いかに楽天的な立案者でも、この種の増収は、公共の収入を債務から完全に解放する、あるいはそこまでいかなくても、次の戦争でこれ以上公債が累積するのを阻むなり償うなりできるくらい、平時のうちに〔債務からの〕解放の歩を進める、という合理的な希望の持てるものだなどと、うぬぼれるわけにはゆくまい。

大ブリテンの課税制度を、大ブリテン系あるいはヨーロッパ系の人々が住んでいる帝国のすべての領域にまで拡張すれば、はるかに大きな収入の増加が期待できよう。ただし、このことは、大ブリテン議会なり、望みとあらば大英帝国議会なりに、それらすべての領域の代表を公正かつ平等に受けいれることを認めないかぎり、すなわち、大ブリテンの代表が大ブリテンに課せられる税収にたいするのと同じ割合を、それぞれの領域の代表もその税収にたいして保つことを認めないかぎり、大ブリテンの国家制度の基本原理に合致した形で実行することは、おそらくできないであろう。多くの有力者の私的な利害や人民の大集団をとらえている抜きがたい偏見は、なるほど現在のところこういう巨大な変革に反対するものと思われ、それは、克服しにくい、否、おそらく克服しえない障害であろう。しかし、そうした統合が実行できるものかどうかを決めてしまおうなどとはせずに、こういうたぐいの思弁的な著作のなかなのだから、大ブリテンの税制を帝国すべてのさまざまの領域にどこまで当てはめられるものか、もし当てはめられるものなら、どれくらいの税収が期待できるものか、さらには、この種の全面的統合は、そこに含まれるさまざまの領域の幸福と繁栄にどのような影響をもたらしそうか、それらを考察することは、おそらく不適当ではあるまい。こういう考察は、最悪の場合でも、一つの新ユートピア、もちろん昔のユートピアのように面白くはないけれども、あれ以上に無用でも夢想的でもない新ユートピアぐらいにみてもらうことはできる。

420 地租、印紙税、それに各種の関税と内国消費税は、大ブリテンの租税の四大部門をなす。アイルランドは大ブリテンと同じくらい、そしてわがアメリカおよび西インド植民地はそれ以上に、地租を納める力があることは確かである。それというのも、地主が一〇分の一税も救貧税も納めずにすむところでは、これら余計な負担のかかるところよりも、地租を納める力は大きいに決まっているからである。一〇分の一税は、代金納の制度がなく現物で課せられるところでは、一ポンドにつき、実際に五シリングにも達する地租以上に、さもなければ地主に地代として入ってくるはずの分を減らしてしまう。こういう現物の一〇分の一税は、たいていの場合、実質地代の、つまり農業者の資本をその妥当な利潤ともども完全に回収してなお残る分の、四分の一以上に達するものだ、ということがわかっている。もしも一〇分の一税代金納と俗人の教会財産所有とをすべて廃止するとすれば、大ブリテンとアイルランドにおけるそうした削減なしの教会一〇分の一税が、六、七〇〇〇万ポンドを割るというような見積りは、とうてい成り立たない。そこで、もし大ブリテンにもアイルランドにもまったく一〇分の一税がないとすれば、地主は、その大部分の者が現在負担している以上には負担を加重されることなしに、さらに六、七〇〇〇万ポンド余計に地租を納めることができよう。アメリカでは一〇分の一税を納めるということはまったくないから、それだけ地租を負担する力は十分にある。もっとも、アメリカと西インドでは、一般に土地を農業者に小作させることも貸すことも行なわれていない。したがって、地代登記簿にもとづいて評価課税するわけにはゆかない。けれども、大ブリテンの土地の場合でも、ウィリアム＝メアリ治世第四年には、地代登記簿には全然もとづかないで、ごくおおまかで不正確な見積りにもとづく評価課税をやったことがある。アメリカの土地もこれと同じやり方か、あるいは、近ごろミラノ公国やオーストリア、プロシャ、サルディニアの領内で行なわれたような精密な調査〔本篇第二章第二節第一項「不変の評価によって……」の小見出し、「この種の税は……」の小見出しを参照〕の結果をまって公平な評価を行ない、これにもとづいて課税することもできよう。

つぎは印紙税であるが、これは、訴訟手続の形式や動産不動産を譲渡する際の書式が同じか、あるいは似たような国であればどこでも、少しも変更を加えずに賦課できることは明白である。

大ブリテンの関税法を、アイルランドと植民地にも拡張することは、それと同時に貿易の自由をも拡張するという条件なら――正義からしてそうするのが当り前のことだが――双方にとってもっとも有利なことであろう。そうすれば、いまアイルランドの貿易を抑圧しているいっさいの忌わしい統制も、アメリカの列挙商品と非列挙商品の区別も、これを最後になくなるだろう〔第四篇第七章第二節「条例で定められている……」の小見出しを参照〕。フィニステール岬から北の諸国も、同岬以南の諸国が何種類かのアメリカ物産については現在そうしているのと同様、アメリ
421
カ物産のすべてにたいして門戸を開くようになるであろう。大英帝国内のそれぞれの地域間の貿易は、関税法が統一される結果、いまの大ブリテンで沿岸の商取引が自由であるの

と同じように自由になろう。かくして大英帝国は、自分の版図のなかだけでも、帝国内の全地域のすべての種類の産物にたいする、はかりしれないほど巨大な国内市場を有することになるだろう。こんなにも市場が大きく拡がれば、アイルランドや植民地は、関税がふえたために受ける損害などは、まもなく、そっくり償われてしまうであろう。

大ブリテンの租税制度のうちで、適用にあたり帝国のそれぞれの領域におうじて、なんらかの手直しを必要とする分野は、内国消費税だけである。アイルランドにかんしては、なんの変更も加えることなしに適用できそうである。この国の生産と消費は、性質からいって、大ブリテンのそれとまったく同じだからである。だが、アメリカと西インドに内国消費税を適用する場合には、それらの国の生産と消費が大ブリテンのものとあまりに大きく異なっているから、イングランド内でも、りんご酒やビールを多く産出する諸州に本税を適用する際に行なっているのと同じやり方で、ある程度の修正を加える必要があろう。たとえば、ビールとよばれてはいるが、実は糖蜜（とうみつ）からつくるのだからわれわれのビールとは似ても似つかぬ一種の醸造酒は、アメリカでは人々の日常の飲料のかなりの部分を占めている。この飲物は、せいぜい数日しかもたないから、われわれのビールのように、大きな醸造所で、市販するためにつくって貯蔵しておくということができない。だから、個人の家庭でそれぞれ自家用のために醸造するしかなく、それはちょうど、各家庭で食物を手料理するのと同じやり方である。しかし、個人の各家庭にたいして、わが国で広く市販することを目的にした居酒屋の持主や醸造業者にたいして行なうのと同じように、収税吏の不愉快な調査や臨検を課することは、およそ自由とは相容れないことになろう。もしも、公平を期するためにこの飲物にも税をかける必要があるという考えに立つのなら、それをつくるための原料にたいして税をかけることもできよう。つまり、原料の製造場所で税をかけるか、さもなければ、その商売の実状からこうした内国消費税では適当でないという時には、この原料が、消費地である植民地に輸入される時点で輸入関税をかけるか、そのいずれかである。大ブリテン議会がアメリカへの糖蜜輸入に課している一ガロンにつき一ペニーの輸入関税に加えて、他の植民地の籍を持つ船に積んでマサチューセッツ・ベイに糖蜜を輸入すれば、一樽（ホッグズヘッド）あたり八ペンスの同種の地方税がかかるし、また、北部植民地からサウスカロライナへの糖蜜輸入にも一ガロンにつき五ペンスの別の地方税がかかる。またもしも、これらのやり方はどちらも不便だということなら、各家庭が、この飲物の消費については代りの金を払って税に替えることもできよう。その場合、イングランドの個人の家庭が代りの金を払って麦芽税を納めたことにする時と同じように、家族が何人いるかにもとづくか、オランダで何種類かの税金を賦課する際にやっているように、家族422の年齢と性別にもとづくか、あるいは、イングランドでは消費財にかける税はすべてこのように賦課せよと言ってサー・マシュウ・デッカーが提案した〔本篇第二章第二節第四項〔2〕「消費税の取立てには……」の小見出し参照〕のと、だいたい似たようなやり方にもとづくか、そのどれかでやればよかろう。前にも述べたとおり、このデッカーの課税方法は、速やかに消費されてしまう物件に適用する場合には、たいへん便利というわけにはゆかぬ方法である。しかし、他にもっと適切な方法がない場合には、これを用いても差支えあるまい。

砂糖、ラム酒および煙草(タバコ)が、生活の必需品になっているところはどこにもないが、その消費はほとんどあまねく拡がってきているから、課税物件としては、きわめて適当である。もし植民地との合邦が行なわれれば、これら商品には、生産者なり栽培者なりの手を離れる前に税をかけるのもよかろうし、また、もしこの課税方法がそれらの人たちの状況にそぐわない場合には、それらの商品を、造っている場所にも造ったあと配送される帝国内のすべての港にも置かれる公設の倉庫にあずけ、その持主と収税吏の共同保管にして、消費者にか、国内消費のための小売商にか、あるいは輸出商にか、引き渡す時が来るまで入れておき、他方、税金は、この引渡しの時までは払わなくてよいというふうにすることもできる。そして、輸出するために引き渡すという場合には、ほんとうに帝国の外へ輸出されることをまちがいなく保証できれば、免税するのである。おそらく、ここに挙げた諸商品は、植民地との合邦との関連で、大ブリテンの現行の課税制度に、かなり大幅の変更が必要になる主要商品であろう。

帝国全域からの税収は、数年のうちに、すべての公債を償還することによって、この帝国の活力を回復するに足るであろう

さて、この課税制度を帝国の全領域に拡張した場合にどのくらいの額の税収を生むか、これを、ある程度にせよ正確に知ることは、いうまでもなくまったく不可能というほかはない。この制度にもとづいて、現在大ブリテンでは、八〇〇万足らずの人口にたいして、年々一〇〇〇万ポンド以上の税収をあげている。アイルランドは二〇〇万以上の人口を擁し、またアメリカ議会に提出された報告書によると、アメリカの同盟一二州は三〇〇万以上の人口を擁している、という。けれども、こういう報告書は、たぶんアメリカの国民を勢いづけるためか、あるいは、わが国の国民をおどかすために誇張してあるらしいから、そこで、われわれとしては、わが北アメリカと西インドの植民地を合せてようやく三〇〇万の人口しかない、つまり、ヨーロッパからアメリカにまたがる大英帝国全体には一三〇
423 〇万の住民しかいない、と仮定しておこう。さて、もしこの課税制度が、八〇〇万たらずの住民からイングランド正貨一〇〇〇万ポンド以上の税収をあげているとするなら、一三〇〇万の住民からであれば、正貨一六二五万ポンド以上の税収があって当然である。この課税制度は、これだけの税収をあげられるものと仮定しておいたうえで、その収入から、それぞれの行政府の経費をまかなうためにアイルランドと植民地で通常徴収していた収入額を差し引かねばならない。アイルランドの民政費および軍事費は、公債の利子を合せる

と、一七七五年三月で終る二ヶ年の平均で、年額七五万ポンドをいくらか下回る。アメリカと西インドのおもな植民地の収入についての非常に正確な報告書〔第四篇第七章第二節「北アメリカにおける……」の小見出し参照〕によると、それは、現在の〔初版は「さきごろの」となっていた〕動乱が始まる前、一四万一八〇〇ポンドにのぼっていた。ただし、この報告書では、メリーランド、ノースカロライナおよび大陸部や島部でわが国が最近獲得した全地域の収入が省かれているから、たぶん三、四万ポンドの違いが出るであろう。そこで端数を避けるために、アイルランドと植民地の行政府を支えてゆくために要する収入を、総計一〇〇万ポンドと仮定しよう。そうすると、一五二五万ポンドの収入が、帝国の一般経費をまかない、また公債の償還に充てるべき分として残ることになろう。ところで、もし、大ブリテンの現在の収入のうちから、その公債を償還するために平時で一〇〇万ポンドを捻出しているとするなら、今後の豊かな収入から六二五万ポンドを浮かせるのはごく容易であろう。そのうえ、この巨額の減債基金は、前の年に償還した公債の利子分ずつ毎年ふえてゆくし、こうして急激に増加しつづけ、数年を出ずして公債全部を償却し、かくして、いまのところ衰弱と消耗の極にあるわが帝国の活力を完全に回復するに足りるであろう。他方、国民はもっとも耐えがたい何種類かの税金、すなわち生活の必需品や製造業の原料にかかる税金を払わなくてすむようになろう。労働貧民（レーバリング・プーア）は暮し向きがよくなり、より安く働き、造ったものをより安く市場に持ち出せるようになろう。かれらの造るものが安ければそれにたいする需要はふえ、したがってまた、それを造る人々の労働にたいする需要もふえる。労働にたいする需要がこうしてふえると、労働貧民の数も増せば、その境遇もよくなるものである。かれらの消費は豊かになり、それにともなって、これまでどおりの税金をかけておいても差支えないかれらの各種
424 の消費品から生ずる税収も、多くなるであろう。

けれども、この課税制度から生ずる収入が、その制度の適用を受ける人口に比例して、直ちにふえるというわけにはゆくまい。これまでなじんだことのない負担を背負うことになる帝国の諸領域にたいしては、当分のあいだ、ごく寛大に扱うのが当然であって、また、同じ種類の税なら、帝国内のどこでもできるかぎり正確に徴収できるようになった時でさえも、諸領域のどこでもその人口に比例した税収を生むとはかぎらないであろう。それに貧しい国では、関税や内国消費税を課せられる主要商品の消費がごくわずかしかなく、また、人口の稀薄な国では、密売買の機会ははなはだ多い。たとえば、スコットランドの下層階級のあいだでは、麦芽酒の消費はごくわずかで、また麦芽、ビールおよびエールにかける内国消費税からの収入も、そこでは、人口や税率——麦芽にかかる税率は、品質が違うと思われているため異なっている——の割にはイングランドより少ない。内国消費税のこれらの特定部門においては、イングランドよりもスコットランドのほうが大々的に密売買をやっているなどとは思われない。醸造所にかかる税と関税の大部分からの収入となると、それぞれの国の人口の割には、スコットランドのほうがイングランドより少ないが、

これは課税を受ける商品の消費がイングランドより少ないというだけでなく、密売買がず
っと容易だからでもある。アイルランドでは、下層階級はスコットランドよりさらに貧し
く、この国のたいていの地方は、スコットランドとほとんど同じくらいに人口稀薄である。
そこで、アイルランドでは、課税を受ける商品の消費は、人口の割にはスコットランドよ
りさらに少ないだろうが、密売買の容易さの点では似たようなものであろう。ところが、
アメリカと西インドでは、白人は最下層の者でさえ、イングランドの同じ階層の人たちよ
りはるかに良い暮しをしているから、かれらが日常使い放題にしているいっさいの贅沢品
の消費は、おそらくずっと多いであろう。もっとも、この大陸の南部の植民地や西インド
諸島の住民の大部分を占める黒人は、奴隷状態にあるから、スコットランドまたはアイル
ランドのもっとも貧しい人たちよりも、もっと悪い生活状態にあることは疑いを容れない。
しかし、だからといって、かれら黒人がもっとひどい食物を与えられているとか、わずか
ばかりにせよ税のかかりそうな品物の消費となると、イングランドの下層階級の人たちよ
り低く抑えられているとかと想像してはならない。かれらがよく働くように十分に食べさ
せ元気づけておくのが、かれらの主人にとって利益なのであって、それはちょうど、役畜
425 をそうしておくのが主人の利益になるのと同じことである。したがって、黒人は、ほとん
どこでも、白人の召使と同じように、ラム酒と糖蜜酒つまり唐檜酒〔本章「大ブリテンの公債……」の小見出しを参照。糖蜜に唐檜の枝や葉で香りをつけた醸造酒〕を手当の形でもらっており、こうした品物にたいして重くもない税を

課したからといって、この手当が取り上げられてしまうようなことは、おそらくあるまい。こういうわけだから、課税を受ける諸商品の消費が多い点では、アメリカおよび西インドは、住民数の割には、おそらく大英帝国のどこに比べても劣ることはあるまい。なるほど、密売買の機会はずっと多いだろう。なにしろ、アメリカは、国土の広さの割には、スコットランドよりも、またアイルランドよりも、はるかに人口稀薄だからである。しかし、現在、麦芽や麦芽酒にかかる種々雑多な税であげている収入を、麦芽にかける単一の税で徴収するようにすれば、内国消費税のうちでも最重要な部門での密売買の機会は、ほとんど完全に取り除かれるだろう。さらに、もしも現在のように、関税を、ほとんどありとあらゆる輸入品にかける代りに、もっとも一般的に用いられ消費されるわずかの品目だけに限り、また、それらの税の徴収を内国消費税法にもとづいて行なうようにすれば、密売買の機会を、たとえ完全に取り除くにはいたらないにせよ、おおいに減らすことはできよう。以上二つの、いかにも、きわめて簡単で容易な変更を加えれば、その結果として、関税と内国消費税は、もっとも人口稀薄な地域でも、もっともその密度の高い地域で現在あげているのと同程度の、消費に見合った収入を、おそらくあげることができるであろう。

アメリカ人は金銀を持たないから納税させられない、という意見があるが、企業熱の旺盛な同国が、金銀という高価な流通用具を紙幣に換え、その分を事業に回す政策を採っているにすぎず、必要とあれば金銀を購う富は十分にある

もっとも、アメリカ人は金貨も銀貨も持っていない、なぜなら、その国の国内商業は紙幣によって営まれており、たまたま手に入る金銀は、母国から受け取る商品の代金として、そっくり大ブリテンに送られてしまうからである、と言われてきた。またさらに、金銀がなくては納税することさえできはしない、すでにわれわれは、かれらの持っている金銀をことごとく手に入れてしまったではないか、持ってもいないものを、このうえ、どうして取り上げることができようか、とも言われてきた。

だが、アメリカで現在金貨や銀貨が少ないのは、この国が貧しいとか、国民にこれらの金属を購(あがな)う力がないとかいうことの結果ではない。イングランドに比べて、労働の賃銀はあれほど高く、しかも、食料の価格もまた、あれほど安い国なのだから、大部分の人民は、金銀を購う必要があるか、あるいはそのほうが便利だということになれば、もっと大量の金銀を購う手段を確かに持っていることは間違いないところである。したがって、アメリカに金銀が少ないのは、好んでそうしているだけのことであって、やむをえずそうなっているわけではないにちがいない。

426

思うに、金貨や銀貨が必要であり、または便利である所以(ゆえん)は、国内あるいは国外の取引を処理することにこそある。

本書の第二篇〔第二章「銀行の手形である……」の小見出しから「この種の銀行操作……」の小見出しまで〕で明らかにしておいたように、どこの国でもその国内取引は、少なくとも平時には、金・銀貨によるのとほとんど同じくらいの便利さで、紙幣によって処理しうる。たやすく入手できる以上の資本をかき集めて自分の土地の改良に投じてもつねに利潤をあげることのできたアメリカ人にとっては、金銀のように、非常に高価な商業用具に費用をかけることはできるだけ節約して、むしろ、かれらの剰余生産物のうち、金銀を購うのに必要な分を、職業上の用具や衣服材料や各種の家具や、かれらの住居を建て、農場を拡大するのに要(い)る鉄製品を買うのに、つまり、死んだ資財(ストック)でなく生きた生産的な資財(ストック)を買うのに投じたほうが便利なのである。植民地の諸政府も、人民が国内取引をまかなってゆくのに十分足りるだけの、いや、たいていは余るほどの紙幣を供給するのが政府にとって利益であると心得ている。植民地政府のあるもの、とりわけペンシルヴァニア政府は、その臣民に、ある程度の率の利子付でこの紙幣を貸し付けることによって収入をあげている。他の政府のなかには、たとえば、マサチューセッツ・ベイ政府のように、非常緊急の場合に公共の経費をまかなうため、この種の紙幣をまず発行しておき、後になって、この植民地の都合がよくなったころに、その間、次第に下ってきた価値でこの紙幣を兌換(だかん)する、というところもある。一七四七年に[5]、この植民地は、このやり方によって発行金額の一〇分の一で公債の大部分を償還してしまった。国内取引に金・銀貨を用いる費用を節約できるのは、植民地の農場主にとって好都合だし、また植民地の政府にとっても、おおいに不利な点もいくつかともなうにせよ、かれらにそうした費用を省いてやれる手段を提供してやることは好都合なのである。紙幣が過剰になれば、植民地の国内取引から、金銀はかならず駆逐されてしまうものであって、それは、紙幣の過剰が、スコットランドでの国内取引の大部分から金銀を駆逐してしまったのと同じ理由による。そして、いずれの国の場合にも、こうした紙幣の過剰をひき起したものは、その国民の貧困ではなしに、かれらの企業と企画の熱意であり、手に入る資財（ストック）は、何から何まで、生きた生産的資本として活用しようとする欲求なのである。

427 さまざまの植民地が大ブリテンとのあいだで営む国外商業では、使われる金銀の多少は、金銀が必要とされる程度に正確に比例する。要らないところでは、金銀はめったにその姿を見せないが、必要なところでなら、どこでもたいてい見つかる。

大ブリテンと煙草植民地とのあいだの商業では、大ブリテンの財貨は、一般にかなり長期の信用で植民地の住民に前渡しされ、後になって一定の価格で評価した煙草で決済されるようになっている。植民地の住民としては、金銀で支払うよりも煙草で支払うほうが便利なのである。どんな商人にしても、その取引先から仕入れた商品の支払をするという時に、貨幣でよりも、たまたま自分が扱えるなにか他の種類の商品で支払うほうが、もっと便利であろう。こういう商人なら、その時々の請求におうずるために、自分の資本の一部を、それも現金の形で手許にねかしておく必要は少しもないであろう。そうなればかれは、始終自分の店なり倉庫なりに、よりたくさんの商品を置いておけるし、もっと手広い商いをすることもできよう。そうはいっても、ある商人の取引先のだれもかれもが、この商人に売った商品の支払を、たまたまこの商人が扱っているなにか他の種類の商品で受け取るほうが便利だというようなことは、めったにない。ところが、ヴァージニアやメリーランドと貿易している大ブリテンの商人というのは、まさに、たまたま特殊な取引先の一グループなのであって、この人たちにとっては、右の両植民地に売り込んだ商品にたいする支払を、金銀でよりは煙草で受け取るほうが、より便利なのである。つまりかれらは、その煙草を売って、もうひと儲けするつもりでいるわけである。金銀を売ったのでは、とても儲けは望めない。こういうわけで、大ブリテンと煙草植民地とのあいだの商業では、金銀が顔を出すことは、きわめて稀である。メリーランドとヴァージニアは、国内商業と同様、外国商業の場合にも、金銀の必要がほとんどないのである。またしたがって、この両植民地は、アメリカのどの植民地に比べても、金貨や銀貨を少ししか持っていない、と言われている。それにもかかわらず、両植民地は、近隣のどの植民地に比べても劣らずによく栄え、したがってまた富んでいる、と考えられている。

北部の各植民地、すなわち、ペンシルヴァニア、ニューヨーク、ニュージャージーおよびニュー・イングランドの四つの州〔ニューハンプシャー、マサチューセッツ、ロードアイランド、コネティカット〕等においては、大ブリテンに輸出している自国産品の価値は、これらの植民地が自分で使うため、ならびに、これら植民地が仲継ぎの役割を果している、その他いくつかの植民地が使うために、大ブリテンから輸入している製造品の価値に及ばない。そこで、差額は、金銀の形で母国に支払わなければならないが、これらの植民地は、おおむねその埋合せをつけているのである。

砂糖植民地では、大ブリテンに年々輸出される産物の価値は、そこから輸入されるいっさいの財貨の価値より、はるかに大きい。もしも、年々母国に送り出される砂糖やラム酒
428
の支払がこれらの植民地で行なわれるとすれば、大ブリテンは、毎年、巨大な差額を貨幣の形で送ってやらざるをえないことになり、ある種の政治家は、西インド貿易を極端に不利益なものと思うであろう。ところが、砂糖植民地の農園のおもだった持主の多くは、たまたま大ブリテンに住んでいるのである。かれらが取り立てる地代は、砂糖やラム酒というかれらの所有地の生産物の形で、かれらのもとへ送られてくる。他方、西インド貿易商がこれら植民地において自前で買い付ける砂糖やラム酒は、かれらが年々そこで売る商品に、価値としては及ばない。そこで差額は、かならず金銀の形で西インド貿易商に支払われねばならぬわけだが、これも、おおむね埋合せをつけている。

さまざまの植民地から大ブリテンへの支払がむずかしいかやさしいか、規則的に行なわれるかどうかが、それぞれの植民地が支払うべき差額の大小に比例したことはかつてなか

った。概して、北部植民地のほうが、煙草植民地よりも規則的に支払を決済したのだが、しかも、北部植民地のほうが、たいていかなり大きな差額を貨幣で支払い、他方、煙草植民地のほうは、まったく差額を払わなくてもよかったか、払っても前者よりははるかにわずかの額でしかなかった。わが砂糖植民地の各地域から支払を受けるのが、むずかしいかやさしいかも、それぞれの植民地が払うべき差額の大小に比例するというよりは、むしろ、それぞれの植民地がどのくらいの広さの未耕地をかかえていたか、言いかえると、植民地の農場主たちが、どのくらい水増し営業の誘惑にかられていたか、つまり、自分たちの資本の大きさに見合う以上の広大な荒地に、定住地と植民農園をつくりたいという誘惑にどの程度かられていたかに比例していた。いまなお、広い未耕地のある大きなジャマイカの島からの入金が、バーベイドウズ、アンティグア、セント・クリストファーズといった、もっと小さな島々からの入金よりも、総じて不規則で不確実なのもそのためであって、これら小島は、ここ多年にわたってすでに全域が耕作されてしまっていたから、植民地の農場主たちが投機に出る余地があまりなかったのである。グレネイダ、トバゴ、セント・ヴィンセンツおよびドミニカは、新たに獲得したところなので〔第四篇第七章第二節「条例で定められている……」の小見出し参照〕、この種の投機のための新天地が開けたわけで、これらの島々からの入金は、大きなジャマイカの島からの入金と同じように、近年、不規則で不確実になっている。

以上のようなわけだから、植民地の大部分で現在金・銀貨が少ないのは、植民地が貧困だからなのではない。植民地は、生きた生産的資財（ストック）をおおいに必要とするがゆえに、死んだ資財（ストック）は、できるかぎり持たないほうが便利なのであり、そこでまた、金銀より不便ではあるにせよ、より安い商業用具で甘んずる気にもなるのである。それによって植民地は、
429 その金貨の分の価値を、職業上の用具や衣服材料や各種の家具や、かれらの住居を建て、農場を拡大するのに要る鉄製品に回すことができる。金貨や銀貨なしでは取引ができないような営業の分野では、いつでもこれらの金属の所要量をそろえているように思われるし、またもし、それができないことが往々あるとしても、そういう失敗は、たいていは、どうにもならない貧乏の結果ではなくて、やめる気ならやめられる、行き過ぎた企業熱の結果なのである。要するに、植民地からの支払が不規則、不確実なのは、貧乏だからではなしに、度はずれに金持になりたくて夢中になっているからである。かりに、植民地の税収のうち、植民地自身の民政上および軍事上の行政費をまかなうのに必要なところを超える分はすべて、金銀の形で大ブリテンに送金せねばならぬことになったとしても、植民地は、所要量の金銀を購うだけの手段を十分に持っている。なるほどその場合、植民地は、現在生きた生産的な資財（ストック）を買っている剰余生産物の一部を、死んだ資財（ストック）と取り換えざるをえないことになろう。植民地における国内取引を処理してゆくのに、安い商業用具に換えて高いものを使わざるをえなくなろうし、また、この高い用具を買い込むための費用は、行き過ぎた土地改良事業の活気と熱情に、いくぶんか水をさすことになるかもしれない。しか

しながら、アメリカの税収の一部にせよ、金銀の形で送金するという必要はないであろう。それは、アメリカの剰余生産物の一部が、すでに送り付けられている大ブリテンの特定商人あるいは会社宛てに振り出され、引受けのあった為替手形で送金することもできるからである。その場合には、かれらはアメリカでの税収にあたる価値を現物の形ですでに受け取っているわけだから、その価値を貨幣で国庫に納入することになろうし、こうしていっさいの取引は、アメリカからただの一オンスの金なり銀なりを輸出することもなしに、くり返し処理できるであろう。

アイルランドやアメリカが大ブリテンの公債償還に協力するのは正義にもとらないし、合邦によって帝国内諸地域の幸福と繁栄がもたらされよう

アイルランドとアメリカの双方が大ブリテンの公債の償還に協力するのは、けっして正義にもとることではない。なぜなら、この公債は、かの〔名誉〕革命によって樹立された政府を支えるために起債されたものであって、この政府のおかげで、アイルランドのプロテスタントは、いま自分の国で保っているすべての権威のみならず、その自由、その財産、その宗教にたいするいっさいの保証を得たのであり、また、この政府のおかげで、アメリカのいくつかの植民地は、その現行特許状を、またしたがって、現在の政治の基本制度を得たし、さらに、アメリカの全植民地は、それ以来享受し続けてきた自由と安全と財産と

430 を得ることができたのである。その公債は、単に大ブリテンだけでなく、この帝国に属する全領域を防衛するために起債されたものであり、わけても最近の戦争〔七年戦争のこと〕にあたって起債された莫大な公債と、その前の戦争〔オーストリア継承戦争のこと〕にあたって起債されたものの大部分は、ともに、実はアメリカ防衛のために起債されたものであった。

大ブリテンと合邦すれば、アイルランドは貿易の自由に加えて、それよりずっと重要な他のいろいろの利益をも得ることになろうし、しかもこの利益は、合邦にともなうとみられる租税のいかなる増加をも償って、はるかに余りあるものとなろう。かつてイングランドと合邦したことによって、スコットランドの中流階級と下層階級の人々は、それまでいつもかれらを抑圧してやまなかった貴族の権力から、まったく解放された。大ブリテンと合邦すれば、アイルランドのあらゆる階級の人々の大部分は、スコットランドにおけるよりはるかに抑圧的な貴族制から、同じように完全に解放されよう。アイルランドの貴族制たるや、スコットランドのそれのように、生れと財産という、自然で尊重すべき差別にもとづくのではなしに、宗教的および政治的な偏見という、あらゆる差別のなかでも、もっとも鼻もちならない差別にもとづいている。こういう差別は、他のいかなる差別にもまして、抑圧する側の不遜（ふそん）と抑圧される側の憎悪と憤激をともにかき立て、たいてい、そのあげくは、同じ国の住民同士でありながら、異国の住民間でもかつてなかったほど、互いに敵視させ合うものなのである。大ブリテンと合邦しないとすれば、アイルランドの住民は、何世代たとうと、みずからを一つの国民と考えるようにはなりそうもない。

　植民地では、いまだかつて、抑圧的な貴族制が力を得たことはなかった。それでも、これら植民地でさえ、大ブリテンと合邦すれば、幸福と平安の点で得るところは少なくないであろう。合邦すれば、少なくとも植民地は、小さな民主国家につきものの、怨(うら)みと敵意のこもった党争から脱け出すことができよう。そして、この党争こそ国民の愛情をしばしば分裂させ、その政体からするとごく民主制に近い植民地政府の平安をかき乱してきたものなのである。大ブリテンから完全に分離するという場合には、こうした党争は、これまでより一〇倍も敵意に満ちたものになろう。しかもこの分離は、この種の合邦によって食い止めないかぎり、なんとしても起ってしまいそうに思われる。現在の動乱が起る前までは、母国が強制権をふるってこういう党争を抑えつけ、それが暴発しても、せいぜい粗野な蛮行や侮辱以上の惨状になってしまわないようにすることができた。もしその強制権がまったく取り払われてしまえば、おそらく党争は、時をおかずに公然たる暴力と流血となって噴き出すであろう。およそ一個の統一政府のもとにまとまっているすべての大国では、ふつう党派心は帝国の中心ではびこり、僻遠(へきえん)の地方はそれほどではない。そうした地方は
431 首府から、つまり、党争と野心がわれがちの争奪戦をくりひろげる主戦場から遠く離れているので、首府におけるより、相争う諸党派のどちらの見解にもとらわれること少なく、またあらゆる党派の行動にたいして、はるかに無関心で公平な観察者〈impartial spec-

tator〉になる。だから、党派心は、イングランドよりもスコットランドのほうがはびこっていない。合邦ということになれば、そのはびこり方は、おそらく、アイルランドのほうがスコットランドよりもっと少なくなろうし、植民地にいたっては、たぶん大英帝国のどこででも現在見られないほどの和合一致が、まもなく享受できるようになるだろう。確かに、アイルランドも植民地も、現に納めているどの税よりも重い税を負わされることにはなろう。しかし、国債を償還するために公共の収入を精出して忠実に充てさえすれば、そうした税の大半は、そう長くは続かずにすむだろうし、大ブリテンの公共の収入は、ほどなく、適度な平時編成を維持するのに必要な額にまで縮小されよう。

東インド会社が獲得した領土は、国王の、つまりは大ブリテンの国家と国民の疑う余地もない権利であって、おそらくこれまでに述べたもののすべてに優る、いま一つの豊かな収入源泉とすることができよう。これらの国々は、大ブリテンよりも肥沃広大で、しかも、その面積の割には、はるかに富裕で人口も多いと言われている。これらの国々から大きな収入をあげるためには、もう今でさえ十分どころか十二分に税をかけられているこれらの国々に、なにか新たな課税制度を持ち込む必要は、たぶんあるまい。むしろ、これらの不幸な国々の負担を加重するよりは軽くすることのほうが、そして、新税をかけるのではなしに、今すでに納めている税の大部分についての横領と濫費を防ぐことによってそこから収入をあげるように努めることのほうが、おそらくいっそう適切であろう。

合邦によって税収をふやすことができなければ、国策の大方針を転換して植民地から手を引き、思い切った経費節減を断行すべきである

もし、右に述べた諸財源のどれからも、大ブリテンが相当の増収をあげることが実行不能とわかれば、残るのは、ただ経費を減らすことだけである。公共収入の徴収方法においても、その支出方法においても、なお改善の余地はありうるにせよ、大ブリテンは、少なくともどの隣国に比しても、節約に努めている点では遜色がないと思われる。大ブリテンが平時にみずからの防衛のために維持している軍事施設は、富か力のいずれかで大ブリテンと競いうると称するヨーロッパのどこの国よりも大げさなものではない。だから、それらの費目のどれについても、経費を大きく減らすゆとりはないと思われる。植民地の平時の行政費は、現在の動乱の始まる前には、相当巨大なものであった。これは、まったく省いてもよい経費であり、まして、植民地から収入をあげることができない場合には、ま
432 さに省くべき経費なのである。平時にかならず出さなくてはならぬこの経費は、はなはだ大きなものだが、それでも植民地防衛のため、戦時にわが国が使ったものに比べれば、取るにも足らない。ひたすら植民地のために企てられた先の戦争〔七年戦争のこと〕に大ブリテンが使った額が九〇〇〇万ポンドを超えたことは、すでに述べたとおりである。一七三九年のスペイン戦争も、おもに植民地のために企てたものであり、この戦争と、この戦争の結果

として起ったフランスとの戦争で、大ブリテンは、四〇〇〇万ポンド以上を投じたけれども、その大部分は当然、植民地に負担させるべきものであった。それら二度の戦争で、植民地は大ブリテンに、初めのほうの戦争の開始前に達していた国債総額の二倍以上を使わせたのである。これらの戦争がなかったなら、国債は完全に償還されたかもしれないし、こんにちまでには、たぶん償還できていただろう。そして、植民地がなかったなら、初めのほうの戦争は起さなかったかもしれず、後のほうの戦争にいたっては、起さなかったことは確実である。こういう経費を植民地に投じたのは、植民地は大英帝国の領土だと考えていたからである。だがしかし、帝国を支えるために、経費も負担しなければ兵力も出さないような国々を、領土とみなすことなどできるものではない。そのようなものは、おそらく、帝国の装飾品、華やかで見栄え（みば）のよい鹵簿（ろぼ）のたぐいとみなしてもよかろう。だが、いまもし帝国が、この鹵簿をかかえておく経費にもはや耐えられないとするならば、いうまでもなく、それをやめるべきであり、その経費に見合う収入をあげることができないのなら、少なくとも、その経費を収入に合せるべきである。もしも、植民地が、大ブリテンの課税に従うことを拒むにもかかわらず、なおかつそれを大英帝国の領土とみなすべきだというのなら、このさき戦争が起きた場合の植民地防衛は、大ブリテンに、これまでのそれぞれの戦争にかかったと同様の巨大な出費をかけることになろう。大ブリテンの支配者たちは、過去一世紀以上ものあいだ、われわれは大西洋のかなたに一大帝国をもっているのだ、という想像で、国民をいい気持にさせてきた。しかしながら、この帝国なるものは、いまにいたるまで、ただ想像のうちにしか存在しないものであった。いまにいたるまで、それは、帝国そのものではなしに、帝国建設の企画だった。金鉱ではなしに、金鉱発見の企画でしかなかった。しかも、その企画たるや、およそ利益などをもたらしそうもないのに、莫大な経費がかかったし、かかり続けているし、そして、これまでどおりのやり方を追い続けるかぎり、今後もかかりそうなしろものなのである。なぜなら、植民地貿易独占の結果は、すでに明らかにしたとおり、国民の大多数にとって、利益どころか、もっぱら損失のみだったからである。いまこそ、わが支配者たちは、国民ばかりか、どうやらみずからもふけってきたこの黄金の夢を実現してみせるか、それができないなら、率先この夢
433 から醒め、国民を覚醒させるよう努めるかすべき秋である。計画を完遂できないのなら、計画そのものを捨てよ。そして、もし、大英帝国のどの領土にせよ、帝国全体を支えるために貢献させられないというのなら、いまこそ大ブリテンは、戦時にこれらの領土を防衛する経費、平時にその政治的・軍事的施設を維持する経費からみずからを解放し、未来への展望と構図とを、その国情の真にあるべき中庸に合致させるように努めるべき秋なのである。〔17〕

（1）Examen des Reflexions Politiques sur les Finances を見よ。〔Du Verney, *Examen du livre intitulé Réflexions politiques sur les finances et le commerce* (by Du Tot) tom. i., p. 225. デュ・ヴェルネ『「財政と商業にかんする政治的考察」と題する一書の検討』〕

（2）James Postlethwaite's history of the public revenue〔ポスルスウェイト『公収入の歴史』〕を見よ。〔p. 42, 143–145, 147, 224, 300. この参照ページは、ここ以前の三パラグラフにかかわるものである。なお、原著者名の綴りは Postlethwayt が正しい。書名、人名等の表記に当ってしばしば見られるスミスのやり方の一例である〕

（3）はたして、この戦争は、これまでにわが国が戦ったどの戦争よりも金のかかるものであることがわかり、われわれは一億ポンドを超える新たな公債を背負い込むことになった。一一年間にわたる完全な平和のあいだに、ようやく一〇〇〇万ポンドあまりの公債を償還したにすぎないのに、七年間の一戦争のあいだに起債された公債は一億ポンドを超えたのである。〔アメリカ独立戦争は、『国富論』初版の出た一七七六年から一七八三年まで七年間続いた。この原注は、一七八四年に刊行された第三版で初めてつけられた〕

（4）Du Cange Glossary, voce Moneta; the Benedictine edition を見よ。〔デュ・カンジュ（Charles du Fresne du Cange, 1610–88）は、フランスの歴史学者で、一六七八年にはラテン文献にもとづく中世ヨーロッパ史、一六八八年にはギリシャ文献にもとづくビザンティン史にかんする Glossarium（＝Glossary 用語辞典）を刊行した。voce Moneta は、そのうちの一項目、「女神ユノーのお告げ」。ローマにあるユノー神殿で

貨幣が鋳造されたことから、ユノーは貨幣の女神でもあった〕

（5）Hutchinson's Hist. of Massachusett's Bay, Vol. ii., p. 436 & seq. を見よ。〔Col. Hutchinson, *Histroy of the Colony of Massachusett's Bay*, 2nd ed., 1765-8. ハッチンソン大佐『マサチューセッツ・ベイ植民地の歴史』〕

〔1〕割符 tally というのは、古代からあった商慣行で、木札に刻み目をつけて負債額あるいは支払額を示し、これを二つに縦割りにして、借り手と貸し手がそれぞれ保管し、証書の代りとした。ただし、ここで述べられているのは、王政復古（一六六〇年）後、租税先取りの一手段として、いわば公信用の一形態として、さかんに利用されたものを指し、もともとは、国庫への納税受領証として発行され、金額、納税の年月日、納税者名が記されているといったものだったが、これが市場で流通するようになったわけである。そうなれば、国は、さらに先の税をもあてこんで割符を発行することになり、名誉革命直後の二、三年は、その発行残高が八〇〇万ポンド近くにもなっていたらしい。

〔2〕James Postlethwayt, *History of the Public Revenue*, 1759, pp. 14, 15. ポスルスウェイト『公収入の歴史』は、二五パーセントおよび五五パーセントの割引に言及している。ただし、この割引率は、割符の優先権に応じて変動したわけで、国家の信用一般を測るものではなしに、引当てにされている特定の税からの収入で、割符によって請求される金額を払いきれるかどうかの可能性を測るものであったと、キャナンは注してい

る。なお、第二篇第二章（「これにたいして……」の小見出し）をも見よ。

〔3〕land bank　土地所有者が、その土地を担保にすれば、その価値相当額までの銀行券を借りられる銀行、という構想を樹(た)てた中心人物は、医者のチェンバレン（Hugh Chamberlain, 一六三〇～三四年のあいだに生れ、一七二〇年には生きていた）で、一六九六年には設立のための条例化に持ち込んだ。これは大商人を背景に持ち、「ウィッグ党の子供」といわれた一六九四年設立のイングランド銀行の向うを張って、大土地所有者とトーリー党の銀行をつくろうという動きであった。当時の目論見(もくろみ)では、二〇〇万ポンドを募集し（ウィッグ商人は応募を禁じられた）、その大部分を七パーセントで政府に貸し付け（ハーリーにいたっては二五〇万ポンドの貸付を約束していた。これにたいする利払いは、新たな塩税で保証されることになっていた）、残りは大地主たちに低利で貸そうというものであった。応募者の第一号は国王で、五〇〇ポンドを申し込んだ。しかし、あとが続かず、結局応募総額は七五〇〇ポンド以上にはならなかった。大地主がこの計画に熱狂したのは、金を借りたかったからだった。金を借りたがっている者が、金を貸せるはずはなかった。こうして、土地銀行は、生れぬ先に倒産したのである。

〔4〕「六パーセント」だと四〇〇〇ポンド多すぎるが、これは経営費であった。第二篇第二章（「これにたいして……」の小見出し）を参照せよ。

〔5〕この条例が出たのは一七一六年であって、一七一七年ではない、とキャナンは指摘している。

〔6〕本章「特定の税収を……」の小見出しを参照せよ。南海会社の設立は同じ一七一一年で、同社は、事実上、政府へのこの貸付を条件に特許状を得ており、初めから、それまでの総抵当または基金の元利返済方式の行詰りを打開する狙いで設立された。すなわち、スミスも書いているとおり、従来の計六つの基金のうち、なお継続している四つは、残高元本を南海会社株に切り換えられ、南海基金から利子のみを受けるようになったのである。この時の利率は六パーセントで、これが、年々主として内国消費税から五五万ポンドが繰り入れられる永久基金の誕生であった。その後、南海会社が公債引受機関化して貿易事業を縮小していった経過は、本篇第一章第三節（「合本会社の外国貿易……」の小見出し参照）に述べられている。

〔7〕これは「一七五〇年」が正しい。

〔8〕この発案者は、イタリーのナポリ生れの医師（銀行家だったともいう）トンチ（Lorenzo Tonti, 1630-95）で、慢性化した財政難を打開するためルイ十四世に献策したのが、このトンチン年金 Tontines である。十七世紀末から十八世紀にかけ、フランスだけでなくヨーロッパ各国に広く行なわれ、国債の萌芽（ほうが）とも評価され、また生命保険思想の普及に大きく貢献したといわれている。一七八三年、イングランドの例だと、一群の年金受領者のなかで最後まで生き残った人が、年に一〇〇〇ポンドという、当

時としては分限者的な額を受け取ったこともあるという。

〔9〕ルイ十四世麾下のフランス軍のプファルツ侵入にたいし、イングランド、オランダを中心にスペイン、ドイツ諸邦が連合して戦った戦争の終戦条約。

〔10〕Henry Pelham, 1695?-1754 は、一七四三年～五四年にわたり首相を務めた。五四年に首相の地位を継いだペラム（ニューカースル公 Thomas Pelham-Holles, Duke of Newcastle, 1693-1768）は、その兄であるが、スミスが名ざしているのは、弟のヘンリーのほうである。なお、「少なくとも下げるための措置がとられ……」とあるのは、一七四九年に、ペラムが議会に提案して可決をみた公債利子の引下げ法案が、一七五〇年～五七年は三・五パーセント、五七年以降は三パーセントとする、という内容のものだからである。独占会社や特権商人の反対を押し切って法案を提出したペラムは、法案が下院で可決される前日まで、友人たちから思いとどまるよう忠告を受けたといわれ、法案成立にはヨーロッパじゅうが驚いた、という。

〔11〕キャナンによれば、本文に「四分の三」とあるのは、「四分の一」が正しい。

〔12〕Thomas Whately, *Considerations on the Trade and Finances of this Kingdom and on the measures of administration with respect to those great national objects since the conclusion of the peace*, 1766, p. 22（トーマス・ウェイトリー『わが王国の貿易および財政、ならびに、これら国家的大問題にかんする平和締結以後の施政の方途についての諸考察』）。このウェイトリーというのは、実は、一七六三年から六五年まで首相兼蔵相だったグ

レンヴィル（George Grenville, 1712-70）その人だ、という説が有力である。「非常に博識」であるのも、もっともと言うべきか。

〔13〕一六九四年に設立されたイングランド銀行は、その名前から想像されがちな国立銀行ではなくて、個人会社にすぎなかった。ただし、史上初めて、持参人払の銀行手形（紙幣）を発行するという、発券業務にたいする特許状を国から与えられたのである。しかし、この特許状は期限つき（たとえば最初は一一年間）であったため、政府は特許状を更新してやる代りに、よく財政への協力を強いた。本文中、スミスがふれているのは、一七六四年の更新の際のものであろう。

〔14〕カルクラフト（John Calcraft, 1726-72）は、ヘンリー・フォックス（Henry Fox, 1705-74——財政委員、国務大臣を務め、軍の支払総監として巨富を積んだ政界の実力者）の従弟とも庶子ともいわれ、フォックスの右腕として兵站副総監となり、「王国内のいかなる貴族所領の収入にも優る」と称されたほどの年収を得た。後年、カルクラフトはフォックスと政治的立場を異にするようになるが、七年戦争はこのコンビにとって無限の金脈となったのである。

ところで、現代の読者には、「チャタム伯とカルクラフト氏の軍事費会計」というのは理解に苦しむところであろう。当時、議会の財政にたいする統制はごくおおまかで、いったん議決してしまえば、支出にたいする監督を行なう力もなく、各部局、とくに陸軍、海軍、軍需部の財政的独立性が強く、しかも近代的な財務官僚機構が備わっていなかった（たとえば、有名な一七八〇年代初頭の「経済改革」後の一七八四年になっても大蔵省の実働人員は四〇名ほどだったという）ために、軍事費の支出は個人責任会計方式で処理されていた。収支の決算も単年度ごとに行なわれるのではなしに、議会が定めた支出目的が達成されるまで、というのが原則であり、しかも、たいていは、担当者の在任期間いっぱい、いや退任後も、個人会計は清算されることなしに継続した。個人責任会計のため、在任中に生じた債務を、退任後も支払い続けなければならぬことがよくあったからである。個人会計にたいする監査も、ほとんど有名無実で、フォックスの無軌道な公金処理にたいする批判が高まった一七六九年になっても、かれが支払総監になった一七五七年の監査さえ終っていなかったほどであった。こういう仕組だったから、フォックスやカルクラフトが、手許の公金を遊ばせておくはずはなく、かれらは、起債に公金で応募したり、株を操作したり、多くの有名人に貸し付けたり、一日に二万五〇〇〇ポンドを議員の買収に使ったりという、さまざまの方策で私腹を肥やした。なお、一七五八年以降、チャタム伯ピットは、七年戦争の軍事・外交の最高責任を負う国務大臣の地位にあり、そのために個人会計を開いていたのである。

〔15〕ガルニエ（Germain Garnier, 1754–1821）は、その『国富論』のフランス語訳第四巻五〇一ページで、この部分に訳注をつけ、Isaac de Pinto, *Traité de la Circulation et du Crédit*（パント『流通および信用論』）のことだ、と書いている。キャナンによると、

この著書は「奢侈にかんする試論の著者によって」一七七一年、アムステルダムで出版されたものであり、とりわけ、その四四、四五ページおよび二〇九～二一一ページがスミスの本文とかかわる、という。

〔16〕J. F. Melon, *Essai politique sur le Commerce,*（ムロン『商業にかんする政治的試論』）chap. xxiii., ed. of 1761, p. 296. なお同趣旨の要約は、すでに『グラスゴウ大学講義』二一〇ページに見える。

〔17〕このアメリカとの戦争およびアメリカ問題にかんしては、スミスの一七七八年当時の見解を記したものと推定される「覚書」が、その後アメリカで発見された。G. H. Guttridge: *Adam Smith on the American Revolution, an unpublished memorial.*（ガトリッジ『アメリカ革命にかんするアダム・スミスの見解――未刊の覚書』）American Historical Review, 1932-33. vol. xxxviii, pp. 714-20 がそれで、水田洋氏による邦訳が、同氏訳の河出書房版『国富論』（下）に収められている。

巻末対談

アダム・スミスを誤解の海から解き放とう

大竹文雄（大阪大学大学院経済学研究科教授）
×
出口治明（立命館アジア太平洋大学学長）

高校教科書で伝えられなかったこと

出口　大竹先生が『国富論』を初めてお読みになったのはいつのときでしたか？

大竹　大学一年生のとき、経済学の最初の授業が「アダム・スミスの『国富論』と『道徳感情論（道徳情操論）』の関係」というテーマだったんです。堂目（卓生）さんの『アダム・スミス』（中公新書）も同じテーマについて書かれた本ですね。あの本を読んだとき、学部生のときに実は重要なことを学んでいたんだなと、懐かしく思い出しました。

出口　僕は大学一回生のときにマルクスを読み始め、最初に読んだのが『経済学・哲学草稿』でした。その頃、京大経済学部で菱山泉先生の授業を聞き、アダム・スミスに関心を持って『国富論』を読みました。当時印象に残ったのは、まず、すごくわかりやすい。そして、ロジカルに書いてある。それから俗にいうマルクスの労働価値説も説明しているということです。「近代経済学のスタートの本」と菱山先生は説明されましたが、近代経済学だけではなく税や国債など近代社会のいろんな問題を網羅的に論じているところがすごいと思いました。人間や社会に対する洞察が非常に深い本ですね。ところで、『国富論』はかなり古い本です。大竹先生のような現在の第一線の経済学者からはどのように評価されているのでしょうか。

大竹　『国富論』が出版されたのは一七七六年、アメリカ独立の年です。本書の最後のテーマとして植民地を手放すかどうかに主眼が置かれています。二五〇年近く前の古い内容なのかと思われるかもしれませんが、読み直してみると、結構誤解されてきたなと思いました。

出口　僕もまったく同感です。

大竹　一番強く思ったのは、一般に理解されているアダム・スミスの主張と本人が書いていることはまったく違うということです。多くの人々のアダム・スミスについての理解は、だいたい高校教科書の知識だと思います。そこにはたしかにアダム・スミスは重商主義を批判したと書いてあります。さらに、「私利私欲を追求する個人や企業の自由な経済活動は社会の秩序に反するどころか、かえって神の『見えざる手』に導かれて公共の利益を促進」する。また、「経済に対する国家の介入は自由競争を制限し、市場の働きを損ねる。国家（主権者）が配慮すべき義務は国防、司法制度、公共事業と公共施設の配置の三つに限られるべきだというのが彼の主張であった」。これらは産業資本家の主張を代弁するもので、企業にとって有益なこととして扱われていたと説明があり、自由放任の結果、労働者が困窮し、独占が生じて資本主義が問題を起こしたと書かれています。けれど、『国富論』を読み直すと全然違うんです。

出口　アダム・スミスは独占に対して激しく批判していますね。フェアな取引をやらなければいけないということをものすごく強調している。

大竹　そうなんです。アダム・スミスが問題にしたのは、まさに独占があちこちで起こっていること、それから、労働者は団結できないので買い手独占が起こって賃金が最低限に抑えられているということです。「独占価格は、どんな場合にも、（売り手が）獲得できる最高の価格である。」（第一篇第七章）と書いてあるとおり、企業はすぐに独占し、市場が自然な自由競争から離れてしまう。さらに企業が独占できるように国家に働きかけ、国がそれに応じることで独占の問題が深刻化すると指摘している。企業にとっていちばん都合がいいのは独占ですが、より自由な競争になるようにすべきで、企業が独占できるようにしたいと言っても国は頼みを聞いていてはいけないというのが本書の趣旨です。そこは大きく誤解されていると思いました。それから自由競争が激化したために労働者が困窮したというストーリーも全く違います。アダム・スミスは、労働者はなかなか団結できないものだ、むしろ企業側が買い手独占になって賃金を買い叩いているのが普通だと言っている。当時は労働組合もなかったので、労働者が団結して企業に賃上げを要求するとすごく珍しかったからすぐニュースになった。企業側が談合しているのがあまりニュースにならないのは当たり前過ぎるからだという話です。

出口　今もほとんど変わっていませんね。

大竹　もしアダム・スミスが現代人の『国富論』の理解や教科書の説明を知ったら、怒るんじゃないでしょうか。

出口　僕もそう思います。

企業成長につながる「分業」

大竹　今の経済学者とアダム・スミスでは使う言葉が同じでも話が違うと思ったのは、「分業の利益」についてです。現在の経済学者が分業の利益は何かと聞かれたら、「比較優位」、つまり、人々がいちばん得意なことに特化することで社会全体が利益を得ることだと説明します。しかし、比較優位はリカード（一七七二―一八二三）が提唱しましたから、『国富論』には出てきません。アダム・スミスは分業の利益について第一篇第一章でピン製造工程の例を挙げて述べて説明しており、ポイントは三つあると言います。一つは労働者が特化できること。一つのことを一生懸命やるから労働者の技能が向上する。もう一つは、複数の作業をしようとすると作業と作業の間に時間がかかるけれど、違うことをしないで一つのことをすると時間が節約できる。固定費の節約という話です。さらに労働者の技術が向上しイノベーションが促進できる。どれもすごく現代の経済学に近いですね。一つ目の学習を通じた技能の向上は Learning by doing に通じますし、二つ目は隙間時間の節約ということで、「規模の生産性」みたいなものです。三つ目は技術革新ですから長期的な成長をもたらす。成長との関わりが非常に強い概念です。

出口　トヨタの「改善」そっくりですね。（※注　「改善」とは生産性を高めるために業務内容やプロセスを見直す取り組みのこと。トヨタでは「知恵と改善」「人間性尊重」が従業員が共有する行動指針の二つの柱になっている）

大竹　おっしゃるとおりで、トヨタの「改善」のシステムも、アダム・スミスの分業の考え方をそのまま応用しているところがあると思います。こうした企業成長や経済成長と直接関わるようなことが分業の利益として説明されています。現代の企業成長論とか内省的経済成長論に近いですね。ポール・ローマーという人が二〇一八年にノーベル経済学賞をとりました。彼の理論はアダム・スミスの分業の利益を現代の成長理論にあてはめたと言われています。

出口　要約して教えていただいて頭が整理できました。アダム・スミスは公共の利益を考える国家は大事だ、独占は良くないと述べている。しかし一般的に、アダム・スミスが主張したのは企業に対する自由放任、新自由主義という意味で捉えられ、その国家観は「夜警国家」「安価な政府」などといわれています。こんなにはっきりと国家の役割の重要性を書いていて、航海条例のような国家による規制を高く評価しているのに、どうして「夜警国家」や「レッセフェール」を主張したという誤解が生じたのでしょう?

大竹　人は、自分にとって都合のよいところを利用したんでしょう。

出口　なるほど。つまみ食いしたんですね。

大竹　一番大事な主張ではないですからね。企業は談合しやすいから規制しないといけないというところがポイントなのに、政府が何か悪いことをしているから企業の自由にさせるのが良いというふうに曲解して使ったのだと思います。一番大事なポイントを説明していないから、高校の教科書にも誤って伝わったのでしょう。高校の教科書は、専門家がその時代のエッセンスを凝縮して書いているはずです。学説的にアダム・スミス、リカード、マルクスというつながりを理解したいという流れがあったのではないかと思います。今の観点からすれば、独占や規制を求める業界を正していくのが政府の仕事で、積極的に競争を仕向けなさいという話です。放っておけという話では全然ない。

出口　公正取引委員会の守護神のような人ですね。公正取引委員会の庭にこそアダム・スミスの銅像を建てるべきだと思いますよ。（笑）

「見えざる手」とは何か

大竹　ぜひともお話したかったのは、「見えざる手」についてです。最近はよく知られるようになりましたが、『国富論』では一か所しか出てきません。しかも「神の見えざる手」の「神の」というのは出てこない。

出口　ないですね。

大竹　「見えざる手」という語句が含まれる文章は、抽象的には、現代の経済学者が厚生経済学の基本定理として理解しているのと同じ表現です。それは「利己心だけに基づいた競争市場で社会全体の利益が達成される」。文章自体はそう説明しています。ただ、これが述べられている場面は若干違っていて、「国内で生産できる商品の輸入規制」についてはなしているところです。輸入規制をすれば国内産業は良くなるように見えるが、そうではないということを議論しています。貿易が自由化されると皆が儲かるところにお金を使おうとするから国内が豊かにならないという批判があり、それに対して、いや、神の「見えざる手」で国内が豊かになると説明しているんです。

出口　つまり対外交易ですね。

大竹　面白いのは、実はこれが「フェルドシュタイン＝堀岡パラドックス」と関係していることです。「フェルドシュタイン＝堀岡パラドックス」とは、グローバル化が進めば、国内貯蓄と国内投資は無関係になるはずだけれど、国内貯蓄が多い国は国内投資が多いということです。国内貯蓄がたくさんあったら世界中で一番儲かるところで投資を行うはずだから、国内投資が増えるとは限らないというのが経済学の基本的な考え方で、まさにそれがアダム・スミスが批判された所以でした。それに対してアダム・スミスは、放っておいても皆、国内に投資すると反論しています。なぜかというと、外国は物を運ぶのも大変だし、騙される可能性も高い。そういう取引コストが結構あるから、皆できるだけ国内に投資したいと考える。だから放っておいても投資家や起業家は国内に投資するので国内が豊かになるという文脈で、「見えざる手」と表現したのです。

出口　ある意味、対外交易の「情報の非対称」という意味で使っているわけですね。神の「見えざる手」というのは、何でこんなに曲解されて膾炙したんですか。

大竹　それは、その文章だけを見ると、先ほどの厚生経済学の基本定理のように、「利己心だけに基づいた競争市場で社会全体の利益が達成される」と読めるからです。実際にはさっき申し上げたように、国内に投資するのがいちばん情報の非対称性が少ないから有利になるということを言っているだけなんですけれど。

出口　「見えざる手」というフレーズを誰かが都合よく使ったのでしょうね。その人は、キャッチコピーの才能がものすごくあったのでしょう。

大竹　競争市場のメリットを説明する文章としてそこだけ抜き出したら、今でもそのまま教科書に使える文章です。だけど文脈は全然違います。アダム・スミスが何に対して自由競争を主張しているかを、改めて知っておくべきだと思います。それは、貿易にしても、産業にしても労働市場にしても、すべて独占がまかりとおっていることに対して、独占の弊害を説いているのです。アダム・スミスが敵視しているのは、貿易を東インド会社に独占させたり、企業が結託して労働市場で低賃金にするように談合をしたり、特定の組合に入らないと仕事ができないようにしたりといった独占で、それよりは競争市場の方がいいということを主張しているんです。

人間らしさに基づくリアリズム

出口　最近、ある経営者から面白いエピソードを聞きました。時代錯誤と言われるかもしれませんが。その方は大学時代にバレーボールをやっていて授業に出なかった。しかし経済学の単位が必要だったので、先生の家に行って「授業に出られないけれど単位がほしいんです。どうすればいいですか」と聞いた。すると『国富論』の原書を渡され、「四年間でこれを読んだら単位をあげるよ」と言われて読んだそうです。「そのおかげでこの年齢まで経営者や経済学者と議論して負けたことがありません」と、冗談めかしておっしゃったのがすごく印象に残っています。

大竹　それは正しいでしょうね。経済学は長い間、人間らしいところを切り捨ててきました。最近になって行動経済学がそこに焦点を当てています。一方、経営の側面では人間観は非常に大事です。アダム・スミスが人間の社会や組織をよく見ていたからこそ、経営者として学者と議論したときにより現実に近い論理展開ができ、負けなかったのではないでしょうか。

出口　僕もそう思うんです。アダム・スミスがすごいのは、何事も原点から考えているところです。原点にかえって考えることの最高の見本のような本です。たとえば、なぜ分業が起こるのかということを原点まで遡って人間の交換性向、あるいは説得性向ではないかと考えている。人間に対する信頼が非常に強いですね。すごく印象的だったのは、出口さんもよく「人間の能力にはそれほど差がない」と仰っていますが、第一篇第二章には「人それぞれの生れつきの才能の違いは、われわれが気づいているよりも、実際はずっと小さい」と書いています。「成熟の域に達したときに、一見他人と違うようにみえる天分の差異は、多くの場合、分業の原因だというよりもむしろその結果なのである。最も似かよっていない人物間の違いは、たとえば学者と街のありふれた荷かつぎ人足とのあいだのように、生れつきのものというよりもむしろ、習癖、習慣および教育によるように思われる」。

出口　ある意味、構造主義を先取りしているともいえますね。社会の構造がその人の人間性を規定している。

大竹　そうですね。職業がいろいろあるから能力の差が現れるという話です。たとえば、テレビが発達してメジャーリーグやサッカーの試合が世界各国に放映されることがなければ、選手の所得は今ほど上がらなかったはずです。専門に特化してどんどん強い人が出てきたのが現代社会だと思います。それを十八世紀からきちっと指摘していた。

出口　資本蓄積についても、人には支出性向や倹約性向があるとか、人間の本性のようなものをとことん考えようとしています。消費性向についていえば、政府のほうが貧しい人より無駄遣いするので心配だと述べていますね。こういうところも現代にそのままあてはまりそうな気がします。

大竹　無駄遣いをするかどうかという議論は、個人の特性を考えるうえで興味深いものです。人間は誰しも豊かになりたいと考えるからちゃんと貯金するという話があります。浪費もするけれど、人間には生まれてから墓場に入るまで生活をより良くしたいという欲求がある、変化し改善していくことは人間の特性であるから富を増やしたいと望むのだと書いています。行動経済学者としては、浪費したい気持ちと富を増やしたい気持ちの両面あるというのは、人間の二面性を説いているのだと思いました。また、浪費したい気持ちよりも長期に豊かになりたい気持ちのほうが大きいという説明を富が蓄積されていく話につなげているのも、本当によく考えていると思います。

学問の本質を学ぶ教科書

出口　物事を深く探求するのは当然ですが、アダム・スミスは全体を整合的に理解しようとする能力がひときわ高いですね。たとえば『国富論』の冒頭で、富を必需品と便益品、つまり生活に必要なものと贅沢品に分けています。最後の第五章で税を論じるときにも、贅沢品には課税してもいいと整合的に書いている。生意気な言い方ですけれど、世の中にはいろんなことを主張する人がいますが、部分最適で一見良いことを言っているようでも、その人の主張を全体で見ると矛盾していることは結構あるものです。それに比べたら、こんなに昔の人が、人間性に対する洞察が深いだけではなく、自分の考えたことを極力、整合的に説明しようとするのはやっぱりすごいことだと思います。

大竹　アダム・スミスは比喩も面白いですね。印象に残ったのは、銀行は結構良いものだというところで、金や銀として貯め込んでいたら何にも使えないけれど金融機関を通じて投資されると世の中が良くなるということを説明する次の文章です。「銀行業の賢明な操作は、私のたいへん乱暴な比喩がゆるされるなら、空中に一種の車道を敷設することによって、この国が、それ自体としてはなにものも生産することのない公道の大部分を立派な牧草地や穀物畑に転換させることを可能にし、またそうすることによって、この国の土地と労働の年々の生産物を大いに増加させることを可能にするのである」（第二篇第二章）。この時代に空中に道路を作るという発想で説明しているところが非常に面白いと思いました。

出口　空中の道路は今では高速道路として実現していますね。以前、レオナルド・ダ・ヴィンチについて「能力があるけれど発想だけで、何一つ完成できなかった。だから大したことはない」という人がいたんです。それに対してある人が、「でも実現したかどうかは時間軸の問題であり、生前に実現したから大した人である、生前に実現しなかったから愚かな人であるというのはおかしい。人間の構想力がいつかは実現して社会を良くする。そういう構想を抱いた人が素晴らしい」と話していました。その意味では、アダム・スミスにも似たところがありますね。

大竹　そうですね。それから過当競争になれば、お客さんを獲得するために騙したりして酷いことが起こるから、ある程度規制が必要だと企業が主張することがあります。それに対して、時には騙す人もいるかもしれないけれど、それほど酷いことは起きないと反論している。そこでも面白い比喩を使っていて、騙す人を酒飲みに喩えています。「一般民衆のあいだに飲酒を好む傾向が広く生じるのは、居酒屋の数が多いからではない。そうではなくて、じつは他の原因から生じる飲酒癖のために、必然的に居酒屋の数が多くなって繁昌するのである」（第二篇第五章）。因果関係が逆だと言うんですね。

出口　これも現代に通じることですが、過度に飲酒に走る人は性格が弱いとよく言われます。そういう面ももちろんありますが、一番の問題は貧しさとか理不尽とか社会の歪みで、そこからお酒に逃避しているわけです。翻って言えば、アダム・スミスの偉大さというのは、当時の社会状況を反映して因果関係や全体の整合性を考え抜き、人間性を深く洞察する、なぜこうなるのだろうという原点に遡ろうとする努力、あるいは知的営為にあると思います。この本を読めば経済学の勉強になると思いますが、それ以上に学問の本質を学ぶ上で最高の教科書ではないかと思います。僕はよく、古典を読むのは考える力が強い人の本を読んでその思考のプロセスを追体験し、考える型を学ぶことだと話しています。レシピと一緒で考える型を学ばなければ、〝型破りな人材〟は生まれません。そういう意味でデカルトの『方法序説』やアダム・スミスの『国富論』を勧めています。大竹先生は、老若男女を問わず『国富論』を読む意味をどのように考えていらっしゃいますか？

大竹　考え方を学ぶこと、とことん突き詰めることに加えて、それをわかりやすく伝えるのも重要な能力です。表現の仕方を学ぶという面もあると思います。アダム・スミスはお酒が好きだったんでしょう。酒飲みの譬えが何度も出てきます。酒飲みの特性をよく見ていると思うのは、ワインが安く買えると大酒飲みが増えるわけではない。逆にワインが高いと珍しいから飲みすぎるのだと説明しているところです。

出口　いつでも手に入れば、むしろ人々は安心してそんなに浪費しない。これは大竹先生のご専門の行動経済学の本でもある気がしますね。

大竹　本当にそうですね。アダム・スミスの『道徳感情論』は行動経済学の基礎になっていると言われていますが、『国富論』にも人間に対する洞察があって、行動経済学者として学ぶことはたくさんあります。

（二〇二〇年八月五日）

付録

『国富論』各版の異同について

田添京二

『国富論』*An Inquiry into the Nature and Causes of the Wealth of Nations* の初版は一七七六年三月九日に刊行された。体裁は四折判の大型二巻本で、第一巻は、第一篇から第三篇までを収めて五一〇ページ、第二巻は、第四、第五の両篇を収めて五八七ページの大冊である。「序文」も「索引」もついておらず、全篇の「目次」は、第一巻の巻頭にまとめられている。著者名は、「法学博士、王立協会会員(フェロー・オヴ・ザ・ロイヤル・ソサエティ)、前グラスゴウ大学道徳哲学教授、アダム・スミス」となっている。出版者は、ロンドンのストラーン(William Strahan)とカデル(Thomas Cadell)で、定価は一ポンド一六シリングであった。

第二版が出たのは、現存しているスミスのストラーン宛(あて)の手紙から、一七七八年一月も前半のうちと推定されている。体裁の点では、初版と同じ四折判二巻本で、ただ「目次」を分けて各巻別々につけたのが目立った相違である。ページ数も、第一巻五一〇ページ、第二巻五八九ページとほとんど変っていない。これより先、一七七六年一一月一三日付のストラーン宛のスミスの手紙では、スミスのほうから、再版の体裁は、八折判四巻本にしたい、という提案が出され、ストラーンからも折返し賛成の返事があったのだが、何らかの事情でこれは実現しなかったものと思われる。グラスゴウ版（一九七六年）に付されたトッド（William B. Todd）の考証によると、定価は、初版と同様一ポンド一六シリングであった。

初版とこの第二版との相違点、つまり初版にたいする加筆訂正は、全篇にわたって無数といってもよいほど沢山ある。件数として多いのは、用語の変更、語順の入換え、改行箇所の変更等、文章や形式を整えるための修正であるが、内容にかかわる加筆訂正あるいは削除も決して少なくない。

未開社会においては、投下労働量が商品価値の唯一の規定要因であるが、資本の蓄積と土地の私有が生じて以降の文明社会においては然らず、という学史上有名な問題点にかかわる一連の修正加筆（第一篇第六章）、高利潤は高賃銀よりも物価を高める傾向がある、という主張の新たな追加（第一篇第九章）、金銀の比価の変動にかんする記述にかかわる一連の加筆および数字の訂正と、かなり大幅の削除（第一篇第十一章第三節）、金銀の輸送にかんする追加（第二篇第五章）、列挙した生活必需品のうちから麦芽とビールを削ったこと（第四篇第二章。なお、第五篇第二章訳注〔1〕参照）などはその例である。

さらにこの第二版では、多くの脚注が追加された。初版には三七の注があるが、いずれもきわめて簡略な参考文献の指示にすぎなかった。ところが、第二版での追加は二七に及び、内容的にも重要な長文の注が相当ある点が注目される。投機的事業家が資本調達のために行なう手形操作にかんする注（第二篇第二章）、本文でただ「重税」とあった穀物輸入税の一覧表を掲げて本文の抽象的な記述を補った注（第四篇第五章、原注（1））、東インド会社のインド統治にたいしてきびしい批判を加えた注（第四篇第七章第三節、原注（1））などは、その著しい例である。また、初版では、区分けなしに通して書かれていた第四篇第三章を、この版では二つの節と「預金銀行にかんする余論」に分けたこと、第四篇第五章の後半部分を分離して「穀物貿易および穀物法にかんする余論」という標題をつけたことも、形式上の変更として大きい。

第三版が刊行されたのは、トッドによると、一七八四年一一月二〇日である。スミスは、一七八〇年一〇月二六日付ストラーン宛の手紙で、『国富論』を知人に献本するよう指示しながら、「私は、あやうく自分が『国富論』の著者であることを忘れてしまっていました。……いまや私が自分の本のほとんどただひとりのおとくいになったのではないかと思います」（J. Rae, *Life of Adam Smith*, p. 358. レー『アダム・スミス伝』、大内兵衛・節子訳、四五〇ページ）と半分冗談めかして書いているが、初版が予想外の売れゆきで、半年で売り切れ、二年足らずのうちに第二版が刊行されたのに比べて、第二版と第三版のあいだがほとんどまる六年あいたのは、確かに、ここでスミスが書いたように、売れゆきが遅かったということを示していよう。しかしこの長いインタヴァルは、第二版の捌け方が遅かったという事情、議会が開かれて有名人士が首都に集まるのを待ったという書店側の販売政策上の都合もあったにせよ、最大の理由は、スミスの大幅な加筆であったと思われる。かれは、この第三版が「おそらく私の生涯の最後を見届けるものになりましょう」（一七八三年五月二二日付ストラーン宛の手紙、W. R. Scott, *Adam Smith as Student and Professor*, p. 286）と感じており、そのため出来るだけ完全なものにしたいとして、あらためて資料や新刊書を参照し、また初版刊行以後提起されてきた経済政策上の現実問題を念頭におきながら、改訂の仕事に全力を注いだのであった。

本の体裁からいうと、第三版は小型になって、八折判となり、そのかわり三巻になった。第一巻には第二篇第二章の終りまで、第二巻には第四篇第八章までが収められている。価格は安くなって並製一八シリング、上製一ギニーであった。元来、肩書がきらいで、名刺にも「ミスター・アダム・スミス」としか書かなかったスミスは、一七六七年に『道徳情操論』第三版を出す際にも、自分の名前には、前にも後にも何もつけないようにと、ストラーンに指示したくらいだったが、この『国富論』第三版では、「法学博士、ロンドンおよびエディンバラ王立協会会員、スコットランド関税監督官、前グラスゴウ大学道徳哲学教授」と書いて、関税監督官の肩書を追加している。スミスは、一七七八年初頭に、この職に任ぜられていたのである。

さて第三版では、巻頭に次のような「第三版へのはしがき」が加えられた。

「この著作の初版が印刷されたのは、一七七五年の暮と一七七六年の初めのことであった。したがって、本書の大部分を通じて、現状として述べられている場合にはいつも、ほぼ前記の時期か、あるいはそれよりいくらか前の時期、つまり私が本書を執筆していた時期の状態だと解していただきたい。ただし、この第三版では、私はいくつかの増補を行なった。とりわけ大きなものは、戻税にかんする章と奨励金にかんする章への増補、また同様に重商主義の結論と題する新章を加え、さらに主権者の経費にかんする章に新たな一項を加えたことである。そこで、これらの増補部分のなかで、現状といっているのは、つねに一七八三年中と、本年つまり一七八四年初頭の状態のことである」

ここで、スミス自身が指摘しているように、第三版での増補は、非常に大幅である。戻税を扱った第四篇第四章は、第二版までは、わずかパラグラフ八つ、原文で二ページほどのきわめて短い章であったが、第三版では、パラグラフ九つ、原文四ページにわたる加筆が行なわれ、分量的に三倍に充実されたのである。また、奨励金にかんする第四篇第五章は、数ヶ所のかなり大きな加筆訂正が行なわれたほか、鰊（にしん）漁業にたいする奨励金について一〇パラグラフ、原文で五ページにもわたる新稿が挿入された。これら二件は、ともに、スミスが関税監督官として正確豊富な知識を入手できるようになった問題であった。とくにスコットランドの鰊漁業にたいする奨励金の効果の問題は、当時、議会が特別調査の対策として取り上げていたアキュートな時事問題でもあったのである。

原文で二〇ページにおよぶ第四篇第八章「重商主義の結論」全体、同じく、原文で二六ページにわたる第五篇第一章第三節第一項の「〔2〕商業の特定部門を助成するために必要な公共事業および公共施設について」は、ともに、まったく新たに書き下された部分であり、相呼応して、重商主義体制批判としての『国富論』の構成と内容を充実せしめたものと言ってよい。とりわけ後者の増補は、スミス自身がきわめて重視していたところで、当時、議会で激論が闘わされていた、東インド会社のインド統治問題にたいするスミス一流の透徹した理解を示したものと考えられる。

これ以外にも、全巻にわたって数件の目立った増補と数字の訂正、六個の脚注の追加、章中に新たに節を起すといった形式上の整備、数十件にのぼる字句の修正加筆が行なわれている。

いま一つの大きな変化は、この版から、初めて「索引」がつけられたことである。この「索引」をスミス自身がつくったか否かは、しばしば問題とされてきた。キャナンはキャナン版「編者の序論」において、第五篇第二章第二節のなかに見られる tallie という誤植が、同じページの別の箇所では、正しく taille となっているのに、「索引」の「モントーバン」の項の中では、もう一度誤植のまま掲げられているのを見れば、スミスがつくったものでないことは確かだ、と述べているが、この程度の見落しは誰にでもありうることで、とうてい確証とはなしがたい。ただ、スミスが、みずから「索引」をつくったのでないとすると、誰かにこの「索引」つくりを委嘱したものと考えてよい。最近（一九七六年）刊行された雄松堂書店版『国富論』初版の覆刻本に付されたトッドの考証によると、その人物は職業的な索引作りのヌーサウク（John Noorthouck）であったらしい。

さて、スミスは、これより先の一七八二年一二月七日付、出版元カデル宛の手紙で、右の増補訂正分を別刷につくり、旧版の購入者に頒布したいという提案をしていた。これに応じて出版されたのが、「アダム・スミス博士の『国富論』第一版および第二版の増補と訂正」*Additions and Corrections to the First and Second Editions of Dr. Adam Smith's Inquiry into the Nature and Causes of the Wealth of Nations* であり、増補分のすべてと、第三版で行なわれた修正の大部分が盛り込まれた。体裁は、初版と第二版に大きさをそろえた四折判で、七九ページ、刊記が一切ついていない抜刷形式で、価格は二シリング、一七八四年一一月二〇日刊行された。出版元では、同じような形で「索引」を印刷し、旧版購入者に渡すことをも考慮したようであるが、スミスが、同年一一月一七日付カデル宛の手紙で指摘しているように、「索引」の諸項のあとにのせる本文ページを全部変えなければならず、このうえ、第一版と第二版のページづけが食い違っているという技術的困難があり、この時期となっては、時間的にも無理ということで中止された。

第四版は、一七八六年一一月六日に出版され、体裁もページづけも第三版とまったく同じである。第三版との違いといえば、次のような「第四版へのはしがき」が加わったことがもっとも大きい。

「この第四版では、私は、まったくいかなる種類の変更も加えなかった。私はここに、アムステルダムのヘンリー・ホープ氏[1]から受けた恩義にたいして、謝意を表したい。氏のおかげで、私は、あの興味ある、かつ、はなはだ重要な問題、すなわち、アムステルダム銀行にかんする、もっとも明確で、しかも偏見のない知識を得ることができた。同銀行について書かれたものには、今日までのところ、満足ゆくものはおろか、わかりやすいと思われるものさえ、ないのである。氏の名はヨーロッパに広く知られており、氏から情報を提供されたことは、なんぴともおおいに名誉とするところである。私もまた、この謝辞を呈することに誇りを感ずるものであって、拙著のこの新版に、かかる『序』を付す喜びを禁じえない」

なお、この「はしがき」の前には、先に訳出しておいた「第三版へのはしがき」が、些少（さしょう）の字句訂正のうえ、再掲された。また、出版者の一人、ウィリアム・ストラーンは一七八五年に死んだため、この版の中表紙には、事業を継いだアンドルウ・ストラーンの名前があがっている。スミスは、右の「第四版へのはしがき」の中で、まったく変更を加えなかったと述べてはいるが、if のあとの直接法を仮定法に置き換えるなどの小訂正は、随所で行なわれている。各版ともスミスは、自分で校正をするのがつねであったが、今回はとくに、もっとも腕のよい職人を使うようアンドルウ・ストラーンに申し送っており、自身も丹念な校正をしたものと思われる。第四版は、各版中もっとも誤植の少ない版だといわれている。価格は一八シリングである。

スミス生前の最後の版である第五版は、一七八九年に出版された。体裁、価格とも第四版と同じで、わずかな語句の修正、誤植の訂正（そのかわり新たな誤植も生じている）が行なわれたのみである。スミスがみずから朱を入れることのできたのは、この第五版までであった。かれは、その翌年（一七九〇年七月一七日）亡くなった。

〔1〕Henry Hope, 1736–1811. アムステルダムの有力銀行、ホープ商会の会頭。スミスはこの第四版では、Hop と綴（つづ）っていたが、第五版で Hope と訂正した。

『国富論』邦訳小史

大河内一男

一

大内兵衛博士は、その苦心の作『国富論』(岩波文庫、旧版)全巻の訳業を完成されたとき、「やがては死ぬべき定めではあらうが、なかなか死なぬのが彼スミスである」という感慨を書きつけている。『国富論』が「やがては死ぬべき定め」なのかどうかは私にはわからないが、さまざまな欠陥や論理の矛盾をふくみながらも、おどろくほどの新鮮さをいまだに保っていることは、スミスが「なかなか死なぬ」存在であることを物語っている。もちろん『国富論』の新鮮さと言っても、歴史のそれぞれの時代において異なった意味と重点の変化がみられるだろうが、それにしても『国富論』は、単に経済学の始祖であるアダム・スミスの手になった古典書だというだけではなく、『国富論』が刊行されてからの二百年の歴史を通じて、つねに問題を投げかけ、経済生活の仮象の底を貫いている事物の基本のメカニズムに、いや応なしに読者の注意を向けさせる牽引力は、なにか不死身の精神から生み出されているように思われる。

スミスの主著『国富論』——古くは『富国論』、今日ではしばしば『諸国民の富』と訳されている——は、明治初年以来、今日までの百年の近代日本を通じて、さまざまな人の手によって繰り返し繰り返し邦訳されてきている。その点は、明治も大正も昭和も、戦前も戦後も、同様である。そして『国富論』の完訳、部分訳、抄訳を合すれば、優に十指をこえていると言えるだろう。もちろん、時代によって『国富論』邦訳の社会的背景は異なっている。ある時は、自由貿易政策の実践的要求と結びついて邦訳が行なわれ、またある時は、純学究的な立場で邦訳が行なわれ、そしてまたある時は、とりわけ第一次大戦後においては、社会思想や経済思想の源流としての『国富論』が尊重され、さらにすすんでは、社会主義思想との結びつきで『国富論』の価値が評価され、そうした視点から邦訳が企てられている。同一の『国富論』が、社会的背景や社会的必要の異なるに応じて、いろいろに翻訳されるということではないが、『国富論』をそのような視点で読もうとすることは、おのずから『国富論』の新たな邦訳にまでたどり着かざるを得なかったのだと言ったらいいだろう。

おくれて近代化した日本資本主義経済が、先進産業国の生み出した経済学の古典書としての『国富論』を輸入し翻訳することは、ごく自然のことである。だが日本では、その近代経済の揺籃の時期にも、その後の体質の変化と軍事的エキスパンションの時期にも、第一次大戦中から大正末期へかけての「大正デモクラシー」の時期においても、さらに満洲事変・日華事変、そして、その後の太平洋戦争下の苛烈な思想統制の時期においても、そしてさらに、第二次大戦後における新憲法と思想や運動の「自由」の時期においても、依然としてスミスは研究され、スミスの『国富論』は翻訳され続けてきた。まことに日本人のスミスにたいする熱意と愛好の心は深く強かったと言わなければならないし、今日においても、その点は少しも変ってはいない。

二

わが国における『国富論』の邦訳史は明治三年まで遡ることができるが、それらは、主としてスミスの分業にかんする部分の紹介・抄訳であった。『国富論』の全訳に初めて着手したのは、けだし石川暎作であろう。沼津兵学校が教科書に用いた英文の小冊子が明治三年五月、小幡篤次郎によって『生産道案内』として翻訳されたが、その巻下「骨折を分つ事」（分業の意）の章は、わが国における『国富論』最初の部分訳である。けれども、『国富論』の全訳が初めて企てられたのは石川暎作によってであったと言ってよかろう。石川の訳は、明治十五年四月にその第一巻を刊行した「東京経済学講習会講義録」に『富

国論　原名「ウエルス、オフ、ネーションス」英国　アダム、スミス氏著　日本　尺振八閲　日本　石川暎作訳』として連載され始めた。この「講義録」は、田口卯吉（鼎軒）の主宰した「東京経済学講習会」が企画したものであり、おもに会員の翻訳した外国古典書を毎月刊行された講義録に分載して会員に配布したものであり、明治十六年十二月、第二十一巻まで刊行された一種の通信教育のごときものであり、好評を博したらしいが、石川は、同会の出版委員として刻苦して『国富論』——石川の訳名では『冨国論』——の訳業にあたったが、「講義録」に訳載されたのは『国富論』第一篇のごく一部のみであり（第一篇第七章「貨物ノ自然価及ヒ市価ヲ論ズ」の終りまで）、その後も石川の努力で訳が進められ、第一篇から第四篇第七章まで訳業が進んだころ、かれは翻訳の労苦のせいか肺を病み、訳業半ばにして死去した。『冨国論』の残りの部分は、嵯峨正作が引き継いだ。石川の訳稿は「講義録」第一巻から掲載され、最後の第二十一巻まで断続して続けられた（第一～六、八、十、十三、十五、二十一巻）が、その後『冨国論』十二冊の分冊本として刊行されることになり、続いて第一冊～第四冊は明治十七年六月に、『英国　亜当斯密氏著　日本　尺振八先生閲　同　石川暎作訳　冨国論　第一巻』が合本として刊行され、第五冊～第八冊は同十八年五月に、『英国　アダム、スミス氏著　日本　石川暎作訳　冨国論　第二巻』として世に出た。第九冊～第十二冊までは明治二十一年四月、『英国　アダム、スミス氏著　日本　石川暎作　嵯峨正作分訳　冨国論　第三巻』として刊行された。第一巻はA5

判、本文七五四ページ、第二巻は同七八七ページ、第三巻は同九七〇ページで、刊行は経済雑誌社、印刷は秀英舎であった。この三巻は、わが国における『国富論』全訳の最初のものであったが、明治二十五年四月には、上・下二巻にとりまとめられて、再版が刊行された。

ところで、これより先、明治十八年より十九年にかけて、石川は『富国論』の第四篇を訳しつつその重要性を痛感し、この第四篇のみを別に『富国論覧要』と題し、上・下二巻の書物として、田口卯吉の「序」を付して刊行している。刊行の趣旨は「譯者緒言」で明らかである。

「……第四篇ハ則チ前数篇ニ講明スル所ノ原理通法ヲ適用シテ悉サニ商制ノ謬妄ヲ排駁弁明スルモノニシテ社会ノ殷富ヲ進ムルノ要道ハ干渉保護ノ策ニ非ラスシテ自由交易ニ在ルノ理ヲ審カニス　実ニ全書ノ骨子ナリ　余訳ヲ追フテ此篇ニ及ビ私カニ以為ラク全書五篇ヲ通読シテ能ク之ヲ翫味スルニ非ラサレハ悉サニ富国論ノ大旨ニ通スルコト能ハスト雖モ其ノ当世ヲ益スルノ大ナル復タ此篇ノ右ニ出ツルモノナシ　能ク此篇ヲ熟読翫味スルニ於テハ全書ヲ通読セサルモ以テ保護政策ノ非ヲ悟リテ自由交易ノ社会ニ大利アルヲ知ルニ足レリ　惟フニ全書ノ鴻瀚ナル或ハ購読ニ不便ナルノ憾ナキニアラス　今マ此篇ヲ抜萃シテ之ヲ公ニシ以テ購読ニ便ナラシメバ其世益ヲ為スコト蓋シ少ナカラサル可シ」――最初の『国富論』全訳の社会的背景を物語ってあますところがない。

三

その後二十年余を経て、三上正毅訳述『富国論』が世に出るが、その間には、日清戦争および日露戦争を経て日本の軍国主義的エキスパンションが進み、これに応じて国内産業や対外経済関係も大きく変転するのであるから、明治初期のような自由貿易論がそのまま当てはまるような情勢ではなくなり、むしろヨーロッパ大陸、とりわけドイツの歴史学派的な保護貿易主義や国内経済の統制主義、思想としての国家主義が、スミスに代って世論に影響を与えていたから、スミスにたいする評価も、おのずから冷静なものになってきていることは当然であろう。明治初年、アダム・スミスの完訳を促した日本経済の事情は、この数十年間でおおいに変化し、スミスの『国富論』は、むしろ学術書として大学で読まれていたことは、慶応義塾や東京帝国大学の場合をみればあきらかである。

三上正毅訳述『アダム・スミス　富国論』は、大隈重信の「序」を付して明治四十三年七月刊行されている。A５判三六七ページであり、底本はアシュリー教授の要約した*Select chapters and passages from the Wealth of Nations,* 1895 に拠ったものであるから、『国富論』中の理論的部分のみを全篇にわたって抜萃(ばっすい)したものであり、要約ではない。当時、大学などでは、このアシュリー版は広く読まれていたので、三上正毅の訳文が刊行されたことも不思議ではないが、全体としては、政策的関心よりもアカデミックな関心がこうした訳述書を生み出したと言ったらよかろう。

ところで、本訳書に付されている大隈重信の「序」は、当時、日本の政治家がスミスをどうみていたかをうかがう手がかりにもなるので引用しておこう。

「……アダム、スミスは当時に於ける経済思想を淘汰して経済学の基礎を確立し十八世紀末より十九世紀に亙り経済学の大宗として理論上及政策上久しく欧米の社会を風靡したるは吾輩の絮説を要せざる可し。爾来時世の進運と社会事情の差異とは自ら学説の変遷を誘致し夫の独逸に於て発展せる国民的及史的経済思想の如きアダム、スミスの学風に反抗して興起し其系統全く相容れざるが如き観なきに非ずと雖も若し仔細に之を検覈すれば独逸に於ける経済学の組織も精粗の差こそあれ其淵源に至てはアダム、スミスに負ふ所少からざるは蓋し識者の首肯する所なるべきを疑はず。我邦に於てもアダム、スミスの学風が維新以降経済思想の発展に大に与て力あるは何人も認識する所なるべし。勿論アダム、スミスの時代と今日とは社会の事情全く相同しからず。経済学説も亦幾多の変遷を免れず。必ずしも個人的自由放任の主義を以て金科玉条視すること能はずと雖も富国論が今日も尚ほ経済学界に於ける光輝ある古典として健全なる感化と貴重なる暗示を与へ読者をして大に啓発する所あらしむべきは疑を容れざるなり」。アダム・スミスないし「自由交易」の「大利」にたいする態度の変化が、ここにみられるだろう。

四

その後、約十五年、大正十二年はスミスの生誕二百年に当っている。英本国はもちろん、日本では、慶応義塾、東京帝国大学、京都帝国大学、東京高等商業学校（一橋大学）などが、それぞれ記念の集会を行ない、スミスの学説を中心とする講演やスミスの著書の展示があり、いずれも盛大な催しであった。これに先立って、大正三年、永雄策郎訳『富国論』（「アカギ叢書」第九八篇）が刊行され広く読まれたようだが、これは抜萃訳であった。『国富論』の全訳としては、竹内謙二訳『全訳　富国論』（全三巻、大正十～十二年）があり、また、気賀勘重訳『アダム・スミス　国富論』が「経済学古典叢書」の一冊として大正十五年に刊行されたが、文章体の気賀勘重の好訳は、残念ながら上巻のみで、下巻はついに刊行されないままに訳者が逝去した。また、大正十四年には神永文三の部分訳『富国論』があるが、石川暎作以後の全訳としては、右の竹内謙二訳があるのみである。大正後半期に相次いでスミスの主著の訳出がみられたことは、一つには、大正十二年がスミスの生誕二百年に当るという事情もあったろうが、それだけのことではない。いやむしろ、この二百年祭そのものが、ほかならぬ日本で、しかも学界をあげて盛大な行事が行なわれたことについては、第一次大戦後における世界情勢の大きな変化、日本国内における戦後不況の襲来、それと結びついて「大日本帝国」の帝国主義的エキスパンションの停止、これに代って個人の自由と社会福祉とが新しい時代を象徴するかに思われたという事実、そしてさらに、日本における労働問題や社会主義運動の盛りあがり、またマルクス主義思想や社会主義文献の海外からの洪水のような流入、こうした事情や事態の急変が、おのずから『国富論』へと、またもや人々の眼を向けさせたということであろう。この場合には、人々は、もっぱらスミスの学問的研究のなかから、スミスの進歩的要素とかれの「社会的」関心をとり出そうとした点に特徴があったと言える。

ところで、竹内謙二訳『富国論』は、一九二〇年刊行のキャナン版（第二版、初版は一九〇四年）に拠っているから、スミスの原版第五版を底本としたことになる。訳者はキャナンの許諾を得て訳業を完成しているが、キャナンの付した頭注＝「小見出し」と数多い脚注はすべてこれを除いており、ただ、キャナンの比較的長文の序文だけを訳出している。この全三巻の題名を『富国論』としたのは、「本書が我国にて一般にはかく称せらるるに従ふ也。『諸国民の富』『国富論』とも名づくる者あり」と断わっている――「初版例言」より。その後竹内博士は、キャナン版の頭注を付し、脚注の一部を省略したものを、大正十四年七月に、同じ書肆有斐閣から、「改訂増補再版」（以下「改訂版」と略す）として『全訳国富論』と改称、その第一巻を刊行している。これは、キャナンの「序文」および原書第一篇および第二篇を含んでいる。たまたま旧版の第三巻が刊行された大正十二年八月十日の直後、関東大震火災のため紙型が焼失した機会に、著者は全体を改めて訳し直す計画をたて、それが大正十四年の改訂版『国富論』第一巻として上梓されることになったのである。けれども、関東震災後の出版界の事情の急変で、相当に豪華かつ高価なこの版の第二巻を刊行することが事実上不可能になったので、それに代って新版を上・中・下三巻の廉価本とし、改めて改造社から――「改造文庫」――昭和六年以降、逐次刊行されることになった。改訂版の第一巻の定価が十円であったのにたいし、「改造文庫」版は定価八十銭であった。これについて訳者竹内博士は、その「例言」でこう述べている。

「……初版〔全三巻〕は、私が会社生活の余業である。不備の点に満ちて居た。幸にしてかの震災に因る紙型の全滅は、改訳の好機を与へた。大正十四年七月第一巻の全訂再版が出た。二ケ年の滞仏、円本の洪水、之に依る書価標準の大暴落、それが為めに、今に到るまで従来の形態に於ける高価版を出すを得なかった。有斐閣は今回快く廉価版の発行に同意され、茲に、多大の改訂を加へて、新版〔「改造文庫」として〕世に送ることになったのである」。したがって大正十四年に書肆有斐閣から改訂版の『国富論』第一巻として刊行されたものは、第一巻をもって終り、これに続く第二巻その他は刊行されることなく、数年をへだてて「改造文庫」版の廉価な上・中・下三巻として世に出たことになる。

大正十四年に竹内訳改訂版第一巻が上梓された翌年、上述したごとく気賀勘重訳『国富論』上巻が「経済学古典叢書」の一冊として岩波書店から刊行されたが、これは「国富論解題」、「アダム・スミスの生涯」――いずれも高橋誠一郎執筆――を加えてA5判八一〇ページの大冊である。本訳は上巻のみであるが、これは、高橋博士の論稿を除いて、そのまま昭和二年、「岩波文庫」に再録された。その後、昭和三年には、青野季吉訳『国富論』が原版第九版によって全訳され、上・下二巻で刊行された。下巻は昭和四年で、いずれも「世界大思想全集」（春秋社、第十一〜十二巻）に収められている。本書は当時の廉価版全集ブームに乗って刊行されたものであり、相当広く流布されたものと想像される。ちなみに本訳書は、昭和八年、「春秋文庫」に全四冊の形で収められ、竹内訳『国富論』が「改造文庫」に収められて広く流布していったのに対応している。いずれにせよ、このような廉価版の普及は、『国富論』のような厖大な専門書が、ようやく広範な読者層のなかに根をおろしていったことを物語っている。もっとも、アダム・スミスの経済思想がどれほど広く理解されるようになったかは疑問であるが、少なくとも『国富論』というものが、一部の専門研究者の間だけの関心事でなくなったことは明らかである。とりわけ、大正末年から昭和初期へかけての長い不況と恐慌、世界恐慌・金融恐慌のなかで、マルクスや『資本論』が人々の関心を強くひき、マルクス主義が日本の思想界に巨大な影響をもちはじめたのと同様な意味において、マルクスの名と並んでスミスの名が、『資本論』と並んで『国富論』が、一般的な関心を高めつつあったことは確かである。

ところで、このような情勢と雰囲気のなかで、竹内謙二訳『国富論』は、「改造文庫」

版——上・中巻は昭和六年、下巻は昭和八年——として刊行され、『国富論』はようやく広く安定した読者層を獲得していったようにみえる。その後、昭和十五年、大内兵衛訳の『国富論』の第一冊が岩波書店から「岩波文庫」の一冊として刊行された。爾後『国富論』はこの訳書を中心に戦後の今日に至るまで、名称を変えながら長く、広く、読書界に寄与するところがあった。この訳は、キャナン版——これは『国富論』第五版（スミスの生前最終版）——を底本としたものであり、したがってキャナンの「脚注」、頭注＝「小見出し」、「序文」、「索引」等をすべて訳出したものであり、その点で、キャナン版そのものが入手しがたい今日、読者にとっては至極重宝な翻訳書だということになる。

五

上述したごとく、大内兵衛訳は昭和十五年九月に「岩波文庫」版として刊行されたが、それはキャナン版を底本としたものであり、書名も『国富論』とある。これについて訳者は、その「訳者序」で次のように述べている。「書名は、正しくは、『国民の富の性質及び原因に関する研究』と言ふべきであるが、わが国の学界において、すでに『国富論』といふ略称が相当広く通用してゐるやうに思ふので、私もそれに従った。この他に『富国論』『諸国民の富』といふ略称も行はれてゐるが、『国富論』に比して特に優ってゐるとも思はれない」。大内兵衛訳の『国富論』は「岩波文庫」として五冊に収められ、第一冊に続いて、第二冊が昭和十六年、第三冊が昭和十七年、第四冊が昭和十八年に刊行され、最後の第五冊は『国富論』第五篇第三章の「公債論」と「索引」とを収め、訳者長文の「解題」を付して昭和十九年に公刊されている。太平洋戦争も末期のこととて、紙質も落ち、戦時下の情勢がとみに厳しくなっていたことを物語っているが、多くの読者にとっては、大内訳が完結刊行されたことは、大内訳の名調子と相俟って、おおきなよろこびであったことは否定できない。戦時下の訳者は、執筆活動も不自由な環境の下にあって、『国富論』の訳業に全エネルギーをそそぎ込んだものと思われる。爾来長く、戦後にかけて、大内訳「岩波文庫」版『国富論』五冊は、広範な読者層を獲得することになった。

ところで、戦後の昭和三十四年になって大内訳の改訳版が同じ「岩波文庫」（全五冊）で刊行され、昭和四十一年に完結し、訳名も『諸国民の富』に変り、訳者は大内兵衛・松川七郎共訳という形になった。「訳者はしがき」のなかで、訳者の一人、大内兵衛博士は、以下のような事情を述べている。「岩波文庫版の旧版『国富論』の第一分冊は一九四〇年（昭和十五年）九月に出た。そしてその最終の第五分冊が出たのは一九四四年十一月であった。この邦訳本が在来の訳本に比してとくにすぐれているというほどの自信もなかったが、あれからほぼ十五年、この訳書はかなり多数の読者をもった。これは、戦後、経済学の研究学習が急にさかんになって、スミスの意義が認められたからであるが、この訳書が岩波文庫本であったということにもよったのであろう。そのうちに、この文庫の紙型もすり切れたし、訳文もふるくさくなったし、かなづかいも旧式となったしするので、これを訳し直すことが、私の義務であるように思っていた。そのことを岩波書店もつよく希望した。しかし私は多忙であったので、私の友人の松川七郎君を訳者として岩波書店に推し、その訳を一任しようとした。同君は、私と共同ならということで、それを引きうけてくれ、相当の苦心を払って訳業をすすめた。約束では、松川君の訳稿に私が朱筆をいれるはずであったが、それをよんで見て、その余地がないことを知った。それで、この訳業はすべて同君の仕事である。ただ、これまでの因縁もあり、書店の希望もあって、共訳者として私の名は〔つらねて〕もらうことにした〕。大内兵衛訳から大内・松川共訳への移り変りの経緯はこれで明らかであるが、さらにキャナン版との関係や書名については、次のような説明がある。「旧訳も〈キャナン版〉を土台にしたものであったが、キャナン教授の「序」や「編者の序論」や「脚注」の一部は採録していなかった。しかしこれらは、現在では古典的な価値をもつものであり、原著各版の相違、原著の由来、原著者の思想の系譜などを明らかにするうえに、すくなからず読者の参考になるものと考え、こんどの訳にはそのすべてを収めた。旧訳では書名の略称を『国富論』としておいたが、こんどこれを『諸国民の富』に改めた。これについてはわれわれと書店との間でいろいろ議論をして見たが、いまは日本の学界ではあとの方が通用力をもっているであろうと思い、それに従うことにしたのである」

以上の「改訳の弁」によって、共訳の経過、改訳の動機、書名変更の理由などをうかがうことができるが、その後、昭和四十四年、大内兵衛・松川七郎共訳の『諸国民の富』（「岩波文庫」版全五冊）は、さらに上・下二巻の「上製の机上版」となって読者をよろこばせている。この「机上版」は、改訳文庫版をさらに入念に推敲し手入れが行なわれている。訳業の労苦は、まことに無限のものであることを物語っている。

六

大内兵衛訳『国富論』、大内・松川共訳『諸国民の富』の成立と変遷は以上のごとくであるが、日本人がいかにアダム・スミスの経済書を尊重し、それを真の古典として愛好してやまないかは、この一事をもってもわかるし、さらに一般的に、明治初年以来、同じスミスの『国富論』が何回も異なる訳者の手によって翻訳されている事実によっても想像することができる。これは他の国に類をみない現象だと言ってよかろう。

他方、竹内謙二訳『国富論』は、その後廉価版として慶友社に引きつがれ、さらに保存版として東京大学出版会『国富論』（全三巻、昭和四十四年）として、氏特異の訳風を永く伝えることになった。訳文の考証にたいする執念、氏のごときは稀であろう。さらに遡るが、戦後の昭和二十四年には、堀経夫訳の『国富論』第一巻が春秋社から刊行されている。本書は『国富論』第一篇の第十章までを訳出して一巻としているが、第二巻以降は刊行されていない。底本は第五版であるが、キャナンの頭注＝「小見出し」や「脚注」を採用せず、大道安次郎教授と協同で、訳者独自の長文の訳者注を各章に付した点で特徴がみられる。第二巻以降が刊行されないで終っているのは残念であるが、キャナン注に拠らず、別に学説史の立場での「訳注」を付した点は、われわれの方針に近いものがある。

下って昭和四十年には、『国富論』初版（一七七六年）を底本として水田洋教授の苦心の二巻本（「世界の大思想」第十四〜十五巻）が河出書房から刊行されている。初版を底本にした点に特徴があり、他の訳本が、いずれも第五版のキャナン版を底本としているのと異なっており、生前の最初の版と最後の版（第五版）、一七七六〜八九年の差異を比較するのにきわめて便利であるばかりでなく、訳者自らの各版の異同についての「解題」が付されているから、その点、一般の読者にとってのみならず、専門のスミス研究者にとっても、裨益（ひえき）するところが大きい。

また昭和四十三年には、『国富論』が「世界の名著」（第三十一巻、大河内一男編、中央公論社）の一冊として上梓されているが、これはキャナン版によって訳出されているものの全訳ではなく、重要箇所と思われる所のみを訳出して一巻に収め、他は数名の訳者がそれぞれ分担して要約したものを挿入して、部分訳の欠を補おうとしたものである。キャナンの頭注＝「小見出し」ならびに「脚注」に従わず、訳者独自の「小見出し」をそれに代え、かつ堀経夫訳と同様、随所に「訳注」を付し、また多数の図版を挿入し、「索引」も訳者が作成したものが付されている。また、巻頭の長文の「アダム・スミスと『国富論』」（大河内一男執筆）は、『国富論』の思想史的意義や背景を理解する意味で読者に役だつものと考えられる。

アダム・スミス年譜

田添京二編

凡例

一　「社会・政治・経済などの動向」は、大ブリテン、その植民地、フランスを中心とし、この順序に関係項目を配列するのを原則とした。

一　『国富論』本文中に現われる事件については、かならずしも重要事件でなくとも、この「年譜」に収録した場合がある。

一　一連の事件については、同一年内でも、その発生順に配列するよう努めた。

一　「思想・研究・著作などの動向」では、原則として、イングランド、スコットランドおよびフランスに、ほぼ限定した。

一　特に重要と思われる事項はゴチックで示した。

西暦 年齢	スミスの生涯	社会・政治・経済などの動向	思想・研究・著作などの動向
一七二三 享保八年 第八代将	アダム・スミスは、**六月五日**（ただし洗礼日。誕生は四月末か）、スコッ	ハノーヴァー朝ジョージ一世（在位一七一四～二七）の治世。 ウォールポウル内閣の長期支配	

軍徳川吉宗の治世

一七二四 一歳

一七二五 二歳

トランド東岸、フォース湾をはさんでエディンバラと向い合う**カコーディに生れた**。父のアダムはカコーディの税関吏で、かれの生れる前に亡くなった。母のマーガレットはアダムの後妻で、同じファイフ州ストラセンリの名門の郷士ダグラス家の出。

（一七二一～四二）が始まった時代で、一七二〇年の「南海の泡沫」事件の余波による社会的混乱期。

スコットランドでは、イングランドとの**合邦**（一七〇七）の影響が浸透し、毛織物製造業が壊滅的打撃を受けるなどのマイナスが目立ったが、イングランドの経済的・軍事的傘の下に入ったプラスもかすかに現われ始めた。

スコットランドで「農業知識改良者協会」創立、イングランド式農法導入を唱える。

インド、ムガール帝国の衰退と混乱顕著となる。

グラスゴウで、麦芽税の引上げをきっかけにして、反イングランド運動の性格をもつ「ショウ

デフォー『大ブリテン全島旅行記』（～二七）

後にスミスの恩師となるハチエスン『美と徳の観念の起源にかんする研

		フィールド暴動」起る。	究』（匿名）
一七二六 三歳	ストラセンリのダグラス家の城の近くでさらわれたが、危うく助けられる。	スコットランドだけで、万をもって数える乞食、浮浪者がいたという。	デフォー『イングランド商人の鑑』（～二七） スウィフト『ガリヴァー旅行記』
一七二七 四歳		王立スコットランド銀行設立。 スコットランド「製造業委員会」発足し、亜麻布製造を振興。スコットランド（低地地方）にもようやく産業発展の胎動始まる。 **ジョージ二世即位**（在位～六〇）。	
一七二八 五歳			デフォー『イングランド経済の構図』 チェンバーズ『百科辞典』
一七二九 六歳		大ブリテン・フランス・スペイン間のセヴィリア条約により、大ブリテンはジブラルタルを領	

年	事項	社会・経済	学術・文化
		有。	
一七三〇 七歳	おそらく、この年、カコーディの町立学校（グラマ・スクール）に入学。読書力、記憶力に優れていたが、病身で、放心癖と独語癖がすでに現われていた。	ウェズリーらのメソディスト運動始まる。 タウンゼンドの輪作経営＝ノーフォーク農法始まる。 このころから、イングランドでエンクロージャー激化、農業革命進行。 大ブリテンの人口は七〇〇万程度で、一七二〇～四〇年代を通して停滞的だった。	
一七三一 八歳		タルの農法がスコットランドに導入された。 列挙商品の例外規定として、本国以外への輸出を認められた。植民地産砂糖が、 スウェーデン東インド会社を設立（～一八一三）。	タル『馬耨農法』 月刊誌『ジェントルマンズ・マガジン』創刊。
一七三二 九歳		アメリカのイングランド植民地、一三州となる。 「帽子条例」制定。	ポープ『人間論』（～三四）

一七三三 一〇歳		捕鯨トン数奨励金制定、「糖蜜条例」制定。ケイ、フライ・シャトル（飛杼）発明。ポーランド継承戦争（～三五）。	ヴォルテール『哲学書簡（イギリス便り）』
一七三四 一一歳		ロシアとの通商条約締結（～八六）。	ヴァンダーリント『貨幣万能』 モンテスキュー『ローマ人盛衰原因論』 バークリー『問いただす人』
一七三五 一二歳			リンネ『自然の体系』 「エディンバラ技術・科学・農業奨励協会」設立。
一七三六 一三歳		密輸犯の処刑にからみ、エディンバラで、「ポーティアス暴動」起る。 ポウル＝ワイアットがローラー紡績機を発明（一七三八年、特	

年・年齢	事項	社会	文化
一七三七 一四歳	秋の学年初め、**グラスゴウ大学入学**（～四〇）。自由な学風のもとで、道徳哲学のハチェスン、数学のシムスンら最高の頭脳に教えを受け、深く影響される。教会の長老会は、ハチェスンの講義がウェストミンスター信仰告白に反すると非難し、学生のあいだにハチェスン擁護運動起る。	許）。 このころから、イングランドに有料道路建設気運高まる。	リンネ『植物の属』
一七三八 一五歳		このころから四〇年代にかけて、イングランドの下層階級のあいだにジンの飲用がさかんになりその弊害ははなはだし。	

一七三九 一六歳		ウェズリー、辻説法を始め、メソディスト運動本格化。 「ジェンキンズの耳」事件をきっかけに、スペインとの戦争始まる（～四八）。	**ヒューム『人性論』**（～四〇、匿名） エディンバラで「哲学協会」創立。
一七四〇 一七歳	**グラスゴウ大学卒業**、マスター・オヴ・アーツの学位を得る。スネル奨学金による給費生として、七月、**オックスフォード大学ベイリオル・カレッジへ入学（～四六年八月）**。大学は沈滞の極にあり、おもに古典、近代文学を自学自修する。持病のめまいに悩まされる。	プロシャ、フリードリッヒ二世（大王）即位（～八六）。オーストリア、マリア・テレジア即位（～八〇）。オーストリア継承戦争起り、大ブリテンはオーストリアを支援。対スペイン戦争とからむ。 インドのベンガル独立。 ハンツマン、このころ坩堝製鋼法に成功。 金属加工用工作機械が出現し始める。	リチャードソン『パミラ』（～四一）
一七四一 一八歳		大ブリテン軍、スペイン領カルタヘナを攻略し、カリブ海域を制圧。	ヒューム『道徳政治論集』（～四二）

一七四二 一九歳		ポウル＝ワイアット機を用いた最初の紡績工場、馬を動力として稼動開始。ウォールポウル内閣倒れ、植民地獲得と勢力伸長のための公然たる戦争の時代へ。	フィールディング『ジョゼフ・アンドルーズ』
一七四三 二〇歳		アメリカとインドで英仏交戦。デュプレークス、フランス領インド総督となる。ペラム内閣成立（～五四）。デッティンゲンの戦いでフランス軍を破る。	
一七四四 二一歳	他のスコットランド出身給費生とともに、グラスゴウ大学評議会にたいしてベイリオルでの学生生活改善を訴える。バチェラー・オヴ・アーツの学位を得る。	アメリカ、インドにおけるフランスとの戦闘激化（いわゆる「ジョージ王戦争」、～四八。とくにインドにおけるそれは、第一次「カルナーティク戦争」とよばれる）。クライヴ、東インド会社書記と	デッカー『外国貿易衰退の諸原因にかんする試論』（匿名）

年			
		してインドに入る。	
一七四五 二二歳 延享二年 徳川家重第九代将軍となる	オックスフォード大学はジャコバイト支持だったが、スミスは批判的だったと思われる。 このころ、無神論者と目されていたヒューム『人性論』を読んでいて監督者に見つかり、叱責される。	フランス、リヨンの職工暴動。 名誉革命で王位を追われたステュアート朝の復興をめざして、「若き僭王」チャールズ・エドワードがスコットランドに上陸、**ジャコバイトの乱起る**。一二月、中部イングランドのダービーまで進撃。銀行取付起り、ロンドン混乱。 フランス、ポンパドゥール夫人の政治干与（～六四）。	ホガースの版画集『当世風の結婚』
一七四六 二三歳	八月、六年ぶりに郷里に向けて出発。そのままオックスフォードには戻らず、中途退学。	四月、カロードン湿原の戦いでジャコバイト軍敗北。チャールズはフランスに脱出、ハイランドはイングランド軍の戒厳令下に置かれる。 ローバック、硫酸製造法を完成。 スコットランドに大ブリテン亜麻布会社設立。	恩師ハチェスン死去。

一七四七 二四歳		アメリカ植民地義勇軍、カナダ遠征。 インドのフランス軍、マドラスを占領（〜四八）。	リチャードソン『クラリッサ・ハーロー』（〜四八） ホガースの版画集『勤勉と怠惰』 J・スミス『農村商業史――羊毛論回想』
一七四八 二五歳	帰郷以後、この年の秋まで、母と暮しつつ勉学に専念。おそらくこのころ、『天文学史』を執筆。また「ジャコバイトの桂冠詩人」と称された亡命中のハミルトンの詩集を編集、「序文」を匿名で書いて刊行。秋に、エディ	エクス・ラ・シャペル（アーヘン）条約により**オーストリア継承戦争終る**。 オハイオ会社設立、フランスとの新たな紛争の芽となる。 アメリカ植民地産藍の輸入に奨励金付与。	ヒューム『人間悟性にかんする哲学論集』 **モンテスキュー『法の精神』** ラ・メトリー『人間機械論』 フランス啓蒙思想家たちが、このころから、アンシャン・レジームにたい

年	事項	スコットランド・イギリス	世界
	ンバラに移り、その冬から翌年にかけての冬学期、文学にかんする連続公開講義を行ない好評を得る。		する批判的姿勢を明らかにし始める。
一七四九 二六歳	スネル奨学金を辞退。この冬にも、文学にかんする公開講義を行なう（この年から五一年にかけて行なわれた講義ノートの一部は、スコット『学生および教授としてのアダム・スミス』一九三七年、に収録。紛失を伝えられたノート後半部は近年再発見されたが、未公刊）。	ダービー父子によるコークス製銑法が、このころからようやく普及し始める。大ブリテンの人口が増加し始め、世紀半ばに七四〇万と推定されている。	ボーリングブルック『愛国王の観念』フィールディング『トム・ジョーンズ』ビュフォン『博物誌』（〜一八〇四）月刊批評誌『マンスリー・レヴュー』発刊。
一七五〇 二七歳	この冬の公開講義は法学。この年、または翌年ごろ、終生の友、ヒュームとあ	第一グラスゴウ銀行創設。世紀半ばから、スコットランドは、農業の改良、商工業の発展、	ジョンソンの雑誌『ランブラー』発刊（〜五二）。ルソー『学芸論』

い知る。

アメリカ貿易の拡大などがいちじるしく、文運隆盛、発展期に入る。逆にイングランドは経済的にも文化的にも頭打ちになる。職人の海外渡航禁止を強化。鰊漁業トン数奨励金設定。鰊漁業を目的に「大ブリテン漁業協会」設立。「植民地製造業禁止法」公布、「鉄条例」で植民地の鉄加工禁止。インドでフランス軍と交戦（第二次カルナーティク戦争、～五四）。

ガリアニ『貨幣について』

一七五一
二八歳

一月、母校**グラスゴウ大学の論理学教授に任命**され、就任講演「観念の起源」をラテン語で行なう。一〇月の学期初め、大学官舎に移り母および従姉ジェイン・ダグラスといっしょに暮す。

ジン飲用の制限が定められる。
苛性カリなど石鹸原料輸入に奨励金付与。
「通貨条例」を定め、ニュー・イングランドでの支払証券発行を禁止。

ヒューム『道徳原理の研究』
ポスルスウェイト『貿易商業大辞典』（～五五）
ディドロ、ダランベールの『**百科全書**』の刊行開始（～七二）。
ヴォルテール『ルイ十四

年	生涯	歴史	文化
	担当教授病気のため、道徳哲学をも開講。		世の世紀』 ホガースの版画「ジン横丁」「ビール街」
一七五二 二九歳	担当教授死亡のため、**道徳哲学教授に転ずる**。後年、この講義のうち一七六二年ごろ行なわれた「法学」の部分は、キャナンが発見した学生の筆記ノートにより校訂出版された（『グラスゴウ大学講義』一八九六年）。論理学教授にヒュームを推そうとして果さず。グラスゴウ「文学協会」創立され会員となる。エディンバラ「哲学協会」復活、会員に推される。	本国、植民地でグレゴリオ暦を採用。	**ヒューム『政治経済論集』**
一七五三 三〇歳	「文学協会」でヒュームの『政治経済論集』所収	大英博物館創設（開館は五九年）。	ウォーレス『古代と近代の人口』（ヒュームらと

年	事項	歴史	文献
	の「商業について」にかんする報告を行なう。	クライヴ、本国に帰る。 スコットランドのハイランド開発のため、亜麻布製造を振興する。 フランス政府、パリ高等法院を弾圧。フランス財政破産に瀕す。 オランダ東インド会社、ジャワ島を領有。	の「人口論争」に発展）
一七五四 三一歳	積極的に活動して、エディンバラに「セレクト（選良）協会」創立。	ペラム首相死去、兄のニューカースル公組閣。 デュプレークス、フランス本国に召喚。	**ヒューム『イングランド史』**（～六二）
一七五五 三二歳	友人たちと『エディンバラ・レヴュー』誌を創刊し、ジョンソンの『英語辞典』を書評する（匿名）。	大ピット、国務大臣となる（～五七、五七～六一）。 アメリカ植民地境界交渉決裂し、英仏交戦（「七年戦争」につながる）。 リスボン大地震、死者三万という。	ジョンソン『英語辞典』 ハチェスン『道徳哲学体系』 タッカー『商業綱要』 **カンティヨン『商業の本質』** **ルソー『人間不平等起源**

一七五六
三三歳

七月、『エディンバラ・レヴュー』第二号に「編集者への手紙」の形で、ヨーロッパ学芸の現状にかんする学界展望を寄稿（匿名）。雑誌は、宗教界の風当りが強く、この号で廃刊。


いわゆる「文明社会の危機」感強まる。

大ピット、首相となり、初期帝国主義戦争と称される「**七年戦争**」（大ブリテン・プロシャ対フランス・オーストリア・ロシア・スウェーデンなど。～六三）**始まる**。

カルカッタでベンガル副王による英人虐殺事件起る（「黒穴事件」）。

フランス軍、ミノルカ島占領。

論』
ミラボー『人間の友、一名、人口論』（実際の刊行は五七。～六〇）
スモレット編集『クリティカル・レヴュー』、ジョンソン編集『リテラリー・マガジン』創刊。

一七五七
三四歳

インドのプラッシイの戦いで、クライヴはベンガル王とフランスの連合軍を破り、インドにおける大ブリテンの優位を確立。

サンキ・ブルック運河完成（運河の嚆矢）。

ダミアンのルイ十五世暗殺未遂事件起る。

ハリス『貨幣・鋳貨論』（～五八）
バーク『崇高および美の観念の起源』

一七五八 三五歳	大学の出納官となる（〜六四）。 大学内にワットの仕事場を与える。	ショアズール公、フランス外相となる。 インドで、第三次「カルナーティク戦争」始まる（〜六三）。 クライヴ、初代ベンガル総督に就任（〜六〇）。	**ケネー『経済表』（原表）**
一七五九 三六歳	四月、「道徳哲学」の講義の一部、倫理学の部分をとりまとめ、**出版**、**『道徳情操論』**としておおいに好評を得る。 フランクリンとエディンバラで会見。 この年の夏、有力政治家タウンゼンドと会い、かれの義理の子バックルー公の私教師となる約束をしたらしい。	キベロン湾海戦でフランス艦隊を壊滅させカナダではケベックを占領。 大英博物館、開館。 カーロン会社設立され、スコットランドに重工業おこる。	ロバートソン『スコットランド史』 『アニュアル・レジスター』誌創刊。 ヴォルテール『カンディード』

一七六〇 三七歳 宝暦十年 徳川家治第十代将軍となる	人文学部長となる（〜六二）。	「愛国王」とよばれ、親政の意向が強かった**ジョージ三世即位**（〜一八二〇）。ピット、首相をやめる。反動化の風潮強まる。スミートン、送風シリンダを発明し、大型溶鉱炉の建設を可能にする。	スターン『トリストラム・シャンディ』 フランクリン『大ブリテンの利益の考察』
一七六一 三八歳	『道徳情操論』第二版。校務で、初めてロンドンに行く。この時、ジョンソンと会見。	クライヴ、本国に帰る。ブリッジウォーター運河の一部ワースリ＝マンチェスター間開通。運河熱高まる。本国の重商主義的貿易統制と課税強化のため、アメリカ植民地との間に係争起る。ボストンの商人、税関の監検令書を拒否。クエイカー宗徒、奴隷貿易反対運動を開始。ボンディシェリを占領、インドにおけるフランスの軍事行動終る。	ルソー『新エロイーズ』

一七六二 三九歳	副学長となり（〜六三）、出納官、学部長の三つを兼ねる。大学から法学博士の学位を与えられる。この年から翌年にかけて開講された「修辞学および文学」の講義を筆記した学生のノートが、一九六一年に発見され、ロージアンの手で六三年に公刊された。スコットランド国民軍創設運動のためにエディンバラに設立された「ポーカー・クラブ」に参加。	ジョージ三世の寵臣、スコットランド出身のビュートが組閣（〜六三）。 フランス、トゥールーズの商人カラスの事件起り、ヴォルテールがカラスのため再審請求に立つ。 ロシア、啓蒙絶対君主エカテリーナ二世即位（〜九六）。	ゴールドスミス『世界市民』 **ルソー『社会契約論』『エミール』**
一七六三 四〇歳	『国富論』の初期の草稿と思われる一論文を執筆、タウンゼンドに送る（スコットが一九三五年に発見し、その著『学生およ	スモール犂が発明され、スコットランド農耕の改良に貢献。 **パリ条約**で「**七年戦争**」**終り**、大ブリテンはミシシッピ河以東のアメリカ植民地全域を獲得。	ミラボー『農業哲学』（〜六四） **ケネー『経済表』（略表）**

年	事項	一般事項	文化
	び教授としてのアダム・スミス』、一九三七年、に収録)。秋に、タウンゼンドから、バックルー公の外遊に私教師として付添うとの約束を果すよう求められ、承諾する。	その防備統治のため、植民地へ直接課税。植民地に母国離れの気運高まる。商業恐慌起る。ウィルクス、議会で国王を批判、翌年、議会を追われる。ペンシルヴァニアで先住民を虐殺。インドでは、ベンガル人による英人虐殺事件（「パトナ事件」）起る。	
一七六四 四一歳	年初、ロンドンでバックルー公と落ちあい、**フランスに渡る**（〜六六）。パリ大学に辞表を提出。パリを経て三月にトゥールーズに行き、ここに一年半滞在。『道徳情操論』の最初のフランス語訳刊行。	このころ、ハーグリーヴズ、ジェニー（多軸）紡績機を発明。六〇年ごろから**産業革命期に入る**。「砂糖条例」「通貨条例」改正公布、アメリカ植民地にたいする本国の圧迫強まり、植民地からの非列挙商品輸出は、本国のほかはフィニステール岬以南に制	ヴォルテール『哲学辞典』 ベッカリーア『犯罪と刑罰』

年	スミスの生涯	事件	著作
一七六五 四二歳	八月、トゥールーズを出発、マルセイユを経てジュネーブに**ヴォルテール**を訪問、暮にパリへ入る。	限される。 植民地では、英貨排斥始まる。 第一次ロッキンガム内閣（〜六六）。 穀物輸出は禁止、輸入が奨励され（一六七〇年以来の「穀物法」の大転換）、一七七二年まで、この措置が続いた。 「印紙条例」制定、北アメリカ九州「権利と自由の宣言」採択。 クライヴ、再びベンガル総督兼総司令官に就任（〜六七）。	ブラックストーン『英法釈義』（〜六九） デュポン・ドゥ・ヌムール編『農業、商業、財政雑誌』（〜六七） ボードー編『市民日誌』（〜六八）
一七六六 四三歳	パリで**ケネー**、**テュルゴー**らフランス思想界の指導者**と交流**。社交界の大歓待を受ける。一〇月、パリをたち、一一月帰国。ロンドンにとどまり、『道徳情操論』第三版の	再審によりカラスの名誉回復。 アメリカ植民地の反対強く、「印紙条例」撤廃。 チャタム（大ピット）内閣成立。 バーミンガムに「ルーナ・ソサエティ」発足、スコットランドとの知的交流の基地となる。	ゴールドスミス『ウェイクフィールドの牧師』 テュルゴー『富の形成と分配とにかんする省察』脱稿（刊行は六九〜七〇）。

一七六七 四四歳	校正と『国富論』のための研究にたずさわる。 五月、ロンドンを発ってカコーディに帰り、以後、『国富論』の準備に没頭。 『道徳情操論』第三版(「言語起源論」が付録として加えられた)。 **王立学会会員に推薦される。**	アメリカ植民地が輸入する商品に課税するいわゆる「タウンゼンド法」制定。 ハイダル・アリーとの第一次「マイソール戦争」始まる(〜六九)。 ブーゲンヴィル、世界一周の試み。	**J・ステュアート**、重商主義的ではあるが、最初の壮大な経済学体系**『政治経済学原理』**刊行。 **ファーガソン『市民社会史』** **ケネー『経済表』の完成形態「範式」発表。** メルシエ・ドゥ・ラ・リヴィエール『政治社会の自然的ならびに本質的秩序』
一七六八 四五歳		ウィルクス、再選され、これにたいする政府の抑圧に抗して暴動起る。チャタム内閣崩壊。 アークライト、ウォーター・フレーム(最初の動力精紡機)発明。ジェニー紡績機破壊運動起	**『エンサイクロペディア・ブリタニカ』**分冊で刊行開始(〜七一)。 プリーストリー『統治の第一原理』 スターン『センティメン

る。

ボストン暴動。本国軍、ボストン到着。「本国製品輸入禁止同盟」成立。

クック、第一次南太平洋探検(〜七一)。

ポーランド問題に端を発し、第一次「露土戦争」始まる(〜七四)。

ショアズール、外相兼陸相に就任(〜七〇)。

タル・ジャーニー』
デュポン・ドゥ・ヌムール編『市民日誌』(〜七二)

一七六九
四六歳

国王の反動政治を批判し、ウィルクスを支持する匿名の「ジュニアスの手紙」、新聞に発表(〜七二)。ウィルクス、再び議会を追われる。

最初の協同組合成立。

ワット、蒸気機関の特許を得る。

インド大飢饉。

ロバートソン『カルル五世史』
ディドロ『ダランベールの夢』
ファーガソン『道徳哲学要綱』

年	事項	歴史的事件	著作
一七七〇 四七歳	このころまでに、『国富論』の下書きはほぼできていたらしい。 エディンバラ市の名誉市民に推される。 『道徳情操論』の最初のドイツ語訳刊行。	ノース内閣成立（～八二）。 茶税以外の「タウンゼンド法」廃止。 ボストンで虐殺事件起り、ボストン市は本国軍の撤退を要求。 フランス皇太子（後のルイ十六世）、マリー・アントワネットと結婚。 フランス東インド会社解散（ショアズール失脚）。	バーク『現在の不満の諸原因』 ドルバック『自然の体系』
一七七一 四八歳		アークライト、機械紡績工場を始める。 パリ高等法院、政府に反対して解散させられる。	ミラー『社会における階級区分』
一七七二 四九歳	東インド会社にたいする、議会の特別監査三人委員会の委員に推されたが、委員会設置案が議会を通らなかったため沙汰やみとなる。	激烈な金融・商業恐慌。特に震源となったスコットランドの諸銀行は連鎖的に倒産。 「穀物法」改正され、取引の自由が大幅に認められる。 クック、第二次探検に出発。	プライス『公債問題について大衆に訴う』 エルヴェシウス『人間論』

	バックルー公その他多くの友人が関係しているエア銀行破産の事後処理に尽力する。	ヘイスティングズ、ベンガル総督就任（〜七三）。東インド会社の経営ゆきづまる。 第一次ポーランド分割（ロシア、プロシャ、オーストリア）。	
一七七三 五〇歳	研究の過労から、はなはだしく健康を害する。 四月、ほぼ完成した『国富論』の原稿を携えてロンドンに向う。衰弱はなはだしく、ヒュームを遺言執行人に指名。 ロンドンで、一七六七年に推薦を受けていた王立学会に正式入会。 以後、ロンドンで『国富論』のための調査研究と推敲にたずさわる。	キャラコ使用禁止を解除。「一般有料道路条例」制定。「穀物法」改正、輸入緩和され、輸出は抑制される。 インド統治制度改革の、いわゆる「ノース条例」成立。インド総督を設け、東インド会社を本国政府の監督下に置く。ヘイスティングズ、インド総督に就任（〜八五）。 ボストンで、ティー・パーティ事件起る。 プロシャ、農奴制廃止。	ドルバック『社会の体系』 ゲーテの革命劇『ゲッツ・フォン・ベルリヒンゲン』（シュトゥルム・ウント・ドラング時代の始まり）

一七七四 五一歳	『道徳情操論』第四版。また、この書の新しいフランス語訳刊行。	金貨改鋳。 クライヴ自殺。 ウィルクス、ロンドン市長となる。また、三度下院に選出される。 ウィルキンソン、中ぐり旋盤を発明。 プリーストリー、酸素を、ブラック、潜熱の現象を発見。 本国のアメリカ植民地弾圧強まり、アメリカ各州の第一回大陸会議が開かれ、「権利宣言」が発表される。 ルイ十六世即位（〜九二）。テュルゴー、蔵相兼海相に就任（〜七六）、穀物の自由取引をはじめ自由主義的改革始まる。凶作のため、フランス各地に暴動起る。	ヤング『政治算術』 タッカー『政治経済四論』 ケイムズ『人類史素描』（匿名） モンボド『言語の起源と発展』（匿名） ゲーテ『若きヴェルテルの悩み』 ケネー死去。
一七七五	ジョンソンの「文学クラ	四月、レキシントン、コンコー	

年	スミス	社会・政治	思想・文化
五二歳	ブ」に入会。	ドで本国軍と植民地義勇軍衝突、アメリカ独立戦争開始。インドでフランス軍と交戦（第一次「マラータ戦争」、～八二）。 フランス、飢饉による暴動各地に起り、テュルゴー、軍隊で鎮圧（「小麦粉戦争」）。	
一七七六 五三歳	三月九日、ついに『**国富論**』刊行、指導的知識人の絶讃を得、半年で初版を売り切る（通説は一〇〇〇部、トッドの考証では五〇〇部）。 四月ごろ、カコーディにもどる。 『国富論』の最初のドイツ語訳（～七八）。	ブリッジウォーター運河（マンチェスター＝リヴァプール間）全通。 ワット式蒸気機関第一号完成。 「アメリカ植民地人の貿易禁止法令」公布。 七月、**アメリカ一三州**、「**独立宣言**」。 クック、第三次太平洋探検（～七九）。 テュルゴー、蔵相を辞任。フランスで、穀物取引の自由、再び禁止される。	**ギボン**『**ローマ帝国衰亡史**』（～八八） ベンサム『統治論断章』 **ペイン**『**コモン・センス**』 プライス『市民的自由の本質』 ヒューム死去。

年	事項	一般事項	著作
一七七七 五四歳	年初、『国富論』再版準備のためロンドンに向う。親友ヒュームの死について前年に書いた手紙が雑誌に掲載され、宗教界から激しい攻撃を受ける。このころから、『国富論』の影響が国家政策にさまざまの形で現われ始める。	グランド・トランク運河開通し、アイルランド海と北海が結ばれる。 フランスのラファイエット、アメリカ軍に加わる。サラトガの戦いで本国軍大敗し、戦局一転する。 第四回大陸会議、「永久連合規約」を可決、「アメリカ合衆国」と称する。 ネッケル、フランス蔵相に就任（～八一）、財政改革を進める。	ロバートソン『アメリカ史』 アンダーソン『穀物法の性質にかんする研究』 ル・トローヌ『社会的秩序について』
一七七八 五五歳	エディンバラに定住し、老母、従姉のジェイン・ダグラス、甥で後継に定めたデイヴィッド・ダグラスとともに暮す。 **スコットランド関税監督官に就任**する（発令は前年一一月ごろと推定され	「旧教徒解放法」成立。窓税を廃止、家屋税、麦芽税を採用（『国富論』の影響と言われる）。 フランス、アメリカ独立を承認、攻守同盟、通商条約を結び、大ブリテンと交戦（～八三）。 アメリカ・オランダ間に通商友好条約成立。	G・ステュアート『ヨーロッパ社会の展望』 ラヴォアジエ『燃焼の理論』 ヴォルテール、ルソー死去。

	る）。「オイスター・クラブ」を結成。このころ、アメリカ問題についての「覚書」を執筆したと思われる。**『国富論』第二版刊行。**『国富論』フランス語訳、雑誌連載（～七九。八一年、合本刊行）。		
一七七九 五六歳	アイルランド問題について、政界有力者から意見を求められる。『国富論』デンマーク語訳。	スコットランドで、ゴードン指導の旧教徒排斥（ノー・ポーパリー）運動起る。アイルランドで、自由貿易要求運動激化。機械破壊のラダイツ運動始まる。クロンプトン、ミュール（走錘）紡績機発明。アイアン・ブリッジ（世界最初の鋳鉄製長大橋）	ヒューム遺稿『自然宗教にかんする対話』

一七八〇 五七歳	『国富論』イタリー語訳。	完成。ニューコメン式蒸気機関が回転原動機となる。 アメリカ・スペインの同盟成立。 スペイン、大ブリテンに宣戦、ジブラルタルの大攻囲戦（〜八二）始まる。 フランスで農奴制廃止令発布。 旧教徒排斥請願から、ロンドンで「ゴードン暴動」荒れ狂う。 アイルランドの「グラタン議会」、自由貿易を要求。政府、これに屈して貿易制限を撤廃。 カートライトの「立憲協会」創立。 大ブリテン、オランダと交戦。 インド、第二次「マイソール戦争」で英仏交戦（〜八四）。	プライス『イングランド人口にかんする一試論』 J・ステュアート死去。
一七八一 五八歳	エディンバラ市警備隊の名誉部隊長に就任。	ネッケル、徴税請負制を廃止。 ワット、太陽・遊星式回転機関発明。	オーグルヴィー『土地所有権論』

年	スミスの生涯	歴史	文化
	『道徳情操論』第五版。	ヨークタウン守備の本国軍、アメリカ軍に降伏、戦局の大勢決まる。 ネッケル辞職、フランス財政の実情を暴露する文書を公表。	タッカー『市民政府論』 カント『純粋理性批判』、シラー『群盗』、ドイツ学芸の黄金時代に入る。 テュルゴー死去。
一七八二 五九歳	『国富論』第三版を大幅に増補訂正するため、主としてイングランドの独占的貿易会社の歴史を研究、草稿を書きあげる。ロンドンに数ヶ月滞在。	下院、アメリカ鎮圧を断念、和平法案通過。 ノース内閣崩壊、第二次ロッキンガム内閣成立（～八三）。アメリカとパリ仮条約を締結（ミノルカ島を放棄）。 アイルランドに独自の議会を認める。 議会で、いわゆる「経済改革」始まる。	ルソー『告白』（～八八）
一七八三 六〇歳	「エディンバラ王立協会」設立のために尽力。	**ヴェルサイユ平和条約締結、アメリカ独立戦争終る。** 小ピット内閣成立（～一八〇一）。 ダンダス、インド法案を議会に提出。フォックスのインド法案	ファーガソン『ローマ共和国の発展と終焉』 ブレア『修辞学・文学講義』

		を否決。奴隷貿易廃止運動起る（一八〇六年、廃止法成立）。大ブリテン、フランスに金融恐慌。コート、攪拌圧延製鋼法を発明（～八四）。	
一七八四 六一歳	大幅の増補訂正を加えた**『国富論』第三版刊行**。同時に、初版、第二版購読者のために、増補訂正分のみを別冊にして（**『増補と訂正』**）出版。母、九〇歳で死去。	ピットの「インド法」成立、東インド会社にたいする本国政府の監督権確立。ピット、密輸防止法案を提出。	ジョンソン死去。
一七八五 六二歳		カートライトが力織機を、ミークルが打穀機を発明。紡績工場で、蒸気機関を動力として用い始める。ヘイスティングズ、帰国。	ペイリー『道徳・政治哲学の原理』

一七八六 六三歳 天明六年徳川家斉第十一代将軍となる	**『国富論』第四版刊行。**この年から翌年にかけて、はなはだしく健康を害する。	フランス人ブランシャール、気球で英仏海峡を横断。大ブリテン・フランス間の通商条約（「イーデン条約」）締結。フランス産業は、かえって沈滞に向う。ピットの減債基金（いわゆる「プライス減債基金」）法案成立。議会で、前インド総督ヘイスティングズ非難の声あがる。ジョージ三世暗殺未遂事件起る。コーンウォリス、インド総督に就任（〜九三）。フランス、「名士会」を翌年開催する旨を布告（旧勢力の組織的反動）。	スコットランドの国民詩人バーンズの『おもにスコットランド方言による詩集』
一七八七 六四歳	四月、ロンドンに出て医師の診察を受ける。出発に先立ち、親友のブラックとハットンを遺言執行	「奴隷貿易廃止協会」設立。ヘイスティングズ、議会で弁明。以後、かれにたいする弾劾審理（〜九五）。	スミスの利子論を批判した、ベンサムの『高利の擁護』ミラー『イングランド統

年	事績	一般事項	文化
	人に指名、草稿類の破棄を依頼。ロンドンでは、首相ピットの好遇を受ける。秋に帰郷。 一一月、全員一致で**グラスゴウ大学総長**（名誉総長で実務はとらない）に選挙され、一二月、**就任**。	大ブリテン、プロシャとともにオランダに武力干渉。 第二次露土戦争（～九二）、大ブリテンはトルコを支援。 フランス、「名士会」開催。三部会召集の布告。凶作と工業危機で各地に動揺起る。	治の史的展望』
一七八八 六五歳	グラスゴウ大学総長に再選。	オランダ、プロシャとの三国同盟結成。 ジョージ三世発狂、摂政問題起る。 大ブリテン軍、オーストラリアのシドニーを占領、以後、同地を流刑植民地とする。 フランス、農民一揆起る。財政危機のためネッケル、蔵相に再任される。三部会を、翌年召集する宣言発布。	『タイムズ』発刊（その前身となった新聞は八五年創刊）。 カント『実践理性批判』

一七八九 六六歳	**『国富論』第五版刊行。**健康すぐれぬなかで、『道徳情操論』第六版のための増補訂正の仕事をすすめる。最初のアメリカ版『国富論』刊行。	凶作。以後、大ブリテンは穀物輸入国となる。フランス、全国的農村暴動。三部会開催。第三身分議員、国民議会を結成（「テニス・コートの誓い」）。七月一四日、バスチーユ襲撃、**フランス大革命始まる**。八月、国民議会、封建的諸権利を廃止。「人権宣言」。アメリカ、第一回合衆国議会。ワシントン、大統領となる。	プライス、フランス革命を讃えた『祖国愛について』刊行。 **ベンサム『道徳および立法の原理序説』**
一七九〇 六七歳 寛政二年	『道徳情操論』第六版（かなり大幅の増補、削除が行なわれた）。病状悪化。七月、友人ブラックとハットンに草稿類を焼却させた。スミスが刊行の可否の判断を含めてこの両名にゆだねた草稿は、一七九五年、	「団結禁止法」成立。カートライト、紡毛機を発明。フォース＝クライド運河開通し、北海と大西洋を結ぶ。大ブリテンの人口、九七〇万と推定される。インド、第三次マイソール戦争（〜九二）。	**バーク『フランス革命にかんする省察』** カント『判断力批判』 ゲーテ『ファウスト断篇』

『哲学論文集』として刊行される。
七月一七日死去。エディンバラのキャノンゲイト墓地に葬られた。

第三章　公債について

Ⅲ

第八章　重商主義（マーカンタイル・システム）の結論

第九章　重農主義について、すなわち、土地の生産物がすべての国の収入と富の唯一またはおもな源泉だと説く経済学上の主義について

第六章　通商条約について

第四篇　経済学の諸体系について

序　論

第一章　商業主義または重商主義の原理について

Ⅱ

第三篇　国によって富裕になる進路が異なること

第一章　富裕になる自然の進路について

第二章　ローマ帝国没落後のヨーロッパの旧状においては農業が阻害された

第五章　資本のさまざまな用途について

第七章　商品の自然価格と市場価格について

第八章　労働の賃銀について

第二章　分業をひきおこす原理について

第三章　分業は市場の大きさによって制限される

第四章　貨幣の起源と使用について

第五章　商品の真の価格と名目上の価格について、すなわち、その労働価格と貨幣価格について

『国富論』小見出し一覧

I

序論および本書の構想

第一篇　労働の生産力における改善の原因と、その生産物が国民のさまざまな階級のあいだに自然に分配される秩序について

第一章　分業について

マ 行

ラ 行

ナ　行

ハ　行

サ 行

タ 行

人名索引

ア　行

カ　行

ワ

ル・レ

ロ

ヨ

ミ・ム

メ・モ

ヤ・ユ

マ

へ

ネ・ノ

ツ・テ

コ

ク

ケ

キ

エ

オ

イ

事項索引

索　引

田添京二編

凡　例

(1)『国富論』本文中の事項と、人名とについて「索引」を作成した。「小見出し一覧」と併せて活用されたい。

(2)「事項索引」は、本文中の重要事項、主要地名を五十音順に配列し、その本訳書における主な所載ページを示す。ローマ数字は巻、アラビア数字はページである。

(3) 本文中には、原語が同一でも複数の異なる訳語にした場合（例：stock＝資本、資財、蓄積）と、複数の異なる原語を同一の訳語にした場合（例：stock, capital＝資本）とがあるが、この「索引」は訳語を基準として作成した。いずれの場合も、本文中には必要に応じて訳注やルビを付してあるので参照されたい。

(4) 意味内容が同一か類似・近接した見出語は、／を用いて並記した場合がある。また、見出し語に付した（ ）内は補足説明であり、一字下りで示した語句中の——は見出し語を、→は参照見出し語を、それぞれ示す。

(5) 見出し語を用いた語句のなかには、整理の都合上、作成者の判断による文意の要約または整理統合をしたものがあり、そのために訳文と一致しない表示もある。

(6) 本文および原注中の人名は、本文および原注の記述を補う訳注・割注のものも含めて、すべて「人名索引」に収録し、五十音順に配列して、本訳書における所載ページを示した。巻、ページの示し方は「事項索引」と同じであるが、斜体数字は原注のページ、ゴシック体数字は訳注・割注のページである。また、人名に付した（　）内は別称または補足説明である。

編集付記

一、本書は中央公論社『国富論Ⅲ』（一九七六年十二月刊）を文庫化したものである。

一、改版にあたり、中公クラシックス版『国富論Ⅲ』『国富論Ⅳ』（ともに二〇一〇年三月刊）を底本とし、中公文庫版『国富論Ⅲ』（十刷、二〇一六年六月刊）を参照した。

一、本文中、今日の人権意識に照らして不適切な語句や表現が見受けられるが、訳者が故人であること、執筆当時の時代背景と作品の文化的価値に鑑みて、そのままの表現とした。

中公文庫

国富論Ⅲ

1978年6月10日　初版発行
2020年11月25日　改版発行

著　者　アダム・スミス
監　訳　大河内一男
発行者　松田陽三
発行所　中央公論新社
〒100-8152　東京都千代田区大手町1-7-1
電話　販売　03-5299-1730　編集　03-5299-1890
URL http://www.chuko.co.jp/

DTP　平面惑星
印　刷　三晃印刷
製　本　小泉製本

Published by CHUOKORON-SHINSHA, INC.
Printed in Japan　ISBN978-4-12-206995-4 C1133

中公文庫既刊より

各書目の下段の数字はＩＳＢＮコードです。978－4－12が省略してあります。

ス-4-4 **国富論 Ｉ**
アダム・スミス
大河内一男 監訳
古典経済学と近代自由主義の原典を、独自の要約的小見出しや精細な訳注を配し、平明的確な訳文で甦らせた邦訳の決定版。Ｉ巻には第一篇、第二篇を収録。
206942-8

ス-4-5 **国富論 Ⅱ**
アダム・スミス
大河内一男 監訳
古典経済学と近代自由主義の原典。Ⅱ巻には第三篇、第四篇を収録。国家による経済活動への政策的介入の歴史を究明し、重商主義を批判する。
206983-1

ウ-9-1 **政治の本質**
マックス・ヴェーバー
カール・シュミット
清水幾太郎 訳
ヴェーバー「職業としての政治」とシュミット「政治的なるものの概念」。この二十世紀政治学の正典を合わせた歴史的な訳書。巻末に清水の関連論考を付す。
206470-6

ウ-10-1 **精神の政治学**
ポール・ヴァレリー
吉田健一 訳
表題作ほか「知性に就て」「地中海の感興」「レオナルドと哲学者達」の全四篇を収める。巻末に吉田健一の単行本未収録エッセイを併録。〈解説〉四方田犬彦
206505-5

ウ-7-1 **寛容論**
ヴォルテール
中川信 訳
新教徒の冤罪事件を契機に、自然法が不寛容に対して法的根拠を与えないことを正義をもって立証し、宗教を超えて寛容の重要性を説いた不朽の名著。初文庫化。
205424-0

タ-9-1 **帝政論**
ダンテ
小林公 訳
人間に平和、正義、自由をもたらす政体とは何か。教皇派、皇帝派入り乱れ抗争する状況の中、哲学、論理学を駆使して、霊的統治と世俗的統治の分離を行う。
206528-4

マ-2-4 **君主論 新版**
マキアヴェリ
池田廉 訳
「人は結果だけで見る」「愛されるより恐れられるほうが安全」等の文句で、権謀術数の書のレッテルを貼られた著書の隠された真髄。〈解説〉佐藤優
206546-8

フ-14-1
歴史入門
F・ブローデル
金塚貞文 訳
二十世紀を代表する歴史学の大家が、その歴史観を簡潔・明瞭に語り、歴史としての資本主義を独創的に意味付ける、アナール派歴史学の比類なき入門書。
205231-4

カ-6-1
塩の世界史（上）歴史を動かした小さな粒
M・カーランスキー
山本光伸 訳
人類は何千年もの間、塩を渇望し、戦い、求めてきた。古代の製塩技術、各国の保存食、戦時の貿易封鎖とともに発達した製塩業……壮大かつ詳細な塩の世界史。
205949-8

カ-6-2
塩の世界史（下）歴史を動かした小さな粒
M・カーランスキー
山本光伸 訳
悪名高き塩税、ガンディー塩の行進、製塩業の衰退と伝統的職人芸の復活。塩からい風味にユーモアをそえておくる、米国でベストセラーとなった塩の世界史。
205950-4

コ-7-1
若い読者のための世界史（上）原始から現代まで
E・H・ゴンブリッチ
中山典夫 訳
歴史は「昔、むかし」あった物語である。さあ、いまからその昔話をはじめよう――若き美術史家ゴンブリッチが、やさしく語りかける、物語としての世界史。
205635-0

コ-7-2
若い読者のための世界史（下）原始から現代まで
E・H・ゴンブリッチ
中山典夫 訳
私たちが知るのはただ、歴史の川の流れが未知の海へ向かって流れていることである――美術史家が若い世代に手渡す、いきいきと躍動する物語としての世界史。
205636-7

タ-7-1
愚行の世界史（上）トロイアからベトナムまで
B・W・タックマン
大社淑子 訳
国王や政治家たちは、なぜ国民の利益と反する政策を推し進めてしまうのか。世界史上に名高い四つの事件を詳述し、失政の原因とメカニズムを探る。
205245-1

タ-7-2
愚行の世界史（下）トロイアからベトナムまで
B・W・タックマン
大社淑子 訳
歴史家タックマンが俎上にのせたのは、ルネサンス期教皇庁の堕落、アメリカ合衆国独立を招いた英国議会の奢り。そして最後にベトナム戦争をとりあげる。
205246-8

マ-10-1
疫病と世界史（上）
W・H・マクニール
佐々木昭夫 訳
疫病は世界の文明の興亡にどのような影響を与えてきたのか。紀元前五〇〇年から紀元一二〇〇年まで、人類の歴史を大きく動かした感染症の流行を見る。
204954-3

各書目の下段の数字はISBNコードです。978-4-12が省略してあります。

マ-10-2
疫病と世界史（下）
W・H・マクニール
佐々木昭夫訳
これまで歴史家が着目してこなかった「疫病」に焦点をあて、独自の史観で古代から現代までの歴史を見直す好著。紀元一二〇〇年以降の疫病と世界史。
204955-0

マ-10-3
世界史（上）
W・H・マクニール
増田義郎
佐々木昭夫訳
世界の各地域を平等な目で眺め、相関関係を分析しながら歴史の歩みを独自の史観で描き出した、定評ある世界史。ユーラシアの文明誕生から紀元一五〇〇年までを彩る四大文明と周縁部。
204966-6

マ-10-4
世界史（下）
W・H・マクニール
増田義郎
佐々木昭夫訳
俯瞰的な視座から世界の文明の流れをコンパクトにまとめ、歴史のダイナミズムを描き出した名著。西欧文明の興隆と変貌から、地球規模でのコスモポリタニズムまで。
204967-3

マ-10-5
戦争の世界史（上）技術と軍隊と社会
W・H・マクニール
高橋均訳
軍事技術は人間社会にどのような影響を及ぼしてきたのか。大家が長年あたためてきた野心作。上巻は古代文明から仏革命と英産業革命が及ぼした影響まで。
205897-2

マ-10-6
戦争の世界史（下）技術と軍隊と社会
W・H・マクニール
高橋均訳
軍事技術の発展はやがて制御しきれない破壊力を生み、人類は怯えながら軍備を競う。下巻は戦争の産業化から冷戦時代、現代の難局と未来を予測する結論まで。
205898-9

キ-6-1
戦略の歴史（上）
ジョン・キーガン
遠藤利國訳
先史時代から現代まで、人類の戦争における武器と戦術の変遷と、戦闘集団が所属する文化との相関関係を分析。異色の軍事史家による戦争の世界史。
206082-1

キ-6-2
戦略の歴史（下）
ジョン・キーガン
遠藤利國訳
石・肉・鉄・火という文明の主要な構成要件別に「兵器と戦術」の変遷を詳述。戦争の制約・要塞・軍団・兵站などについても分析した画期的な文明と戦争論。
206083-8

ハ-12-1
改訂版 ヨーロッパ史における戦争
マイケル・ハワード
奥村房夫
奥村大作訳
中世から現代にいたるまでのヨーロッパの戦争を、社会・経済・技術の発展との相関関係においても概観した名著の増補改訂版。〈解説〉石津朋之
205318-2

ク-6-1
戦争論（上）
クラウゼヴィッツ
清水多吉 訳
プロイセンの名参謀としてナポレオンを撃破した比類なき戦略家クラウゼヴィッツ。その思想の精華たる本書は、戦略・組織論の永遠のバイブルである。
203939-1

ク-6-2
戦争論（下）
クラウゼヴィッツ
清水多吉 訳
フリードリッヒ大王とナポレオンという二人の名将の戦史研究から戦争の本質を解明し体系的な理論化をなしとげた近代戦略思想の聖典。〈解説〉是本信義
203954-4

ク-7-1
補給戦 何が勝敗を決定するのか
M・v・クレフェルト
佐藤佐三郎 訳
ナポレオン戦争からノルマンディ上陸作戦までの戦争を「補給」の観点から分析。戦争の勝敗は補給によって決まることを明快に論じた名著。〈解説〉石津朋之
204690-0

シ-10-1
戦争概論
ジョミニ
佐藤徳太郎 訳
19世紀を代表する戦略家として、クラウゼヴィッツと並び称されるフランスのジョミニ。ナポレオンに絶賛された名参謀による軍事戦略論のエッセンス。
203955-1

ケ-8-1
黒死病 ペストの中世史
ジョン・ケリー
野中邦子 訳
ある日、人びとは「この世の終わり」が来たことを知った——十四世紀の欧州を覆い尽くした史上最悪の疫病に、あらゆる角度から迫った克明なる叙事詩。
206914-5

テ-3-2
ペスト
ダニエル・デフォー
平井正穂 訳
極限状況下におかれたロンドンの市民たちを描いて、カミュの『ペスト』以上に現代的でなまなましいと評される、十七世紀英国の鬼気せまる名篇の完訳。
205184-3

テ-3-3
完訳 ロビンソン・クルーソー
ダニエル・デフォー
増田義郎 訳・解説
無人島に漂着したロビンソンは、持ち前の才覚と粘り強さを武器に生活を切り開く。文化史研究の第一人者が不朽の名作を世界経済から読み解く、新訳・解説決定版。
205388-5

モ-1-2
ユートピア
トマス・モア
澤田昭夫 訳
十六世紀の大ヒューマニストが人間の幸福な生き方と平和な社会のあり方を省察し、理想を求め続ける全ての人々に訴えかける古典の原典からの完訳。
201991-1